DIALOGUES

ou

QUESTIONS DE DROIT :

DISCUSSION APPROFONDIE, ET DANS UNE FORME NOUVELLE,

DE TOUTES LES QUESTIONS DE DROIT

QUI SONT ENCORE CONTROVERSÉES, ET QUI SE PRÉSENTENT LE PLUS

FRÉQUEMMENT DANS LES TRIBUNAUX;

Par M. J.-I.-B. COULON,

DOCTEUR EN DROIT, ANCIEN MAGISTRAT,
AVOCAT A LA COUR ROYALE DE DIJON.

TOME PREMIER.

A DIJON,

CHEZ DECAILLY, LIBRAIRE, PLACE D'ARMES;

A PARIS,

CHEZ { JOUBERT, RUE DES GRÈS, N° 14;
VIDECOQ, PLACE DU PANTHÉON, N° 6;
CHARLES HINGRAY, RUE DE SEINE, 10.

1838.

F

DIALOGUES

OU

QUESTIONS DE DROIT.

DIJON, IMPR. DE FRANTIN.

DIALOGUES

OU

QUESTIONS DE DROIT :

DISCUSSION APPROFONDIE, ET DANS UNE FORME NOUVELLE,

DE TOUTES LES QUESTIONS DE DROIT

QUI SONT ENCORE CONTROVERSÉES, ET QUI SE PRÉSENTENT LE PLUS

FRÉQUEMMENT DANS LES TRIBUNAUX;

Par M. J.-I.-B. COULON,

DOCTEUR EN DROIT, ANCIEN MAGISTRAT,
AVOCAT A LA COUR ROYALE DE DIJON.

TOME PREMIER.

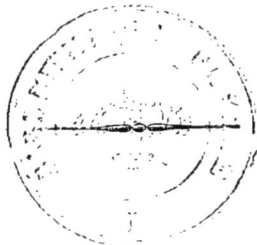

A DIJON,

CHEZ DÉCAILLY, LIBRAIRE, PLACE D'ARMES;

A PARIS,

CHEZ
JOUBERT, RUE DES GRÉS, N° 14;
VIDECOQ, PLACE DU PANTHÉON, N° 6;
Charles HINGRAY, RUE DE SEINE, N° 10.

—

1838.

PRÉFACE.

« Quelqu'étendue que soit cette dissertation (de
« M. Merlin), nous croyons devoir la rapporter ici
« tout entière, en faisant, sur ses diverses parties,
« des observations critiques, pour indiquer les vices de
« raisonnement qui s'y trouvent.

« De cette manière nous n'aurons rien omis, et le
« lecteur voyant le pour et le contre sur tout ce qui a
« rapport à la question que nous traitons, pourra se
« convaincre de quel côté est la vérité, par la seule
« lecture de ce chapitre et sans recourir à aucun autre
« ouvrage (1). »

Telle est la pensée qui a présidé à la composition de
l'ouvrage dont je publie aujourd'hui le premier volume ;
tel est le but que je me suis proposé en le faisant.

Mais telle n'est point, en même temps, la forme que
j'ai adoptée et suivie. Rien de plus froid, on le sait,
rien de plus sec et de plus monotone que ces citations

(1) M. Proudhon, Traité de l'Usufruit, tome 8, n° 3602, ancienne
édition.

d'auteurs ou d'arrêts, accompagnées et entrecoupées d'observations critiques, de notes, etc., et il faut tout le mérite et le talent des savans et honorables auteurs dans les ouvrages desquels elles se trouvent, et que je cite dans le mien, pour en faire supporter une lecture un peu suivie et soutenue.

Au contraire, mettez en présence, et comme aux prises l'un avec l'autre, deux Jurisconsultes émettant chacun leur avis, le soutenant, le défendant contre les attaques ou les objections de l'autre, combattant l'opinion de celui-ci à son tour et les raisons présentées à l'appui; et vous verrez alors combien la discussion aura plus de vivacité et de mouvement, combien plus elle sera piquante et animée, combien plus elle excitera l'intérêt et la curiosité ! Il y aura presque la même différence qu'entre ce qu'on entend et ce qu'on voit :

Segniùs irritant animos demissa per aurem,
Quàm quæ sunt oculis subjecta fidelibus.

(Hor., *Ars poet.*, v. 180.)

Tel est l'avantage du DIALOGUE. C'est par là que cette forme de composition l'emporte sur l'autre ; et c'est là aussi ce qui l'avait fait adopter de préférence par les plus beaux génies des siècles littéraires, témoin les DIALOGUES de Platon, ceux de Cicéron, ceux de Fénélon, etc.

Qui empêcherait donc d'appliquer cette forme aux discussions de Droit, comme on l'applique aux discussions philosophiques et autres, et de l'y appliquer avec le même avantage ? Je ne vois rien, je l'avoue, qui s'y oppose ; je suis persuadé qu'on le peut.

On le peut; je l'essaie; un plus savant le fasse.

(LA FONT., liv. 2, fab. 1re.)

Deux interlocuteurs figurent dans mes Essais ou Dialogues, l'un émettant et soutenant, sur les différentes questions de droit qui font le sujet de l'ouvrage, des opinions que l'autre combat et réfute comme erronées, ou du moins comme lui paraissant telles. J'ai mis dans la bouche du premier les opinions et les raisonnemens présentés par les différens auteurs dont je ne partage pas l'avis, et j'y réponds à mon tour par la bouche du second.

Du reste et au fond, j'ai cru devoir reproduire textuellement et en entier les raisons et les argumentations de mes adversaires ou contradicteurs, et plus d'un motif m'a déterminé à en agir ainsi.

D'abord, appelant ces auteurs comme en champ clos, pour discuter et combattre celles de leurs opinions qui me paraissent erronées, je me suis fait un devoir de loyauté et d'honneur de ne pas les y faire venir en partie désarmés, dans la personne de leur champion ou représentant, et pour cela de ne pas tronquer et affaiblir leurs raisonnemens, soit en n'en donnant que de simples extraits ou de sèches analyses, soit même seulement en les traduisant en d'autres termes que ceux dont ils se sont servis. J'avais d'ailleurs besoin de reproduire ou faire citer leurs propres expressions, afin de pouvoir en argumenter moi-même quand il y a lieu; chose qui m'eût été impossible si je me fusse permis de leur prêter, ou à leur tenant, des expressions autres que les leurs propres; et il est clair du reste que c'eût été une vraie dérision que d'argumenter ainsi des expressions de mon choix et de mon invention que j'aurais pu mettre dans la bouche de mon contradicteur. Enfin, j'ai dû reproduire et citer leurs opinions

textuellement, parce que c'était le seul moyen de combattre à armes égales, et certes ils ne pourront pas se
plaindre d'être mal représentés ou mal soutenus, et
c'est bien le cas de dire qu'ils ne feraient ou ne diraient
pas mieux eux-mêmes en personne.

C'était aussi, en second lieu, le moyen de mettre
ceux que j'appellerais volontiers les juges du camp, je
veux dire les lecteurs, à même de juger en suffisante
et complète connaissance de cause. Parlons sans figure,
c'était le moyen de donner aux lecteurs, sur chacune
des questions qui forment le sujet des Dialogues, le
pour et le *contre*, les deux solutions contraires, accompagnées chacune de tous les motifs, de toutes les raisons
de décider, présentées de part et d'autre avec les
mêmes développemens et la même franchise ou la même
sincérité; et certes je ne pouvais mieux faire, pour
arriver à ce but, que de citer littéralement les raisons
et explications par lesquelles les savans et honorables
auteurs que je cite soutiennent des opinions que je n'ai
pu partager ni adopter, et que je combats en conséquence par des raisons contraires. Les lecteurs, par
là, seront donc véritablement mis à même de juger et
de choisir en parfaite connaissance de cause, et véritablement aussi ils trouveront tout ou à peu près tout ce
qui se dit ou peut se dire *pour* et *contre* sur chaque
question.

Toutefois, je dois le dire, certaines discussions ou
dissertations m'ont paru beaucoup trop longues pour
être ainsi rapportées ou citées en entier, témoin entre
autres et précisément celle de M. Proudhon lui-même
sur la question dont il parle à l'endroit que je viens de
citer. Qu'ai-je fait alors? J'ai mis dans la bouche de

mon interlocuteur fictif les opinions et les raisons les plus saillantes, les plus fortes, de M. Proudhon ou autre, textuellement, et les autres en résumé seulement ou par simple extrait. Je fais de même encore, parfois, pour les opinions ou les raisonnemens qui ne se trouvent point dans les auteurs ou qui ne sont point d'eux, pour les arrêts, etc.

Je n'ai point cité sur chaque question toutes les *autorités* pour et contre, arrêts de cours et opinions d'auteurs. C'est chose si facile à trouver aujourd'hui avec cette foule de recueils d'arrêts ou de jurisprudence, de codes annotés, de répertoires, de cours de droit, de dictionnaires, de commentaires, etc., etc., *trecentum camelorum onus*, comme disait l'empereur Justinien des écrits de même nature qui se publiaient également de son temps! Mais aussi, et au lieu de cette innombrable et si fatigante quantité de chiffres, de dates, de noms de villes et de personnes; au lieu de cette compilation, de cette masse énorme de faits et d'espèces particulières, tant de fois répétés pour une seule et même question de droit, j'ai mis dans mon ouvrage toutes ou presque toutes les raisons de décider, qui se trouvent ou qui ne se trouvent point dans tous ces divers documens; et cela vaut mieux, du moins je le pense. Non point que j'entende critiquer le moins du monde ou représenter comme peu utiles les autres livres dont je viens de parler. Loin de moi une telle pensée: j'estime trop, pour cela, je sens trop le mérite et des ouvrages et des auteurs. Mais enfin, précisément parce que les uns existent, et parce que les autres continuent leur œuvre avec autant de talent et de succès que de persévérance et de zèle, je regarde

comme absolument inutile de répéter ce qu'ils disent si
bien et si complètement. Le lecteur en effet serait-il
bien avancé de voir et de lire dans mon ouvrage, ce
qu'il trouve d'ailleurs dans une foule d'autres, que sur
telle ou telle question, par exemple, trois ou quatre
auteurs sont de tel avis, et trois ou quatre autres d'un
avis contraire ; que cinq ou six Cours royales jugent en
tel sens, et cinq ou six autres en sens contraire ? Ce qu'il
lui faut en pareil cas, ce qu'il lui faut principalement
et nécessairement pour l'aider et le déterminer à prendre lui-même un parti, et à se faire une opinion dans
ce conflit d'opinions et d'autorités, ce sont les *raisons
de décider*, les *raisons pour* et *contre* ? Eh bien donc,
c'est ce que j'ai cru aussi le plus convenable et le plus
utile de lui présenter ; c'est ce qu'il trouvera dans ces
Dialogues. C'est du moins ce que je fais en sorte qu'il y
trouve, et peut-être me saura-t-il gré de mes efforts,
s'il veut bien, surtout, considérer qu'en me décidant à
écrire sur le droit, et dans les sujets que j'ai pris pour
matière, j'ai véritablement choisi la part la plus difficile, puisque en effet je traite précisément et uniquement
ment les questions qui font encore vraiment question,
je veux dire, celles qui sont encore controversées entre
les auteurs ou les tribunaux, celles qui ne sont point
encore tranchées et fixées d'une manière définitive, par
l'accord unanime de la doctrine et de la jurisprudence.

C'est peut-être aujourd'hui le seul moyen, ou peu
s'en faut, d'écrire utilement sur le Droit. Car enfin,
pour tout ce qui est de pure théorie ou doctrine, pour
tout ce qui est de principe certain, reconnu, généralement admis et non sujet à controverse, à quoi bon

venir répéter, en termes plus ou moins différens,
ce qui a déjà tant de fois été dit et écrit? Certes, nos
Pothier, nos Domat, nos Toullier, nos Troplong, nos
Proudhon, nos Merlin, nos Duranton, et autres grands
jurisconsultes et écrivains qui se sont occupés de ces
matières, nous suffisent bien pour cela. Mais quant aux
sujets ou questions sur lesquelles ils ne s'accordent
point entre eux, non plus que les arrêts des Cours, on
ne peut malheureusement plus dire qu'ils suffisent également, et la preuve en est dans ces nombreuses contestations dont retentissent journellement les Tribunaux, dans ces innombrables décisions judiciaires, et
surtout dans cette déplorable diversité de jurisprudence
qui, plus que tout le reste, fait sentir combien peu
encore la vérité est connue d'une manière certaine et
assurée, combien peu même encore on a de moyens de
la connaître ainsi.

Je viens donc ici joindre mes efforts à ceux des
grands maîtres dont je viens de parler, et à leur
exemple, apporter mon tribut ou mon offrande à l'autel
de la justice et de la vérité, en travaillant à dissiper les
nuages, à éclaircir les doutes, à faire connaître, en
un mot, le véritable sens des lois, en ce qu'elles ont
d'équivoque et de douteux.

Quelqu'imparfaite qu'elle puisse être, en comparaison de celles de mes illustres devanciers et modèles,
mon œuvre aura du moins un mérite, elle sera cons-
ciencieuse. Ce n'est qu'après un mûr examen, et sans
autre mobile ni intérêt que celui de la vérité et de la
justice, que, dans le conflit d'opinions opposées entre
lesquelles j'avais à choisir, je me suis déterminé pour
l'une plutôt que pour l'autre. Au surplus chaque opi-

nion contradictoire se trouvant développée et soutenue
également de toutes les raisons qui peuvent la faire
triompher, le lecteur n'aura qu'à juger lui-même et à
choisir ; mon livre lui en offrira le moyen le plus facile
et le plus sûr, et en cela du moins, il ne pourra manquer d'être utile, et tel est, après tout, l'unique but
que je me propose en le publiant.

DIALOGUES

ou

QUESTIONS DE DROIT.

DIALOGUE PREMIER.

C***. La loi déclare les mineurs incapables de contracter (Cod. civ., art. 1124). Quel sera donc l'effet, le résultat de cette incapacité quant aux contrats et actes qu'ils auront faits nonobstant leur incapacité? Ces actes seront-ils nuls de droit, ou bien seront-ils seulement sujets à être rescindés pour cause de lésion ?

N***. Voici sur ce sujet la marche ou le système du Code civil. Tout acte passé par le mineur, sans les formalités habilitantes voulues par la loi, est nul ; et pour en obtenir la nullité, il n'est besoin de prouver aucune lésion. L'art. 1142 du Code civil, en déclarant le mineur incapable de contracter, enlève évidemment tout caractère de validité à une convention dans laquelle un mineur parle seul et sans autorisation ; et il est clair que, dès qu'il y a incapacité, le remède de la lésion est complètement inutile. De plus, aujourd'hui comme sous l'ancienne jurisprudence, la simple lésion est suffisante pour que le mineur puisse se faire restituer contre les conventions dans lesquelles il a été légalement représenté ou autorisé (art. 1305); c'est la différence qu'il y a entre lui et le majeur (1).

C***. M. Merlin établit un système différent : il soutient (Questions de droit, v° Hypot., § 4), que sous le Code civil ce n'est plus par la voie de *nullité*, mais par la voie de *rescision pour cause de lésion*, que le mineur, devenu majeur, peut réclamer contre les actes faits sans les formalités requises.

N***. Il m'est impossible de souscrire à cette doctrine, que je crois fondée sur un abus de mots. Tout le monde sait la différence qui existe entre *la nullité et la rescision*.

L'action en nullité, dit M. Proudhon, n'exige la preuve d'aucune lésion, parce qu'il est de la nature des choses qu'un acte nul ne produise aucun effet contre l'intérêt de celui pour lequel la nullité est établie par la loi. Dans l'action en rescision, au contraire, il faut prouver la lésion, à moins qu'on ne soit dans quelque cas où elle soit présumée de droit.

La même distinction est enseignée par M. Toullier, qui prouve fort bien qu'il y a nullité *ipso jure*, et non pas lieu à rescision, lorsqu'un mi-

_____

(1) M. Troplong, Vente, tom. 1, n° 166.

neur procède sans les formalités voulues par la loi.

Cette différence entre l'action en rescision et l'action en nullité est écrite en termes très clairs dans l'art. 1304 du Code civil, où il est dit que le temps de ces deux actions court contre le mineur à compter de sa majorité. Elle résulte aussi de l'art. 1311 (1).

C***. M. Merlin objecte l'art. 1305 qui porte : « La simple lésion donne lieu à la rescision en faveur du mineur non émancipé, contre toutes sortes de conventions; et en faveur du mineur émancipé, contre toutes conventions qui excèdent les bornes de sa capacité, ainsi qu'elle est dé- terminée au titre de la minorité, de la tutelle et de l'émancipation. »

Donc, ajoute-t-il, la vente que le mineur émancipé fait de ses immeubles, sans observer ces formalités, étant au nombre des conventions qui excèdent sa capacité, il s'ensuit que ce mineur émancipé ne pourra revenir contre ce qu'il a fait, que par rescision. Donc la vente, l'aliénation, l'hypothèque qu'il a consenties sans observer ces formalités, ne sont pas nulles de plein droit. Donc il en est de même à l'égard du mineur non émancipé; car il ne peut y avoir de différence entre l'un et l'autre.

N***. J'ose croire que M. Merlin est tombé ici dans une erreur évidente.

L'art. 1305, en prononçant le mot *de lésion*,

---

(1) M. Troplong, Hypoth., 2, n° 492.

annonce par là qu'il ne s'occupe pas des voies de
nullité à employer contre les contrats des mineurs;
il ne les envisage que sous le rapport du dommage
que le mineur a pu en éprouver. Dès lors, il est
clair qu'il les suppose valables dans la forme.
Ceci posé, quel a été le but de l'art. 1305? Qu'a-
t-il voulu dire? le voici : lorsqu'un contrat est
passé par un mineur, *quoiqu'il soit valable en
la forme*, néanmoins le mineur pourra se faire
restituer pour simple lésion. A la vérité, le Code
n'a pas été aussi loin que l'ancienne jurisprudence,
dont les inconvéniens faisaient dire à Henrys :
« Vainement on aura observé les formalités, avis
de parens, rapports d'experts, décrets du magistrat; tout cela n'empêchera pas que le mineur ne
puisse rentrer dans son bien, *s'il se trouve quelque lésion...... il n'y a pas d'assurance plus
grande que d'acheter l'immeuble du mineur
plus cher qu'il ne vaut.* » Pour éviter cet abus,
le Code n'admet pas *la simple lésion* dans les
aliénations des immeubles des mineurs, valables en
la forme (art. 1314); il ne l'admet pas non plus
dans les cas de partage (*idem* et art. 466, 840),
d'acceptation de donation (art. 463), et autres
cas expressément exceptés, (art. 1309, 1398, 481,
487, 1308). Mais dans toutes les autres circonstances où le législateur n'a pas déclaré que l'accomplissement de telles ou telles formalités faisait
assimiler les mineurs aux majeurs, la règle générale est que, quoique l'acte soit valable en la
forme, le mineur pourra se faire restituer s'il y a

simble lésion (art. 1305 du Code civil , art. 481
du Code de procédure civile), tandis qu'il faut
que le majeur prouve une *lésion énorme*. Encore
le majeur n'est-il restituable pour lésion énorme
que dans le cas de partage (887 du Code civil), et
de vente (1671 du Code civil); dans les autres
contrats, même celui d'échange, il n'est pas restituable (1707 du Code civil).

Quant au mineur émancipé, comme il peut
faire des actes d'administration, et qu'à cet égard
il est assimilé au majeur, il ne sera restituable
que dans le cas où un majeur le serait lui-même.

Mais dans tous les autres actes où sa capacité
n'a pas plus d'étendue que celle du mineur, quoiqu'il ait passé ces actes avec l'assistance de son
curateur et suivant les formalités voulues par la
loi, il sera restitué pour simple lésion, de même
qu'un mineur non émancipé.

Tel est le véritable sens de l'art. 1305 ; on doit
le prendre *secundùm subjectam materiam,* et
non pas lui donner une application détournée de
la pensée du législateur. Au surplus, on voit par
plusieurs autres textes du Code civil que l'action
en *nullité* est la seule qu'il faille employer contre
les obligations des mineurs passées sans les formalités de la loi.

C'est ce que prouve l'art. 2012 du Code civil,
qui porte qu'on peut cautionner l'obligation, encore
qu'elle puisse être *annulée* par une exception personnelle à l'obligé, par exemple, dans le cas de
minorité.

C'est ce que prouve encore, par un argument irrésistible, l'art. 502 du Code civil, portant : « L'interdiction ou la nomination d'un conseil aura son effet du jour du jugement. Tous actes passés postérieurement par l'interdit, ou sans l'assistance du conseil, seront *nuls de droit.* » Il n'est pas possible de mettre une différence entre le mineur et ceux qui sont ou interdits ou sous l'assistance d'un conseil : la loi assimile toujours ces individus les uns aux autres.

L'erreur de M. Merlin me paraît donc établie par ces textes et ces rapprochemens décisifs, et je m'étonne que M. Toullier ait cru devoir donner des éloges sans restriction au passage de M. Merlin, qui contient cette confusion de choses si clairement distinctes.

Tenons donc pour constant que le défaut d'autorisation vicie l'acte passé en minorité d'une nullité *ipso jure,* de même que dans le Droit romain (1).

C***. Quoique les deux articles que vous venez d'invoquer ne me paraissent pas concluans sur la question, je n'en pense pas moins comme vous, au fond, que le mineur devenu majeur n'a pas seulement la voie ou *l'action de rescision pour cause de lésion,* et en prouvant la lésion, pour se faire dégager des obligations qu'il a contractées en minorité ; mais qu'il a encore et de plus, à cet effet, dans certains cas, la voie de *nullité,* ou

_____

(1) M. Troplong, Hypoth.; 2, n° 192.

l'action en nullité, même sans prouver de lésion.
Je n'invoquerai pas non plus à l'appui de cette
opinion les différens articles du Code (1304,
1117, etc.) qui parlent de *nullité* ou de *resci-*
sion, d'action en nullité, ou *d'action en res-*
cision, etc.; d'autant moins que ces articles
paraissent plus contraires que favorables à la distinction que nous faisons entre l'une et l'autre de
ces deux actions.

Mais j'étaierai cette opinion sur un article spécial à la matière et dont les termes sont précieux
et me paraissent décisifs. C'est l'art. 1311, ainsi
conçu : « Il (le mineur) n'est plus recevable à
revenir contre l'engagement qu'il avait souscrit en
minorité, lorsqu'il l'a ratifié en majorité, soit
que cet engagement fût nul en sa forme, soit qu'il
fût seulement sujet à restitution. » *Nul en* SA
forme! SEULEMENT *sujet à restitution!* Voilà
bien, pour le coup, la différence clairement établie, la distinction positivement tranchée entre
les deux hypothèses et les deux actions, *nullité*
et *rescision* ou *restitution, action en nullité*
et *action en rescision* ou *restitution.* Il y a donc
nullité toutes les fois qu'on a violé les formes
spécialement prescrites à l'égard des mineurs; et
il peut seulement y avoir lieu à la *rescision,* dans
les négociations pour lesquelles la loi n'a établi
aucunes formalités particulières à raison de la
minorité.

C'est ce qu'enseigne formellement M. Proudhon

(Cours de droit, t. 2, p. 284), en ajoutant :

« Le principe des nullités dont nous parlons,
dérive toujours de l'incapacité du mineur, parce
qu'il ne s'agit pas ici des formes substantielles
requises, par le droit commun, pour la validité
de *tel ou tel acte*, et sans lesquelles il serait nul
à l'égard de tous les citoyens en général; mais seulement des formalités accidentellement exigées à
l'égard des mineurs, et sans l'observation desquelles la loi veut qu'ils restent incapables de s'engager ; en sorte que c'est le défaut des formes qui fait
que leur incapacité demeure telle, que le contrat
par eux consenti se trouve nul. » Et les contrats
ou actes dont il est ici question sont notamment
les aliénations d'immeubles, constitutions d'hypothèques, emprunts, etc. (art. 457 et suivans),
tous actes dont il est vrai de dire que chacun a
SA *forme* particulière, et par suite aussi, que s'il
est fait, soit par le mineur, soit par le tuteur,
sans l'emploi des formalités prescrites, il est *nul*
en SA *forme*, ainsi que le dit l'art. 1311.

Or s'il est *nul*, il ne peut donc produire d'effet,
quod nullum est nullum producit effectum ; le
mineur peut donc le faire déclarer *nul* et de *nul*
effet et valeur, et ce, sans avoir besoin d'articuler en outre et d'établir qu'il est *lésé* par cet
acte, puisque encore une fois il suffit bien, certes,
qu'il soit *nul*, pour qu'il soit privé de tout effet, de
toute force obligatoire. Nul doute, ce me semble,
que le Législateur ne l'ait entendu ainsi; autrement,
à coup sûr, il n'aurait point rédigé l'art. 1311

comme il l'a fait, il n'aurait pas dit : SOIT *que l'acte fût nul en sa forme*, SOIT *qu'il fût* SEU-LEMENT *sujet à restitution*. SEULEMENT! C'est-à-dire, sans contredit, quoiqu'il ne soit pas EN OUTRE *nul en sa forme*.

Or, maintenant, quand l'engagement du mineur est-il *sujet à restitution?* C'est évidemment lorsqu'il contient ou engendre une *lésion* au préjudice du mineur, et c'est bien ici le cas, mais ici seulement du reste, d'appliquer cette ancienne maxime du Droit romain, *non* RESTITUITUR *minor tanquàm minor, sed tanquàm* LÆSUS.

Mais ici nous allons nous trouver d'avis différens, vous et moi; car vous prétendez 1° que dès qu'il y a incapacité, le remède de la lésion est complètement inutile, et 2° que la simple lésion est suffisante pour que le mineur puisse se faire restituer contre les conventions dans lesquelles il a été légalement représenté ou autorisé.

N***. Oui, et je le répète : l'art. 1124 du Code civil, en déclarant le mineur incapable de contracter, enlève évidemment tout caractère de validité à une convention dans laquelle un mineur parle seul et sans autorisation. Et il est clair par suite, que, dès qu'il y a incapacité, le remède de la lésion est en effet complètement inutile (1).

C***. Si l'art. 1124 établit en principe l'incapacité du mineur, l'article suivant apporte tout de

(1) M. Troplong, Vente, tom. 1, n° 166.

2

suite une modification, une restriction à ce qu'il y a de trop général dans les termes de l'art. 1124 : « Le mineur, dit l'art. 1125, ne peut attaquer, « pour cause d'incapacité, ses engagemens, *que* « *dans les cas prévus par la loi.* » Ce n'est donc point *en tous cas* généralement quelconques, mais seulement dans *certains cas* prévus et déterminés, que la loi, en déclarant le mineur incapable de contracter, enlève, comme vous dites, tout caractère de validité à une convention dans laquelle le mineur parle seul et sans autorisation.

Cela posé, il ne reste plus qu'à rechercher quels sont ces cas particuliers où le mineur est admis à attaquer ses engagemens, *pour cause d'incapacité*, aux termes de l'art. 1125.

Or nous les trouvons, ces cas, dans les articles 1305, 1311, etc. D'après ce dernier article, le mineur peut revenir contre son engagement quand cet engagement est *nul en sa forme ;* il le peut également quand cet engagement, sans être nul, est *seulement sujet à restitution*, c'est-à-dire contient une *lésion* à son préjudice. Et c'est d'ailleurs aussi ce qui résulte, pour ce dernier cas, de l'art. 1305, ainsi conçu : « la simple lésion donne lieu à la rescision en faveur du mineur non émancipé, contre toutes sortes de conventions ; et en faveur du mineur émancipé, contre toutes conventions qui excèdent les bornes de sa capacité, ainsi qu'elle est déterminée au titre *de la minorité, de la tutelle et de l'émancipation.* »

Il suit de là, de ces deux articles 1311 et 1305,

combinés avec l'art. 1125 § 1, que les cas dans lesquels il y a *nullité de forme*, telle que l'entend l'art. 1311, ou bien *lésion*, sont les seuls dans lesquels le mineur soit admis par la loi à attaquer ses engagemens *pour cause d'incapacité*. Et ainsi, il n'est pas exact de dire que, « dès qu'il y a incapacité, le remède de la lésion est complètement inutile. »

N***. Ainsi donc, suivant vous, à l'exception des cas où la loi a tracé des formalités spéciales, comme ventes de biens immeubles, partages, transactions, etc. (formalités dont l'omission entraîne nullité), le mineur peut traiter valablement sans l'assistance de son tuteur ; il peut seul passer des baux, vendre son mobilier, acheter, etc., sans imprimer à ces actes le sceau de la nullité ? Ces actes ne sont pas nuls *ipso jure ?* ils sont seulement rescindables s'il y a lésion et préjudice ?

C***. Oui.

N***. Mais d'abord, que deviendra l'art. 1124 portant que les mineurs sont incapables de contracter ? Un incapable peut-il passer un contrat valable ? Voilà toute la question. Je crois que, réduite à ces simples termes, elle ne saurait être douteuse.

Les art. 502, 2012 du Code civil et la loi 3, *C. de in integr. restit.*, d'accord avec l'art. 509, mettent le mineur sur la même ligne que l'interdit.

De plus, quel sens donnera-t-on à l'art. 450, qui veut que le tuteur *représente le mineur dans*

tous les actes civils ? Peut-on admettre un seul
instant la validité d'un acte dans lequel le mineur
n'a pas eu son représentant légal ? Enfin le mineur devant rester étranger à l'administration de
son bien , qui est exclusivement confiée au tuteur
(art. 350), conçoit-on une opinion qui se refuse
à voir une nullité flagrante dans des ventes de
denrées, des baux, des achats faits par le mineur
usurpant les droits et les attributions de son
tuteur ?

L'art. 484 me suggère encore un argument très
puissant contre vous. D'après cet article, le mineur émancipé a le droit de faire seul des achats
et de contracter certains engagemens, comme bail
à loyer pour son logement, jusqu'à concurrence
de ses facultés ; mais si ces engagemens sont exa-
gérés, les tribunaux peuvent les réduire. Ce droit
de réduction n'est pas fondé sur une lésion. La lésion
est le *dolus re ipsâ,* qui résulte du défaut de
proportion entre ce qu'une partie reçoit et ce
qu'elle donne. Dans l'espèce prévue de l'art. 484 ,
bien que la chose achetée ne soit pas payée trop
chèrement, bien que le prix du bail soit raisonnable, les tribunaux pourront annuler ces actes,
s'ils sont immodérés ; car le mineur émancipé
peut avoir dépassé les bornes d'une sage administration ; il peut s'être constitué dans des dépenses au-dessus de ses facultés, et il était nécessaire
de le placer sous une législation spéciale, afin que
l'émancipation ne devînt pas pour lui un présent
funeste.

Hé bien ! supposons maintenant avec vous que le mineur puisse faire seul, sauf l'action en rescision, les actes que la loi n'a pas soumis à des formalités spéciales de précaution ; que, par exemple, il puisse acheter : dans quel contresens n'allons-nous pas être jetés !

1o Voilà ce mineur qui achètera à crédit des chevaux de luxe et des meubles somptueux, qui louera un magnifique appartement, et se créera, en un mot, un état de maison beaucoup au-dessus de sa fortune. Si tous ces engagemens sont contractés pour des prix justes et modérés, il ne faudra pas parler de rescision. Mais, d'un autre côté, le mineur ruiné par ses prodigalités ne pourra pas invoquer l'art. 484 ; car il n'a pas été fait pour lui ; il ne lui est pas applicable. Ainsi le mineur, gouverné par un tuteur, sera moins surveillé, moins protégé que le mineur émancipé ! ! ! En présence d'un tel résultat, il est bien clair que le point de départ est radicalement vicieux.

2° On me dira peut-être que dans ces matières, la lésion ne s'entend pas dans le sens restreint de l'art. 1674 du Code civil, et qu'il faut se conformer à la règle donnée par Brunemann : *minorem ex actu præsumi læsum, ex quo ad eum nulla utilitas redundare potest, sed non nisi damnum.* Je consens à l'admettre ; mais voici l'autre inconséquence dans laquelle nous allons nous trouver placés.

Quand le mineur émancipé abuse de la liberté qui lui est accordée par l'art. 484 d'acheter et de

contracter certains engagemens, il peut être
replacé sous l'autorité d'un tuteur, conformément
à l'art. 486 du Code civil. Or, que prouve cette
peine ? Elle démontre avec évidence qu'on ne
fait déchoir l'émancipé de son rang, que pour
lui enlever la faculté de contracter, que pour
l'assimiler au mineur, qui ne peut ni acheter, ni
s'engager. Les art. 484 et 486 supposent donc
cette idée, qu'en achetant, sous condition seule
de rescision, l'émancipé a un droit dont le mineur n'est pas investi; qu'il n'y a pas parité entre
l'un et l'autre; que par conséquent le mineur,
soumis à un tuteur, fait un acte radicalement nul,
et non pas seulement sujet à rescision, quand il
achète seul et sans autorisation; car si le remède
de la rescision était commun au mineur émancipé et à celui qui ne l'est pas, il n'y aurait pas
entre l'un et l'autre cette différence si clairement
marquée dans les articles que je viens de citer.
L'art. 486 ne serait pas un moyen d'enlever à
l'émancipé le pouvoir dont il abuse : ce pouvoir,
il le retrouverait encore dans les liens de la
tutelle.

Ce n'est pas tout : quand l'émancipé laisse apercevoir, pendant le temps de son stage, des goûts
de dépense, la loi lui oppose un frein; elle le
punit en le déclarant indigne de la liberté qui
lui a été accordée. Mais si nous raisonnons dans
l'hypothèse qui veut que le mineur en tutelle
puisse faire des contrats simples, sauf la rescision,
quelle sera la peine qu'on infligera à ce mineur,

s'il se livre témérairement à son amour pour le
luxe et la dépense ? La rescision ! Elle n'est qu'un
moyen de protection. Une surveillance plus
étroite ! Mais, puisqu'il est en tutelle, il est impossible d'aller au-delà des limites apportées à sa
capacité. Ainsi, l'émancipé sera puni, et le mineur en tutelle ne le sera pas ! ! ou, pour mieux
dire, il n'y aura de punition réelle ni d'un côté
ni de l'autre ; car, replacé en tutelle, l'émancipé
y serait encore maître de se livrer à ses penchans.
Voilà à quelles conséquences déraisonnables conduit votre système. Les faire ressortir, c'est ren-
verser la théorie dont elles sont le produit ; au
lieu que si l'on veut se placer dans mon point de
vue, si l'on admet avec moi la nullité des actes
passés par le mineur en tutelle, sans l'assistance
de son tuteur, tout s'explique et se concilie, et
l'on comprend sans peine que le retour de l'é-
mancipé à la tutelle est un remède sagement efficace, qui le destitue d'un pouvoir désormais in-
compatible avec sa nouvelle position.

Enfin une nouvelle raison ressort de l'art. 484.
Dans le 1er. §, cet article envisage plusieurs rapports à l'égard desquels il assimile l'émancipé au
mineur en tutelle, par exemple pour la vente et
l'aliénation de ses immeubles, etc.

Mais, dans le paragraphe suivant, qui s'occupe des achats et autres engagemens analogues, on
voit que le législateur n'admet plus la parité. Il
fonde un droit nouveau et tout spécial, comme
disait M. Berlier (*Exposé des motifs*) ; et en effet,

si les engagemens du mineur en tutelle agissant personnellement, eussent été valables, sauf la rescision en cas d'exagération, à quoi bon la dernière disposition de l'art. 484 ? La loi n'avait-elle pas tout dit dans le paragraphe premier ? Aurait-elle tenu un langage, non-seulement redondant, mais encore vicieux par sa tournure, puisqu'encore une fois les deux paragraphes dont se compose l'art. 484, sont distribués de manière à faire croire qu'il y a antithèse? (1)

C***. Je vais répondre à chacune de vos objections.

Et d'abord l'art. 1124 n'a point la portée, l'étendue indéfinie que vous lui attribuez ; je viens d'expliquer comment cet article doit se combiner et se concilier avec les art. 1125 § 1er, 1305, 1311, etc., et ce qui en résulte; je n'y reviendrai donc point : qu'il me suffise de le rappeler, et d'y renvoyer.

Vous m'objectez les art. 2012, 502 et 509 du Code, qui, dites-vous, mettent le mineur sur la même ligne que l'interdit. Mais d'abord l'art. 2012 est tout-à-fait étranger à notre question; il suffit de le lire pour s'en convaincre.

L'art. 502 ne parle que de l'interdit et non du mineur, de même que les art. 1305 et 1311 ne parlent que du mineur et non de l'interdit. — Mais l'art. 509 qui assimile l'interdit au mineur ! — Oui, *pour sa personne et pour ses biens,* continue

---

(1) M. Troplong, Vente, tom. 1, n° 166.

l'article, c'est-à-dire, pour le soin à prendre et de sa personne et de ses biens, comme aussi pour ce qui concerne les pouvoirs et les obligations du tuteur et du subrogé-tuteur qui lui sont nommés suivant l'art. 5o5 : « Les lois sur la tutelle des mineurs, ajoute l'article, s'appliqueront à la tutelle des interdits. »

Mais quant à la *capacité personnelle* des mineurs et des interdits, est-il donc vrai qu'ils soient assimilés les uns aux autres et mis absolument sur la même ligne ? Tous les commentateurs s'accordent à reconnaître une différence très marquée entre le mineur et l'interdit ; et voici comment M. Proudhon, entr'autres, l'établit dans son Cours de droit, t. 2, p. 323 :

« L'interdit est, *en général*, assimilé au mineur pour sa personne et pour ses biens (art. 5o9)... Mais quelle que soit l'étendue des rapports sous lesquels la loi les assimile l'un à l'autre, leur condition n'est cependant pas toujours la même, parce que le fondement de leur incapacité est bien différent.

« La loi ne peut voir qu'un défaut absolu du jugement dans l'homme déclaré en démence ; ce serait un outrage d'abaisser le mineur à cette condition ; ici ce n'est plus le défaut entier de jugement, c'est l'inexpérience, c'est la raison naissante, mais combattue par la violence des passions du jeune âge, que la loi protège.

« L'incapacité de l'interdit est dans le droit naturel, parce que le jugement d'interdiction n'est

que déclaratif de la démence qui en est la cause :
l'incapacité du mineur est, au contraire, un
effet du droit civil qui l'établit et la modifie
suivant les circonstances.

« Celle de l'interdit doit donc être plus absolue que celle du mineur, parce que l'impré-
voyance de celui-ci peut être suppléée par des
formes de précaution, tandis que le défaut
absolu de jugement ne peut jamais l'être.

« De là il résulte que le mineur peut, avec
le consentement de sa famille (148), s'engager
dans les liens du mariage, tandis que l'interdit en
est incapable tant que dure l'interdiction (174);
que le mineur peut, avec la même assistance,
faire des libéralités, par son traité nuptial (1095,
1309 et 1398) ; et que, parvenu à l'âge de seize
ans, il peut seul disposer, par testament, jusqu'à concurrence de la moitié des biens que
la loi laisse à la disposition du majeur (904),
tandis que l'interdit, étant jugé n'être pas sain
d'esprit, ne peut disposer ni par acte entre-vifs,
ni par testament (901) ; que l'interdit ne peut
être tuteur ni membre d'un conseil de famille,
tandis que le mineur est au contraire, de plein
droit, le tuteur de ses enfans ; qu'enfin, à l'égard
du mineur, on doit préalablement examiner
la question de savoir s'il a été lésé, pour le relever de ses engagemens, ce qui n'a pas lieu à
l'égard de l'interdit, *quia dementis nulla
voluntas.*

« L'article 502 du Code porte que l'interdiction

a son effet du jour du jugement, et qu'en conséquence tous actes passés postérieurement par l'interdit sont *nuls de droit ;* d'où il résulte :

« 1° Que, sans être obligé d'articuler aucune lésion, ces actes doivent être déclarés nuls par le seul motif du défaut de volonté essentiellement inhérent à l'aliénation d'esprit, parce qu'il y aurait de l'absurdité à supposer un contrat valable sans consentement de la part d'un des contractans. »

Vous le voyez donc, l'art. 502 que vous m'opposez, se rétorque même contre vous, et l'assimilation du mineur avec l'interdit n'est point telle que leurs actes et engagemens doivent être mis absolument sur la même ligne, et annulés précisément et exclusivement dans les mêmes cas et pour les mêmes causes. Votre seconde objection n'a donc rien de plus concluant que la première.

Reste l'art. 484, dont vous tirez un parti si victorieux, à vous entendre. Mais que fais-je ? J'oublie l'art. 450 dont vous argumentez également. L'art. 450, dites-vous, veut que le tuteur *représente le mineur dans tous les actes civils ;* et comment admettre un seul instant la validité d'un acte dans lequel le mineur n'a pas eu son représentant légal ? Mais vous soulevez là une question tout-à-fait étrangère à l'objet dont s'occupe l'art. 450. Il n'a qu'une chose en vue, cet article : savoir, que le tuteur soit tenu d'agir pour le mineur et comme le représentant dans tous les actes civils, et que ce qu'il fait en cette qualité

soit aussi valable que si c'était le mineur lui-même
qui l'eût fait personnellement ; en d'autres termes,
cet article ne fait que constituer le tuteur mandataire légal du mineur, avec tous les pouvoirs et
toutes les obligations qui résulteraient d'un véritable mandat ; et voilà tout. Quant à la question
de savoir si ce qu'aura fait le mineur lui-même et
lui seul, sans son représentant ou mandataire
légal, sera valable ou non, c'est une question à
laquelle notre article ne songe pas le moins du
monde. Comment donc l'invoquer pour la décider,
tandis surtout qu'il en est d'autres faits tout exprès
pour y fournir une solution ?

Mais ce même article confie au tuteur l'administration des biens du mineur ; et dans le moindre acte que se permettrait le mineur, vente de
denrées, bail, etc., vous voyez une *usurpation*
flagrante des *droits* et des attributions du tuteur,
comme si c'était dans *l'intérêt du tuteur* et pour
lui conférer des *droits* proprement dits *à l'en-
contre* du mineur, que la loi le *charge* d'administrer les biens du mineur en bon père de famille et de le représenter ! comme si ce n'était
point dans l'intérêt unique et personnel du mineur !
et comme si dès-lors une disposition faite pour le
mineur et dans son intérêt pouvait se retourner
contre lui ! sans compter encore que l'art. 450,
pas plus dans cette seconde disposition que dans
la première, ne songe le moins du monde à trancher la question de savoir ce que pourront valoir

les actes d'administration ou autres que pourrait
faire le mineur seul et de lui-même.

Reste donc l'art. 484, et toutes les inductions
que vous en tirez ; à quoi je réponds :

1° Le prétendu contre-sens que vous en voyez
résulter, si l'on admet que le mineur puisse faire
seul, sauf l'action en rescision, les actes que la
loi n'a pas soumis à des formalités spéciales de
précaution, est-il bien réel ? Que venez-vous nous
dire, à l'appui de votre assertion, que si tous les
engagemens ruineux que vous supposez contractés
par le mineur, l'ont été pour des prix justes et
modérés, il ne faudra plus parler de *lésion ?* Mais
vous avez bien senti vous-même la force de la réponse qui se présente tout de suite, si bien que
vous n'avez pas même cherché à répliquer. Et
comment en effet se refuser à voir une lésion véritable, un dommage ou une perte réelle dans
l'acquisition faite à grands frais par le mineur,
quoiqu'à juste prix peut-être, d'objets inutiles
et purement de luxe, tels que ceux dont vous
avez parlé, chevaux, équipage, meubles somptueux, etc., le tout au-dessus de sa fortune et de
sa condition ? « La restitution doit avoir lieu, dit
« Domat (liv. 4, tit. 6, sect. 2), toutes les fois
« que le mineur est lésé, soit par l'acte en lui-
« même, *soit par les suites de l'acte....* Si un
« mineur n'allègue rien qu'on puisse imputer ou
« à sa mauvaise conduite, ou à quelque surprise
« de la partie, et qu'il n'ait rien fait *que ce que*
« *son intérêt* ou quelque devoir l'obligeait de

« faire, *comme s'il a acheté des choses* NÉCES-
« SAIRES, etc. , il ne pourra pas être relevé. » Mais
en voilà déjà trop sur une difficulté qui n'est ni
réelle ni sérieuse ; passons à l'autre.

Ici, ce n'est plus un contre-sens, c'est une inconséquence dans laquelle nous allons, dites-vous,
nous trouver placés ; et cette inconséquence consisterait en ce que l'art. 486 ne serait plus, dans
mon système, un moyen d'enlever au mineur
émancipé le pouvoir dont il abuse, puisque alors,
ce pouvoir, il le retrouverait dans les liens de la
tutelle. Quel pouvoir donc ? Celui conféré par
l'art. 481, d'administrer ses biens, de faire des
baux de neuf ans, etc., etc., *le tout sans être*
restituable dans tous les cas où le majeur ne
le serait pas lui-même ? Évidemment non. Celui
de contracter des obligations par voie d'achat ou
autrement, art. 484, sans être également restituable dans les cas où le majeur ne le serait pas
lui-même, ou du moins *sans être restituable* en
tout ou en partie, *s'il n'y a pas d'excès ?* Évidemment non encore, et cela résulte notamment
de ce que je viens de dire et de citer sur l'objection précédente. Où donc alors et comment voyez-
vous que le mineur privé du bénéfice de l'émancipation retrouverait dans les liens de la tutelle le
pouvoir dont il abusait ?

Ceci répond en même temps à votre troisième
considération, que le mineur non émancipé qui
laissera apercevoir des goûts de dépense, ne
pourra, dans mon système, être ni réprimé, ni

puni, tandis que l'émancipé le sera par la privation du bénéfice de l'émancipation, etc. La rescision, la faculté de se faire relever de ses engagemens en cas de lésion est là qui répond à tout, et qui répare tout.

N***. La rescision ! Elle n'est qu'un moyen de protection (1).

C***. Eh ! mais, que voulez-vous donc de plus ? Toutes les lois sur les *tutelles*, sur *l'incapacité* des mineurs, sur les *nullités* ou *rescisions* de leurs engagemens, sont-elles donc autre chose que des lois et des mesures de *protection* ? Ecoutez donc, s'il est possible que vous en doutiez, ce qu'en disaient les orateurs du Tribunat et du Conseil d'état : « La restitution du mineur pour « cause de lésion est fondée sur deux idées prin- « cipales : la loi PROTÈGE la faiblesse de l'âge ; « voilà pour la personne du mineur ; et à l'égard « de l'autre partie qui contracte, c'est à elle seule « qu'elle doit imputer l'événement. (2) »

« Il résulte de l'incapacité du mineur non émancipé, qu'il suffit qu'il éprouve une lésion pour que son action en rescision soit fondée. S'il n'était pas lésé, il n'aurait pas d'intérêt à se pour- voir ; et la loi lui serait même préjudiciable, si sous prétexte de l'incapacité, un contrat qui lui est avantageux pouvait être annulé ; le résultat

(1) M. Troplong, pag. 278.

(2) Favard, Exposé des motifs, tom. 5, pag. 166.

de son incapacité est de ne pouvoir être lésé, et
non de ne pouvoir contracter : *Restituitur tanquam laesus, non tanquam minor* » (1).

Voilà qui prouve bien tout-à-la-fois, et que les
lois dont nous parlons sont faites uniquement dans
un but de *protection* et pour *l'intérêt* du mineur,
et que l'on ne doit point admettre avec vous indistinctement et généralement, et sans examiner s'il
y a ou non lésion réelle, la nullité *de droit* de
tous les actes faits par le mineur sans l'assistance
de son tuteur.

Vainement enfin faites-vous ressortir l'espèce
d'antithèse qui existe entre les deux paragraphes
dont se compose l'art 484, pour en conclure que,
dans mon système, la loi aurait, dans le second
de ces paragraphes, tenu un langage redondant
et même vicieux. Il n'en est rien. La loi, dans le
1er §, déclare le mineur émancipé incapable d'a-
liéner ses immeubles et de faire aucun acte en
général autre que ceux de pure administration,
sans rien statuer du reste sur le sort des actes
de cette nature qu'il aura pu se permettre; sur
quoi elle renvoie implicitement, mais nécessairement, aux principes généraux qui régissent
la matière, c'est-à-dire aux art. 1125, 1305,
1311, etc.

Dans le § 2, la loi s'occupe des actes d'administration permis au mineur; et prévoyant le cas
où il abuserait de la liberté qu'elle lui donne à ce

(1) Bigot-Préameneu, *Motifs*, tom. 5, pag. 78.

sujet, par des achats ou autres actes qui *excé-deraient* ses facultés et ses besoins, elle décide que les obligations ainsi contractées seront *réductibles*, tandis qu'autrement elles ne le seraient point et demeureraient pleinement obligatoires et irrévocables, tout de même que si le mineur les eût contractées étant majeur (art. 481).

Voilà sans doute une antithèse ou distinction bien marquée entre les deux hypothèses dont s'occupe l'art. 484. Mais maintenant, en quoi donc et comment mon système sur la rescision pour cause de lésion, vient-il effacer cette différence si tranchante, et rendre l'une de ces deux dispositions redondante, ou vicieuse, ou inutile?..

N***. Je l'ai déjà dit : si les engagemens du mineur en tutelle sont valables, sauf la rescision en cas d'exagération, à quoi bon la dernière disposition de l'art. 484? La loi n'avait-elle pas tout dit dans le § 1er (1)?

C***. Non, puisque la loi n'avait parlé dans le § 1er que des actes étrangers à l'administration. Et quant aux actes d'administration, le principe général qui accorde au mineur le bénéfice de la restitution ou rescision pour cause de lésion, ne suffisait plus, pour cette espèce d'actes, au mineur émancipé, puisque l'art. 481 venait de lui donner plein pouvoir de les faire seul, en le déclarant *non restituable contre ces actes dans tous les cas*

(1) M. Troplong.

3

où le majeur ne le serait pas lui-même. Il
fallait donc bien, voulant même dans ce cas lui
venir encore en aide et le *protéger* contre la faiblesse de l'âge et l'inexpérience, que la loi, par
une disposition spéciale, déclarât réductibles en
cas d'excès les obligations qu'il viendrait à contracter par achat ou autrement, et c'est ce qu'elle
fait dans le § 2 de notre art. 484.

Et dites-moi maintenant s'il y a la moindre
confusion entre les deux dispositions de cet article?
s'il y a la moindre redondance, la moindre inutilité dans l'une ou dans l'autre? si enfin l'art.
484 est inconciliable avec ce que j'appelle le
principe général de la rescision pour cause de
lésion ?

Il n'est donc pas vrai de dire que l'art. 1124
du Code, en déclarant le mineur incapable de
contracter, enlève évidemment tout caractère de
validité à une convention dans laquelle un mineur parle seul et sans autorisation, et que dès
qu'il y a incapacité, le remède de la lésion est
inutile.

Mais est-il plus vrai de dire, ainsi que vous le
faites, que la simple lésion est suffisante pour que
le mineur puisse se faire restituer contre les conventions dans lesquelles il a été légalement représenté ou autorisé ? Je ne le pense pas non plus.

N***. C'est pourtant ce qui résulte de l'article
1305 (1).

(1) M. Troplong.

C***. Oui, si l'art. 1305 ne doit pas être limité aux engagemens contractés par le mineur seul. Or la place seule qu'occupe cet article, précédé et suivi d'autres articles qui parlent d'actes *faits par le mineur* (art. 1304, 1307, 1308, etc.), annonce déjà suffisamment que l'art. 1305 n'entend parler que des mêmes actes.

N***. La réponse est simple et péremptoire. Les articles cités embrassent une série d'hypothèses différentes les unes des autres, et ayant pour but de prévoir toutes les positions dans lesquelles le mineur se trouve placé; tantôt la loi le considère seul, contractant sans assistance, ou même commettant un délit; tantôt elle le suppose environné de ceux dont la protection lui est nécessaire. Tous les cas ont été prévus. Dès-lors, en voulant ramener ces divers articles au cas spécial que vous avez en vue, vous rétrécissez le plan du législateur, et lui imputez une lacune dont il n'est pas coupable. Aussi ne pouvez-vous parvenir à soumettre l'art. 1305 à votre hypothèse, qu'en allant chercher dans d'autres articles du Code des expressions que vous transportez dans le même article, et qui ne s'y trouvent pas.

Il y a plus : supposons un instant qu'il faille sous-entendre, dans l'art. 1305, les expressions, *actes faits par les mineurs*, qu'on lit dans l'art. 1304, il ne s'ensuivra pas que le législateur a entendu parler des actes faits par le mineur en dehors de toute assistance; car, par cela seul qu'il s'occupe uniquement du cas de lésion, la logique veut qu'on décide que son point de départ est que l'acte est valable en la forme, et que le mineur est autorisé (1).

C***. D'abord, je vous demanderai ce que c'est qu'un mineur *autorisé;* ce que c'est que cette *autorisation* du mineur dont vous ne cessez de parler, comme si nos lois nouvelles connaissaient ou avaient adopté cette antique solennité de *l'autorisation,* connue et pratiquée en Droit romain! comme si, dans le systême du Code, ce n'était pas le tuteur qui, représentant le mineur, paraisse, agisse et contracte seul pour lui!

N***. Je conviens qu'en thèse générale il est vrai de dire que le tuteur agit pour le mineur, et que la personne de ce dernier s'efface dans les actes qu'il passe avec les tiers. Cependant il y a des conventions dans lesquelles sa présence est de droit. Sans parler du mariage qui est dans une classe à part (article 160 du Code civil), on peut citer les conventions matrimoniales dans lesquelles il figure en personne (art. 1095, 1309, 1398). Il est même certain que dans les anciens pays de droit écrit, un reste d'habitude fait que très souvent les mineurs parlent aux actes avec l'assistance et l'autorisation de leur tuteur; et cette manière de procéder n'a rien de contraire aux dispositions du Code civil.

Enfin, si l'on ne veut pas s'attacher à une rigi-

(1) M. Troplong, Vente, tom. I, n° 166.

dité de mots purement académique, on demeurera convaincu que, dans le langage usuel, dont il
faut bien tenir compte, on emploie tous les jours
cette locution : *actes passés par un mineur autorisé*, pour désigner des actes dans lesquels c'est
le tuteur qui est intervenu au nom du mineur.
En effet, comme le dit Pothier, *les mineurs contractent par le ministère de leur tuteur......
Lorsque le tuteur contracte en cette qualité,
c'est le mineur qui est censé contracter lui-
même ;* et le législateur, qui n'est pas un puriste,
et qui subit comme tout le monde l'influence
du langage vulgaire, vient lui-même à l'appui de
notre explication. Ecoutons-le parler dans l'art.
1304, qui embrasse les deux cas de rescision et de
nullité. Le temps ne court, à l'égard des actes
faits par les interdits, que du jour où l'interdiction est levée ; à l'égard de ceux *faits par les mineurs,* que du jour de la majorité.

Voilà donc l'interdit et le mineur mis en jeu , et
comparaissant personnellement ; et cependant, de
quoi s'agit-il ? Ce n'est pas seulement de l'action
en nullité, c'est encore de la durée de l'action en
rescision. Donc le législateur suppose que l'acte
fait par le mineur ou l'interdit est valable en la
forme, c'est-à-dire, que les personnes incapables
ont été habilitées conformément à la loi ; et cependant il se sert de la locution usuelle, *ceux faits
par le mineur,* parce qu'en effet c'est le mineur
lui-même qui contracte par le ministère de son

tuteur, et que cette manière de s'exprimer, quoique
moins exacte, est plus rapide et plus laconique.

Une preuve du même genre découle de l'article
1311 : « Il n'est plus recevable à revenir contre
l'engagement qu'il avait *souscrit en minorité*,
lorsqu'il l'a ratifié en majorité, soit que cet engagement fût nul en la forme, *soit qu'il fût seulement sujet à rescision.* »

De deux choses, l'une :

Ou le législateur ne répugne pas à l'idée d'un
mineur souscrivant un engagement avec l'assistance et l'autorisation de son tuteur, et c'est lui
qu'il a en vue dans l'art. 1311 du Code civil. Dès-
lors vous ne prouvez rien en établissant que l'art.
1305 n'a en vue que l'acte fait par le mineur, et
en l'interprétant par l'art. 1304 ; car le mot de lésion prononcé par le législateur écarte toute idée
de nullité pour incapacité, et force à limiter l'art.
1305, au cas où le mineur est assisté conformément à la loi.

Ou bien le législateur, en parlant de l'engagement souscrit en minorité, n'a entendu faire allusion qu'à une convention faite par le tuteur au
nom de son mineur ; se conformant ainsi à une
manière métaphorique de s'exprimer, et désignant
comme auteur du contrat celui qui figure dans les
qualités, et au nom duquel l'acte se fait ; et, sous
ce nouvel aspect, l'art. 1311 vient encore confirmer
toute ma doctrine ; car tant qu'il s'agit de rescision, c'est en vain que vous vous efforcerez de
parler de nullité extrinsèque ; je vous ramènerai

toujours à l'hypothèse d'un acte valable en la forme (1).

C***. C'est bien aussi dans cette hypothèse que je raisonne; oui, je suppose l'acte valable en la forme. Mais est-ce à dire pour cela qu'il faille supposer aussi que l'acte a été fait ou par le mineur assisté ou autorisé, comme vous dites, ou même par le tuteur au nom de son mineur? Non; et ici rappelons la distinction si importante que l'article 1311 établit entre les actes *nuls en leur forme*, et les actes *seulement sujets à restitution*. Les premiers, nous l'avons vu précédemment, sont ceux pour lesquels certaines formalités spécialement exigées par la loi, dans l'intérêt du mineur, n'ont point été observées, tels qu'aliénations d'immeubles, emprunts, etc.; et les seconds sont ceux qui, n'ayant point de forme spéciale ainsi déterminée par la loi, tels qu'achats, louages, etc., contiennent une lésion au préjudice du mineur. Or, il est bien vrai de dire de cette dernière espèce d'actes, que s'ils ont été faits sans aucune espèce de formalités, ils n'en sont pas moins *valables dans la forme*, ou autrement, et ce qui serait peut-être plus exact, qu'ils *ne sont point nuls en la forme*; mais c'est toujours au fond la même chose; et ces actes ne pouvant donc pas être attaqués pour vice ou nullité de forme, ils ne pourront l'être que pour cause de lésion.

Et voilà précisément quels actes l'article 1305 a

_____

(1) M. Troplong, de Io.

en vue, lorsqu'il dit que la *simple lésion* (même sans *nullité de forme,*) donne lieu à la rescision en faveur du mineur; et ainsi, vous le voyez, rien de plus inutile et de moins fondé tout-à-la-fois que de supposer que cet article ait entendu parler d'actes faits, soit par le mineur assisté et autorisé, soit par le tuteur, pour lui et en son nom.

Je dis de moins fondé : car enfin, lorsque la loi parle d'actes *faits par le mineur,* d'engagemens *qu'il avait souscrits en minorité,* de bonne foi, peut-on entendre ces expresions, d'actes, d'engagemens, qui n'auraient été réellement ni *faits,* ni *souscrits par le mineur lui-même,* mais bien *par son tuteur* pour lui? et cela, sous prétexte que les mineurs *contractent par le ministère de leur tuteur;* que lorsque le tuteur contracte en cette qualité, *c'est le mineur qui est censé contracter lui-même?* Croyez-vous sérieusement que le législateur eût employé ce langage métaphorique et équivoque, au lieu de rendre clairement et naturellement sa pensée, en disant : les *actes faits,* les *engagemens souscrits par le tuteur au nom du mineur, ou pour le mineur?*

Et l'alternative que vous nous posez, est-elle bien concluante, bien exacte même? A vous en croire, il faut de deux choses l'une, ou que le législateur ait voulu parler d'actes faits par le mineur dûment assisté et autorisé, puisque nous supposons l'acte valable en la forme; ou bien, par la même raison, qu'il ait voulu parler d'actes faits par le tuteur au nom de son mineur.

Mais d'abord, vous oubliez une troisième chose ou hypothèse, celle où le mineur aurait agi seul et sans assistance aucune, et où cependant l'acte n'en serait pas moins *valable en la forme*, ou *non nul en la forme;* si c'était, par exemple, un acte autre que ceux auxquels une forme spéciale est assignée et prescrite.

Ensuite, qu'est-ce que cette prétendue *forme* ou solennité d'*autorisation?* Elle est totalement inconnue et inusitée dans notre législation, si ce n'est dans le cas de mariage et de conventions matrimoniales (art. 160, 1309). Ce n'est donc évidemment point cette hypothèse que l'art. 1305 a pu avoir en vue.

Et quant à celle où l'acte aurait été fait par le tuteur personnellement, je le répète, les termes seuls dont s'est servi le législateur prouvent que ce n'est point elle non plus qu'il a eue en vue.

Reste donc la troisième hypothèse, celle-là même précisément dont vous ne parlez point dans votre alternative, celle dans laquelle le mineur aurait seul agi et contracté, et qui est aussi, selon moi, la seule précisément dont s'occupe le législateur dans les art. 1304, 1305, etc.

En effet, et d'abord, il faut bien convenir que les termes mêmes dont il s'est servi, *actes faits par le mineur, engagemens qu'il avait sous-crits en minorité,* etc., favorisent et justifient cette opinion. Ce n'est que par une espèce de tour de force et d'imagination, par une interprétation forcée et torturée, que vous leur donnez un sens différent de celui qu'ils présentent naturellement.

En second lieu, voyez l'économie de la loi et comment elle procède. Elle commence par établir en principe l'incapacité des mineurs ; elle les déclare incapables de contracter, art. 1124. Et pourquoi cela ? A cause de leur inexpérience et de la faiblesse de leur raison. Elle a donc nécessairement en vue ici les *contrats* que des mineurs *auraient pu faire personnellement*, et au sujet desquels, dans la pratique, s'élèverait la question de savoir s'ils sont valables ou non, obligatoires ou non. Puis, et en réponse à cette question, elle ajoute, art. 1125, qu'ils ne peuvent attaquer *pour cause d'incapacité* leurs engagemens, que dans les cas prévus par la loi. Attaquer leurs engagemens *pour cause d'incapacité,* cela doit donc nécessairement encore s'entendre des engagemens *contractés par eux personnellement ;* car autrement, et s'il s'agissait d'engagemens contractés par leur tuteur, en leur nom, il ne serait plus question *d'incapacité ;* ce n'est plus *pour cause d'incapacité de contracter* que les engagemens se trouveraient alors attaqués ; et cela d'ailleurs est d'autant plus vrai, que l'art. 1125 se lie intimement et par une corrélation nécessaire avec l'art. 1124, lequel, avons-nous dit, parle uniquement des contrats *faits personnellement par les mineurs.*

Maintenant, quels sont ces cas prévus par la loi, et dans lesquels seuls les mineurs peuvent attaquer leurs *contrats* ou *engagemens pour cause d'incapacité ?* L'art. 1125 ne le dit point ; mais il annonce au moins que d'autres articles de loi l'ont dit ou le diront. Recherchons donc ces autres articles auxquels renvoie ainsi le 1125e. Or, nous n'en trouvons nul autre que les art. 1304, 1305 et suivans qui s'occupent de la question ; donc c'est dans ces articles que nous allons trouver *les cas prévus par la loi*, dont parle l'article 1125 ; donc ces articles sont le complément annoncé des art. 1124 et 1125 ; donc aussi, et par cela même, ils ont en vue les mêmes objets, les mêmes choses ; c'est-à-dire, en un mot, donc ils parlent ou entendent parler également des *contrats* ou *engagemens faits ou souscrits par les mineurs eux-mêmes personnellement* ; et dans le fait, nous voyons qu'effectivement ils parlent des actes *faits par les mineurs, des engagemens qu'ils auraient souscrits en minorité.* Comment donc douter là où tout est si clair et si concordant, texte et esprit, paroles et intention ?

Ce n'est pas tout. L'art. 1305 dit que « la simple lésion donne lieu à la rescision en faveur du mineur non émancipé, contre toutes sortes de conventions ; et en faveur du mineur émancipé, contre toutes conventions *qui excèdent les bornes de sa capacité.* » C'est donc réellement *pour cause d'incapacité,* que le mineur émancipé sera relevé ou restitué ; et de même du mineur non émancipé, toutes sortes de conventions *excédant sa capacité,* puisqu'il est généralement *incapable;*

c'est donc aussi, dis-je, *pour cause d'incapacité* qu'il sera admis à *attaquer ses engagemens* de toutes sortes. Or donc, ici, nous voilà rentrés absolument dans l'hypothèse comme dans les termes mêmes de l'art. 1125; et tout ce que nous avons dit sur cet article peut et doit se répéter sur le présent article 1305, savoir, qu'il n'y est évidemment question que des contrats ou engagemens *souscrits personnellement par le mineur seul,* et puis encore, que des engagemens qui auraient été souscrits par son tuteur pour lui et sans lui, ne sauraient être attaqués *pour cause d'incapacité de contracter.* Comment, en effet, voir un défaut de capacité soit dans le tuteur nécessairement majeur, et par conséquent capable, qui aura traité pour son pupille, soit même si l'on veut, et pour rentrer dans votre hypothèse, dans le mineur lui-même qui, en traitant, aura été assisté et autorisé de son tuteur, lequel, dès-lors, aura suppléé au défaut de lumières et d'expérience du mineur? Or, là où il n'y a pas *incapacité,* il ne peut y avoir rescision ou restitution, même quand il y aurait lésion réelle, puisque la restitution n'est accordée aux mineurs *qu'à cause, qu'en raison de leur incapacité de contracter,* art. 1125 et 1305; la lésion seule ne suffit point si elle ne peut être attribuée à la faiblesse de l'âge et à l'inexpérience.

Comment, au surplus, peut-on admettre que la loi ait interdit au mineur dûment représenté tout recours pour lésion contre les actes les plus importans pour lui, comme vente d'immeubles, acceptation de donation, partage, transaction, et qu'elle lui ait permis d'attaquer des actes bien moins sérieux, tels que baux, vente de denrées, dans lesquels le tuteur a agi dans les limites de son pouvoir ordinaire? Rien n'est plus improbable; sans quoi il y aurait dans les dispositions de la loi un désaccord extraordinaire.

N***. Je ne suis nullement frappé de cette objection; et ce qui vous semble une choquante anomalie me paraît tout-à-fait rationnel. Les ventes d'immeubles, les acceptations de donations, les partages, les transactions sont accompagnés de précautions géminées qui écartent toute possibilité de lésion. Mais il en est autrement quand le mineur est moins efficacement défendu, et lorsque la seule assistance d'un tuteur, souvent accessible à la négligence et à la précipitation, peut faire craindre qu'il ne soit surpris par une tromperie adroite.

Ainsi, si un mineur passe un bail sans l'assistance de son tuteur, s'il achète sans son concours, ces actes seront nuls *ipso jure,* d'après l'article 1124 du Code civil.

Mais si le tuteur fait lui-même ces actes, la convention étant valable, le mineur devra l'accepter, à moins qu'il ne prouve une lésion assez forte pour être prise en considération. Quoique moins importans que les contrats privilégiés qui demandent l'assistance du conseil de famille et autres formalités solennelles, ces actes avaient cependant droit à la protection du législateur. Voilà pour-

quoi il réserve la rescision : c'est le genre de secours particulier à ces conventions (1).

C***. S'il en était ainsi, il serait encore aujour-
d'hui vrai de dire, comme anciennement, qu'il
n'y a pas de sûreté à traiter avec les mineurs,
même par le ministère de leurs tuteurs; et qui
oserait traiter avec eux?

N***. Quiconque apportera de la bonne foi
dans ses relations avec eux, et ne voudra pas s'enrichir aux dépens des mineurs, n'aura rien à craindre; car les tribunaux n'admettront pas des récla-
mations faites légèrement, pour ébranler les actes
consommés. *De minimis non curat prætor* (2).

C***. C'est-à-dire, ou à peu près, *qu'il n'y a pas
d'assurance plus grande que d'acheter ou de
louer le bien du mineur plus cher qu'il ne vaut,*
ainsi qu'on disait encore anciennement; c'est-à-
dire au moins qu'il ne faudra pas se hasarder à faire,
en traitant avec un tuteur, ce qu'on appelle *une
bonne affaire,* telle qu'un bail ou un marché
avantageux, sous peine de le voir rescinder ou annuler pour cause de lésion; car du reste rien de
plus compatible avec la bonne foi, et chercher à
gagner de cette manière n'est et n'a jamais été appelé vouloir s'enrichir aux dépens des personnes
avec qui l'on traite. Et comme, au surplus, c'est
la perspective et l'espoir d'un bénéfice ou d'un

(1) M. Troplong.

(2) M. Troplong.

avantage quelconque qui détermine généralement
à contracter, et qu'il n'est rien aussi, d'un autre
côté, de plus propre à en détourner, que la crainte
de voir annuler un jour ce qu'on aura fait et négo-
cié, j'ai donc raison de dire que votre système,
s'il était admis, aurait pour résultat inévitable de
replacer, au moins en partie, les mineurs dans la
position exceptionnelle et si désavantageuse où les
mettait anciennement cette crainte perpétuelle de
rescision. « Il fallait souvent, disait Favard au Tri-
« bunat (Exposé des motifs, tom. 5, pag. 169),
« des demi-siècles pour savoir si une affaire trai-
« tée avec un mineur pouvait être regardée comme
« absolument consommée.

« L'intérêt des mineurs, celui des familles, le
respect dû à la morale publique, exigeaient que la
personne et les biens des mineurs fussent environ-
nés de toute la protection de la loi ; mais enfin
on est souvent forcé de traiter avec les mineurs,
et des mineurs ont souvent besoin qu'on traite
avec eux : il faut donc que l'intérêt des tiers soit garanti lorsque les tiers ont suivi les formes prescrites par la loi.

« C'est pourquoi le projet a dû avertir que lorsque
les formalités requises à l'égard des mineurs ou
interdits, soit pour aliénation d'immeubles, soit
dans un partage de succession, ont été remplies, ils sont, relativement à ces actes, considérés
comme s'ils les avaient faits en majorité. »
Et notez bien qu'il en est de même des répudia-
tions ou des acceptations de successions et de do-

nations (art. 461, 462, 463), de même des emprunts et des hypothèques (art. 457), de même
encore des transactions (art. 467, 2045 et 2052).

Il n'y aurait donc véritablement que les actes
d'administration qui seraient exceptés de cette règle commune, si sage, du reste, et si nécessaire
dans l'intérêt même des mineurs; et pourtant tous
les motifs qui l'ont fait établir, cette règle, se représentent ici et militent avec la même force pour
qu'elle soit appliquée à cette espèce d'actes. Or déjà
*ubi eadem est ratio decidendi, ibi idem jus
esse debet.* Que dis-je? il y a même ici un motif
de plus, une raison *à fortiori ;* c'est que ces actes
d'administration sont, par leur nature même,
d'un usage encore plus fréquent et plus journalier
que les autres, d'une nécessité encore plus pres-
sante et plus sensible, en sorte qu'il est d'autant
plus nécessaire encore d'écarter toutes espèces
d'entraves et d'obstacles qui pourraient empêcher
les tiers de s'y prêter et d'y concourir. Or, nous
venons de le voir, un des plus grands obstacles de
ce genre, c'est la crainte de les voir un jour annuler sous prétexte ou pour cause de lésion. Nécessité donc d'écarter aussi cet obstacle, en déclarant
ces actes non sujets à restitution pour lésion.

Pourquoi encore les actes d'aliénation, partage,
etc., sont-ils déclarés irrévocables? Parce que, dit
l'orateur du Tribunat, les formalités prescrites aux
tiers ont été par eux fidèlement observées. Eh bien!
il en est de même des simples actes d'administration, toutes les fois et par cela seul que les tiers les

ont faits avec le tuteur que la loi leur indique comme ayant pleins pouvoirs à cet effet (art. 450). La même raison doit donc faire maintenir également ces actes d'une manière irrévocable.

Vous craignez pour le mineur la légèreté, la négligence, la précipitation d'un tuteur abandonné à lui-même ! c'est là une crainte que la loi ne partage point, ce me semble. Car quand elle l'a sérieusement, cette crainte, savez-vous ce qu'elle fait ? Elle ordonne alors au tuteur de n'agir qu'avec l'assistance et l'autorisation soit du conseil de famille seul, soit du conseil de famille et de la justice tout-à-la-fois, témoins les articles 457 et suivans. Mais ici, en matière de simple administration, elle ne prescrit rien de semblable ; c'est donc qu'elle ne partage réellement point vos craintes. Autrement elle n'eût point manqué, et il eût été bien plus simple, bien plus naturel et bien plus conséquent tout ensemble, d'exiger les mêmes formalités, les mêmes précautions, que d'aller créer tout exprès, ainsi que vous le prétendez, pour ce cas unique et particulier, le remède extraordinaire et dangereux de la rescision pour lésion.

Au surplus, elle n'a point, même en ce cas, abandonné entièrement le pupille à la discrétion de son tuteur, puisqu'elle a formellement déclaré celui-ci responsable de toute mauvaise gestion (art. 450) ; et cette responsabilité, jointe à l'hypothèque légale accordée en outre au mineur, suffit bien sans doute pour lui assurer une pleine et entière garantie, d'autant plus encore que le préjudice à

4

craindre ou possible en pareille matière est nécessairement peu considérable. Car s'il l'était beaucoup, s'il y avait une disproportion énorme ou
trop forte entre ce que donnerait le tiers et ce qu'il
recevrait, par exemple, entre le prix du bail et la
valeur productive de la chose louée, il y aurait sûrement dol ou fraude, collusion ; et alors le traité
serait sujet à rescision pour cette cause, de même
qu'en tout autre cas de dol, fraude ou collusion,
mais non point précisément pour cause de lésion,
et non point surtout par application de l'article
1305.

Ne dites donc plus que c'est précisément pour
cette hypothèse qu'a été fait cet article 1305. Si
cela était, la loi aurait encouru le juste reproche
d'inconséquence sous un nouveau point de vue
encore. En effet, elle déclare le mineur émancipé
capable de faire seul et sans espoir de restitution
tous les actes d'administration, art. 481 et 1305,
sauf l'art. 484 qui ne la justifierait point complètement, et elle ne donnerait au tuteur le pouvoir
de faire ces mêmes actes qu'à charge de restitution
en cas de lésion! Elle donnerait ainsi moins de
pouvoir, en réalité, au tuteur, à ce mandataire
légal, dans la capacité duquel elle va chercher un
supplément à celle du mineur, qu'au mineur, qu'à
l'incapable lui-même! Cela est-il vraisemblable?
Non vraiment, et vous êtes le seul à le croire.
Tous les auteurs pensent le contraire, témoin Pothier qui s'exprime ainsi (Traité des personnes,
première partie, titre 6, article 3, § 2) : « Le

pouvoir du tuteur sur les biens du mineur est tel ,
que tout ce qu'il fait par rapport à leur administration a la même efficacité que si tous ces biens
lui appartenaient ; de là cette maxime du droit :
Tutor domini loco habetur.

« Cette règle a lieu pourvu que les contrats
soient exempts de fraude et n'excèdent pas les
bornes d'une simple administration. *V. G.* si un
mineur pouvait prouver que celui qui a pris
une ferme à bail l'a prise à vil prix , moyennant
un pot-de-vin que le tuteur aurait reçu sans en
faire mention dans le contrat, le mineur ne serait
point obligé d'entretenir ce bail ; la fraude qu'il
renferme empêche qu'il n'oblige le mineur. »

Donc, hors le cas de fraude , le mineur ne peut
point, suivant Pothier , faire annuler, sous prétexte
de lésion, ce qu'a fait son tuteur pour l'administration de ses biens.

Témoin encore M. Toullier, qui dit (tom. 2 ,
n.° 1188) : « Il (le tuteur) a le droit de faire seul
tous les actes de simple administration ; et comme
il est, dans tous ces actes , le mandataire légal et
le représentant du pupille , ils ont la même force
que s'ils avaient été faits par le mineur émancipé
ou devenu majeur. De là , cette maxime : *Tutor
domini loco habetur.* » Et l'auteur répète la
même décision au n.° 1205.

Témoin enfin ce que disent dans le même sens
M. Proudhon , en son Cours de droit, tom. 2 , pag.
215 , et M. Duranton, tom. 3 , n.° 545 , où il
s'exprime ainsi : « On peut établir comme règle

générale, que tous les actes que la loi répute actes
de simple administration et de conservation des
biens sont essentiellement dans les attributions du
pouvoir tutélaire, et que le mineur, légalement
représenté dans ces actes par son tuteur, ne peut
les attaquer sous prétexte de lésion. »

Nota. La question qui fait le sujet de ce Dialogue est tout-
à-la-fois si importante et si controversée, qu'il m'a été impossible de la traiter plus brièvement que je ne l'ai fait ici. J'aurais
craint d'omettre quelque détail ou raison essentielle.

Même observation sur le 3e Dialogue.

DIALOGUE 2.

C***. Si la succession du temps ou quelque
accident naturel, indépendant du fait de l'homme,
avait comblé le lit des eaux, les propriétaires des
fonds inférieurs pourraient-ils être contraints d'en
faire le curage ?

N***. Oui ; ils ne pourraient s'y refuser, sous
prétexte que ce lit a été comblé par un événement naturel dont ils ne veulent pas changer les
effets (1).

C***. Je ne sache pas cependant que le propriétaire d'un fonds assujetti à une servitude telle que

(1) M. Pardessus, Servit., n° 92.

celle notamment de recevoir les eaux qui découlent naturellement du fonds supérieur (art. 640), soit obligé, à défaut de convention expresse, de faire les travaux nécessaires à l'usage et à l'exercice de la servitude. Le Code même établit en principe général et absolu la règle contraire, dans le chapitre 3 du titre des servitudes, art. 698.

N ***. Les règles de ce chapitre s'appliquent particulièrement aux servitudes conventionnelles. Celles qui naissent de la disposition des lieux ou de la volonté de la loi étant plutôt des obligations de voisinage et des engagemens qui naissent sans convention, ainsi que les définit l'art. 1370 du Code civil, les règles sur la manière dont on doit en user ou les supporter, sont plus étroitement liées avec les principes sur la nature et les effets de ces charges. En un mot, ces servitudes sont régies par des principes différens des conventionnelles, auxquelles le troisième chapitre est principalement applicable (1).

C ***. Principalement ne veut pas dire uniquement; et en vérité je ne vois pas pourquoi les règles générales posées dans le chapitre 3 du titre des servitudes ne s'appliqueraient pas, quand du reste la nature des choses ne s'y oppose point, à toutes espèces de servitudes. Par exemple, les règles sur l'extinction des servitudes, contenues aux articles 703, 704 et suivans qui font partie de ce

_____

(1) M. Pardessûs, nos 53 et 92.

chapitre 3, pourquoi et comment ne s'appliqueraient-elles pas à toutes espèces de servitudes? Et ainsi de celles contenues aux articles 697, 698, etc.

Les servitudes légales nées de la disposition des lieux sont plutôt, dites-vous, des obligations de voisinage et des engagemens nés sans convention que des servitudes, et vous citez l'art. 1370 du Code, comme s'il était naturel de recourir à cet article qui ne parle point de ces espèces de charges, et de laisser là les articles 639, 640 et suivans qui les règlent et les spécifient d'une manière si précise, et qui les appellent nommément des *servitudes*. Je ne vois donc pas, je le répète, ce qui peut justifier votre opinion.

N***. L'espèce particulière de propriété ou plutôt d'usage, dont les eaux sont susceptibles, et les rapports de cet élément avec la salubrité et les besoins de l'agriculture ou des arts, sont autant de motifs qui fortifient mon sentiment; et d'ailleurs on ne peut élever d'objections fondées, puisque la loi du 14 floréal an 11 met le curage des rivières, qui ne font pas partie du domaine public, à la charge des riverains, et que les réglemens d'administration publique ont appliqué ce principe aux simples ruisseaux (1).

C***. Voilà encore une considération dont je ne comprends pas l'influence sur notre question. Que les eaux, à raison de leur usage, de leurs

(1) M. Pardessus, n° 92.

rapports avec la salubrité ou avec les besoins de l'agriculture et des arts, etc., soient régies par certaines dispositions spéciales, soit, rien de mieux; et je ne demande pas mieux que de me soumettre à ces dispositions quand elles existent réellement. Mais hors de là, et à défaut de règles spéciales qui dérogent ainsi au droit commun, certes il faut bien revenir au droit commun.

Eh bien donc, me citeriez-vous une disposition de loi qui mette à la charge des propriétaires inférieurs les travaux à faire pour curer et nettoyer, dans l'intérêt des propriétaires supérieurs, le lit des eaux qui découlent des propriétés de ceux-ci dans les propriétés de ceux-là? Je dis dans l'intérêt des propriétaires supérieurs; car du reste, s'il s'agit de l'intérêt public et général du pays, de la localité, dans une plus ou moins grande étendue, je sais qu'alors le curage des rivières et même des simples ruisseaux, si vous voulez, est mis, par la loi du 14 floréal an 11, à la charge des riverains qui peuvent y être contraints d'office par l'autorité administrative ou sur ses poursuites. Mais du reste aussi, c'est là une loi, une disposition toute spéciale, tout exceptionnelle, qui ne peut être étendue hors de son cas précis et déterminé; et ce cas, quel est-il? Je viens de le dire, celui, et celui-là seul, où le curage est réclamé par l'autorité administrative, et pour l'utilité publique ou générale. Or, telle n'est évidemment point l'hypothèse dans laquelle nous raisonnons ici, puisqu'ici le curage est demandé, non plus par l'autorité administrative, mais par un simple particulier; non plus dans un but d'utilité publique, mais dans un but d'intérêt purement privé ou individuel.

L'intérêt, les besoins de l'agriculture ou des arts! Hé! en quoi l'agriculture ou les arts souffriront-ils de ce que le curage sera fait par ceux-là mêmes auxquels il est nécessaire, les propriétaires supérieurs, au lieu de l'être par ceux qui n'en ont pas besoin, les propriétaires inférieurs? Car remarquez bien que si je refuse aux premiers le droit de contraindre les seconds à faire les travaux du curage, je ne leur refuse au moins pas celui d'y procéder eux-mêmes, et d'y travailler même dans ou sur la propriété de leurs voisins, et ce par application de l'art. 697 du Code civil.

Mais contraindre ces derniers à faire eux-mêmes ces travaux dans l'intérêt des premiers! c'est ce qui me paraît contraire à tous les principes. C'est d'abord en opposition manifeste avec le texte même de la loi, avec l'art. 698; et j'ajoute aussi avec son esprit : car enfin n'est-ce pas un principe fondamental et admis de tout temps en matière de servitudes, qu'aucune servitude quelle qu'elle soit, naturelle, légale ou conventionnelle, peu importe, qu'aucune servitude n'oblige celui qui la doit à faire quelque chose, mais seulement à souffrir ou à laisser faire? *Servitutum non ea est natura ut aliquid faciat quis, sed ut aliquid patiatur, aut non faciat,* dit la loi 15 § 1, ff. *de servit.*

N***. J'avoue qu'il n'y a aucune servitude dont

l'effet soit d'obliger le propriétaire du fonds assujetti, à quelque acte positif; mais ce principe ne doit pas être étendu au delà du cas des servitudes... (1).

C***. Bien entendu; mais aussi, réciproquement, ne faut-il pas refuser de l'appliquer, ce même principe, à tout ce qui constitue véritablement une servitude? Or telle est sans doute la charge imposée au propriétaire du fonds inférieur de recevoir les eaux qui découlent naturellement de l'héritage supérieur, puisque l'art 640 la qualifie ainsi en toutes lettres.

Ajoutons à cela que dans toutes charges, servitudes et obligations quelconques, il est de règle, en cas de doute et d'incertitude, de décider en faveur du débiteur, *semper in obscuris id quod minimum est sequimur*, dit la loi romaine, retracée dans l'art. 1162 de notre Code; et appliquant ce principe d'équité aux servitudes nommément, M. Toullier dit, d'après Domat : « Comme les servitudes dérogent à la liberté naturelle, on doit les restreindre à ce qui se trouve précisément nécessaire pour le besoin des fonds à qui elles sont dues, et il faut en diminuer l'incommodité autant qu'il est possible; le doute doit s'interpréter en faveur du débiteur. » (2).

En voilà plus qu'il n'en faut, ce me semble, pour décider notre question en faveur des propriétaires inférieurs.

(1) M. Pardessus, nº 19.
(2) M. Toullier, tom. 3, nº 654.

DIALOGUE 3.

C***. Un héritier putatif ou apparent a vendu à un tiers des immeubles de la succession ; il est ensuite évincé de cette succession par un héritier plus proche ; la vente devra-t-elle être annulée sur la demande en revendication de ce dernier ? ou bien sera-t-elle maintenue au profit de l'acquéreur, que nous supposerons de bonne foi de même que le vendeur ?

N***. Elle ne pourra point être maintenue ; les actes d'aliénation, de constitution d'hypothèque, de servitudes, etc., faits par le propriétaire apparent, ne nuisent point au vrai propriétaire réintégré dans ses droits ; ils sont résolus, ils s'évanouissent avec le droit de celui qui les a faits, et qui n'a pu transférer à autrui plus de droit qu'il n'en avait lui-même.

Ceux qui ont acquis ou reçu de lui s'en plaindraient injustement : ils n'étaient point dans la nécessité d'acquérir. Avant de le faire, ils pouvaient, ils devaient s'assurer que leur vendeur était propriétaire légitime et incommutable. S'ils ont négligé de s'en assurer, s'ils ont trop légèrement suivi la foi de leur auteur, ils ne peuvent imputer qu'à eux-mêmes la perte qu'ils éprouvent par la réintégration du vrai propriétaire dans tous ses droits (1).

C***. Cependant la Cour de Caen a jugé, le 21 février 1814, que les ventes faites par l'héritier apparent ne peuvent être attaquées par l'héritier véritable, ou par son cessionnaire, si les acqué-reurs sont dans la bonne foi ; et le 3 août 1815, la Cour de cassation a rejeté le pourvoi contre cet arrêt. Voici l'espèce :

Le 8 germinal an VIII, mourut le sieur Fames-son ; la veuve Barberie se présenta pour héritière dans la ligne paternelle, et le sieur Dormont dans la maternelle. Ils firent inventaire, puis parta-gèrent la succession. Le sieur Dormont vendit en-suite une pièce de terre qui était entrée dans son partage.

Trente mois après l'ouverture de la succession, les sieurs Dugay et de Prépetil, parens plus pro-ches, formèrent contre le sieur Dormont, une pétition d'hérédité, qui fut accueillie par le tribu-nal d'Argentan.

Ils cédèrent leurs droits au sieur de Prépetil, notaire à Condé, qui revendiqua la pièce de terre vendue par Dormont.

Sa revendication, admise par les premiers juges, fut rejetée, le 21 février 1814, par la Cour de Caen, dont le motif principal et déterminant fut, en droit, qu'il est constant que, suivant l'ancienne

_____

(1) M. Toullier, tom. 7, n° 31.

jurisprudence, attestée par les auteurs normands, et puisée dans l'arrêt Malandrin, celui qui a acquis de l'héritier apparent doit être maintenu dans son acquisition, quand elle a été faite de bonne foi.

Prépetil se pourvut en cassation ; mais son pourvoi fut rejeté le 3 août 1815, par le motif que « l'arrêt dénoncé est fondé sur une ancienne jurisprudence, conforme au droit romain, et soutenu par les motifs les plus puissans d'ordre et d'intérêt public, et qu'il se concilie avec les articles prétendus violés, 549, 724 et 1599 du Code civil, qui n'ont statué qu'en principe et règle générale. »

N***. Examinons les motifs de cet arrêt : on a toujours entendu, par le mot jurisprudence, dans le sens où il est ici employé, l'habitude de juger une question de la même manière, une suite de jugemens semblables, qui forment un usage.

Il est très important, observe le président Bouhier (Observations sur la coutume de Bourgogne, chap. 15, nos 49 et 50), de faire attention que pour donner aux choses jugées cette autorité qui approche de la législative, il ne suffit pas d'un ou de deux arrêts, rendus souvent par des circonstances particulières ou dans des causes mal plaidées et mal défendues..... C'est le sens de notre proverbe coutumier, Une fois n'est pas coutume (1).

Aussi est-il certain que, pour former une

_____

(1) Loisel, liv. 5, tit. 5, reg. 11

jurisprudence sur une matière, il faut une longue suite d'arrêts conformes.

Les lois romaines semblaient même exiger quelque chose de plus ; car elles demandaient pour cela une suite de choses perpétuellement jugées de la même manière : *Rerum perpetuò similiter judicatarum auctoritatem*, loi 38, ff. *de leg*. 1, 3. Mais on a cru que cela devait être interprété sainement, qu'il suffisait que pendant longtemps la jurisprudence eût été uniforme.

Telle est la règle que nous devons suivre, et de laquelle il serait dangereux de s'écarter. Or, il n'existe qu'un seul arrêt sur la question que nous examinons. C'est celui que la Cour de Caen appelle l'arrêt Malandrin ; il est rapporté en ces termes, dans la nouvelle édition de Basnage, sur l'art. 235 :

Un héritier présomptif a négligé de recueillir une succession dans le temps que la coutume lui accorde pour délibérer, et a laissé prendre la succession par un parent plus éloigné. Si cet héritier revient, dans les quarante ans, recueillir cette succession, il ne peut plus révoquer les aliénations faites par le parent plus éloigné qui était en possession du bien de cette succession. Cela a été jugé le 19 juin 1739, par un arrêt rendu en faveur du sieur Isaac Malandrin, contre les sieurs Jean Lecontre et Pierre Blondel.

C'est cet arrêt solitaire, dont on ne voit ni l'espèce ni les motifs, qui fit dire à la Cour de Caen, qu'en droit il était certain que, suivant l'ancienne jurisprudence attestée par les auteurs normands, et puisée dans l'arrêt Malandrin, les ventes faites par l'héritier apparent doivent être maintenues au préjudice du véritable héritier.

Cependant la jurisprudence qu'on essaie d'établir sur cet arrêt n'était pas connue du savant Basnage, le plus célèbre des auteurs normands : elle n'est donc pas ancienne. Il n'est pas étonnant que son annotateur, avocat au parlement de Rouen et subjugué par l'autorité de cette Cour, ait donné cette décision comme une règle de prudence à suivre en Normandie.

Mais il est certain que, dans les autres parlemens, les auteurs enseignaient une doctrine contraire, et leur doctrine était fondée sur le texte même des coutumes.

Le seigneur était alors appelé à la succession, lorsqu'il ne se présentait point d'héritiers du sang ; il était héritier apparent, sous la seule condition de rendre les biens, s'il se présentait des parens en temps utile.

Cependant, s'il vendait des biens, le véritable héritier, qui s'était fait connaître, pouvait les revendiquer, quoique l'acquéreur fût de bonne foi.

L'art. 301 de la coutume de Poitou était précis sur ce point : il ne mettait d'acquéreur à l'abri de la revendication que par la prescription de dix ou vingt ans.

Voici une autorité directement applicable à la question que nous examinons. Lebrun, l'auteur français, qui a le plus approfondi la matière des successions, après avoir dit (liv. 3, chap. 4, n° 57) que l'héritier bénéficiaire peut être exclu par un héritier pur et simple, ce qui n'a plus lieu aujourd'hui, enseigne que ce dernier peut rentrer dans les biens immeubles aliénés par le premier avant son exclusion, à moins que le prix n'en ait été employé à payer les créanciers.

Entre les raisons qu'en donne cet auteur, il soutient qu'un héritier bénéficiaire était exclu par un héritier pur et simple, en quelque façon, comme un héritier plus éloigné, qui se serait mis en possession, et qui depuis serait exclu par le plus proche héritier.

Or, ajoute Lebrun, il est certain que cet héritier plus éloigné n'aurait pu aliéner pendant sa jouissance, au préjudice du plus proche héritier ; c'est aussi l'avis de Pothier, *des Obligations*, n° 703. Lebrun reconnaît ailleurs dans l'héritier apparent le pouvoir d'administrer et de transiger ; ce n'est que le pouvoir d'aliéner qu'il lui refuse. Remarquez même qu'il n'hésite point, il ne pensait pas que la question pût être douteuse ; *il est certain.* Concluons donc que cette longue suite d'arrêts, exigée, suivant Bouhier, pour former une jurisprudence, n'a point existé sur le point que nous examinons (1).

C***. L'arrêt Malandrin n'est cependant pas le seul qui soit intervenu sur la matière et qui ait

(1) M. Toullier, *loc. cit.*

jugé dans le même sens; témoin l'arrêt rendu par
le parlement de Paris, le 17 juin 1744, dans la
cause de la demoiselle Ferrand; témoins quatre
autres arrêts du parlement de Toulouse, cités et
signalés par M. Malpel comme entièrement conformes à celui du parlement de Rouen du 19 juin
1739; témoin enfin un arrêt de la cour d'appel de
Paris, rendu le 14 fructidor an 12, au sujet d'une
vente antérieure au Code civil; sans compter encore un second arrêt du parlement de Rouen dont
M. Merlin dit, en ses Questions de droit, v°.
Héritier, § 3, où il cite également les précédens,
qu'il a tout lieu de croire qu'il a confirmé la décision du premier; sans compter d'autres arrêts encore plus récens.

Il n'est donc point vrai de dire qu'il n'existe en
ce sens qu'un arrêt solitaire, isolé, sans autorité;
et tous ceux que je viens de citer en outre, après
M. Merlin, font dire à ce jurisconsulte que l'ancienne jurisprudence était invariablement fixée sur
ce point.

N***. Si une telle jurisprudence a existé, il
faut changer cette jurisprudence vicieuse, surtout
depuis la promulgation du Code, qui a si formellement consacré le principe que le vendeur ne peut
transférer à l'acquéreur que la propriété et les
droits qu'il a lui-même sur la chose vendue (2182);
que ceux qui n'ont sur l'immeuble qu'un droit
suspendu par une condition, ou résoluble en certain cas, ne peuvent consentir que des droits également conditionnels ou résolubles (2125).

C'est en conséquence de ce principe sacré, que l'art. 930 autorise l'héritier légitimaire, en formant l'action en réduction des donations excessives, à former l'action en revendication contre les détenteurs qui ont acquis de bonne foi les immeubles compris dans la donation, après avoir préalablement discuté les biens du donataire vendeur.

C'est une modification apportée au principe pour ce cas particulier, et l'on prétendrait qu'un fils absent lors de la mort de son père, ne pourrait pas revendiquer les biens de la succession, lorsqu'un collatéral adroit s'est, pendant son absence, mis en possession, et a vendu tous les biens; qu'il ne pourrait pas exercer *les autres droits* que lui réserve l'art. 137, outre la pétition d'hérédité ! C'est une prétention que réprouvent également le texte et l'esprit du Code (1).

C*** Mais s'il était vrai, ainsi que l'a pensé et proclamé la Cour de cassation dans l'arrêt précité du 3 août 1815, que les articles que vous opposez de même que l'art. 1599 également opposé, n'ont *statué qu'en principe et en règle générale...*

N***. Cela est vrai aussi; oui, ces articles n'ont *statué qu'en principe et règle générale.*

Mais les juges ont-ils le droit de suppléer des exceptions qui n'existent point dans la loi ? Les règles générales ont été érigées en loi, afin que les conséquences directes qui en dérivent deviennent la règle de conduite des tribunaux. Si chaque tribu-

(1) M. Toullier, do 1o.

nal se permet de rejeter ces conséquences, et d'introduire une exception, tantôt sur un motif et tantôt sur un autre, les exceptions seront bientôt plus nombreuses que les applications de la règle.

Après avoir admis, par exception, que la bonne foi de l'acquéreur doit faire maintenir les ventes faites par l'héritier apparent ou conditionnel, au préjudice du véritable héritier, il faudra admettre que celles faites par celui-ci au préjudice du légataire, doivent également être maintenues; qu'on doit maintenir celles faites par celui qui a acquis de bonne foi de l'usurpateur; enfin que celles faites par tout propriétaire conditionnel ou seulement apparent, doivent aussi l'être, toujours sous prétexte de la bonne foi de l'acquéreur.

Alors, à quel cas pourrez-vous appliquer la règle établie par les art. 2125 et 2182 ?

La loi a fait tout ce que la justice peut faire en faveur de la bonne foi, en couvrant l'acquéreur de l'égide de la prescription de dix ans. Le juge qui fait plus excède ses pouvoirs. Les rédacteurs du projet de Code avaient raison de rappeler, dans les préliminaires, cette ancienne maxime, que *les exceptions qui ne sont point dans la loi ne doivent pas être suppléées* (1).

C***. Cette maxime est vraie, et les principes généraux contenus aux art. 1599, 2125 et 2182 le sont également; et toutes ces règles générales n'étaient pas moins vraies aussi sous notre an-

_____

(1) M. Toullier, *ibid.*

cienne jurisprudence; et néanmoins alors, on y
admettait, comme nous l'avons vu, une exception
pour le cas particulier qui nous occupe. Il fallait
donc bien que cette exception, si elle n'était précisément dans la lettre même de la loi, fût du
moins dans son esprit, dans son intention; et
c'est ce qu'a vu aussi et reconnu la Cour de cassation lorsqu'elle a jugé, le 3 août 1815, que là
décision que vous combattez aujourd'hui, fondée
sur l'ancienne jurisprudence, est conforme en
outre au droit romain, et soutenue par les motifs
les plus puissans d'*ordre et d'intérêt public*,
et qu'elle se concilie avec les articles prétendus
violés, 549, 724 et 1599 du Code civil, qui n'ont
statué qu'en principe et règle générale.

N***. *Conforme au droit romain!* Cette
assertion n'est appuyée par la citation d'aucune
loi, d'aucun auteur; et après les recherches
les plus exactes, je n'ai trouvé, dans la législation romaine, que des dispositions contraires (1).

C***. Vous avez donc oublié le § 17 de la loi
25 ff. *de haered. petit.* En voici le texte; c'est
Ulpien qui parle : *Item si rem distraxit bonœ
fidei possessor, nec pretio factus sit locuple-
tior, an singulas res, si nondùm usucaptœ
sint, vindicare petitor ab emptore possit? et si
vindicet, an exceptione non repellatur, quod
præjudicium hœreditati non fiat inter actorem*

_____
(1) M. Toullier, *cod. loc.*

et eum qui venundedit ; quia non videtur ve-
nire in petitionem hœreditatis pretium earum ,
quanquam victi emptores reversuri sunt ad
eum qui distraxit? et puto posse res vindicari ,
nisi emptores regressum ad bonœ fidei posses-
sorem habent.

Vous entendez, *et puto posse rem vindicari ,*
NISI EMPTORES REGRESSUM AD BONAE FIDEI POS-
SESSOREM HABENT ; c'est-à-dire que la revendication doit être admise , *à moins que les acqué-*
reurs n'aient un recours en garantie contre
le possesseur de bonne foi. Or comme ce recours
a lieu de plein droit et presque toujours , la revendication n'est donc point admise en ce cas.

N***. J'avoue que ce texte m'était complètement échappé. Mais au surplus, il est tellement
obscur et difficile, pour ne rien dire de plus.... (1).

C***. Il a été bien éclairci, ce semble , par les
savantes explications d'auteurs profonds et érudits.

N***. Ecoutez : Je crois inutile de les suivre
dans leurs profondes recherches. Les lois romaines
n'ont plus en France d'autre autorité que celle
de la raison. Pourquoi donc tant d'efforts et tant
d'érudition perdus, pour essayer de concilier deux
textes contraires, *difficiles nugæ ?* Suivons celui
qui s'accorde le mieux avec la raison et avec nos
lois françaises (2).

(1) M. Toullier, tom. 9, à la fin; addition aux tom. 4 et 7, pag. 561.
(2) M. Toullier, tom. 9, à la fin; addition, pag. 562, 585.

C***. Je le veux bien ; soit.

N***. Eh bien donc, rappelons d'abord les principes de la matière.

Le parent que la loi appelle à la succession, spécialement et en premier degré, étant, même à son insu, saisi de l'hérédité (724), est héritier, jusqu'à ce qu'il ait manifesté son intention de ne vouloir pas l'être.

Ainsi toutes les actions actives et passives du défunt reposent sur sa tête. Sa renonciation ne se présume point (784), et après les trois mois quarante jours que la loi lui accorde pour délibérer, il peut être poursuivi par les créanciers, et condamné en qualité d'héritier.

S'il renonce pendant le cours de l'instance, il n'en supporte pas moins tous les frais de poursuite (799). C'est par sa renonciation seulement que la succession est dévolue au degré subséquent (786). Néanmoins, si le parent du premier degré est absent, s'il ne se présente pas, les parens du degré subséquent peuvent, en vertu de la vocation générale de la loi, qui appelle successivement tous les parens du sang, les uns à défaut des autres, jusqu'au douzième degré inclusivement (755), se mettre en possession de la succession ; l'art. 136 les y autorise.

Mais alors ils ne sont point irrévocablement héritiers ; car la succession ne leur est dévolue que sous la condition légale, mais expresse, de la rendre, en cas de réclamation en temps utile, au parent plus proche, qui les exclut, ou de la partager avec leur cohéritier, s'ils en ont un ; ou bien, comme dit l'art. 137, *sans préjudice des actions en pétition d'hérédité et des autres droits de l'absent*, qui ne s'éteindront que par le laps de temps établi pour la prescription.

Ces principes, fondés sur le texte du Code, ont été rappelés dans un arrêt de la Cour de cassation du 11 frimaire an 9, rapporté dans les Questions de droit, V°. *héritier*, § 3.

Cet arrêt part du principe que le parent le plus éloigné est appelé par la loi, sous la *condition* de rendre.

C'est donc une maxime incontestable que le parent du degré le plus éloigné, qui se met en possession de l'hérédité, en l'absence du parent plus proche, n'est héritier que sous *condition*. Il est dans le cas d'un acquéreur de bonne foi qui a acheté *à non domino*, et qui est aussi propriétaire, sous la condition légale de rendre les biens acquis, à l'ancien propriétaire, si celui-ci les réclame avant l'expiration du temps fixé pour la prescription.

Mais pendant que le véritable héritier ne se présente point, le parent plus éloigné, entré en possession de l'hérédité, est aux yeux des tiers qui ont des droits à exercer sur les biens qui la composent, le représentant putatif du défunt et son héritier apparent.

Ils ne peuvent lui contester son droit, ni lui opposer qu'il existe un héritier plus proche qui l'exclut, puisque la loi l'autorise à en méconnaître l'existence (136) : ce serait d'ailleurs exciper du droit d'autrui, ils le voient en possession ; cela suffit, puisque la loi le leur désigne pour légitime contradicteur de leurs prétentions.

Ainsi, tous les jugemens rendus pour ou contre lui, toutes les transactions ou traités passés avec lui, doivent avoir la même force, la même irrévocabilité que si le véritable héritier y avait été partie ; sans quoi la disposition qui permet au parent plus éloigné de se mettre en possession lorsque le plus proche garde le silence, ne serait qu'un piège tendu aux citoyens : la foi publique serait violée.

D'un autre côté, il est nécessaire, pour l'intérêt même des véritables héritiers, que l'héritier apparent puisse exercer les droits actifs de l'hérédité, qui pourrait s'éteindre par la prescription ; poursuivre les créanciers qui pourraient devenir insolvables ; enfin administrer les biens ; sauf à rendre compte aux parens plus proches, qui viendraient en temps utile former la pétition d'hérédité.

Tels sont les motifs d'ordre et d'intérêt, tant public que particulier, qui ont fait établir la maxime que les paiemens faits à l'héritier apparent ou putatif sont valides ; que les véritables héritiers sont liés par les jugemens rendus contre lui, par les transactions ou traités passés avec lui.

Ils s'en plaindraient à tort, ils ont à s'imputer de ne s'être pas présentés plus tôt.

S'ils ignoraient l'ouverture de la succession, c'est une ignorance qui peut le plus souvent leur être imputée, et dont, en tout cas, les suites ne doivent retomber que sur eux, et non sur des tiers de bonne foi.

Ces motifs ne peuvent s'appliquer aux aliénations volontaires d'immeubles faites par l'héritier apparent. Ceux auxquels il vend ne sont point forcés d'acheter ; ils doivent s'assurer des droits et de la qualité de leur vendeur, qui ne peut leur transférer des droits plus étendus que ceux qu'il a lui-même : *Nemo plus juris in alium transferre potest quàm ipse habet; loi* 54, *ff. de R. J.* Axiôme de raison éternelle, spécialement consacré par l'art. 2125 du Code, qui porte :

« Ceux qui n'ont sur l'immeuble qu'un droit suspendu *par une condition*, ou résoluble dans certains cas, ne peuvent consentir qu'une hypothèque soumise aux mêmes conditions ou à la même rescision. »

Par l'art. 2182, qui porte : « Le vendeur ne transmet à l'acquéreur que la propriété et les droits qu'il avait lui-même sur la chose vendue. »

Or il est certain que la succession n'est déférée au parent plus éloigné, dans le silence ou dans l'absence du véritable héritier, que sous la condition légale, mais expresse, de la rendre, si celui-ci la réclame en temps utile ; que, par conséquent, il n'a qu'un droit résoluble et conditionnel.

Ainsi, ces dispositions sont manifestement applicables aux ventes faites par l'héritier apparent.

Voici une décision encore plus précise :

L'art. 136 porte que s'il s'ouvre une succession

à laquelle soit appelé un individu dont l'existence
n'est pas reconnue, elle sera dévolue exclusivement à ceux avec lesquels il aurait eu le droit de
concourir, ou à ceux qui l'auraient recueillie à son
défaut. Mais l'art. 137 ajoute : que c'est sans préjudice des actions en pétition d'hérédité, *et d'au-*
tres droits, lesquels compéteront à l'absent, et ne
s'éteindront que par le laps de temps établi pour
la prescription.

On ne doit pas supposer de paroles inutiles dans
la loi. Or, il est certain que l'action en pétition
d'hérédité comprend généralement tous les droits
réels et personnels que le véritable héritier peut
exercer contre celui qui s'est mis en possession de
l'hérédité (1).

Cependant, le Code réserve *d'autres droits* au
véritable héritier; ce sont donc les droits qu'il
peut exercer contre les tiers, tels que la révocation
des aliénations d'immeubles indûment faites, les
hypothèques ou autres charges indûment créées
pendant son absence ou son silence.

Cette réserve est d'autant plus sage, d'autant plus
nécessaire, qu'on a reproché au Code, et avec raison,
d'avoir négligé les intérêts de l'absent, en permettant au parent plus éloigné de s'emparer de la
succession sans inventaire et sans donner aucune
sûreté pour la restitution de l'hérédité (Voy.
tom. 1, nᵒˢ 480 et 481); en sorte qu'il peut dissiper tout le mobilier, perte irréparable pour les

_____

(1) Voy. Pothier, Traité de la propriété , nᵒˢ 398 et suivans.

absents; ce serait pour eux une nouvelle perte, que l'art. 139 a voulu prévenir, en réservant aux véritables héritiers, non seulement la pétition d'hérédité, qui comprend tous les droits à exercer contre l'héritier apparent, mais encore *les autres droits* contre les tiers, tels que la révocation des ventes, celle des hypothèques et autres charges indûment créées sur l'immeuble.

Ces raisons sont si fortes, les textes cités tellement précis, que l'on est étonné de voir que la Cour de cassation s'en soit écartée, en maintenant une vente faite sans nécessité par l'héritier apparent, peu de temps après l'ouverture de la succession (1).

C***. Tous vos textes et tous vos principes sont clairs sans doute et précis, et pourtant la question est toujours de savoir si des motifs d'équité et de justice, ou, comme dit la Cour de cassation dans son arrêt, des motifs puissans *d'ordre et d'intérêt public* n'autorisent pas, ne justifient pas une exception à ces mêmes principes pour l'hypothèse dont nous nous occupons.

N***. Mais en quoi donc l'ordre public peut-il être troublé, lorsqu'un contrat d'acquêt, passé entre deux particuliers, est annulé ou rescindé? Comment le public peut-il être intéressé à ce que ce contrat soit maintenu plutôt qu'annulé? Certes une pareille question n'est qu'une affaire d'intérêt

(1) M. Toullier, tom. 7, n° 31.

privé, qui ne peut intéresser que deux particuliers, tout au plus deux familles, et non pas le public. L'acquéreur qui a acquis *à non domino* ou du propriétaire conditionnel, peut sans doute être lésé par la rescision du contrat, si le vendeur est insolvable; mais le véritable héritier, héritier absent, que la loi doit spécialement protéger, sera lésé si le contrat est maintenu.

Or, de quel côté doit pencher la balance de la justice? Ce n'est pas du côté de celui qui n'étant point forcé d'acquérir, devait s'assurer de la qualité et des droits de son vendeur; de celui qui peut-être a secrètement participé à frauder les droits de l'absent; de celui sur qui seul, s'il était de bonne foi, doivent retomber les suites de son ignorance; mais du côté de celui que son absence a empêché d'exercer plus tôt les droits que la loi lui déférait, du côté de celui à qui elle doit une protection d'autant plus spéciale, qu'elle a permis à l'héritier plus éloigné de méconnaître l'existence de l'absent et de s'emparer des biens sans formalités et sans donner de sûretés; du côté de celui qui invoque la loi sacrée de la propriété, suivant laquelle le vendeur ne peut transmettre à l'acquéreur des droits plus étendus que les siens, que des droits conditionnels ou résolubles, s'il n'en avait pas d'autres (2125 et 2182) (1).

C***. Si vous appliquez les principes avec cette rigueur inflexible et absolue, votre propre doctrine

(1) M. Toullier, tom. 7, n° 31.

va se retourner contre vous. Car enfin, voyons;
n'est-ce pas aussi un principe général et absolu
que les conventions n'ont d'effet qu'entre les parties contractantes, et qu'elles ne nuisent point aux
tiers, ni ne peuvent leur profiter que dans le cas
prévu par l'art. 1121 (art. 1165)? Et trouvez-vous
dans quelque loi une exception à ce principe, à
cette régle générale, pour les transactions et tous
autres traités passés avec un héritier putatif ou apparent? Trouvez-vous dans la loi, pour les jugemens rendus avec le même individu, une exception au principe général de l'art. 1351, qui ne
donne l'autorité de chose jugée qu'aux jugemens
rendus entre les mêmes parties? Et pourtant vous
décidez que tous les jugemens, toutes les transactions ou traités passés avec lui doivent avoir la même
force, la même irrévocabilité, que si le véritable
héritier y avait été partie. N'est-elle donc plus
vraie ici la maxime posée en tête du Code par les
rédacteurs du Code, et que vous venez d'invoquer
à l'instant même, que *les exceptions qui ne sont
point dans la loi ne doivent pas être suppléées?*
et ne venez pas m'objecter la disposition de l'art.
1240 et l'invoquer à l'appui de votre décision. De
quoi parle cet article? Des paiemens faits à celui
qui est en possession de la créance, et voilà tout;
et c'est là une *exception* au *principe général*
qui veut que le paiement ne soit valablement fait
qu'au créancier réel et véritable; ce sera encore,
si vous le voulez, une *exception* au *principe* général de l'art. 1165. Mais par cela même que c'est

une *exception*, elle doit être strictement renfermée dans son cas précis et déterminé ; car telle est la règle à l'égard de toutes les lois exceptionnelles; elles ne peuvent ni ne doivent jamais s'étendre d'un cas à un autre sous prétexte d'analogie ; et hors du cas précis et spécial pour lequel elles sont faites, la loi ou le principe général reprend son empire souverain, son application stricte et inévitable. Puis donc qu'il n'est question ni de *transaction*, ni de *traité*, ni de *jugement* dans la disposition spéciale et exceptionnelle de l'art. 1240, impossible et défendu d'appliquer cet article aux transactions, jugemens, etc., et l'on rentre dèslors, pour ce qui concerne ces sortes d'actes, sous la règle générale des art. 1165 et 1351.

N*** Mais alors, et si ces actes ne sont pas maintenus, la disposition qui permet au parent plus éloigné de se mettre en possession, lorsque le plus proche garde le silence, ne serait qu'un piège tendu aux citoyens : la foi publique serait violée.

D'un autre côté, il est nécessaire pour l'intérêt même des véritables héritiers, que l'héritier apparent puisse exercer les droits actifs de l'hérédité qui pourraient s'éteindre par la prescription ; poursuivre les créanciers qui pourraient devenir insolvables; enfin administrer les biens ; sauf à rendre compte aux parens plus proches qui viendraient en temps utile former la pétition d'hérédité.

Tels sont les motifs d'ordre et d'intérêt tant public que particulier, qui ont fait établir la maxime que les paiemens faits à l'héritier apparent ou putatif sont valides; que les véritables héritiers sont liés par les jugemens rendus contre lui, par les transactions ou traités passés avec lui. Ils s'en plaindraient à tort; ils ont à s'imputer de ne s'être pas présentés plus tôt. S'ils ignoraient l'ouverture de la succession, c'est une ignorance qui peut le plus souvent leur être imputée, et dont, en tout cas, les suites ne doivent retomber que sur eux, et non sur les tiers de bonne foi (1).

C. ***. Tout ce qu'il vous plaira; mais toujours est-il que voilà déjà une exception que vous vous permettez de faire à un principe général, quoiqu'elle ne soit pas dans la loi, cette exception, et quoique vous souteniez à la rigueur que les exceptions *qui ne sont point dans la loi* ne doivent pas être suppléées; seulement vous la justifiez par des motifs d'ordre et d'intérêt tant public que particulier. De tels motifs suffisent donc à vos propres yeux pour autoriser et justifier une *exception qui n'est point dans la loi?*

N ***. Oui; mais ces motifs ne peuvent s'appliquer aux aliénations volontaires d'immeubles faites par l'héritier apparent. Ceux auxquels il vend ne sont point forcés d'acheter; ils doivent s'assurer des droits et de la qualité de leur vendeur, qui ne peut leur transférer des droits plus étendus que

(1) M. Toullier, do 1o.

ceux qu'il a lui-même : *Nemo plus juris in alium transferre potest quàm ipse habet* (1).

C***. Ils doivent s'assurer des droits et de la qualité de leur vendeur! Mais le peuvent-ils? De bonne foi le peuvent-ils? Je conçois qu'en achetant un immeuble d'un possesseur quelconque, autre qu'un héritier apparent, on puisse fort bien s'assurer des droits et de la qualité de son vendeur ; on n'a qu'à lui demander la représentation de ses titres, et l'on reconnaîtra tout de suite s'il est propriétaire ou non. Que si l'on néglige cette précaution si facile à prendre et si naturelle, et qu'on se voie, par suite, évincé par un tiers, vrai et seul propriétaire de l'objet ainsi acquis, l'on ne pourra s'en prendre qu'à soi-même et à sa propre faute, *qui damnum culpâ suâ sentit, damnum sentire non intelligitur* ; et d'ailleurs on était prévenu. La loi était là vous disant d'avance que la vente de la chose d'autrui est nulle, art. 1599. Rien donc de plus juste que cette loi dans l'hypothèse ci-dessus, puisque, à qui voudrait s'en plaindre, elle ferme la bouche en lui disant : C'est votre faute, vous pouviez vous assurer des droits et de la qualité de votre vendeur.

Mais à un acquéreur qui n'aurait point eu la même faculté, la même possibilité, à qui par conséquent on ne pourrait reprocher la même faute de négligence ou d'imprudence, oh! certes, le même langage serait déraisonnable ; le même trai-

(1) M. Toullier.

tement serait injuste : *ratione legis cessante,
cessat lex*. Or je soutiens que telle est la position de l'acquéreur qui a traité avec un héritier
apparent. Il a pu et dû sans doute exiger que son
vendeur justifiât de sa qualité, et ce, en établissant, puisqu'il se disait propriétaire à titre d'héritier, 1.º sa qualité d'héritier, c'est-à-dire, sa parenté avec le défunt propriétaire, à un degré successible, et l'absence d'autres héritiers plus pro-
ches; 2.º les droits de propriété du défunt lui-
même par la représentation de ses titres. Mais
a-t-il pu aussi et a-t-il dû pousser les investigations
et les précautions jusqu'à exiger que le vendeur
lui prouvât que dans la réalité il n'existait aucun
autre héritier, aucun autre ayant-droit à la succession, capable de l'exclure un jour en tout ou en
partie; ou bien jusqu'à rechercher et s'assurer, de lui-
même et par d'autres voies ou renseignemens quelconques, qu'il n'existait effectivement nul autre héritier plus proche ou aussi proche que son vendeur?
Eh bien ! non ; non, dis-je ; car c'est là un de ces
faits qu'il est impossible, au moins généralement,
de prouver à soi-même ou aux autres.

N***. J'avoue que cette preuve, qu'il n'existe
pas de parens successibles, peut souvent être difficile ; qu'elle peut rarement être rigoureuse ; j'a-
joute même qu'il me paraît impossible de connaître s'il existe ou non des héritiers légitimes, et
surtout des héritiers institués, avant d'avoir inven-
torié les papiers du défunt. . . (1).

(1) M. Toullier, tom. 4, nº 292.

C*** Eh! qu'importent les papiers? Ils peuvent être muets sur ce point; il peut n'en point exister du tout. Mais du reste l'impossibilité dont je parle est réelle et me paraît insurmontable, au moins le plus souvent, sinon toujours et en tous cas indistinctement. « Comment serait-il possible dans une foule de cas, dit Chabot dans son Commentaire des successions, tome 2, page 374, de faire la preuve que le défunt n'a pas laissé de parens aux degrés successibles? Si, par exemple, une famille nombreuse s'était dispersée dans divers pays, comment serait-il possible de prouver qu'un membre de cette famille n'a laissé aucun parent dans aucun des douze degrés de parenté, et dans cette foule innombrable de branches particulières qu'aurait pu produire chacun des douze degrés, soit dans la ligne directe ou collatérale, soit dans la ligne paternelle ou maternelle? »

Si donc cette preuve est impossible, comment faire un crime à l'acquéreur, dans notre espèce, de ne l'avoir point exigée ou recherchée? Et que devient dès-lors la différence ou distinction que vous établissez entre lui et ceux qui ont transigé ou traité avec l'héritier, en disant qu'il *devait s'assurer des droits et de la qualité de son vendeur?*

Et l'autre raison de la même différence que vous établissez ainsi, savoir que les acquéreurs, en pareil cas, ne sont point forcés d'acheter, est-elle plus fondée que la première? C'est ce que je ne puis penser. Et d'abord, combien n'est-il pas de

6

circonstances où l'on se trouve dans la nécessité
d'acheter des immeubles! Ce sera, par exemple,
pour satisfaire à une clause ou condition de contrat, (contrat de mariage ou autre); ce sera pour exécuter également une charge ou condition testa-
mentaire; ce sera pour faire emploi ou remploi
de deniers dotaux, ou pupillaires, ou en cas de
substitution, etc. Et puis enfin le simple désir
d'acheter, de faire un placement de fonds en immeubles, de devenir propriétaire foncier, n'est-ce
donc pas là, maintenant surtout que tant de pré-
rogatives politiques, entr'autres, sont attachées à
ce genre de propriétés, un besoin, une nécessité
au moins morale, sociale? Et acquérir des hypothèques, n'est-ce point encore une nécessité jour-
nalière et universelle, etc.? Tels sont bien en général
les motifs qui déterminent à acheter, et ils sont
bien aussi de telle nature, vous le voyez, qu'on
puisse dire véritablement de celui qui achète, qu'il
a été forcé d'acheter.

Mais, direz-vous, il n'était pas forcé d'acheter
tel héritage ou immeuble plutôt que tel autre, et
ce ne sont pas tous les immeubles qui se trouvent
ainsi possédés par des héritiers apparens. Tous
peuvent l'être, ou du moins on peut le craindre de
tous; car enfin il n'est, on peut dire, pas une seule
propriété immobilière qui ne soit, médiatement
ou immédiatement, dans la main de son possesseur, un bien de succession; pas une seule, par
conséquent, dont on ne puisse avoir à craindre,
dans votre système, de se voir un jour évincé soit

du chef de son vendeur, soit du chef de ses auteurs, et ce, par l'apparition d'un héritier ou ayant-
droit plus proche, inconnu, et qu'il était d'ailleurs
impossible de connaître au jour de l'acquisition.
Or qui ne voit tout d'abord les conséquences désastreuses d'un tel état de choses? On craindra d'être
évincé! On n'achètera donc point; car rien n'ôte
plus l'envie d'acheter que la crainte d'une éviction.
On n'osera plus acheter! Mais alors que deviendra
ce besoin, cette nécessité d'acheter dont nous ve-
nous de parler? Et la nécessité de vendre, que de-
viendra-t-elle aussi, et comment la satisfaire? Car
si l'on est souvent forcé d'acheter, plus souvent
encore on est forcé de vendre tout ou partie pour
réparer et entretenir le reste, pour payer ses dettes,
pour se procurer des alimens à soi et à sa famille,
etc., etc. Mais plus d'acheteurs, plus de ventes;
plus de sûreté dans les hypothèques, plus de prêts
d'argent, etc.

Voyez-vous donc quelles funestes entraves un
système tel que le vôtre apporte au commerce, à
la libre circulation des biens! quelle anxiété,
quels troubles il jette dans la société! combien il
rend toutes les propriétés flottantes et incertaines!
combien dès-lors il est opposé à l'esprit, à l'intention
bien prononcée de nos législateurs, dont tous les
efforts ont tendu à faciliter et simplifier le plus
possible toutes les transactions sociales, et à consolider la propriété, à la rendre en général certaine,
fixe et immuable autant que possible aussi!

Rien n'est donc plus vrai que ce qu'a proclamé

solennellement la Cour de cassation, savoir, que la doctrine adoptée d'abord et consacrée par la Cour royale de Caen, « est *soutenue par les* « *motifs les plus puissans d'ordre et d'intérêt* « *public et particulier,* et qu'elle se concilie « parfaitement avec les articles, prétendus violés, « 549, 724, 1599 et autres du Code civil, qui « n'ont statué qu'en principe et règle générale. »

Voulez-vous, au surplus, une autre preuve justificative de cette exception ainsi apportée à la règle générale? La voici :

L'art. 1380 du Code civil dispose que : « si celui qui a reçu de bonne foi une chose indûment payée, a vendu la chose, il ne doit restituer que le prix de la vente. »

Mais celui qui avait donné la chose en paiement peut-il la répéter, la revendiquer contre le tiers acquéreur? Non, n'est-ce point?

N***. La négative résulte de la disposition de l'art. 1380, qui porte que celui qui a vendu après avoir reçu la chose de bonne foi n'en doit restituer que le prix : ce n'est donc que contre le vendeur qui avait reçu la chose, que celui qui l'avait donnée peut avoir une action. Comment, en effet, pourrait-il en avoir une contre le tiers acquéreur de bonne foi de celui qui se croyait propriétaire en vertu d'un titre légitime (1)?

C***. Et pourtant le vendeur n'avait qu'une

_____
(1) M. Toullier, tom. 11, n° 97.

propriété révocable; et suivant les art. 2125 et
2182, le vendeur qui n'avait sur l'immeuble qu'un
droit résoluble ou sujet à rescision, ne transmet à
l'acquéreur que la propriété et les droits qu'il avait
lui-même sur la chose vendue, sous l'affectation
des mêmes résolutions, rescisions et hypothèques.

N***. C'est vrai ; mais ce principe, très sage
et très vrai, souffre une exception que je crois
unique, dans le cas de l'aliénation faite par celui
qui avait de bonne foi reçu l'immeuble en paiement; et cette exception est fondée en raison.
C'est par un acte de la volonté libre du propriétaire,
que la chose a été transmise à celui qui l'a reçue en
paiement; c'est le propriétaire qui a conféré à ce
créancier putatif, le titre en vertu duquel celui-ci
est devenu propriétaire et a dû être considéré
comme tel. La volonté de celui qui a donné a pu
être à la vérité erronée; mais elle a réellement
existé, et cela suffit à l'égard des tiers acquéreurs
de bonne foi. Il ne peut leur opposer la grande
maxime, la maxime fondamentale du droit de
propriété : *Id quod nostrum est sine facto nostro
ad alium transferri non potest*, loi 11, *ff.
de R. J.*; car c'est par son fait que la chose a été
transmise au créancier putatif, qui l'a aliénée de
bonne foi à un tiers également de bonne foi. L'erreur de l'ancien propriétaire, suivant la doctrine de
tous les jurisconsultes, puisée dans la loi même, ou
plutôt suivant la loi, ne lui donne qu'une action
personnelle, *condictio*, contre celui auquel il a
remis la chose : cette action ne peut donc être in-

tentée contre des tiers possesseurs de bonne foi, vers lesquels il n'a aucun principe d'action ; la loi ne lui donne action que pour répéter le prix qu'en a retiré le créancier putatif qui l'a vendue ; s'il agissait contre les acquéreurs, ils le renverraient donc vers leur vendeur (1).

C***. Eh bien donc, je le demande, ne peut-on pas dire les mêmes choses de celui qui a acheté d'un héritier apparent ?

N***. Non, car la raison décisive que je viens de présenter ne peut s'appliquer à l'héritier putatif, qui n'a reçu aucun titre du véritable héritier, et qui s'est de lui-même mis en possession de l'hérédité. Les aliénations qu'il a faites avant d'être évincé par la pétition d'hérédité, restent donc soumises à la résolution, en vertu de la disposition des art. 2125 et 2182, quoique faites de bonne foi (1).

C***. J'avoue qu'on ne peut pas dire précisément que c'est le propriétaire qui a conféré à l'héritier putatif le titre en vertu duquel celui-ci est devenu propriétaire et a dû être considéré comme tel. Mais si ce n'est pas le propriétaire, c'est la *loi* qui l'a fait ; c'est la loi en effet qui appelait le parent à succéder à son parent défunt ; c'est la loi qui, du moment et par cela seul qu'aucun autre parent plus proche n'appréhendait la succession, l'a autorisé à l'appréhender lui-même, à se croire ainsi et à se dire héritier ; c'est la loi

(1) M. Toullier, tom. 11, n° 98.

qui imposait aux tiers l'obligation de le regarder
comme héritier et de le traiter comme tel ; c'est
donc véritablement la loi elle-même qui, de
cette manière, a conféré à cet héritier putatif le
titre en vertu duquel celui-ci est devenu propriétaire, et *a dû être considéré comme tel*. Et
maintenant, ne serait-il pas bien étrange que ce
qu'a fait la *loi* eût moins de force, aux yeux de la
loi, que ce qu'aurait fait le propriétaire lui-même?
Et puis, voyez un peu quel piège la loi tendrait
ainsi à la bonne foi des particuliers ! dans quelle
position équivoque et précaire elle les placerait
ainsi forcément, inévitablement ! sans parler encore des autres conséquences désastreuses de votre
système, que j'ai signalées tout-à-l'heure.

Disons donc que l'esprit de la loi est de maintenir en possession l'acquéreur dont la bonne foi
est fondée, non pas seulement sur le simple fait
de possession dans laquelle il a pu voir son vendeur, car alors il faut de plus le temps ou la
prescription, mais encore sur un titre légal apparent en vertu duquel *il a dû considérer son
vendeur comme véritable propriétaire*. Or tel
est le cas d'une acquisition faite d'un héritier putatif ou apparent, non moins que celui spécialement prévu et réglé par l'art. 1380.

Vous venez de dire que le principe contenu aux
art. 2125 et 2180 souffre, dans ce dernier cas,
celui de l'art. 1380, une exception *que vous
croyez unique*. Cependant vous avez écrit et enseigné que si l'héritier avait vendu les biens de la

succession avant que l'enfant naturel eût fait connaître son état et réclamé ses droits, la vente devrait être maintenue, et que l'enfant naturel ne pourrait exercer son droit que sur le prix de la vente. A quoi vous ajoutez que c'est une exception à la règle, *resoluto jure dantis, resolvitur jus accipientis*, c'est-à-dire à la règle qu'on ne peut transférer à autrui plus de droits qu'on n'en a soi-même, c'est-à-dire, en d'autres termes encore, au principe des art. 2125 et 2180 (1).

Voilà donc déjà une *seconde* exception à ce principe, au lieu d'une exception *unique*, et une exception, *nota benè*, qui n'est point dans la loi; et cependant, les exceptions, dites-vous, qui ne sont point dans la loi ne doivent pas être suppléées.

Mais ensuite, et quoi qu'il en soit de ce point, de cette maxime, sur quoi fondée cette seconde exception contraire à l'enfant naturel?

N***. Sur ce que l'héritier légitime ayant la saisie légale des biens de la succession, a pu valablement disposer de ces biens; et l'enfant naturel, qui réclame postérieurement, n'ayant point été saisi de plein droit, doit prendre les choses en l'état où elles se trouvent, sauf le recours contre l'héritier (1).

C***. Par la même raison, il faudrait donc décider aussi qu'en cas de vente également faite par l'héritier, le légataire, sauf l'art. 1006, ne peut point revendiquer contre le tiers acquéreur?

(1) M. Toullier, tom. 4, n° 285.

N***. Non; le légataire n'est pas héritier, et cependant si avant qu'il ait formé sa demande en délivrance, l'héritier aliène les biens compris dans le legs, le légataire peut faire annuler l'aliénation, et forcer le tiers acquéreur à les lui délaisser. Ce n'est point à la qualité d'héritier, mais à celle de propriétaire, qu'est attachée l'action en revendication (1).

C***. Eh bien ! mais, l'enfant naturel n'est-il pas aussi propriétaire ?

N***. C'est vrai; l'enfant naturel n'est pas héritier comme le légitimaire; mais il est, dès l'instant de la mort de ses père ou mère, propriétaire de la portion de biens que la loi lui attribue; il a sur ces biens un droit réel, *jus in re*, comme je l'ai prouvé (1).

C***. Donc lui aussi, comme le légataire, et par la même raison, peut faire annuler l'aliénation.

N***. Si j'ai pensé avec la Cour de cassation, dans son arrêt du 22 mai 1806, que l'aliénation devait subsister, sauf le recours sur le prix de la vente, qui était encore existant, cette décision, quoique fondée sur une interprétation assez équitable de l'art. 930, s'écarte en effet du principe rigoureux, et peut-être ne doit-on pas encore regarder ce point de droit comme entièrement fixé (2).

(1) M. Toullier, tom. 4, n° 286.
(2) M. Toullier, tom. 4, n°s 288, 285.

C***. Quoi qu'il en puisse être, au surplus, de
cette question, peu nous importe ici. Cette digres-
sion prouve seulement que la maxime que vous
m'opposez avec tant de confiance, que « les exceptions qui ne sont pas dans la loi ne doivent pas être
suppléées », n'est donc pas non plus, à vos propres
yeux, si rigoureuse et si absolue qu'elle peut le
paraître au premier aspect, et que l'on peut donc
bien, nonobstant cette maxime, admettre encore
quelques exceptions qui, quoique non littéralement écrites dans la loi, dans le texte ou la lettre
de la loi, rentrent néanmoins dans son esprit. Car
après tout, la loi, ce qui constitue réellement la
loi, ce n'est pas précisément la lettre même de la
loi, mais bien son esprit ou l'intention du législateur, *non verba legum sed earum vis ac
potestas.* « On ne doit pas supposer, dit M. Merlin
« (Quest. de droit, t. 7, p. 688, 3ᵉ éd.), qu'une
« loi, *quelque générale qu'elle soit*, N'EXCEPTE
« PAS de sa disposition les cas où elle dégéné-
« rerait en *absurdité;* mais ce serait même la
« violer que de les y comprendre. » Or, bien assurément, il en est de même des cas où elle dégé-
nérerait en *injustice* frappante, et en inconvéniens publics et particuliers, tels que ceux que j'ai
signalés tout-à-l'heure. « Si une loi, dit Domat
(tit. 1ᵉʳ, sect. 2, art. 3), étant appliquée à un
cas qu'elle paraît comprendre, il en arrive une
conséquence qui blesse l'intention du législateur,
la règle ne doit pas s'étendre à ce cas. »

Or, c'est ce qui arriverait, je crois l'avoir démontré, si l'on appliquait rigoureusement à la vente consentie par l'héritier putatif, le principe ou la loi qui déclare nulle la vente de la chose d'autrui, art. 1599, et autres analogues.

J'ai répondu, du reste, à toutes vos objections, sauf peut-être à celle que vous puisez dans ces expressions de l'art. 137, « sans préjudice des actions en pétition d'hérédité *et d'autres droits*, lesquels compéteront à l'absent... et ne s'éteindront que par... la prescription. »

On ne doit point supposer, avez-vous dit, de paroles inutiles dans la loi. Or, il est certain que l'action en pétition d'hérédité comprend généralement tous les droits réels et personnels que le véritable héritier peut exercer contre celui qui s'est mis en possession de l'hérédité. Cependant le Code réserve *d'autres droits* au véritable héritier : ce sont donc les droits qu'il peut exercer contre des tiers, tels que la révocation des aliénations d'immeubles indûment faites, des hypothèques ou autres charges indûment créées pendant son absence ou son silence.

Voilà ce que vous avez dit. Mais remarquez donc bien ces termes de l'art. 137, *les dispositions des* DEUX *articles précédens;* il en résulte évidemment que l'art. 137 ne se réfère pas seulement à l'art. 136, et qu'il a de plus en vue la disposition de l'art. 135. Mais dès-lors, quel peut être le sens des mots, *pétition d'hérédité et d'autres droits?* Il se présente de lui-même; et c'est comme si l'art. 137 disait : *pétition d'hérédité dans le cas prévu par l'art.* 136; *et pétition d'autres droits dans le cas prévu par l'art.* 135. Or quels sont ces *autres droits?* Car assurément il ne peut plus s'agir là des droits de succession qui sont l'objet spécial de l'art. 136. Ce sont des droits d'une autre nature, tels qu'un droit de survie déféré par contrat de mariage à un époux absent dont on n'a point de nouvelles; un legs assigné par testament à une personne dont l'existence est un problême; un droit de retour légal ou conventionnel qu'un donateur ascendant ou étranger aurait à exercer, s'il était présent et qu'il eût survécu au donataire.

Donc, les mots *et d'autres droits sont,* dans l'art. 137, synonymes de ceux-ci, *droit de survie, legs, droit de retour,* etc.

Donc, ces expressions n'ont aucun rapport à la succession recueillie par un successible, à l'exclusion d'un parent aussi ou plus proche que lui, mais qui est absent.

Donc, elles ne désignent pas le droit que peut avoir le véritable héritier, lorsqu'il reparaît, de revendiquer, sur les tiers acquéreurs, les biens aliénés pendant son absence.

Donc, elles n'ébranlent en aucune manière la décision de la Cour de cassation, du 3 août 1815.

DIALOGUE 4.

C***. Des héritiers peuvent bien, suivant l'art. 815 du Code civil, convenir de suspendre le partage pendant un temps limité et qui n'excède pas cinq ans ; mais le partage sera-t-il également suspendu, et pendant le même temps, parce que leur auteur l'aura ainsi ordonné ?

N***. Pourquoi non ? Un testateur peut imposer à ses légataires ou héritiers institués, toute condition dont ceux-ci pourraient faire entre eux la matière d'une convention, suivant cette règle si connue, *liberalitati suæ modum imponere unicuique licet* (1).

C***. Cette règle n'est pas tellement générale qu'elle autorise et justifie des conditions contraires aux lois ; et à côté de la règle que vous citez ici se trouve l'exception ou la restriction, *nemo potest in testamento suo cavere ne leges in suo testamento locum habeant*, l. 55, ff. *de legatis*. Or si la loi permet aux héritiers de suspendre le partage par une convention, elle ne permet point également au testateur de le suspendre par une prohibition ; elle dit au contraire que le partage

_____
(1) M. Duranton, tom. 7, n° 80.

peut *toujours* être provoqué nonobstant *prohibitions* contraires, art. 815.

N***. On ne voit pas pourquoi la loi aurait
voulu interdire à un testateur la faculté de prohiber le partage de ses biens dans les cinq ans de
son décès, tandis qu'elle permet aux héritiers de
convenir, à toute époque, que ce partage ne pourra
être réclamé par l'un d'eux contre le gré des autres
pendant ce même laps de temps. Un testateur
peut aussi avoir de très bonnes raisons pour imposer cette prohibition à ses héritiers : il voit que
l'un d'eux est absent ou mineur, et il voudrait lui
éviter, pour sa part, les frais d'un partage judiciaire; il a peut-être aussi de justes motifs de
craindre les suites de l'aigreur dont il les voit
animés les uns contre les autres, et il espère que
le temps les adoucira mutuellement, et qu'ils feront ensuite un partage à l'amiable, qui convien-
dra mieux à chacun d'eux (1).

C***. Voilà précisément une raison qui doit
faire rejeter bien loin votre système. Quoi! le
testateur voit ses héritiers déjà animés les uns
contre les autres d'une aigreur dont il craint les
suites fâcheuses; et pour les calmer, pour les adou-
cir et les remettre bien ensemble, il jette au milieu
d'eux une véritable pomme de discorde ! Car telle
est vraiment l'indivision, la jouissance commune.
Naturellement et d'elle-même elle n'est que trop

(1) M. Duranton, d° l°.

souvent un sujet de discorde entre les co-proprié-
taires, *parit jurgia et discordias ; propinquo-*
rum discordias materia communionis solet
excitare, dit Papinien dans la loi 77, § 20, ff.
de leg. 2. « L'expérience de tous les siècles, dit
M. Toullier (t. 4, n. 405), a prouvé que l'indivision des propriétés était ordinairement un sujet
de discorde entre les copropriétaires : de là le principe établi par les lois civiles, que nul ne peut
être contraint à demeurer dans l'indivision (815).
C'est un principe qui tient à l'ordre public, et auquel les particuliers ne peuvent déroger.» Et vous-
même enfin, vous ne disconviendrez pas, je pense,
de cette triste vérité?

N***. Non; je reconnais que le principe posé
dans l'art. 815 est fondé sur ce que l'indivision,
lorsqu'elle se prolonge contre le gré de l'un des
copropriétaires, est une source de difficultés et de
procès (1).

C***. Reconnaissez donc aussi, alors, que le
testateur ne peut valablement prohiber le partage
entre ses héritiers, même pendant cinq ans ou
moins. Sans doute il peut avoir de bonnes raisons,
je le veux, pour faire cette prohibition. Mais saura-
t-il aussi, pourra-t-il savoir si l'indivision, si une
jouissance commune n'aura pas plus d'inconvéniens pour ses héritiers que le partage qu'il veut
empêcher ou suspendre? Saura-t-il si cet état d'in-

(1) M. Duranton, tom. 7, n° 75.

division convient à l'humeur, au caractère, aux
dispositions mutuelles de ses héritiers? Non ; c'est
ce qu'il ne sait, ni ne peut savoir, au moins d'une
manière certaine ou satisfaisante ; tandis que ses
héritiers peuvent fort bien le savoir eux-mêmes, se
connaissant mieux les uns les autres, voyant bien,
ne fût-ce que par l'essai plus ou moins long qu'ils
auront déjà fait d'une possession commune ou in-
divise, ce qu'ils peuvent avoir à craindre ou à espérer, à attendre enfin les uns des autres. On conçoit donc parfaitement que la loi les laisse maîtres
de suspendre le partage pendant un certain temps;
c'est qu'en effet elle juge qu'en ce cas, et par
exception au principe général, l'indivision est sans
danger, sans inconvéniens réels.

Mais en est-il de même au cas contraire, au cas
où la suspension du partage résulterait, non plus
d'une convention ainsi arrêtée entre eux, d'un
commun accord, en suffisante connaissance de
cause et avec les garanties de paix et de sécurité
qui en naissent naturellement, mais uniquement
d'une prohibition imposée par un tiers placé dans
une tout autre position, et qui n'offre plus du tout
les mêmes garanties? En aucune façon. Et aussi
voyons-nous la loi, après avoir posé le principe
général, que le partage peut toujours être provoqué nonobstant *prohibitions* et *conventions* contraires, ajouter par forme *d'exception*, qu'on
peut *cependant* CONVENIR de suspendre le partage
pendant un temps limité. Certes, si le mot *convenir* ou *convention* voulait dire tout-à-la-fois *pro-*

hibition et *convention*, le Code n'aurait pas mis ces deux mots différens dans la première partie de l'art. 815; et si, comme on n'en peut douter, ils expriment des idées ou des choses différentes, il n'aurait pas manqué de les répéter dans la seconde partie s'il eût voulu appliquer à ces choses différentes la même disposition. Il ne l'a pas fait; donc telle n'a pas été son intention; et c'est bien ici le cas ou jamais d'appliquer la maxime, *Qui dicit de uno negat de altero*, Et celle-ci, *Exceptio firmat regulam in casibus non exceptis*.

DIALOGUE 5.

N * * *. Un propre de communauté appartenant à la femme est vendu par elle et par le mari. Le prix n'en est point payé pendant la communauté. La femme se fait séparer de biens d'avec son mari. Le prix encore dû par l'acquéreur peut-il alors être revendiqué directement et exclusivement par la femme? ou bien les créanciers du mari peuvent-ils le réclamer de son chef, ou au moins demander que la somme soit distribuée entre eux et la femme concurremment et au marc le franc?

C * * *. La créance appartient tout entière et en propre à la femme, tout de même que le bien

7

vendu lui appartenait en propre aussi et exclusivement. Que pourraient donc y prétendre les créanciers du mari?

N***. La créance, d'abord, et tout au moins,
appartient au mari pour moitié, puisque le mari,
lui aussi, a vendu, conjointement avec la femme,
et qu'au mari tout au moins autant qu'à la femme,
a été promis le paiement du prix de vente; et régulièrement la même chose ou la même somme
promise à deux personnes conjointement est due
à chacune pour moitié.

Mais ensuite, n'est-ce pas au mari tout seul que
le paiement a été ou est censé avoir été promis, et
qu'en tout cas, promis ou non, il doit être fait
(art. 1428)? C'est donc lui seul qui est créancier;
c'est donc lui seul qui a le droit d'exiger et de recevoir le paiement, et par suite ses créanciers pour
lui et de son chef. La femme, du reste, et de son
côté, aura bien son action en remploi ou en récompense du prix de son propre. Mais ce ne sera là
pour elle qu'une créance personnelle contre son
mari, créance à raison de laquelle elle ne pourra
réclamer ni privilège ni préférence que sur les immeubles du mari, et à compter seulement du jour
de la vente (art. 2135). Quant au mobilier, dont
fait partie la créance contre le tiers-acquéreur du
propre vendu, la femme ne peut venir qu'en concurrence et au marc le franc avec les autres créanciers du mari (1).

_____

(1) Objections faites à l'auteur dans une discussion d'audience.

C***. Le mari sans doute, avant la séparation prononcée et même simplement demandée (art. 1445, § 2), avait le droit de recevoir le paiement du prix de vente. Mais est-ce donc à dire pour cela qu'il était le créancier véritable et direct de ce prix, le propriétaire de la créance? Un tuteur aussi a bien le droit de recevoir le paiement de toutes les sommes dues à son pupille; on ne s'est jamais avisé pour cela de le considérer comme étant créancier personnellement, propriétaire de la créance. Eh bien! il en est de même du mari. Le mari a de droit la gestion et administration des biens de sa femme (art. 1428), comme le tuteur a celle des biens de son pupille; et c'est en cette seule qualité d'administrateur ou de gérant, de mandataire légal, que le mari a droit de recevoir le remboursement des sommes dues à sa femme, comme le tuteur a droit de toucher les sommes dues à son pupille; comme tout mandataire en général a droit de toucher les sommes dues à celui de qui il tient son mandat.

Mais aussi, et de même que le mandataire, de même que le tuteur perd ce droit dès l'instant que le mandat ou la tutelle est finie, parce qu'alors il n'a plus ni titre ni qualité pour l'exercer; de même, et par la même raison, le mari perd ce même droit du moment qu'est dissoute la communauté, parce qu'alors la femme, dit la loi, (art. 1449), reprend la libre et entière administration de ses biens.

Et peu importe que le mari ait concouru personnellement à la vente, et qu'il soit dit dans l'acte

qu'il a vendu conjointement avec sa femme? Un
mari, comme les autres, ne peut toujours vendre
que ce qui lui appartient réellement (art. 1599),
et le bien de sa femme ne lui appartient pas plus
dans le fait que le bien de quelque autre personne
que ce puisse être. En un mot, le véritable et unique
vendeur, c'est le propriétaire. C'est ainsi que quand
le tuteur vend le bien de son pupille, soit seul, soit
conjointement avec ce dernier, ce n'est point lui
pour cela qui est le vrai vendeur ; c'est le mineur
seul qui devient tout-à-la-fois vendeur, et comme
tel, créancier du prix. C'est ainsi que la vente consentie par le mandataire est censée l'être directement et exclusivement aussi par le mandant.

Ce n'est donc point, je le répète, comme vendeur proprement dit que le mari figure à l'acte de
vente consentie par sa femme de l'un de ses propres;
il n'y figure en réalité, et quoi qu'en puissent dire
ou donner à croire les termes de l'acte, il n'y figure
qu'en sa qualité de mari et à l'effet seulement
d'assister et autoriser sa femme qui sans cela ne
pourrait pas vendre (art. 217, 1449); sans préjudice, bien entendu, des obligations de garantie
ou autres qu'il pourra contracter personnellement,
et qui ne changent rien du tout à ce que je viens
d'établir. S'il n'est point vendeur, il n'est donc
point non plus créancier du prix de la vente, pas
plus que le tuteur ou le mandataire ne devient
créancier du prix de la vente qu'il fait en cette qualité. Seulement il pourra toucher ce prix s'il vient
à être payé avant la cessation des pouvoirs que lui

donne sa qualité d'administrateur légal ; et dans
ce cas, sans doute, il en deviendra comptable envers sa femme, dont le propre droit alors se con-
vertira forcément d'une créance contre le tiers-acquéreur ainsi libéré, en une créance personnelle
contre son mari, ou ce qui est la même chose, contre la communauté, qui par le fait aura profité d'une
somme à laquelle elle n'avait aucun droit. (art.
1433).

Mais remarquons-le bien, ce n'est que dans ce
cas précisément, dans ce cas d'un paiement réa-
lisé entre les mains du mari avant la dissolution
de la communauté, que s'opère cette novation, que
le droit de la femme éprouve cette conversion,
cette espèce de métamorphose ; et c'est ce qui
résulte clairement des termes mêmes de l'art.
1433 : « S'il est vendu un immeuble (ou un propre tel quel) appartenant à l'un des époux, ... *et
que le prix en ait été versé dans la communauté*, sans remploi, il y a lieu au prélèvement de
ce prix sur la communauté (ou sur les biens propres du mari, si c'est celui de la femme qui a été
vendu, art. 1470, 1472), au profit de l'époux qui
était propriétaire. » Donc, *si le prix n'a pas été
versé dans la communauté*, c'est-à-dire *payé
au mari*, et qu'il ne puisse plus l'être, la communauté n'existant plus par l'effet de la séparation
de biens, et le mari n'ayant plus ni titre ni qualité pour recevoir, encore moins pour exiger le
paiement, donc alors il n'y a plus lieu à l'espèce
de prélèvement ou indemnité mentionnée en l'art.

1433; donc la femme ne devient plus ni ne peut devenir créancière à ce titre, soit de la communauté, soit de son mari ; donc alors, et par une conséquence nécessaire, elle reste créancière directe et personnelle du tiers-acquéreur, sans novation aucune, la condition sous laquelle seule pouvait s'opérer cette novation (le paiement réel et antérieur entre les mains du mari) étant complètement défaillie.

Que la femme, du reste, soit et demeure propriétaire exclusive de la créance ou du prix qui représente et remplace son propre aliéné pendant la communauté, c'est ce dont ne permet de douter aucun des articles que je viens de citer. Et qu'il faille tirer de ce principe la conséquence que je viens d'en tirer et d'expliquer, c'est ce dont je ne crois pas qu'on puisse douter plus sérieusement, surtout si l'on se reporte à notre ancienne législation coutumière, dont les principes sur la communauté de biens entre époux ont été tous ou presque tous adoptés par les auteurs du Code civil, sans autres exceptions ni modifications en général que celles qui ont été expressément signalées et motivées dans la discussion ou dans les différens discours et rapports faits au Tribunat ou au Conseil d'Etat. La coutume d'Anjou, notamment, portait, art. 296 : « Si le mari et sa femme, ou l'un d'eux
« avaient vendu leur propre héritage et patrimoine,
« ou partie d'icelui, dont leur fût due aucune
« somme de deniers au temps du décès de l'un
« d'eux, (ou de la séparation de biens), par

« l'acquéreur ou acquéreurs desdits héritage ou
« patrimoine, les deniers *qui en seront encore*
« *dus au temps dudit décès* (ou séparation),
« reviendront et échoiront, POUR LE TOUT, à celui
« d'eux ou à ses hoirs devers lequel ledit héritage
« ou patrimoine vendu était mouvant, et seront
« iceux deniers *censés et réputés entre le survi-*
« *vant et les héritiers* (ou les créanciers) du
« premier trépassé desdits mariés, *de la nature*
« *du propre héritage ou patrimoine,* nonobs-
« tant qu'il y ait eu communauté entre ledit mari
« et la femme. »

Même disposition dans la coutume du Bourbonnais, art. 240; dans celle du Maine, article
311, etc.

Certes, une telle disposition est trop équitable
pour n'être point admise également dans notre
nouveau droit. Par elle, en effet, les femmes dont
les propres ont été aliénés pendant la communauté,
sont assurées du moins d'en recouvrer le prix non
encore payé lors de la séparation de biens, sans
avoir à craindre d'insolvabilité de leurs maris, ni
de se voir primées par aucun créancier; au lieu que
si elles n'avaient qu'une action en reprise ou récompense à exercer, comme dans le cas où le
prix de vente a été versé dans la communauté,
elles pourraient se voir, par l'insolvabilité de leurs
maris, privées de tout ou partie de la récompense
ou indemnité qui leur reviendrait. Personne, du
reste, n'a à se plaindre d'une semblable décision.

Qui se plaindrait? Le mari? Peu lui importe, puisque s'il touchait d'une main, ce serait pour rendre incontinent de l'autre. Ses créanciers? Est-ce
donc que ses créanciers peuvent avoir plus de droits
que lui-même? Ils le représentent; ils sont ses
ayant-cause; ils exercent ses propres droits; ils
ne peuvent donc les exercer qu'autant et que tels
qu'il les a lui-même, *qui alterius jure utitur,
eodem jure uti debet.*

N***. Mais si le mari, avant la séparation,
usant de son droit de toucher le prix ou la somme
due en propre à sa femme, au lieu de le recevoir
lui-même directement, avait délégué ou cédé la
créance à un tiers, est-ce que ce tiers par hasard,
qui aurait, je suppose, fait signifier la cession au
débiteur (tiers-acquéreur), avant aussi la séparation, serait exclu par la femme? Est-ce que la
femme pourrait revendiquer à son préjudice la
créance ou le paiement du prix?

C***. Je ne dis point cela. Le mari pouvait
recevoir le prix des mains de l'acquéreur, et le
faire passer ensuite en celles d'un tiers; quoi faisant, la créance de la femme contre l'acquéreur
se serait trouvée éteinte et remplacée par une
créance personnelle en remploi ou récompense
contre son mari. Or, que le mari ait disposé de
cette manière et directement du prix ou de la
créance, ou qu'il en ait disposé indirectement et
par voie de cession ou transport et pour, par le
cessionnaire, se faire payer lui-même du débiteur,

peu importe; c'est toujours la même chose au
fond. Le mari, quoique non propriétaire de la
créance, peut néanmoins en transférer la propriété
à un tiers ; et ceci n'a rien de contradictoire : il en
est de cette sorte de créance, comme d'une lettre
de change ou d'un billet à ordre, que le porteur
à titre ou en vertu d'endossement irrégulier, et
sans par conséquent en être propriétaire lui-même,
peut cependant négocier et transférer en toute propriété à un tiers (Code de commerce, art. 138;
Cour de cassation, Arrêt du 20 janvier 1814, etc.).
En un mot, la cession vaut paiement.....

N *** Eh bien ! Si la cession vaut paiement, de
son côté la saisie-arrêt vaut cession ; et par conséquent, si un créancier du mari avait, pendant la
communauté et avant la séparation de biens, pratiqué régulièrement une saisie-arrêt entre les mains
du tiers acquéreur, vainement ensuite la femme
une fois séparée viendrait-elle revendiquer le prix
encore dû et soutenir qu'il représente sa chose,
qu'il lui appartient en propre comme la chose elle-
même, etc. Le saisissant se trouverait nanti d'a-
vance d'un droit qui ne pourrait souffrir d'atteinte ;
la saisie-arrêt l'aurait saisi et revêtu lui-même de
la créance sur le tiers acquéreur, tout comme aurait pu faire une cession directe et formelle que lui
en aurait consentie le mari (1).

C *** Vous avez raison, s'il est vrai que la

_____

(1) Objection faite dans la même discussion.

saisie-arrêt vaille cession et transporte la créance
de la personne du saisi dans celle du saisissant.
Mais c'est là ce que je ne saurais admettre, et le
nom seul de saisie-*arrêt*, saisie-*arrêt ou opposition*, comme dit la loi (art. 557 et suiv. Cod.
proc.), car c'est tout un, suffirait presque pour
faire sentir la fausseté de cette assertion. Saisie-
arrêt ou opposition! c'est donc, car le mot se
définit presque de lui-même, c'est donc, et rien
de plus, un acte par lequel on *arrête entre les
mains du tiers saisi*, les sommes ou effets qu'il
doit au saisi, ou, en d'autres termes qui reviennent
au même, un acte par lequel on *s'oppose à ce
que ces sommes ou effets soient remis au saisi;*
et telle est au surplus la définition qu'en donnent
tous les auteurs et la loi elle-même (art. 557
Cod. proc.). Et vous voulez qu'un pareil acte,
émané du créancier tout seul, enlève au saisi la
propriété de sa créance et la transfère au créancier!
Ce serait, il faut en convenir, un genre d'expropriation tout nouveau, et bien contraire à tous les
principes constamment suivis en matière de propriété, à ce principe fondamental, entr'autres, que
nous ne pouvons perdre ce qui nous appartient
que par notre volonté et par notre fait : *id quod
nostrum est* SINE FACTO NOSTRO *ad alium transferri non potest*, loi 11, ff. *de reg. jur.*

Qu'après une première saisie-arrêt pratiquée, il
en survienne de nouvelles, assurément le premier
saisissant ne sera pas préféré aux autres; car il n'y
a de causes légitimes de préférence que les privi-

lèges ou les hypothèques (Cod. civ., art. 2093,
2094). De même, qu'après cette saisie régulièrement pratiquée le débiteur saisi contracte de nouvelles dettes envers des tiers de bonne foi, assurément encore, ceux-ci pourront très bien former
à leur tour une opposition qui les fera concourir
avec le premier saisissant. Or, je vous le demande,
tout cela aurait-il lieu de même si, au lieu d'une
simple saisie-arrêt faite par le créancier, c'était
une cession proprement dite de la créance, qui lui
eût été faite par son débiteur propriétaire de cette
créance, et qui eût été dûment signifiée ou acceptée? Certainement non. C'est donc que la saisie-
arrêt ne vaut pas cession, comme vous le prétendez.
C'est donc qu'à la différence de la cession, qui
transmet effectivement la propriété de la créance
au cessionnaire, la saisie-arrêt ne la lui transmet
pas de même, ni même non plus aucune espèce de
droit réel sur la chose ou la créance en question,
sauf l'empêchement qu'elle apporte à ce que le
tiers saisi la remette au débiteur; ou bien, s'il le
fait au mépris de la saisie, sauf le droit acquis
alors au saisissant de le faire payer une seconde
fois.

« La saisie-arrêt, disent la doctrine et la jurisprudence, résumées dans le Dictionnaire général
de M. Dalloz (V° saisie-arrêt, n°ˢ 134 et suiv.),
la saisie-arrêt, par elle-même, produit des effets
qu'il faut distinguer de ceux du jugement
rendu sur la validité de la saisie. Le tiers saisi ne

peut plus, après la saisie, payer au débiteur saisi
sans s'exposer à payer deux fois. »

Tels sont les effets *de la saisie-arrêt*. Et voici
maintenant les effets *du jugement* rendu sur la
saisie, ces effets du jugement qu'il faut distinguer
avec tant de soin de ceux de la saisie elle-même
et elle seule : « Le jugement (*Ibid.* nos 278 et suiv.)
qui prononce la validité d'une saisie-arrêt a pour
effet *de dessaisir le débiteur* saisi *de la propriété des deniers arrêtés* , et de rendre le tiers-
saisi débiteur direct du saisissant, etc. » Et encore
n'est-il pas très sûr que le jugement lui-même
produise toujours cet effet, d'après ce qui est dit
aux nos 283 et suiv. ; à plus forte raison et en
aucun cas, la saisie elle seule ne peut-elle le produire, cet effet, *de dessaisir le débiteur de la
propriété et de la transférer au saisissant.*

Disons donc, dans notre espèce, que soit qu'il
y ait eu saisie-arrêt, soit qu'il n'y en ait pas eu ;
soit qu'elle ait précédé ou non la séparation de
biens, la femme n'en demeure pas moins en tout
cas , et tout au moins jusqu'au jugement qui valide
la saisie-arrêt, seule et unique propriétaire de la
créance du prix de son propre vendu et non encore
payé avant la demande en séparation de biens , et
qu'à ce titre elle seule peut et doit toucher la
somme, exclusivement à tous les créanciers du
mari.

DIALOGUE 6.

C * * *. Un acte sous seing-privé non fait double, alors qu'il s'agit d'obligations synallagmatiques, peut-il servir de commencement de preuve par écrit ?

N ***. Oui sans doute ; et comme tel, il autorise l'admission de la preuve testimoniale ; il autorise de plus les juges à admettre des présomptions du genre de celles dont parle l'art. 1353, pour compléter la preuve commencée par l'écrit non fait double, et même encore à déférer d'office le serment à la partie qui le produit.

C ***. Ces propositions me paraissent, je l'avoue, bien difficiles à admettre...

N * * *. Ces propositions sont des conséquences directes des textes du Code, art. 1347, 1353, 1367. L'art. 1347 vous dit qu'il faut considérer comme un commencement de preuve par écrit tout acte par écrit qui est émané de celui contre lequel la demande est formée, ou de celui qu'il représente, et qui rend vraisemblable le fait allégué.

L'acte non fait double réunit éminemment toutes ces qualités. Il fait plus que de rendre *vraisemblable* la convention qu'il contient ; il la

pronve complètement aux yeux de tout homme
sensé (1).

C***. Il la prouve complétement, et cependant il est nul aux yeux de la loi, art. 1325 !

N***. Nul aux yeux de la loi ! Oh! point du
tout. Il l'eût été sans doute sous l'ancienne jurisprudence d'où nous vient la vicieuse et immorale
doctrine des actes doubles; mais tout en l'adoptant, les rédacteurs du Code n'admirent ce système
qu'avec des modifications considérables.

Ainsi, ils rejetèrent d'abord cette doctrine perverse, suivant laquelle la convention ne peut se
former sans écrit; d'ou l'on concluait qu'il n'y a
point d'obligation, c'est à-dire que l'obligation est
radicalement nulle, si l'écrit destiné à lui servir
de preuve n'est pas fait double.

Ils se gardèrent même bien de déclarer nuls ces
actes, faute d'avoir été faits doubles; ils se bornèrent à déclarer qu'ils ne sont pas *valables,*
ce qui n'est point du tout la même chose que
nuls.

Voici comment s'exprime l'art. 1325, dont il
faut bien peser les expressions, en s'attachant à la
propriété des termes : « Les actes sous seing-privé,
qui contiennent des *conventions* synallagmatiques, ne sont pas *valables* qu'autant qu'ils sont
faits en autant d'originaux qu'il y a de parties, etc. »

Cet article distingue bien nettement, comme on

(1) M. Toullier, tom. 8, n° 322.

le voit, deux choses en effet très distinctes et très différentes, les *conventions* contenues dans les actes, et les actes qui contiennent les conventions. L'une de ces deux choses peut fort bien exister sans l'autre. Une convention peut être nulle ou rescindable, quoique l'acte qui la contient soit revêtu de toutes les formalités requises pour la validité des actes; *et vice versâ*, un acte peut manquer de quelques-unes de ces formalités, quoique la convention qu'il contient soit valable et légitime.

C'est ce que fait entendre notre art. 1325, en distinguant si nettement les *conventions* contenues dans l'acte, de *l'acte* qui les contient.

Il résulte clairement de cet article qu'une vente (ou tout autre contrat) faite par acte sous seing-privé non double, n'est pas nulle de droit; la convention n'en est pas moins parfaite.

Quant à l'acte qui la contient, j'ai déjà observé que l'art. 1325 ne l'a point déclaré *nul*. Il s'est borné à dire qu'il n'est *pas valable;* ce qui est fort différent, en suivant la propriété des termes, à laquelle il faut s'attacher, surtout quand il s'agit de conserver à la loi le sens qu'exige la raison de l'équité.

Nul signifie proprement ce qui n'existe pas, ce qui n'est pas dans la nature des choses, disent fort bien nos lexiques. Au figuré, il signifie ce qui n'a pas plus d'effet que s'il n'existait point: *Quae si fuerint facta, non solum inutilia, sed pro infectis etiam habeantur*, loi 5, *Cod. de legib.*

Or, comme dit la loi 25, 2, *Cod. ad senat. consult. velleïam*; 4, 29, *pro nihilo habeatur hujusmodi scriptura..... tanquam nec confecta nec penitus scripta*; en un mot, ce qui est *de nul effet et valeur,* comme disait la déclaration de 1733, aujourd'hui abrogée; ce à quoi les juges ne doivent pas plus s'arrêter que s'il n'existait point.

C'est dans ce sens qu'on dit que ce qui est *nul* de droit ne produit aucun effet; que ce qui est *nul* ne peut être ratifié. L'exécution même qui suit une convention nulle de droit n'en couvre pas la *nullité : Sed etsi quid fuerit subsecutum ex eâ....., illud quoque cassum atque inutile praecipimus,* D. L., etc., *Cod. de leg.*

C'est pour cela que Justinien dit que l'on ne doit pas admettre le serment sur l'existence d'un acte nul : *Certum est nec stipulationem ejusmodi tenere..... nec sacramentum admitti, ibid.,* parce qu'en effet le serment serait inutile.

Au contraire, ce qui est *non valable* ou *invalide* n'est pas nul, n'est pas comme s'il n'existait point. C'est dans le sens propre et physique, ce qui manque de force, ce qui n'a pas de forces suffisantes.

C'est dans ce sens qu'on appelle des soldats *invalides, invalidi,* et *imbeciiles,* ceux qui n'ont pas toute la force, toute la santé qu'ils devraient avoir.

Au figuré, on dit qu'une preuve n'est pas valable, lorsqu'elle n'a point par elle-même toute la force nécessaire pour déterminer le juge, lorsqu'elle est insuffisante; mais que, néanmoins, elle mérite d'être prise en considération, quand des circonstances qu'apprécie la sagacité du magistrat ajoutent ce qui lui manque de force pour compléter la preuve.

Tel est donc en jurisprudence le sens propre du mot *non valable* ou *non valide ;* c'est ce qui n'est pas suffisant par soi-même, mais ce qui pourtant a quelque force, quelque valeur.

C'est aussi dans ce sens que notre art. 1325 dit que les actes qui contiennent des conventions synallagmatiques *ne sont valables* qu'autant qu'ils ont été faits doubles, etc., c'est-à-dire qu'ils ne suffisent pas pour faire eux-mêmes une preuve complète.

Car quels sont l'effet et la force des actes *valables* suivant le Code ? Il prend soin de nous l'apprendre dans les art. 1319 et 1322.

L'acte authentique fait *pleine foi* par lui-même (1319), indépendamment de toutes autres circonstances, et de tous autres adminicules, présomptions, etc. Les présomptions les plus fortes ne peuvent anéantir la foi qui lui est due.

L'acte sous seing privé, reconnu ou légalement tenu pour tel, a, entre les parties, *la même foi que l'acte authentique* (1322), c'est-à-dire qu'il fait par lui-même *foi pleine et entière*. Telle est la règle générale applicable à tous les actes sous seing-privé, reconnus ou tenus pour tels.

Mais cette règle souffre deux exceptions nota-

8

bles, qui viennent à la suite de l'art. 1322 : la
première, contenue dans l'art. 1326, est relative
aux billets causés pour valeur en argent; la seconde,
contenue dans l'art. 1325, est relative aux actes
contenant des conventions synallagmatiques.

Le Code veut que, s'ils n'ont pas été faits doubles, ils ne soient pas *valables,* c'est-à-dire suffisans pour faire *foi pleine et entière,* comme les
actes compris sous la règle générale établie par
l'art. 1322.

Ainsi donc, l'acte non fait double ne vaut pas,
n'est pas valable pour faire *foi pleine et entière*
de la convention synallagmatique qu'il contient.
C'est la seule conséquence qu'on puisse et qu'on
doive tirer du texte de l'art. 1325.

Est-ce donc à dire pour cela que cet acte insuffisant pour faire *pleine foi* soit de *nul effet et
valeur,* qu'il soit absolument *nul,* considéré
comme n'ayant point existé, *pro infecto habeatur?*

Non, sans doute; car le Code ne le dit pas; il
s'est bien gardé de le dire. Il dit au contraire que
l'acte non fait double peut, *ex post facto,* recevoir la force qui lui manquait, s'il a été exécuté :
donc il n'était pas nul dans son principe.

Prenons donc pour certain que l'acte non valable faute d'avoir été fait double, n'est point absolument sans effet et valeur; qu'il forme donc un
commencement de preuve qui peut être complété
par la preuve testimoniale, ou par des présomptions graves, précises, concordantes, ou enfin par
le serment déféré d'office.

Si l'on voulait nier qu'un pareil acte forme un commencement de preuve par écrit, il faudrait rayer du Code l'art. 1347, ou dire que les règles les plus sûres de la logique ne sont point applicables à la jurisprudence ; il faudrait, en un mot, renoncer à décider les questions de droit par le raisonnement (1).

C***. Il faudrait au moins, en tout cas, renoncer à les décider par des subtilités. Qu'est-ce autre chose en effet que cette distinction que vous venez de faire entre ce qui est *nul* et ce qui *n'est pas valable* ou *valide*? Ce qui est *nul*, dites-vous, c'est ce qui n'est point, ou ce qui n'a pas plus d'effet que s'il n'existait point ; ce qui est *non valable* ou *non valide*, c'est seulement ce qui n'est pas suffisant par lui-même, mais ce qui pourtant a quelque force, quelque valeur. Ainsi donc, suivant vous, une convention qui manquerait de *cause* ou *d'objet*, ou de *consentement* de la part d'une des parties, ne serait pas tout-à-fait suffisante par elle-même, mais elle ne laisserait pas d'avoir quelque force, quelque valeur ! Car enfin l'art. 1108 ne déclare pas *nulle* une semblable convention ; il dit seulement que quatre conditions sont essentielles *pour la validité* de toute convention, savoir, le consentement, une cause, un objet, etc.; une convention à laquelle manque une de ces conditions est donc tout au

(1) M. Toullier, tom. 8, nos 317, 318, 319, 320, 321, 322.

plus *non valide* ou *invalide*, et non pas *nulle*, ce qui est bien différent selon vous !

Et le consentement ! Il n'est pas *nul* non plus, il n'est qu'*invalide*, s'il n'a été donné que par erreur, ou s'il a été extorqué par violence ou surpris par dol ! l'art. 1109 en effet se contente de dire qu'en pareil cas *il n'y a point de consentement valable* !

Par conséquent donc, on a eu raison de plaider, jusque devant la Cour de cassation, qu'un contrat qui manque d'une des quatre conditions exigées par l'art. 1108 *pour la validité* des conventions, n'est pas radicalement *nul*, et que le rescinder, ce n'est point le déclarer en effet radicalement *nul*; c'est au contraire juger qu'il a existé légalement en tout ou en partie, c'est-à-dire, qu'il a eu du moins et pourtant quelque force, quelque valeur ?...

N*** Point du tout, cette proposition est une véritable hérésie en jurisprudence. Rescinder un acte, ce n'est point juger qu'il a existé légalement ; c'est au contraire juger qu'il n'y avait que l'apparence d'un contrat dont la loi chargeait le magistrat de prononcer la nullité, lorsqu'il aurait découvert et constaté le vice intrinsèque qui rendait la convention nulle dans son principe ou dans sa racine. Or, telle est nécessairement toute convention qui manque d'une des conditions essentielles prescrites par l'art. 1108 ; si par exemple, il y a incapacité de la partie qui s'oblige, ou si le contrat a été extorqué par erreur, violence ou dol, etc., il est essentiellement et radicalement nul; l'erreur, la violence ou la contrainte, et le dol, rendent nul le consentement; l'erreur surtout est un vice radical qui anéantit le consentement dans son principe même, *non videntur qui errant consentire;* or point de convention sans consentement (1).

C***. Avouez-le donc, sous peine d'inconséquence et de contradiction avec vous-même : lorsque la loi dit qu'une chose, une convention ou un acte *ne sera valide* ou *valable* qu'autant qu'on aura rempli telle condition ou observé telle formalité, elle déclare suffisamment et par cela seul que l'acte ou la convention sera *nulle* au cas contraire, *essentiellement et radicalement nulle,* comme vous venez de dire, et par conséquent encore, suivant ce que vous-même avez dit tout-à-l'heure, que cet acte ou cette convention sera *de nul effet et valeur, qu'elle ne produira pas plus d'effet que si elle n'existait point,* qu'elle sera comme non avenue; que les juges, en un mot, *ne doivent pas plus y avoir égard que si elle n'existait point du tout: quod nullum est nullum producit effectum ; non solùm inutilia, sed pro infectis etiam habeantur.*

Lors donc que nous voyons la loi se servir, dans l'art. 1325, des mêmes expressions que celles dont elle s'est servie déjà dans les art. 1108, 1109

(1) M. Toullier, tom. 7, nos 543, 521 ; tom. 6, nos 55, 56.

et autres semblables, nous devons croire qu'elle
les y emploie dans le même sens. Dans l'art. 1325,
elle dit que l'acte *n'est valable* qu'autant qu'il a
été fait double, de même qu'elle dit, implicitement du moins, dans l'art. 1108, que la convention *n'est valable* ou *valide* qu'autant qu'elle
réunit quatre conditions, consentement, capacité,
cause et objet; de même qu'elle dit dans l'art. 1109
que le consentement *n'est point valable* s'il a
été donné par suite d'erreur, violence ou dol. Et
de même que dans ces deux derniers articles elle
entend certainement dire, vous êtes forcé de le reconnaître, que le contrat est *nul* et *sans effet possible* à défaut d'une des conditions prescrites ; que
le consentement est radicalement *nul* aussi et
anéanti par l'erreur, la violence ou le dol; de
même aussi et par la même raison, et parce
qu'encore nous devons croire que le langage de la
loi est un et concordant avec lui-même, de même,
dis-je, elle entend certainement déclarer dans
l'art. 1325 que l'acte non fait double est *nul*,
c'est-à-dire, puisque telle est la définition ou l'explication que vous donnez vous-même de ce qui est
nul en général, que cet acte est comme non avenu,
*de nul effet et valeur, que les juges ne peu-
vent pas plus s'y arrêter que s'il n'existait
point.*

Or donc maintenant, je vous le demande, serait-
ce, de la part des juges, ne point s'arrêter à un
acte semblable pas plus que s'il n'existait pas,
serait-ce le considérer comme non avenu, comme

de nul effet et valeur, ne lui faire produire en un mot aucun effet, que d'y chercher et d'y puiser un commencement de preuve par écrit, que de le prendre pour base et motif de l'admission d'une preuve testimoniale, ou de présomptions purement humaines, ou de la délation d'un serment, tous genres de preuve qui seraient infailliblement écartés sans lui ?

Vous avez beau dire que vous lui ôtez du moins, à cet acte, la prérogative de *faire foi pleine et entière et par lui seul!* Vous lui en laissez une autre beaucoup trop importante, qui donne beaucoup trop d'avantage à l'une des parties sur l'autre ; et cela suffit pour mettre votre système en opposition avec celui de la loi. Qu'a-t-elle voulu, en effet, dans l'art. 1325? Elle a voulu établir entre les parties une égalité de position respective, une égalité de moyens coercitifs ou probans ; elle a voulu que l'une d'elles ne pût point abuser de la confiance ou de la bonne foi de l'autre, de sa simplicité même peut-être, en retirant et gardant par-devers elle un écrit, qui n'était peut-être encore qu'un simple projet plutôt qu'une convention définitivement arrêtée et conclue, pour s'en faire ensuite une arme contre elle (l'autre partie) suivant son caprice ou son intérêt, pouvant cacher ou montrer l'acte à son gré, tandis que l'autre n'aurait point de son côté le même moyen de preuve ou d'exécution. Et si vous doutez que tel soit le but que s'est proposé la loi, écoutez-en la preuve dans l'exposé des motifs :

« Pour qu'un acte sous seing-privé, disait
M. Bigot-Préameneu (Exp. des motifs, tom. 5,
pag. 83), puisse former un engagement réciproque,
il faut que chacun de ceux qui l'ont contracté,
puisse en demander l'exécution. S'il n'y a qu'une
copie de l'acte, elle ne peut servir de titre qu'à la
partie qui en est saisie. Les autres parties sont
comme si elles n'avaient pas de droit; puisqu'elles
n'ont pas un droit qu'elles puissent réaliser, l'engagement doit être considéré comme s'il n'était pas
réciproque, et dès-lors il est nul. Il faut donc
pour la validité des actes sous seing-privé qui contiennent des conventions synallagmatiques, qu'ils
soient faits en autant d'originaux qu'il y a de
parties ayant un intérêt distinct. »

   « Lorsque l'acte sous seing-privé, disait au Tribunat M. Favard (*ibid*. pag. 177), contient des
conventions synallagmatiques, la loi a sagement
ordonné qu'il ne fût valable qu'autant qu'il aurait
été fait en autant d'originaux qu'il y aurait de parties ayant un intérêt distinct.

   « Les motifs sont évidens : c'est parce qu'il ne
peut y avoir de contrat synallagmatique que lorsque les parties sont également liées, et que cette
égalité de lien n'existe pas lorsqu'il dépend de l'un
des contractans de se soustraire à son gré à l'exécution de l'acte, ou d'en réclamer l'accomplissement. »

   N***. Oui, la loi désire cette égalité de position, et c'est pour cela qu'elle veut que les actes
synallagmatiques soient faits en double, afin de

prévenir la mauvaise foi de celui qui voudrait supprimer le seul original dont il est saisi. Mais sous
quelle peine la loi veut-elle que les actes synallagmatiques soient faits en double? Sous peine de
n'être point obligatoires par eux-mêmes ; c'est afin
que l'acte soit obligatoire *par lui-même*, afin
qu'il puisse former une preuve complète de la
convention.

Mais la loi n'a point prononcé la nullité de la
convention ou de l'obligation, lorsque l'acte n'est
point fait double; elle n'a même prononcé ni la
nullité absolue de l'acte destiné à lui servir de
preuve, ni la dénégation de l'action en justice.
Seulement, en ces cas, l'acte est *irrégulier* et
insuffisant pour constater la convention, seul et *par
lui-même*. La loi permet donc, puisqu'elle ne l'a
pas défendu (en prononçant la nullité de l'acte
ou la dénégation de l'action), d'ajouter à l'insuffisance de la preuve par une autre preuve, qui
rende à l'acte la force qu'il n'avait pas par lui-
même (1).

C***. C'est précisément ce qu'elle ne pouvait
pas permettre sans inconséquence. Quoi ! elle
désire, vous le reconnaissez, elle veut absolument
qu'il y ait entre les parties égalité de position,
égalité de liens, égalité de preuves et de moyens
coërcitifs, et elle permettrait que l'une des parties
eût sur l'autre l'avantage énorme, le privilège

(1) M. Toullier, tom. 9, n° 84, pag. 146.

exorbitant de prouver par témoins ou par de simples présomptions, ou même encore par un serment
qu'elle se ferait déférer à elle-même personnellement, une convention ou prétendue convention
que l'autre partie ne pourrait prouver par aucune
de ces voies ! ! Elle permettrait ainsi que l'une des
parties pût, impunément et à son gré, se soustraire
à l'exécution de l'acte, ou en réclamer l'accomplissement, tandis que l'autre demeurerait perpétuellement soumise au caprice et à la fantaisie de
la première, hors d'état de réclamer elle-même et
de faire ordonner l'exécution de l'acte, et hors
d'état en même temps de s'y soustraire s'il plaît à
son adversaire de la demander ! ! Oh ! non, telle
n'a pu être la volonté de la loi. Il n'est pas possible de lui supposer des vues aussi inconséquentes,
aussi contradictoires. Et au surplus sa pensée et
son intention viennent de nous être révélées en
termes si positifs et si absolus que le doute ne
paraît même plus permis.

Encore moins l'est-il, si l'on considère que l'acte
non fait double (je ne parle pas de la convention
en elle-même, je parle seulement de l'écrit qui la
constate ou qui la contient) est, quoi que vous en
disiez, *nul*, et d'une nullité *absolue*. Je l'ai prouvé
par le rapprochement des textes de la loi et par son
esprit ; je l'ai prouvé même en raisonnant d'après
vos propres principes ; et vous-même encore, si
j'en avais besoin, me fourniriez de nouveaux argu-
mens, de nouvelles armes contre vous.

Ainsi par exemple, si je vous demandais quels actes peuvent être déclarés nuls, et en quels cas, vous me répondriez, puisque vous l'avez écrit, que « tout acte qui ne contient pas les formalités indispensables pour remplir le but de son institution, le but que la loi s'est proposé, est imparfait et *nul ; qu'il doit être considéré comme s'il n'avait pas existé.* » (1).

Eh bien donc, dites-nous maintenant si l'acte synallagmatique non fait double remplit bien le but que la loi s'est proposé en l'assujettissant à cette formalité ! s'il établit bien cette égalité de position qu'elle a voulu mettre entre les parties ! Évidemment non. Il est donc *imparfait et nul ; il doit donc être considéré comme s'il n'avait pas existé.*

Vous me répondriez encore qu' « il ne faut point prononcer la nullité des actes où quelque disposition de la loi n'a pas été observée, à moins que cette nullité n'ait été expressément ou équivalemment prononcée par la loi. » Et pour commentaire ou explication, vous me renverriez au n° 40, tit. 3, 1ʳᵉ partie du Code Prussien, ainsi conçu : « La négligence à remplir la forme légale d'un acte en entraîne la *nullité,* seulement *lorsque la loi exige expressément l'observation de cette forme* POUR LA VALIDITÉ DE L'ACTE. » (2) Eh

_____

(1) M. Toullier, tom. 7, n° 518.

(2) M. Toullier, *ibid.* n° 517.

bien ! l'art. 1325 n'exige-t-il pas expressément,
pour la validité de l'acte contenant des conventions synallagmatiques, qu'il soit fait double ?
Et que devient alors toute votre argumentation
tendante à prouver que l'acte non fait double n'est
point *nul,* qu'il est seulement *invalide* ou *non
valable ?* Il est *nul,* et il est *nul,* je le répète,
d'après vos propres principes.

Et s'il est nul, il ne peut produire absolument
aucun effet, encore suivant vos propres principes ;
et par conséquent, il ne peut être pris pour un
commencement de preuve par écrit ; autrement
ce serait lui faire produire non seulement un *effet,*
mais encore un effet très considérable et très important, celui d'autoriser l'admission d'une preuve
testimoniale ou de simples présomptions, ou
même la délation du serment à celui-là même qui
serait porteur de l'acte.

S'il est nul, si la loi en prononce la nullité,
parce qu'elle présume que tant qu'il n'y a point
d'actes doubles ou d'exécution volontaire, il n'y a
point non plus de convention complète et parfaite,
définitivement arrêtée et conclue, outre qu'elle
veut encore cette égalité de position dont nous
avons parlé ; si la loi, dis-je, en prononce la nullité
sur le fondement de cette présomption, la preuve
contraire à cette même présomption, la preuve
d'une convention sérieuse et parfaite, n'est donc
point recevable, aux termes de l'art. 1352 : « Nul
preuve n'est admise, dit cet article, contre la pré-

somption de la loi, lorsque, sur le fondement de cette présomption, *elle annulle certains actes*, etc. »

Nota. M. Toullier (tom. 9, n° 84) ne combat ce dernier argument qu'en soutenant que l'acte non fait double n'est pas déclaré *nul* par la loi. Le contraire étant démontré, l'argument conserve donc toute sa force ; il est concluant dans l'opinion même de M. Toullier.

DIALOGUE 7.

C***. C'est un principe certain que les juges ne peuvent suppléer d'office le moyen de la prescription (art. 2223). En est-il autrement lorsqu'il s'agit d'actions en nullité ou en rescision dont la durée est fixée par la loi ?

N***. Oui, et tel est aussi l'avis de Dunod : « S'il s'agissait, dit-il, d'un terme fixé par l'ordonnance pour remplir certains devoirs, comme des dix ans déterminés après la majorité pour lever des lettres de restitution, le juge devrait suppléer et débouter celui qui ne se serait pourvu qu'après les dix ans, quoiqu'on ne le lui opposât pas, parce qu'il est tenu de juger suivant l'ordonnance qui est, en ce cas, un réglement de police et un droit public. » (1)

(1) Dunod, Prescript., pag. 110.

Ferrière pense également, d'après Charondas, qu'ici la prescription est de droit. Il s'exprime ainsi : « La prescription est une exception, et partant elle doit être opposée; autrement, on présume que celui qui pouvait s'en servir a renoncé à son droit, et qu'il l'a fait par un motif de bonne foi. Il est certain que la prescription ne détruit pas l'action *ipso jure*, mais seulement *per exceptionem....* »

C***. Eh bien ! que faut-il de plus pour décider notre question en sens contraire à celui que vous venez de présenter?

N***. Attendez; Ferrière ajoute : « Charondas, en ses Questions, tit. 22, chap. 4, estime au contraire qu'elle est de droit, et dit qu'il a été ainsi jugé par arrêt du 29 août 1573, entre un nommé Desguets, demandeur à l'entérinement de lettres royaux pour faire casser et rescinder un contrat de transaction portant vente d'une rente, et Guillaume de Soissons, défendeur. La Cour ayant reconnu, au jugement du procès, que le demandeur était hors le temps de dix ans de l'ordonnance depuis sa majorité, elle débouta le demandeur de l'entérinement de ses lettres, quoique le défendeur n'eût point opposé la prescription.

« Dans le cas proposé par Charondas, j'estime que la prescription est de droit, et que les juges la doivent suppléer, d'autant qu'ils doivent juger suivant les ordonnances royaux, lesquels ont déterminé le temps dans lequel on doit se pourvoir

par lettres obtenues ; s'il leur appert de l'équité de
la demande de l'impétrant, ils doivent le débouter
de l'enregistrement d'icelles lorsqu'il les a obtenues, et qu'il les présente après le temps de l'ordonnance. » (1)

On pourrait soutenir cette opinion d'après la
distinction suivante : dans les prescriptions ordinaires, l'action n'est pas éteinte *ipso jure;* elle subsiste toujours, quoiqu'elle puisse être rendue inutile
par la prescription ; mais il faut que la prescription
soit opposée ; et si elle ne l'est pas, les juges ne peuvent la suppléer, pas plus que toute autre exception. Mais dans les actions rescisoires, l'action
est éteinte, *ipso jure,* par l'expiration du délai.
L'action dure dix ans, dit l'art. 1304 ; donc,
après les dix ans, il n'y a plus d'action ; et par
conséquent il ne peut y avoir de condamnation,
par suite d'une action qui n'existe plus. Il en serait de même de l'action en réméré (art. 1660,
1661 et 1662). (2)

C***. *L'action dure dix ans !* Eh ! ne dit-
on pas aussi tous les jours et de toutes les actions
sujettes à prescription, qu'elles *durent* cinq ans,
dix ans, trente ans, suivant le temps fixé pour la
prescription, et s'avise-t-on jamais d'entendre
cette locution en ce sens qu'après les cinq ou dix
ou trente ans, etc., il n'y a plus d'actions, qu'elles
sont éteintes *ipso jure ?* Ferrière lui-même ne se

(1) Dunod, Prescript., pag 110.
(2) M. Delvincourt, tom. 2, pag. 641 ou 632.

sert-il pas de la même expression, notamment dans
son Traité des tutelles, page 407, où il dit :
« D'ailleurs, étant de principe, suivant Cujas et
Catelan, que l'action qui naît d'un arrêt ou d'une
sentence est perpétuelle et *dure trente ans,* etc. ? »
Et sans doute que lui non plus, en parlant ainsi,
n'entendait pas dire qu'après trente ans l'action
fût éteinte *ipso jure,* et sans que la prescription
eût besoin d'être opposée. Comment donc croire
que les rédacteurs du Code, en se servant de la
même expression dans l'art. 1304, l'aient entendue eux-mêmes en un sens différent ?

Au fond, d'ailleurs, la déchéance établie contre
les actions rescisoires non exercées dans le délai
légal, n'est-elle pas une prescription ? Ferrière le
reconnaît expressément, nous venons de le voir,
et l'on ne saurait raisonnablement en douter. Les
jurisconsultes s'accordent unanimement à quali-
fier de *prescriptions* les déchéances que les lois
font résulter du laps de certains délais, soit en matière de procédure, soit relativement au fond des
droits.

Voët, sur les Pandectes, titre *de diversis tem-
poralibus præscriptionibus,* n.° 1, dit que *præs-
criptionis appellatione, veniunt temporales
præscriptiones seu exceptiones, quæ actori
objiciuntur ut ab agendo excludatur eo quod
non agit intrà tempus à lege præfinitum.*

Il est on ne peut plus évident que cette définition s'applique parfaitement à la déchéance prononcée par l'art. 1304 et aux autres semblables.

Les actions en nullité ou en rescision durent dix
ans, comme les autres actions en général durent
trente ans; c'est-à-dire que si elles sont exercées
après ce laps de temps, le défendeur peut exciper
de la prescription, peut opposer qu'elles sont
éteintes par la prescription. Mais s'il n'oppose pas
ce moyen, s'il ne fait pas valoir cette exception,
le juge peut-il la suppléer d'office? C'est ce que ne
dit ni l'art. 1304, ni l'art. 2262. Mais aussi l'art.
2223 décide en principe général et absolu qu'il
ne le peut pas. Il suffit donc qu'il n'y ait dans
l'art. 1304 aucune exception formelle à ce principe, pour qu'il doive être appliqué au cas prévu
par cet article tout autant qu'à celui prévu par l'art.
2262 et autres; d'autant plus encore que le motif
qui a dicté ce principe ne s'applique pas moins au
cas de l'art. 1304 qu'aux autres cas de prescriptions quelconques. Ce motif vient de nous être
indiqué par Ferrière lui-même, en ces termes :
« La prescription est une exception; et, partant,
elle doit être opposée; autrement, on présume que
celui qui pouvait s'en servir a renoncé à son droit,
et qu'il l'a fait par un motif de bonne foi. » Or
n'est-il pas possible en effet que celui dont les prétentions découlent d'un titre repoussé par la morale, parce qu'il serait le fruit, par exemple, du
dol ou de la violence, écoute la voix salutaire du
remords, et qu'il renonce à se prévaloir d'une
prescription rigoureuse qui ne ferait que prêter
main-forte à la mauvaise foi? »

Inutile d'objecter que l'espèce de prescription

9

on de déchéance dont il s'agit est établie par une *ordonnance* on une loi qui est *un réglement de police* et *un droit public*, et que les juges doivent juger suivant les *ordonnances* ou les lois. Cette prescription ne diffère en rien pour cela des autres prescriptions. Toutes en effet sont également établies par forme de *police* et de *droit public*, dans des vues d'intérêt général et de bien public, *bono publico præscriptio introducta est*, dit la loi 1, ff. *de usuc. et usur.*, et cela est tellement vrai qu'il n'est pas permis d'y renoncer d'avance (art. 2220). Eh bien! pourtant, cela n'empêche pas que la prescription en général n'ait pas lieu de plein droit, et qu'elle ne puisse pas être suppléée d'office par le juge.

DIALOGUE 8.

N***. Le mineur émancipé peut-il valablement consentir une hypothèque sur ses immeubles, pour sûreté d'une obligation par lui contractée?

C***. Je ne le pense pas. La concession d'une hypothèque n'est point un acte de pure administration; et il n'y a que les actes de cette nature qui soient permis au mineur émancipé, art. 481 et 484 du Code civil.

N***. Je n'ai jamais partagé cette opinion, non-seulement parce que l'art. 484 ne défend pas expressément au mineur émancipé d'hypothéquer ses biens, mais parce qu'il n'y avait aucune raison de le lui défendre. En effet, de deux choses l'une : ou l'obligation principale est nulle, ou elle est valable; si elle est nulle, l'hypothèque, qui n'en est que l'accessoire, tombe avec elle, (art. 2180); si elle est valable, elle ne fait aucun tort au mineur, elle donne seulement à celui au profit duquel elle a été consentie, une préférence sur les autres créanciers, des intérêts desquels la loi n'a pas eu plus à s'occuper quand c'est un mineur qui est débiteur, que lorsque c'est un majeur (1).

C***. Il me semble que ce n'est point là le seul effet que produise l'hypothèque. L'inscription d'une hypothèque conventionnelle sur un immeuble n'est point, j'en conviens, l'aliénation actuelle de cet immeuble, puisque la propriété continue de résider sur la tête du débiteur; mais elle renferme au moins le germe d'une aliénation; elle établit sur l'immeuble hypothéqué une charge qui l'accompagne dans toutes les mains où il passe, et elle entraîne l'aliénation forcée du même immeuble si, par défaut de moyens ou autrement, le débiteur manque d'acquitter son obligation. Il n'est donc pas étonnant qu'on ait mis sur la même ligne la capacité d'aliéner et celle d'hypothéquer : « Les hypothèques conventionnelles, dit l'article

(1) M. Duranton, tom. 3, n° 673.

« 2124, ne peuvent être consenties que par ceux
« qui ont la capacité d'aliéner les immeubles qu'ils
« y soumettent, » à quoi l'art. 2126 ajoute : « Les
biens des mineurs, des interdits, et ceux des absens, tant que la possession n'en est déférée que
provisoirement, ne peuvent être hypothéqués que
pour les causes et dans les formes établies par la
loi, ou en vertu de jugemens. » Le silence de l'art.
484, en ce qui concerne la faculté d'hypothéquer,
outre qu'il ne se prête en rien, selon moi, à la conséquence que vous en tirez, est donc bien ample-
ment réparé par le rapprochement de ces deux autres articles 2124 et 2126 ; l'art. 484 dit que le mineur émancipé ne peut *aliéner;* les art. 2124
et 2126 disent que ceux qui ne peuvent pas *aliéner*
ne peuvent pas non plus *hypothéquer;* donc, et
la conséquence est inévitable, donc le mineur
émancipé ne peut pas aliéner.

N***. Il n'est pas exact de dire que l'hypothèque renferme le germe de l'aliénation ;
c'est l'obligation elle-même qui le renferme.
Cela est si vrai, que tous les biens du débiteur sont obligés à ses créanciers (art. 2092) qui
peuvent les faire vendre à défaut de paiement,
qu'ils soient hypothéqués ou non ; il y a même
cela de particulier, que celui qui n'a pas d'hypothèque, mais qui a un titre en forme exécutoire,
peut s'adresser à l'immeuble que bon lui semble ;
au lieu que le créancier hypothécaire ne le peut
pas ; il est obligé de discuter d'abord les biens soumis à son hypothèque, et ce n'est qu'en cas d'in-

suffisance qu'il peut saisir et faire vendre les autres
(art. 2209). D'ailleurs le créancier du mineur obtiendrait jugement, puisqu'on suppose l'obligation valable; et en vertu de ce jugement, il pren-
drait hypothèque sur tous les biens (art 2123). En
sorte que la prohibition d'hypothéquer conventionnellement n'aurait aucun objet; elle serait
même nuisible au mineur, en ce qu'elle l'expo-
serait à des frais qu'il n'aurait peut-être pas subis
sans elle, et qu'au lieu de l'affectation d'un immeuble, tous ses biens se trouveraient grevés,
même les biens à venir. Elle l'empêcherait, en outre, de contracter avec la même facilité et à des
conditions aussi avantageuses (1).

C***. Je sais bien que des créanciers n'ont pas
besoin d'avoir hypothèque sur les immeubles de
leur débiteur pour pouvoir les faire vendre et se
faire payer sur le prix, et qu'ainsi, à la rigueur,
l'hypothèque n'est point précisément et uniquement le germe, la cause efficiente de l'aliénation.
Mais est-ce à dire pour cela qu'elle ne fasse aucun
tort au mineur qui l'a consentie, ainsi que vous
le dites? Non vraiment; car enfin, cette hypothèque une fois établie produira cet effet que si le mineur, avant ou après sa majorité, peu importe,
veut vendre, a besoin de vendre cet immeuble
pour se procurer des ressources qui lui manquent
ou dans toute autre vue, il ne le pourra pas, ou
du moins la vente ne lui en profitera pas, puis-

_____

(1) M. Duranton, do 1o.

que, ou la crainte d'une éviction à subir par l'effet
des poursuites en expropriation que le créancier
hypothécaire aura droit d'exercer contre les tiers
acquéreurs (art. 2165, 2169), écartera les tiers
qui auraient envie d'acheter; ou bien ceux qui feraient l'acquisition en paieraient le prix au créancier ou purgeraient; et en tout cas, le prix n'arriverait point entre les mains du mineur vendeur.
Au contraire, supposons que le même immeuble
ne soit pas grevé d'hypothèque, et alors aucun de
ces inconvéniens, de ces préjudices, n'aura lieu
pour le mineur; il pourra vendre et toucher le
prix, sans que le créancier ait rien à réclamer,
sans qu'il puisse s'en prendre ni à l'immeuble, ni
à l'acquéreur de l'immeuble, puisqu'il n'y a que
les créanciers ayant hypothèque inscrite sur un
immeuble qui puissent le suivre entre les mains
des tiers, art. 2166. Direz-vous donc encore que
les droits des créanciers sur l'immeuble soient les
mêmes, quant au mineur, qu'ils aient hypothèque ou qu'ils n'en aient point, et qu'ainsi l'hypothèque consentie par le mineur ne lui fait aucun
tort?

Et puis ensuite son crédit n'en souffrira-t-il pas
d'une manière bien sensible? . . .

N***. Cette nouvelle objection n'est que spé-
cieuse; elle tombe devant le plus léger examen.
En effet, s'il peut être utile un jour au mineur d'a-
voir un crédit plus étendu, et pour cela, que ses
biens ne soient pas frappés d'hypothèques conventionnelles, il peut lui être utile aussi dès à pré-

sent de jouir de ce crédit, afin de traiter à de meilleures conditions. Or, c'est peut-être l'hypothèque
qu'il donne au créancier avec lequel il traite actuellement, qui lui procure ce crédit. En second
lieu, puisque, ainsi qu'il vient d'être dit, le créancier peut, à défaut de paiement, obtenir jugement
et avoir par là une hypothèque générale, le crédit
du mineur serait encore bien plus affecté d'une
telle hypothèque, qu'il ne le serait d'une hypothèque spéciale, qui, généralement du moins,
détournera le créancier du dessein de prendre jugement, parce qu'il aura une sûreté (1).

C***. Je réponds : D'abord, s'il est vrai que
le mineur ait intérêt à jouir actuellement, à l'instant même où il traite, du crédit que lui donnent
ses propriétés immobilières encore libres d'hypothèques, eh bien! qui l'empêche de jouir de ce
crédit, c'est-à-dire, de constituer hypothèque en
observant les formes protectrices exigées par la loi,
ces formes au moyen desquelles ce crédit ou le
bon emploi de ce crédit sera assuré, la famille et
la justice étant alors appelées à juger s'il est véritablement convenable et avantageux au mineur
d'en user en ce cas et de cette manière; au lieu
que dans votre système, c'est le mineur seul, abandonné à lui-même, à sa faiblesse et à son inexpérience, qui serait juge d'une si grave question,
d'une question que la loi n'a même pas cru pou-

(1) M. Duranton, tom. 19, n° 347.

voir laisser à l'arbitrage et à la décision du tuteur ou du curateur, art. 457.

Je réponds, en second lieu, que l'argument tiré de ce que le créancier légitime pourrait également requérir une condamnation qui lui donnerait une hypothèque judiciaire, ne prouve rien, parce qu'il prouverait trop ; car il en résulterait que le tuteur serait maître d'hypothéquer les biens de son pupille, par la même raison que les condamnations prononcées contre lui, en cette qualité, donneraient également au créancier une hypothèque judiciaire sur les biens du mineur. Ce raisonnement ne prouve donc véritablement rien ; et puis d'ailleurs, quelle différence entre nos deux hypothèses ! Dans la mienne, le crédit du mineur est réellement altéré, diminué dès l'instant même et par le fait seul de la constitution d'hypothèque ; tandis que dans la vôtre, ce n'est qu'éventuellement, qu'accidentellement que ce même crédit sera *peut-être* diminué, c'est-à-dire, dans le cas seulement où, ce qui peut fort bien ne point arriver, le mineur ne satisfera pas à ses engagemens.

D'ailleurs, et après tout, ici, ce n'est point le débiteur, c'est la loi elle-même, par sa toute-puissance, qui crée l'hypothèque en la faisant résulter des jugemens rendus par ses ministres ou ses organes, art. 2123. Et ainsi de ce que les immeubles du mineur, par exemple, pourront être grevés d'une hypothèque judiciaire ou légale, s'ensuit-il qu'ils puissent l'être également d'une hypothèque conventionnelle, consentie par le mineur

lui-même? Evidemment non. Et au surplus les
articles que j'ai cités sont trop positifs à cet égard :
le mineur émancipé ne peut aliéner, art. 484 ;
ceux qui ne peuvent aliéner ne peuvent hypothéquer, art. 2124 et 2126 ; donc le mineur émancipé ne peut hypothéquer, sans compter encore
l'argument à tirer des art. 481 et 484.

N*** Vraiment, on ne peut s'expliquer ce qui
a pu porter les rédacteurs du Code à établir une
règle aussi générale que celle de l'art. 2124. Cela,
je ne crains pas de le dire, part de vues contradictoires dans les dispositions de la loi, prises dans
leur ensemble. Analysons ces dispositions.

D'abord, aux termes de l'art. 6 du Code de
commerce, les mineurs dûment autorisés à faire
le commerce par l'observation des formalités prescrites par les articles 2 et 3 du même Code,
peuvent *engager et hypothéquer leurs immeubles*, et cependant ils ne peuvent les aliéner qu'en
remplissant les formalités prescrites par les articles
457 et suivans du Code civil. Ainsi, voilà un cas
où, d'après la loi elle-même, la capacité d'hypothéquer n'est pas mesurée sur celle d'aliéner, puisque la première existe, quoique l'autre n'existe
pas (1).

C***. C'est là une exception à la règle, fondée
sur l'intérêt du commerce.

---

(1) M. Duranton, tom. 19, n° 347.

N ***. A cela je réponds deux choses : 1° qu'on a vu là l'intérêt du mineur commerçant, et 2° que si l'hypothèque avait été considérée comme pouvant lui nuire, ainsi que pourrait le faire l'aliénation, on ne lui aurait pas plus permis l'une que l'autre. Or, s'il peut être de l'intérêt d'un mineur commerçant de pouvoir hypothéquer ses immeubles, pourquoi n'en serait-il pas de même du mineur émancipé non commerçant, relativement aux obligations qu'il contracterait pour l'administration de ses biens, pour sa nourriture, et autre cause parfaitement légitime (1) ?

C ***. Voilà encore un raisonnement qui ne prouve rien parce qu'il prouve trop ; on pourrait en effet le généraliser d'une manière absolue, et dire : on a vu l'intérêt du mineur commerçant à ce qu'il pût librement emprunter, souscrire des billets à ordre ou autres obligations, etc., etc. ; et en conséquence on lui a permis tous ces différens actes ; or, s'il peut être de l'intérêt d'un mineur commerçant de pouvoir emprunter, souscrire des billets, etc., etc., pourquoi n'en serait-il pas de même d'un mineur émancipé non commerçant ? Ce n'est donc rien dire, ou du moins rien prouver, que de faire un tel raisonnement.

Je le répète, c'est l'intérêt particulier du commerce qui a motivé la disposition exceptionnelle de l'art. 6 du Code de commerce. C'est parce que les affaires et les transactions commerciales exigent la plus grande

_____
(1) M. Duranton, tom. 19, n° 347.

liberté et surtout la plus grande célérité, qu'on a
cru devoir affranchir le mineur commerçant, de
même que la femme qui fait aussi le commerce, de
toutes les formalités d'autorisation et autres qui,
par leurs lenteurs inévitables, pourraient entraver,
retarder, et même souvent empêcher tout-à-fait les
opérations de leur commerce et par suite le neutraliser et le faire tomber lui-même entièrement,
art. 5, 6 et 7 du Code de commerce, 220, 487,
1308, etc. du Code civil. Ce motif est-il applicable au mineur non commerçant? Non. Ne venez
donc point raisonner ici par une prétendue analogie ou identité de raison qui n'existe point en
réalité. Vous y êtes d'autant moins recevable, qu'y
cût-il même véritablement identité de raison, la
disposition tout exceptionnelle de l'art. 6 du Code
de commerce ne pourrait point s'étendre hors de son
cas spécial et précis, parce qu'il est de règle que
les exceptions ne s'étendent jamais d'un cas à un
autre. C'est plutôt ici le cas d'invoquer l'argument
qui dicit de uno negat de altero : la loi permet au mineur commerçant d'hypothéquer ses
immeubles, donc elle le défend au mineur
non commerçant. Et dans le fait, pourquoi pren-
drait-elle la peine ou le soin de donner expressément cette faculté au mineur émancipé qui
fait le commerce, si elle entendait la donner également et en principe général à tous les mineurs
émancipés? Ce serait une disposition redondante
et bien inutile, une superfétation qu'il n'est pas
permis de supposer dans la loi.

Mais pardon; je vous ai interrompu dans l'analyse que vous aviez commencée des différentes
dispositions de la loi, desquelles vous vouliez faire
ressortir les vues contradictoires, disiez-vous, des
rédacteurs du Code. En voilà déjà une, de ces
dispositions, celle de l'art. 6 du Code de commerce. Les autres?

N***. Les voici : Le mineur qui a l'administration de ses biens, peut incontestablement faire
marché avec un entrepreneur pour faire des réparations à l'un de ses bâtimens qui en a besoin; et
l'entrepreneur, en remplissant les conditions prescrites, acquerra un privilège (art. 2103). Or, ce
privilège, et l'hypothèque qui y est renfermée
(art. 2113), auront leur fondement dans la convention, dans le contrat de louage d'ouvrage;
donc il n'est pas absolument nécessaire, pour pouvoir hypothéquer un immeuble, d'avoir la capacité
de l'aliéner. On dira sans doute aussi qu'en pareil
cas l'hypothèque résulte *ex utilitate, et adju-
vante lege;* mais qu'est-ce que cela fait, quant à
la question qui nous occupe, puisque nous raisonnons aussi dans l'hypothèse d'une obligation
ayant une juste cause et où il pouvait être pareillement de l'intérêt du mineur de fournir une
hypothèque, afin de traiter plus facilement, à de
meilleures conditions, ou peut-être pour éviter des
frais, des poursuites en expropriation forcée?

En outre, le mineur, à défaut de mobilier,
hypothèque tacitement ses immeubles à ceux qui
lui font des fournitures de subsistances, à ses gens

de service, à ceux qui lui donnent des soins dans une maladie; cela résulte de la combinaison des art. 2101 et 2105; car la loi ne distingue pas si les privilégiés de l'art. 2101 sont créanciers d'un mineur ou d'un majeur; et cependant, qu'importe que ce soit la loi elle-même qui établisse le privilège, et par suite l'hypothèque, ou que l'hypothèque résulte directement d'une convention? C'est toujours le fait du débiteur qui, en réalité, lui donne naissance; c'est toujours lui qui la constitue, mais tacitement. Or, si un mineur le peut tacitement, pourquoi ne le pourrait-il pas conventionnellement? et s'il ne le peut pas expressément, pourquoi le peut-il tacitement? Quoi! l'hypothèque qu'il aura conventionnellement consentie à celui qui lui a fourni des subsistances sera sans effet, tandis que la loi elle-même aura donné à ce fournisseur un privilège qui, en cas d'insuffisance du mobilier, primera même les créanciers ayant des privilèges spéciaux sur les immeubles! A quelle contrariété de vues est amené le législateur par un système aussi absolu que, pour pouvoir hypothéquer conventionnellement, il faut avoir la capacité d'aliéner l'immeuble soumis à l'hypothèque! Oui, cela est raisonnable quand il s'agit de la dette d'autrui; mais c'est sans motif solide quand il s'agit de la dette de celui qui donne l'hypothèque.

Nous concevons très bien que les immeubles dotaux ne puissent être hypothéqués, ni par le mari, ni par la femme, ni par les deux époux conjointement (art. 1554); mais la raison en est simple : c'est qu'en principe ces immeubles ne peuvent être aliénés pendant le mariage, ni directement ni indirectement ; de telle sorte que les créanciers de la femme pour engagemens contractés pendant le mariage, ne peuvent les faire vendre durant le mariage, ni même après la dissolution du mariage, suivant la jurisprudence des tribunaux ; au lieu que les immeubles d'un incapable, d'un mineur, par exemple, peuvent très bien être vendus à la poursuite de ses créanciers ; notamment ceux d'un mineur commerçant peuvent fort bien être expropriés pour le paiement des dettes qu'il a contractées pour son commerce, quoiqu'il ne puisse pas lui-même les vendre de gré à gré.

L'hypothèque consentie par un mineur, pour sûreté d'une obligation valable, n'est réellement, répétons-le, qu'une sûreté donnée au créancier par la préférence qu'elle lui attribue sur les autres créanciers, et non le principe de l'aliénation de l'immeuble hypothéqué, puisque le créancier pourrait tout aussi bien faire saisir et vendre cet immeuble sans avoir l'hypothèque, qu'en en ayant une ; qu'il pourrait d'ailleurs obtenir jugement à défaut de paiement, et que ce jugement lui donnerait hypothèque, non seulement sur l'immeuble en question, mais encore sur tous les autres biens du mineur. D'après cela, je ne puis reconnaître de motifs fondés à cette disposition générale, que pour pouvoir consentir une hypothèque conventionnelle sur un immeuble, il faut avoir la capacité d'aliéner cet immeuble (1).

C*** Mais d'abord, que vous puissiez ou non reconnaître de motifs fondés à cette disposition de loi, en existe-t-elle moins ? Ses termes en sont-ils moins clairs, moins positifs ?

N***. Quelqu'absolus que soient les termes de l'art. 2124, je ne saurais me résoudre à regarder comme nulle et de nul effet, l'hypothèque consentie par un mineur émancipé, pour sûreté d'une obligation contractée dans l'intérêt de l'administration de ses biens, ou pour les subsistances ou le logement qui lui ont été fournis ; ou même pour un prêt qui lui a été fait et dont les deniers ont tourné à son profit, ont servi, par exemple, à payer une dette de la succession de son père ; pourvu, bien entendu, dans tous ces cas, que les formalités prescrites par la loi quant à la forme de l'acte constitutif de l'hypothèque aient été observées. M. Toullier est aussi de ce sentiment, et M. Delvincourt le partageait également, en disant que ce ne serait pas dans tous les cas que l'hypothèque consentie par un mineur devrait être déclarée nulle et de nul effet ; que cela devait dépendre du sort de l'obligation elle-même. Je ne dis pas autre chose, et je porte la même décision sur l'hypothèque qu'une femme séparée de biens et non autorisée de son mari ou de justice, aurait consentie

_____

(1) M. Duranton, tom. 19, n° 347.

pour sûreté d'une obligation contractée pour l'administration de ses biens, ou pour toute autre cause légitime ; et si, dans ces divers cas, l'engagement du mineur ou de la femme mariée n'a tourné qu'en partie à leur profit, l'obligation n'étant valable qu'en partie seulement, l'hypothèque ne le sera pareillement que jusqu'à due concurrence.

Cette doctrine, en présence de l'art. 2124 et de quelques autres dispositions du Code (art. 457, 2115 et 2126), semblera sans doute hardie à ceux qui s'attachent uniquement à la lettre de la loi ; mais elle ne paraîtra probablement que fort rationnelle à ceux qui se pénétreront de son véritable esprit dans l'ensemble de ses dispositions, notamment en considérant celles de l'art. 1305, en ce qui touche l'hypothèque consentie par un mineur pour sûreté d'un engagement qui a pleinement tourné à son profit (1).

C***. Puisque vous voilà revenu à cet argument tiré du défaut de lésion au préjudice du mineur, je vais y répondre tout d'abord, et ici permettez-moi de vous adresser une question : Les actes faits par un mineur ne sont-ils susceptibles d'être annulés ou rescindés qu'en cas de lésion, qu'autant qu'ils lui sont réellement préjudiciables et en justifiant de cette circonstance comme d'une condition *sinè quâ non* ? Ou bien n'y a-t-il pas certains cas où ce qu'a fait le mineur est nul de

_____

(1) M. Duranton, de l'

droit et même sans qu'il ait à articuler ni à prouver de lésion telle quelle ?

N***. Je pense, sur cette question, que pour tous les actes que le tuteur n'eût pu faire lui-même sans l'autorisation d'un conseil de famille, ou autres formalités, si le mineur les a faits, même avec l'autorisation du tuteur, ils sont nuls, c'est-à-dire annulables, sans que le mineur ait besoin de justifier d'une lésion quelconque, lors même que l'autre partie prouverait que l'acte, dans le principe, n'était point désavantageux au mineur ; sauf à celui-ci à restituer ce qu'il a reçu, et que l'autre partie prouverait avoir tourné à son profit, conformément à l'art. 1312.

Par exemple, s'il s'agit d'un immeuble vendu par le mineur, même à un bon prix, qu'il a su utilement employer, soit à payer des dettes légitimes, soit à acheter une chose qui lui était nécessaire, cet immeuble n'aura pas été *aliéné ;* la propriété en sera restée dans la main du mineur. *Cùm senatus-consulti auctoritas, retento dominio alienandi viam obstruxerit, lib. 11, Cod. de praediis et aliis reb. sine decreto non alien.* (art. 457.)

En cela je me range au sentiment de M. Proudhon ; mais quand il sera question d'un simple acte, pour lequel la loi n'a prescrit aucune formalité spéciale, je ne pense pas, comme M. Toullier, que cet acte est nul, *mero jure,* par cela seul qu'il n'a pas été fait avec l'autorisation du tuteur. Je crois qu'il est seulement rescindable pour cause de

lésion, si le mineur en a éprouvé un préjudice
dès le principe, ou par une suite directe. C'est le cas
d'appliquer l'art. 1305, ou bien il faut le rayer du
Code ; car vouloir qu'il ait été porté pour les actes
faits par les tuteurs, et pour les actes des mineurs
autorisés de leur tuteur, c'est une pure imagination, repoussée par toutes les dispositions de la section sous laquelle il se trouve placé, ainsi que je
l'ai démontré plus haut.

Et l'on appliquerait aussi cet article aux actes
que le mineur émancipé pouvait faire avec l'assistance de son curateur, mais qu'il a faits sans cette
assistance, et dans lesquels il a été lésé.

Quant à ceux qu'il avait la capacité de faire
seul, parce qu'ils rentraient dans l'administration
des biens, comme un bail ordinaire, etc., le mineur
émancipé n'en saurait être relevé qu'autant qu'un
majeur le serait lui-même (art. 481).

Enfin, pour ceux qui ne pouvaient être faits
que d'après une autorisation du conseil de famille,
homologuée ou non, et que le mineur a passés
sans l'emploi des formalités, il y aurait lieu à la
nullité comme si le mineur n'eût point été émancipé, puisque, quant à ces actes, le mineur
émancipé est aussi incapable que le mineur en tutelle, art. 484 et 1305 lui-même (1).

C***. Il y aurait lieu, dites-vous, à la nullité
comme si le mineur n'eût pas été émancipé, c'est-
à-dire, ainsi que vous venez de le reconnaître,

_____

(1) M. Duranton, tom. 10, n° 287.

a la nullité « *de droit*, et sans que le mineur ait
« besoin de justifier d'une lésion quelconque, et
« lors même que l'autre partie prouverait que
« l'acte n'était point désavantageux pour le mi-
« neur. »

Cela posé et convenu, voici comment je raisonne :
la constitution ou concession d'hypothèque est
littéralement placée par la loi au nombre des actes
dont vous dites vous-même que le tuteur ne peut
les faire seul, sans l'autorisation du conseil de
famille ou autres formalités : « Le tuteur, dit
« l'art. 457, ne peut emprunter pour le mineur,
« ni aliéner ou HYPOTHÉQUER ses immeubles, sans
« y être autorisé par le conseil de famille, etc. »
Donc une concession d'hypothèque faite par le
mineur même émancipé est, d'après vous-même et
suivant vos propres principes, *nulle de droit,
sans que le mineur ait besoin de justifier d'une
lésion quelconque, et lors même que l'autre
partie prouverait que l'acte n'était point désavantageux au mineur.* Eh bien ! maintenant,
je vous le demande, que sert-il de dire, pour
prouver la validité de l'hypothèque ainsi consentie
par le mineur, qu'elle l'a été pour sûreté d'un
engagement *qui ne lui a pas été désavantageux,* qui *a plus ou moins* tourné à son profit ?
Que s'ensuit-il de là ? Qu'il n'y a pas de *lésion.*
Mais qu'importe ? puisque l'acte est *nul de droit,
sans que le mineur ait besoin de justifier d'une
lésion quelconque, et lors même que l'autre
partie prouverait que l'acte n'était point désa-*

vantageux au mineur. Votre argument tiré du
défaut de lésion tombe donc et ne prouve absolument rien; ce n'est qu'une contradiction manifeste avec vos propres principes.

Reste l'argument que vous tirez des art. 2103
et 2113, 2101, 2104 et 2105. Or, ce que j'ai déjà
dit de l'hypothèque judiciaire s'applique ici et
répond suffisamment. Le tuteur aussi peut incontestablement faire faire des réparations, et s'il le
fait, l'entrepreneur aura un privilège sur les immeubles réparés. Le tuteur aussi peut contracter
au nom du mineur des engagemens pour fournitures de subsistances, etc. Concluez-vous donc de
là que le tuteur soit maître d'hypothéquer expressément les immeubles de son pupille pour ces
objets? Vous ne l'oseriez en présence de l'art. 457.
Pourquoi donc et sur quoi fondé tirez-vous de la
même circonstance une conclusion opposée pour
le cas où ce serait le mineur lui-même qui aurait
fait faire les réparations, ou traité avec les four-
nisseurs de vivres, etc.?

En second lieu, ici de même qu'en matière
d'hypothèque judiciaire, ce n'est pas le mineur,
c'est la loi, la loi seule, de sa propre et souveraine
autorité, qui accorde le privilège ou l'hypothèque
en raison de la nature de la créance. Qu'est-ce que
cela peut donc faire quant à la question de savoir
si le mineur peut ou non lui-même accorder une
semblable faveur à son créancier? Ici, et pour
décider cette question, ce n'est, ni à l'art. 2103,
ni à l'art. 2123, etc., qu'il faut recourir; c'est, et

c'est uniquement aux art. 2124 et 2126, 481 et 484, lesquels tranchent directement la question et en termes que vous-même ne pouvez vous empêcher de trouver clairs, précis et absolus.

Et vainement travaillez-vous à éluder la lettre de la loi sous prétexte de faire prévaloir ce que vous appelez son véritable esprit, tel qu'il vous semble résulter de l'ensemble de ses dispositions. L'ensemble de ses dispositions prouve manifestement tout le contraire, ainsi que je viens de le démontrer. Et si j'avais besoin d'un nouvel argument à l'appui de mon opinion, je le trouverais dans l'art. 1988, lequel porte : « Le mandat conçu en termes généraux n'embrasse que les actes d'administration. S'il s'agit d'aliéner ou hypothéquer, ou de quelque autre acte de propriété, le mandat doit être exprès. » S'il s'agit *d'hypothéquer, ou de quelqu'autre acte de propriété* ! La loi considère donc bien véritablement la *concession d'hypothèque* comme un *acte de propriété*. Eh bien ! la même loi, d'un autre côté, ne permet au mineur émancipé que les simples *actes de pure administration*, art. 481 et 484 ! Donc le mineur émancipé n'a pas le pouvoir d'hypothéquer ses immeubles. Est-ce assez concluant ?

Vous citez des autorités à l'appui de votre système, MM. Toullier et Delvincourt. J'en ai aussi de mon côté ; ce sont MM. Merlin, Grenier, Proudhon et Troplong.

DIALOGUE 9.

C***. Toute disposition au profit d'un incapable sera nulle, dit l'art. 911, soit qu'on la déguise sous la forme d'un contrat onéreux, soit qu'on la fasse sous le nom de personnes interposées. Mais sera-ce au donataire à prouver qu'il y a vraiment contrat à titre onéreux, ou aux autres parties à prouver qu'il y a donation simulée ?

N***. Je pense que du moment que le contrat est passé avec un incapable, la donation est présumée, et que ce sera par conséquent au donataire à prouver (1).

C***. La donation est présumée! et par conséquent aussi la fraude? Mais où voyez-vous donc cette double présomption? Dans l'usage ou dans la raison? L'un et l'autre nous apprennent tout le contraire, par cet adage né d'une longue expérience : *Nemo donare præsumitur, nemo præsumitur jactare suum.* Dans la loi? Nulle part. Nulle part en effet nous ne trouvons de loi *spéciale* qui attache cette présomption à *l'acte* ou au *fait* dont il s'agit (art. 1350). Nous y trouvons

---

(1) M. Delvincourt, tom. 2, pag. 419, édition de 1819.

même, dans la loi, une présomption toute contraire : « Le dol ne se présume pas, dit l'art. 1116, il doit être prouvé. » « La bonne foi est toujours présumée, dit l'art. 2268, et c'est à celui qui allègue la mauvaise foi à la prouver. » Le dol, la mauvaise foi, la fraude, c'est tout un. Et ainsi, c'est à celui qui allègue la fraude à la prouver. C'est à celui par conséquent, dans notre espèce, qui prétend que le contrat n'est au fond qu'une donation frauduleuse ou simulée, à le prouver.

N***. Cette opinion tendrait à obliger les adversaires de l'incapable à prouver un fait négatif, contre l'axiôme : *factum negantis nulla est probatio*. En effet, s'il s'agit d'une vente, comment prouver que le prix n'a pas été compté (1) ?

C***. Et comment prouver, en sens contraire, que le prix a été réellement et sérieusement payé, si l'on n'en croit point l'acte de vente portant quittance, ou la quittance postérieure? L'incapable fera-t-il entendre des témoins à cet effet? D'abord, il n'y serait point admis la plupart du temps, art. 1341; ensuite, que diraient les témoins? Qu'ils savent, pour l'avoir vu et entendu, que l'acquéreur a payé le prix entre les mains du vendeur. Mais diront-ils aussi, pourront-ils dire si ce fait n'a pas été une espèce de comédie concertée et jouée entre le vendeur et l'acheteur ; si le prétendu paiement n'a pas été fait des deniers que le premier

(1) M. Delvincourt, d° l°.

avait remis sous mains au second à cet effet? L'enquête ne prouverait donc véritablement rien de plus que la quittance elle-même ou que l'acte de vente portant quittance : acte ou quittance du reste qui doit faire pleine foi contre les adversaires de l'incapable qui sont naturellement les héritiers du vendeur, art. 1319 et 1322, à moins qu'ils ne prouvent la fraude.

Votre opinion tendrait donc ainsi à mettre à la charge de l'incapable une preuve véritablement impossible. Or *impossibilium nulla est obligatio.*

Il est vrai que vous faites le même reproche à la mienne, en disant qu'elle oblige à prouver un fait négatif, et qu'un fait de cette nature ne peut se prouver, *factum negantis nulla est probatio.* Mais si, un tel fait peut fort bien se prouver, toutes les fois au moins qu'on peut établir un fait affirmatif dont la preuve une fois faite démontrera le fait négatif lui-même. Je puis prouver, par exemple, que je n'étais point tel jour à Dijon en prouvant que j'étais ce même jour à Paris.

Eh bien! de même dans notre espèce, les adversaires de l'incapable peuvent prouver que le prix n'a pas été compté réellement ou sérieusement, en prouvant, par exemple, qu'il a toujours été notoirement dans un tel état d'indigence qu'il ne pouvait avoir la somme à lui et pardevers lui; ou bien qu'il était jeune, enfant, sans état ni revenus, ni autres moyens d'amasser pareille somme; ou bien encore que la même somme lui avait été pré-

cédemment remise par le vendeur directement ou
indirectement, ou que le prix est très inférieur à
la valeur de la chose, etc., etc. Il est clair qu'en
prouvant l'un ou quelques-uns de ces faits, on
prouvera indirectement mais suffisamment le fait
en question, quoique négatif; savoir, que le prix
n'a pas été compté, ou qu'il ne l'a pas été sérieusement; sans compter encore les autres conjec-
tures ou présomptions auxquelles la justice pourra
recourir, puisqu'il s'agit de fraude, art. 1353.

Vous voyez donc bien que la preuve n'est point
impossible dans le fait. Qu'elle soit du reste plus
ou moins difficile, cela peut être, et c'est même
toujours ou presque toujours ce qui arrive en matière de fraude. Mais enfin ce n'est point une
raison pour rejeter le fardeau de la preuve du demandeur sur le défendeur; *onus probandi incumbit ei qui dicit, non ei qui negat; actor
quod asseverat, probare se non posse profi-
tendo, reum necessitate monstrandi contra-
rium non astringit.* Loi 23, *Cod. de probat.*
3, 19. Ce n'est point une raison pour ériger en
présomption légale et qui dispense de toute preuve
celui qui l'invoque, une conjecture ou présomption, fondée ou non, que la loi n'a point établie
ou consacrée elle-même par une disposition *spéciale,* art. 1352 et 1350.

Et voyez d'ailleurs où conduirait votre système.
Tous les individus déclarés incapables de recevoir
à titre gratuit de certaines personnes, se trouveraient par là même frappés d'incapacité à l'effet

aussi de contracter avec elles, même à titre onéreux; puisqu'en effet du moment et par cela seul
que le contrat est passé avec un incapable, la donation, dites-vous, est présumée. Et n'objectez
pas que ces individus auront la ressource de prouver qu'il y a vraiment contrat à titre onéreux! Je
viens de montrer qu'une enquête ne serait jamais
concluante à ce sujet. Elle ne serait d'ailleurs point
admissible, parce qu'il était au pouvoir des parties
de se procurer une preuve écrite. Et d'un autre
côté cependant on rejeterait comme indigne de foi
la preuve écrite elle-même, l'acte de vente ou
autre qui par lui-même annonce et établit qu'il y
a vraiment contrat à titre onéreux! Comment admettre un système qui donne lieu à une telle
conséquence, qui étend aux contrats à titre onéreux une incapacité qui, bien certainement, n'est
établie ou prononcée que pour les contrats ou les
dispositions à titre gratuit?

DIALOGUE 10.

C***. Les créanciers peuvent-ils opposer une
prescription à laquelle leur débiteur a positivement renoncé? Peuvent-ils faire annuler ou rétracter cette renonciation une fois consommée?

N***. Ces mots de l'art. 2225 : *Les créanciers*

*peuvent opposer la prescription , encore que
le débiteur ou le propriétaire y renonce ,* paraissent repousser une telle conséquence. Rien ,
dans cette phrase, ne se rapporte au passé ni à
l'avenir, tout est au présent. La loi ne dit pas que
les créanciers pourront attaquer la renonciation
consommée (1).

C***. Que dit-elle donc alors, ou plutôt que
veut-elle dire par ces expressions de l'art. 2225 ?

N***. Elle semble ne leur accorder que la
faculté de concourir et de suppléer à la défense de
la réclamation dirigée contre leur débiteur. Les personnes intéressées à la prescription qui est acquise
à leur débiteur , ou au propriétaire sur qui elles
ont des droits, sont appelées à les faire valoir, en
son nom, quand les choses sont entières, selon
le langage usité, c'est-à-dire, quand le sort de la
prescription n'est pas définitivement réglé. Elles
peuvent alors exercer, en demandant et en défendant, les droits de leur débiteur, art. 1166.

Mais, en thèse générale, ces tiers intéressés ne
peuvent pas , de leur chef, faire annuler les traités
contraires à la prescription qu'il a consentis sans
leur participation, sauf les cas de dol et de fraude ;
car le dol et la fraude font exception aux règles
générales. Si l'art. 2225 , conféré avec ces règles,
ne permet pas aux tiers intéressés l'action en rescision pour une simple cause de renonciation à la

_____

(1) M. Vazeille, Prescription, n° 361.

prescription, cette action leur est accordée par l'art. 1167, lorsque le dol et la fraude ont produit les actes qui leur sont préjudiciables (1).

C***. Mais, est-il donc bien vrai que l'art. 2225 ne permette pas aux créanciers l'action en rescision pour une simple cause de renonciation ? L'article me semble dire précisément tout le contraire et fait tout exprès pour ce cas de simple renonciation, puisqu'il ne parle ni de dol ni de fraude, ni de préjudice, à la différence des art. 1167, 1464, 788 et 882...

N***. Pourquoi la loi leur donnerait-elle une plus grande latitude d'action, pour défendre leur gage contre d'anciens droits, par le secours de la prescription, que pour les défendre contre les erreurs et les combinaisons artificieuses d'un partage ? Est-il moins aisé de leur faire préjudice dans une position que dans l'autre ? (2).

C***. Oui sans doute, puisque dans l'une ils sont presque toujours suffisamment avertis de se mettre en mesure et d'intervenir au partage, etc., tandis que dans l'autre il leur est presque impossible de savoir ce qui se passe entre leur débiteur et les tiers contre lesquels il avait prescrit. Ne sentez-vous pas bien la différence ?

N***. Je conçois que l'ouverture d'une suc-

---

(1) M. Vazeille, nos 361 et 362.
(2) M. Vazeille, no 361.

cession et le partage entre les cohéritiers se pré-
voient et se manifestent davantage ; qu'il est plus
facile aux créanciers de faire des oppositions et des
interventions, et que d'un autre côté, les opérations d'un partage étant compliquées, longues
et dispendieuses, il ne convenait pas d'accorder
aux tiers le droit de l'attaquer, de leur chef, quand
il est consommé.

Il est difficile au contraire, et souvent il est impossible de savoir si les biens et les droits apparens
de son débiteur, sont sujets à être contestés, s'il
est exposé à essuyer des recherches par action
réelle ou personnelle. On peut même très bien
ignorer l'action quand elle est intentée ; on peut
n'apprendre que dans le même temps le danger et
le mal, l'action et le traité qui a fait le sacrifice de
la prescription. Tant pis pour les créanciers ; si ce
sacrifice a été fait de bonne foi, sans intentions
contre eux, le mal sera irréparable. Mais si, pour
les tromper, il y a eu un concert de fraude entre
les deux parties, ils auront l'action en rescision
contre le traité fait à leur préjudice (1).

C***. Dire tant pis pour les créanciers, ce
n'est pas répondre à l'argument tiré de la différence de position que je viens de signaler, et que
vous reconnaissez vous-même exister réellement.
Or je dis que cet argument ou cette considération
explique fort bien pourquoi le législateur a donné

(1) M. Vazeille, n° 362.

dans un cas à des créanciers un droit qu'il leur
refuse dans l'autre.

Je dis a donné, parce qu'encore une fois il me
paraît impossible d'entendre l'art. 2225 dans le
sens que vous lui prêtez. Quoi ! cet article voudrait
dire uniquement que les créanciers auront le droit
d'opposer la prescription du chef de leur débiteur,
pour lui et avec lui, et comme exerçant ses propres droits ! Mais il était bien inutile de faire un
article de loi tout exprès pour cela ; certes l'art.
1166 suffisait bien. Et d'ailleurs l'article n'eût
point été rédigé comme il l'est, si l'on n'eût réellement voulu que donner aux créanciers le droit
d'opposer la prescription *du chef de leur débiteur* et *pour lui* ou *en son nom*. D'abord, on eût
mis dans l'article ces dernières expressions ou
autres équivalentes, comme on a fait dans l'art.
1166 et ailleurs ; et puis, l'on n'y eût point mis
celles-ci : *encore que le débiteur y renonce ;*
car c'eût été un contresens, une contradiction.
Du moment en effet qu'on supposait une renonciation faite par le débiteur au droit qui lui était
acquis par la prescription, on ne pouvait plus dire,
sans contradiction, que ses créanciers pourraient
exercer *pour lui, de son chef, en son nom,* un
droit qu'il n'avait plus, qu'il avait perdu par sa
renonciation. L'art. 2225 ne peut donc raisonnablement s'entendre que dans le sens que présentent
d'ailleurs bien clairement ses termes mêmes.

Oh ! mais, dites-vous, ces termes ne se rapportent ni au passé, ni à l'avenir, tout est au présent ;

la loi ne dit pas que les créanciers pourront attaquer
la renonciation consommée. Dites plutôt, alors, que
la loi ne dit rien, ne dit rien du moins qui puisse
produire quelqu'effet; car enfin en quel cas, dans
quelle circonstance l'art. 2225, dans votre manière de l'entendre, pourra-t-il recevoir une
application réelle et effective? Quand les créanciers
pourront-ils agir en vertu de cet article? Avant
que le débiteur ait fait sa renonciation? Non, la
phrase ou les termes ne se rapportent point à l'avenir
selon vous-même; après la renonciation faite?
Non, selon vous, la phrase ne se rapporte pas davantage au passé. Ce ne pourra donc plus être
qu'à l'instant même, à l'instant précis et fixe, où
le débiteur dira : Je renonce à la prescription. Une
minute plus tôt serait trop tôt, il n'y aurait encore
que renonciation *à venir;* une minute plus tard
serait trop tard, il y aurait renonciation consommée, *passée.*

Or maintenant, je vous le demande, le moyen
pour les créanciers d'user du bénéfice de l'art. 2225
tout juste au moment même où le débiteur fait sa
renonciation? le moyen pour eux de connaître
ce moment précis? le moyen de savoir, de deviner
l'acte qui va se faire et qui la contiendra? le moyen
d'y intervenir ou de s'y opposer? Vous voyez bien
que votre système ne tend à rien moins qu'à exiger
l'impossible, et certainement ce n'est point celui
de la loi. Autant vaudrait effacer l'art. 2225, que
de l'interpréter ainsi.

Mais cet article ne serait pas le seul à effacer.

L'art. 788 se trouverait tout-à-fait dans le même
cas, puisque lui aussi ne parle qu'au présent et
non au passé : « Les créanciers, dit-il, de celui
qui renonce au préjudice de leurs droits peuvent
etc. » Or je ne pense pas que vous teniez assez à l'interprétation grammaticale pour soutenir que les créanciers ne peuvent faire annuler une renonciation à
succession faite et consommée par leur débiteur.
Et l'art. 785! et l'art. 1492! Ils ne parlent aussi que
de l'héritier *qui renonce*, de la femme *qui renonce*! Et direz-vous pour cela qu'ils n'entendent
point parler d'une renonciation faite et consommée?
Que si d'ailleurs vous tenez tant au texte et au sens
grammatical, lisez donc jusqu'au bout l'art. 788,
et vous y trouverez la preuve, bien surabondante
sans doute, que ces mots *qui renonce*, sont synonymes, quant à la question, de ceux-ci : *qui a
renoncé* : « *Dans ce cas*, la renonciation n'est
annulée qu'en faveur des créanciers.... Elle ne
l'est pas au profit de l'héritier *qui a renoncé*. »
Or nul doute qu'en disant : encore que le débiteur *y renonce*, l'art. 2225 n'ait voulu dire également : encore que le débiteur *y ait renoncé*.

Mais est-il donc nécessaire que cette renonciation ait été frauduleuse et de mauvaise foi pour que
les créanciers soient admis à la faire révoquer ou à
opposer la prescription nonobstant cette renonciation? Oui, dites-vous, et si le sacrifice a été
fait de bonne foi, tant pis pour les créanciers. Renoncer à la prescription peut être sans doute un
acte de délicatesse et de loyauté lorsque la perte ou

le sacrifice qui en résulte ne doit se faire sentir
qu'au renonçant. Mais si ce sont des tiers créanciers ou autres, qui en doivent souffrir, en sorte que
la renonciation, sans rien coûter dans le fait au débiteur, paraisse être plutôt un avantage indirect et
gratuit fait à un créancier au préjudice des autres,
peut-être serait-il difficile de voir dans cette renonciation un acte de véritable loyauté, un sacrifice fait de bonne foi.

Au surplus, l'art. 2225 paraît fait tout exprès
pour mettre à l'aise la conscience du débiteur. S'il
répugne à sa délicatesse d'opposer un moyen tel
que celui de la prescription, eh bien! libre à lui d'y
renoncer. Mais comme ce n'en est pas moins un
droit acquis et certain qu'il sacrifie de cette manière, et à titre purement gratuit, il a paru juste
au législateur, tout en lui laissant cette satisfaction
personnelle de pouvoir suivre les impulsions de sa
conscience, d'autoriser ses créanciers, qui ont,
eux aussi, des droits acquis et sacrés, à se prévaloir
pour lui et malgré lui de la prescription. Et si par
là il rend justice à ces derniers, il ne fait du reste
aucun tort réel à celui qui a laissé prescrire ses
propres droits; celui-ci en effet n'aura toujours
qu'à s'en prendre à lui-même, et à sa négligence,
que la prescription vient et doit punir également,
qu'elle soit opposée par le débiteur en personne ou
par ses ayant-cause, peu importe au fond. Et
d'ailleurs sa créance n'est-elle pas devenue au
moins douteuse et incertaine par cela seul qu'il est
demeuré si long-temps sans l'exercer? La loi voit

11

dans ce long silence d'un créancier une preuve ou
du moins une présomption de paiement ou de remise de la dette. Comment savoir si le débiteur
renonce à la prescription *parce qu'*il n'est réellement intervenu ni paiement ni remise , *parce que*
la dette subsiste encore, ou s'il n'y renonce pas
quoique la dette se trouve déjà éteinte par paiement, remise ou autre événement semblable, et
dans la seule vue d'avantager ce créancier au préjudice des autres ? La preuve de la fraude serait
donc ici presque toujours impossible ; et dès-lors
rien de plus juste que la disposition de notre article. D'un autre côté, la créance prescrite est devenue par cela même , disais-je, tout au moins
douteuse et incertaine , tandis que celle des autres
créanciers n'a rien d'équivoque ni d'incertain ; on
ne pouvait donc pas hésiter à donner la préférence
à ces derniers.

Enfin, la loi dans plusieurs circonstances se
contente bien d'un simple préjudice pour les créanciers, sans qu'il y ait de plus fraude réelle et caractérisée, *consilium fraudis ,* pour les admettre à
faire annuler les actes de leur débiteur, témoins
entr'autres les art. 622, 788 et 1464, que l'on
entend généralement en ce sens. Pourquoi donc
en serait-il autrement dans le cas de l'art. 2225 ?
Non seulement il y a même raison de décider;
mais il y a même une raison *à fortiori ,* puisqu'encore une fois cet article ne parle même pas , comme
les autres, de préjudice et de fraude, et qu'il décide en principe, de la manière la plus générale

et la plus absolue, sans condition ni restriction, que la simple renonciation du débiteur suffit pour donner ouverture au droit des créanciers, à ce droit qu'il leur réserve d'opposer la prescription pour le débiteur et malgré lui.

DIALOGUE 11.

C***. Le temps de l'action en nullité ou en rescision d'une convention, sur quelque cause qu'elle soit fondée, est-il suspendu pendant la minorité ou l'interdiction de celui qui avait cette action ?

N***. Ce n'est pas assurément sans quelque hésitation que je décide cette question contre les mineurs et les interdits, venant du chef d'un majeur; mais je le fais cependant, sauf leur recours contre qui de droit; et voici mes raisons :

L'art. 1304, qui fait courir le délai seulement à compter de la majorité, ou du jour où l'interdiction a été levée, parle des actes passés par les mineurs ou par les interdits eux-mêmes, et non d'actes passés par ceux auxquels ils ont succédé; et aucune disposition de cette section du Code n'établit de suspension du délai à raison de la minorité des héritiers de celui qui avait l'action en sa personne (1).

(1) M. Duranton, tom. 12, n° 548.

C***. C'est possible ; mais l'art. 2252 décide, en thèse générale, que « la prescription ne court point contre les mineurs et les interdits, sauf ce qui est dit à l'art. 2278, et à l'exception des autres cas déterminés par la loi. » Or, si aucune disposition de la section du Code où se trouve l'art. 1304 n'établit de suspension du délai à raison de la minorité des héritiers de celui qui avait l'action, vous conviendrez aussi qu'aucune disposition de la même section n'établit *d'exception*, pour ce cas, au principe général posé dans l'art. 2252.

N*** D'abord il ne s'agit pas ici d'une prescription ordinaire ; il s'agit simplement d'un temps fixé pour l'exercice de certaines actions d'une nature spéciale, et l'art. 2264 dit que « les règles sur d'autres objets que ceux mentionnés dans le présent titre, sont expliquées dans les titres qui leur sont propres : » Or, encore une fois, nous ne voyons au titre *des contrats et des obligations en général*, aucune disposition qui suspende le cours du temps accordé pour exercer les actions en nullité ou en rescision des conventions, à raison de la minorité et de l'interdiction de l'héritier de celui qui avait cette action en sa personne.

On ne soutiendrait probablement pas que cette espèce de prescription, si l'on peut même lui donner ce nom, serait interrompue par un simple commandement ou par une saisie signifiée à l'autre partie, comme le serait une prescription ordinaire (art. 2244) ; car ce ne serait pas exercer là une action en nullité ou en rescision dans le délai fixé ;

ce serait au contraire un moyen de perpétuer l'action elle-même, en faisant une semblable signification tous les neuf ans. De manière que rien ne serait plus aisé que d'éluder le vœu de la loi, qui, pour la stabilité des contrats et de la propriété, a fixé le délai à dix ans, comme *maximum :* autre preuve que les règles générales de la prescription ordinaire ne s'appliquent point aux actions en nullité ou en rescision. (1).

C***. De ce que les règles particulières concernant l'interruption de la prescription ne peuvent, par la nature même des choses, s'appliquer à l'espèce de prescription établie par l'art. 1304, on ne peut conclure, ce me semble, que les autres règles de la prescription en général ne s'y appliquent pas davantage.

Ensuite, si l'art. 2264 renvoie, pour les objets non mentionnés au titre de la *prescription,* aux titres qui leur sont propres, et par conséquent au titre *des contrats et des obligations conventionnelles* pour ce qui concerne l'action en nullité ou en rescision des conventions, ce n'est point à dire pour cela que le législateur ait considéré cette espèce d'action, ou plutôt le délai dans lequel elle doit être exercée comme n'étant pas une *prescription* proprement dite ; les termes mêmes de l'article 2264 prouvent précisément le contraire, puisqu'il dit : les règles *de la prescription* sur d'autres objets, etc.

(1) M. Duranton, *loc. cit.*

Enfin, remarquons bien la place même qu'occupe l'art. 2264; il fait partie de la section 2 du
chapitre 5, intitulés, l'un *du temps requis pour
prescrire*, et l'autre *de la prescription trentenaire*. C'est après avoir dit (art. 2262) que toutes
les actions se prescrivent par trente ans, que le
législateur ajoute (art. 2264) que « les règles *de
la prescription* (c'est-à-dire évidemment *du
temps requis pour la prescription*) sur d'autres
objets* que ceux mentionnés dans le présent titre,
sont expliquées dans les titres qui leur sont propres. » Et effectivement, en ce qui concerne particulièrement les actions en nullité ou en rescis-
sion, nous voyons que la durée de ces actions ou
le temps nécessaire pour les prescrire est réglé
par l'art. 1304 au titre des *contrats*, et fixé à dix
ans au lieu de trente.

Quant à savoir, maintenant, si ce délai ou cette
prescription est suspendue par la minorité ou l'interdiction de l'héritier, c'est une autre question,
un autre *objet* dont ne s'occupe ni cet article 1304,
ni aucun autre de la même section, dont la *règle*
n'est point *expliquée* au titre des *contrats*. Que
faire alors, quel autre parti prendre que de retourner au titre *de la prescription* et de se référer
aux règles générales sur cette matière? Or, nous
trouvons là, dans ce titre *de la prescription*,
une section qui traite spécialement *des causes qui
suspendent le cours de la prescription*, et dans
cette section, un art. (2252) qui dit positivement
que « *la prescription ne court pas contre les*

mineurs et les interdits. Voilà donc précisément
ce que nous cherchons. Ce que ne dit point l'art.
1304 ou autre du même titre, ce que ne dit pas
davantage l'art. 2264, cet art. 2252 le dit clairement; nous devons donc nous en tenir à sa disposition comme à la règle précise et spéciale qui
décide, qui tranche la question.

La doctrine, du reste, et la jurisprudence se
sont toujours accordées sur ces deux points; toujours elles ont vu dans la durée fixée aux actions
en nullité ou en rescision une véritable prescription, et toujours aussi elles ont reconnu que le
cours de cette prescription était suspendu par la
minorité des héritiers de celui qui avait ces actions.
Et le Droit romain en donne cette raison aussi
équitable que judicieuse : *Hoc enim ipso decep-
tus videtur (minor), quod cùm posset restitui
intrà tempus statutum ex personâ defuncti,
hoc non fecit.* L. 19, ff. *de minor.* « La *prescription* de dix ans pour se pourvoir, dit Domat
(liv. 2, tit. de la restitution, sect. 1, art. 15), *ne
court pas contre l'héritier mineur* du majeur
qui a contracté, *tant qu'il est mineur,* parce
qu'il est relevé de ce qu'il ne s'est pas pourvu pendant sa minorité. » Pothier dit également, en parlant de l'action en rescision pour cause de lésion
en matière de vente immobilière (vente n° 348) :
« Pour qu'il y ait lieu à cette action rescisoire,
il faut que le vendeur soit dans le temps de la restitution. Ce temps est de dix ans, comme celui de
toutes les actions rescisoires pour lesquelles il faut

prendre des lettres en chancellerie. Lorsque le
vendeur a laissé quelque héritier mineur, *ce temps
ne court pas contre ce mineur pendant sa
minorité.* »

N * * *. Telle était effectivement notre ancienne
jurisprudence, comme celle du Droit romain.
Mais elle a été changée. Aujourd'hui le délai de
l'action en réméré et celui de l'action en rescision
pour lésion de plus des sept douzièmes dans le prix
de vente d'immeubles, ne sont point suspendus
pendant la minorité ou l'interdiction des héritiers
de celui qui a vendu, sauf leur recours contre
leur tuteur (art. 1663 et 1676); et cependant ces
actions sont d'un intérêt important. (1).

C * * *. Je vois bien dans ces deux articles, et
quant à ces deux espèces d'actions, un changement
réel apporté à l'ancienne jurisprudence. Mais pour
toutes les autres actions rescisoires ou en nullité......

N * * *. La même chose. Ainsi, le délai de l'appel n'est point non plus suspendu aujourd'hui
par la minorité ou l'interdiction, si le jugement
a été signifié aussi bien au subrogé tuteur qu'au
tuteur (art. 444 Code de procédure, et 509 Code
civil, combinés).

Les prescriptions mentionnées dans les art. 2271
et suivans du Code civil, et dans d'autres dispositions du même Code et du Code de commerce,

(1) M. Duranton, *loc. cit.*

courent pareillement contre les mineurs et les interdits, sauf leur recours contre qui de droit.

Enfin les mineurs ne sont plus, comme dans les anciens principes, relevés aussi bien *de prœtermissis et omissis quam de factis et gestis*, tellement que si le tuteur dûment autorisé du conseil de famille a répudié une succession échue au mineur, elle peut bien être reprise, soit par le tuteur autorisé d'une nouvelle délibération du conseil de famille, soit par le mineur devenu majeur ; mais il faut pour cela qu'elle n'ait pas été acceptée par un autre (art. 462) ; au lieu que dans l'ancien Droit, le mineur eût pu se faire relever contre la répudiation, et se faire en conséquence restituer la succession par celui qui l'avait prise à son défaut.

De tous ces exemples, que je pourrais étendre plus loin, je conclus que les principes sont changés, et qu'il n'y a rien à inférer, quant à la question qui nous occupe, de ce que dans l'ancien Droit le délai de la restitution en entier, ou des actions en nullité ou en rescision, ne courait pas pendant la minorité des héritiers de celui qui avait une de ces actions en sa personne (1).

C***. S'il est vrai que les principes soient changés sur cette matière, il faut convenir que c'est une bien grande innovation, une innovation bien importante et bien remarquable. Comment se fait-il donc que les auteurs du Code ne l'aient signalée

(1) M. Duranton, *ibid.*

nulle part, eux qui ont noté avec tant de soin le
petit nombre de celles qu'ils out introduites? Car,
ainsi que le dit M. Chardon (Traité du dol, t. 1er,
n° 72), « ils ont eu la sagesse de reconnaître en
général que notre jurisprudence était arrivée à un
degré de perfection qui ne laissait à faire que de
légers changemens, et avec beaucoup de réserve et
de circonspection ; aussi en out-ils fait très peu,
et ceux qu'ils ont faits ont été annoncés et jus-
tifiés par leurs orateurs ; ils les ont d'ailleurs écrits
dans ce Code, de manière à éviter toute controverse. »

C'est ainsi qu'entr'autres et notamment ils ont
signalé comme tel et motivé spécialement le changement apporté à l'ancienne jurisprudence par les
art. 1676 et 1663.

En est-il de même de l'innovation non moins
importante que vous prétendez avoir été faite également en ce qui concerne notre question ? Pas le
moins du monde. Nulle part, dans aucun des discours ou des rapports, dans aucune partie de la
discussion sur l'art. 1304, ou sur l'art. 2252, ou
sur l'art. 2264, ou sur quelqu'autre que ce puisse
être, vous ne trouverez trace ni vestige d'une volonté d'innover. Comment expliquer un tel silence?
Comment le concilier avec la prétendue intention
de *changer les principes ?*

Et puis d'ailleurs, que prouvent les exemples que
vous citez? La prescription n'est pas suspendue
par la minorité ou l'interdiction, en matière d'action en réméré ou en rescision pour lésion dans la

vente d'immeubles, ni en matière d'appel, ni en fait de courtes prescriptions ! C'est que la loi s'en est expliquée et l'a dit formellement. Mais elle n'a rien dit de semblable quant aux actions en nullité ou en rescision en général ; et ainsi, à cet égard, la règle générale posée dans l'art. 2252 reste avec toute sa force, et elle est bien plutôt confirmée qu'anéantie par les quelques exceptions que vous signalez ; *exceptio firmat regulam in casibus non exceptis.*

N***. A cette objection je répondrais d'abord qu'il y aurait désaccord dans les dispositions de la loi actuelle, si elle devait être entendue ainsi ; car, assurément l'action en rescision pour lésion de plus des sept douzièmes dans le prix de vente d'immeubles, par exemple, est aussi importante pour un mineur, venant du chef d'un majeur, qu'une autre action en rescision ou en nullité, du moins généralement ; et de plus, elle ne dure que deux ans, tandis que les autres actions en rescision en durent ordinairement dix. Or si, en vue de consolider la propriété et de maintenir l'effet des contrats, la loi actuelle a voulu que le délai de cette action en rescision pour lésion énorme courût même contre les mineurs, quelque bref qu'il soit, et quelle que soit l'importance de l'action elle-même, sauf leur recours contre qui de droit, elle a dû vouloir également, sous peine d'inconsé-quence, qu'il courût aussi contre eux quand la rescision serait fondée sur une autre cause, et quand le délai serait cinq fois plus long.

Je dirai en outre que dans une foule de cas,
la loi ne s'est pas non plus formellement prononcée pour suspendre le délai de l'action pendant la
minorité des héritiers de celui qui l'avait en sa
personne; et cependant l'on n'oserait pas soutenir
qu'il faut, dans ces mêmes cas, appliquer aussi la
disposition de l'art. 2252. Le soutiendrait-on, par
exemple, dans celui de l'art. 1854, et dans ceux
prévus aux art. 1622 et 1648? On ne l'oserait. On
ne le prétendrait probablement pas non plus dans
le cas de l'art. 317 ; car si l'action en désaveu de
paternité devait se prolonger pendant la minorité
des héritiers du mari, qui est mort dans le délai
utile pour faire sa réclamation, et par la même
raison pendant la minorité de leurs propres héritiers, et pouvait ainsi s'éterniser, il y aurait une
bien grande contradiction de vues dans la loi, qui
a fixé en principe la durée de cette action à un
mois seulement.

Mais il est évident que dans ce cas, et plusieurs
autres encore que l'on pourrait citer, le temps de
l'action est un délai *préfix*, et non une prescription ordinaire ; et tout me porte à penser
qu'il en est de même en matière d'action en
nullité ou en rescision, sauf aux mineurs ou
aux interdits qui ont succédé à l'action, leur recours tel que de droit contre leur tuteur s'il a négligé leurs intérêts. Le système contraire me paraîtrait tout-à-fait opposé à l'esprit du Code et à l'ensemble de ses dispositions; car si celui qui avait
l'action en nullité pour minorité ou interdiction

venait à mourir dans la dixième année depuis sa
majorité ou la main-levée de l'interdiction, laissant
des héritiers en très-bas âge, l'obligation pourrait être attaquée de la sorte après plus de trente
ans de sa date; et si ces mêmes héritiers venaient
eux-mêmes à mourir en laissant aussi des représentans mineurs, et ainsi de suite, l'action n'aurait
pour ainsi dire pas de fin, quand cependant le Code,
dans la vue de consolider la propriété et l'effet des
actes, a cru devoir limiter la durée des actions de
cette nature à dix ans, comme terme le plus long,
en principe. Il y aurait donc défaut d'accord dans
les vues des rédacteurs du Code, si l'on appliquait
à ces actions la règle établie au titre des prescriptions ordinaires, que la prescription ne court pas
contre les mineurs et les interdits. Au surplus,
telle est mon opinion; je ne prétends pas, du reste,
qu'elle soit à l'abri de toute controverse. (1)

C***. Je répondrai à mon tour à vos objections;
et d'abord je rétorquerai votre premier argument.
La loi, dites-vous, dans la vue de consolider la
propriété et de maintenir l'effet des conventions,
fait courir même contre les mineurs le bref délai de
deux ans assigné à l'action en rescision de vente
pour cause de lésion, action tout aussi importante
cependant qu'une autre action en nullité ou en
rescision qui serait fondée sur une autre cause;
donc elle a dû vouloir également, sous peine d'inconséquence, que le délai courût aussi contre eux

(1) M. Duranton, *eod. loc.*

quand la rescision serait fondée sur une autre
cause, et quand le délai serait cinq fois plus long.
Je dirai à mon tour, et à votre exemple : la loi,
dans la vue de consolider la propriété et de maintenir l'effet des conventions, borne à deux ans la
durée de l'action en rescision de vente pour cause
de lésion, action tout aussi importante que les autres actions en nullité ou en rescision ; donc elle a
dû également, sous peine d'inconséquence, borner
à deux ans la durée de toutes les autres actions en
nullité ou en rescision. Eh bien! comment trouvez-vous ce raisonnement? Vous paraît-il concluant ici? Non, n'est-ce pas? Comment donc le
serait-il davantage ailleurs et quant à la question
à laquelle vous l'appliquez?

Ne voyons donc dans l'art. 1676 (et autres semblables) que ce qui y est réellement, je veux dire
une disposition toute spéciale, une dérogation aux
règles du droit commun, une exception, en un mot
une exception fondée sur des motifs tout particuliers, ainsi que nous l'apprennent bien clairement
du reste la discussion et l'exposé des motifs; et
n'allons plus, dès-lors, y chercher des raisons d'a-
nalogie et d'identité qui n'existent point dans le
fait, et qui même, si elles existaient, ne suffiraient
point pour justifier l'application de cette règle spéciale et exceptionnelle à d'autres cas que celui prévu et régi par elle; c'est un principe fondamental
que les exceptions ne peuvent jamais s'étendre d'un
cas à un autre sous prétexte d'analogie ou d'identité
de raison. Si cette disposition (l'art. 1676) pou-

vait être invoqué ou cité d'ailleurs, ce ne pourrait
être que pour en tirer un argument précisément
tout contraire, suivant ces axiômes de droit : *Exceptio firmat regulam in casibus non exceptis;
qui dicit de uno negat de altero.*

Même chose à dire de tous les autres articles que
vous avez également cités soit du Code civil, soit
du Code de procédure, etc., et qui contiennent
une disposition analogue à celle de l'art. 1676.

Et quant à ceux qui ne s'expliquent pas formellement sur la question, tels que l'art. 1854, l'art.
1622, l'art. 1648 et l'art. 317; en supposant qu'il
faille les interpréter comme vous le faites, eh bien!
que prouveraient-ils de plus? Il ne s'agit là que de
ces très-courtes prescriptions qu'il paraît effectivement avoir été dans l'intention générale du législateur de faire courir contre toutes espèces de personnes (Arg., art. 2252 et 2278); et en ce point
encore, bien loin d'innover à l'ancien droit, il
n'aurait fait que s'y conformer également; car c'est
une règle aussi de l'ancien droit que « TOUTE prescription annale ou moindre, coutumière, court
contre les absens et les mineurs sans espérance de
restitution.» (Loisel, Presc., n.º 11; Dunod, Prescript., pag. 243; Favre, C., lib. 2, tit. 23, Ti-
raq. Ferrière, Cout. de Paris, art. 131, etc.) Ces
derniers textes n'ont donc véritablement rien de
plus décisif que les premiers; et, en vérité, je ne
conçois pas que vous puissiez assimiler la prescription dont il s'agit dans notre espèce, une prescription de dix ans, une longue prescription *(praes-*

criptio longi temporis), à des prescriptions de
quelques jours ou de quelques mois.

Mais, dites-vous, si celui qui avait l'action en
nullité ou en rescision meurt dans la dixième année,
par exemple, laissant des héritiers en très-bas âge,
et ceux-ci de même à leur tour, l'action n'aura
donc pour ainsi dire plus de fin, quand cependant
le Code, dans la vue de consolider la propriété et
l'effet des actes, a cru devoir limiter la durée des
actions de cette nature à dix ans, comme terme le
plus long, en principe. Que ne faites-vous donc la
même objection relativement à toutes autres espèces de prescriptions? Car enfin, il n'y en a pas
une seule dont on ne puisse dire en effet toutes les
mêmes choses : toutes également sont établies dans
la vue de consolider la propriété et l'effet des actes ;
et c'est dans cette même vue que la loi a cru devoir
limiter aussi la durée de toutes les actions en général à dix ans, ou à vingt ans, ou à trente ans, comme
terme le plus long en principe ; et tout cela n'empêche pourtant pas que toutes ces prescriptions ne
soient suspendues pendant la minorité, pendant
toutes les minorités qui peuvent se succéder presque indéfiniment les unes aux autres dans les personnes des propriétaires ou des créanciers (article
2252). Où est, dès-lors, le défaut d'accord que
vous prétendez voir dans les vues du législateur?

Cette dernière considération, non plus que les
précédentes que vous présentez également à l'appui
de votre opinion, n'avait fait aucune impression
sur l'esprit des anciens législateurs et jurisconsultes

tant Romains que Français, nous venons de le
reconnaître. Or, rien ne nous indique qu'elle en
ait fait davantage sur l'esprit des législateurs modernes. Je dis plus, tout nous porte à croire précisément le contraire : d'abord le silence absolu qu'ils ont
gardé à ce sujet, et qu'ils n'auraient certainement
point gardé de même (à en juger par leur conduite
ou leur langage ordinaire en pareil cas) s'ils eussent
réellement voulu changer ainsi les principes, faire
une si grave innovation ; ensuite la généralité et
même aussi l'identité des termes dans lesquels ils
ont adopté et consacré ce principe de l'ancienne
jurisprudence, que « la prescription ne court
point contre les mineurs »; enfin l'identité des
motifs qui, dans l'une comme dans l'autre législation, a dicté cette sage et équitable disposition.
Ces motifs sont que les mineurs, quoique pourvus
de tuteurs, n'en sont pas moins considérés comme
incapables d'agir et soustraits par là même à la
prescription, *contrà non valentem agere non
currit praescriptio ;* qu'il est juste de les relever,
comme dit Domat d'après la loi romaine, de cela
même qu'ils ne se sont pas pourvus pendant leur
minorité ; qu'ils sont généralement restituables
en tout ce qui leur porte préjudice, et qu'ainsi
ils doivent l'être contre la négligence dont la prescription aurait été la suite, ainsi que le disait l'o-
rateur du Gouvernement, M. Bigot-Préameneu
(Exposé des motifs, tom. 7, pag. 146).

Eh bien ! tous ces motifs étaient reconnus applicables, et faisaient appliquer en conséquence le

principe lui-même au cas des actions en nullité
ou en rescision, tout comme aux autres en général, et quoique la durée de ces actions, alors comme
aujourd'hui, et par les mêmes raisons, dans les
mêmes vues, fût limitée à dix ans. Comment donc
se ferait-il que le même principe, aujourd'hui, exprimé dans les mêmes termes et fondé sur les mêmes
motifs, dût cesser de s'entendre et de s'appliquer
de la même manière? En un mot, les rédacteurs
du Code ont, à n'en pas douter, adopté le principe
tel qu'ils l'ont trouvé dans l'ancienne législation,
et par conséquent avec toutes les conséquences et
toute la portée qu'il avait alors même et déjà.

Ils y ont apporté quelques exceptions! Oui, comme
l'avait fait l'ancienne législation elle-même. Mais
ces exceptions n'empêchaient pas alors le principe
de s'appliquer à tous les cas non spécialement exceptés, et notamment au cas des actions en nullité
ou en rescision. De même donc aujourd'hui, elles
ne doivent pas non plus empêcher l'application du
principe aux mêmes cas et particulièrement au dernier; et d'autant moins que les rédacteurs du Code
s'en sont formellement expliqués : « Ces règles générales, disait (*Ibid.*) le même orateur, M. Bigot-
Préameneu, sur l'art. 2252, ces règles générales à l'é-
gard des mineurs et des interdits ne souffrent d'exception *que dans les cas déterminés par la loi.* »
L'article dit la même chose; et M. Troplong en
tire cette règle générale dont l'exactitude ne saurait être contestée : « On n'oubliera pas que dans
le droit civil la prescription ne court jamais contre
les mineurs, à l'exception des cas déterminés par

la loi. Dans le silence de dispositions spéciales du Code civil, on prendra donc pour règle la suspension. » (Prescription, tom. 2, n.º 1039). Le cas des actions en nullité ou en rescision est-il donc, je le demande, un de ces *cas d'exception spécialement déterminés par la loi?* Évidemment non ; donc le cours de la prescription est suspendu en ce cas comme il l'est généralement par la minorité ou l'interdiction.

DIALOGUE 12.

C***. Le donataire ou légataire évincé peut-il exercer l'action en garantie du chef de son donateur contre le vendeur de qui celui-ci tenait la chose? Par exemple : j'ai donné ou légué à Pierre l'héritage que vous m'aviez vendu; Pierre est évincé; cette éviction donnerait-elle lieu à la garantie contre vous ou votre héritier ?

N***. Non; car l'éviction que souffre le successeur de l'acheteur ne donne lieu à l'action de garantie qu'autant que cette éviction intéresse l'acheteur ou ses héritiers; *Arg. l. Pater,* 71, ff. *de evict.* Or, comme vous n'êtes pas garant envers Pierre de la chose que vous lui avez donnée, et que votre héritier n'est pas non plus garant de la chose que vous lui avez léguée, l'éviction que

Pierre souffre est une éviction qui n'intéresse ni vous, ni votre héritier, et qui par conséquent ne peut donner lieu à l'action de garantie (1).

C***. Mais si j'avais transmis à Pierre tous mes droits par rapport à cette chose !...

N***. Oh ! c'est différent. Si, par l'acté de donation que vous avez faite de cette chose à Pierre, vous lui aviez cédé tous vos droits et actions par rapport à cette chose, ce qui comprend ceux résultans de l'obligation de garantie que j'ai contractée envers vous, il y aurait lieu en ce cas à l'action de garantie que Pierre, comme étant à vos droits, pourrait former contre moi ; car vous avez intérêt en ce cas que l'éviction que souffre Pierre donne lieu à l'action de garantie, en tant que vous êtes obligé à lui céder cette action : c'est ce qui résulte de la loi 59, *ff. de evict. Si res quam à Titio emi legata est à me, non potest legatarius conventus à domino rei venditori meo denuntiare, nisi cessæ ei fuerint actiones* (2).

C***. Mais quoi ! est-ce qu'il est besoin d'une cession littérale, expresse ? Lorsque je vends une chose à quelqu'un, est-ce que je ne suis pas censé lui vendre et transporter tous les droits et actions qui tendent à faire avoir cette chose, et par conséquent l'action *ex empto* ou l'action en garantie

_____

(1) Pothier, Vente, n° 98.
(2) Pothier, *ibid.*

que j'ai contre mon vendeur *ut præstet rem habere licere ?*

N***. J'en conviens. Oui, cela paraît renfermé dans l'obligation que vous contractez vous-même envers lui *prestandi ei rem habere licere.* Mais si, au lieu de vendre, vous donnez, vous ne contractez pas la même obligation de garantie (1).

C***. Pas toujours, c'est vrai. Mais néanmoins il est plusieurs cas où la garantie est due, même par un donateur; ainsi, elle est due aux donataires par contrat de mariage (art. 1440, 1547); elle est due pareillement dans les donations faites avec des charges, et elle est due aussi aux autres donataires, lorsqu'elle leur a été promise, (l. 2, *Cod. de evict.,* et art. 1134) ; en sorte que la raison que vous venez d'alléguer n'étant point applicable à ces cas, le donataire, dans ces mêmes cas, devrait, suivant vous-même, pouvoir exercer contre le vendeur du donateur l'action en garantie de ce dernier.

En second lieu, ce que vous dites vous-même et ce qui est vrai du vendeur, que, même sans en avoir fait une cession expresse, il est censé de droit avoir vendu et transporté à l'acheteur tous les droits et actions qui tendent à faire avoir la chose vendue, n'est-il pas vrai également du donateur par rapport à la chose donnée? Ne l'a-t-il pas donnée aussi *cùm omni causâ,* c'est-à-dire encore une fois,

_____
(1) Pothier, nos 149, 98.

avec tous les droits et actions qu'il pouvait avoir
lui-même relativement à cette chose, et par conséquent aussi avec l'action en garantie qu'il aurait
pu exercer contre son vendeur si lui-même eût été
évincé ? Il est naturel et juste de penser que telle a
été effectivement son intention, parce qu'on doit
toujours croire que les hommes en traitant, contractant, donnant, etc., entendent agir sérieusement et de manière à ce que leurs actes produisent
tous les effets qu'ils sont destinés à produire ; et
aussi la loi veut-elle qu'on les interprète dans ce
sens plutôt que dans le sens contraire, *potiùs ut
valeant quàm ut pereant*, art. 1157. Or, dans
notre hypothèse, interprétez la donation dans le
sens contraire à celui que je soutiens, et alors elle
demeurera sans effet à l'égard du donataire évincé,
au lieu qu'interprétée autrement, elle produit,
sinon précisément l'effet qu'on en attendait, de
transférer la propriété de la chose au donataire, au
moins un effet équivalent, au moins *quelqu'effet*,
comme dit l'art. 1157.

Aussi Domat n'hésite-t-il pas à reconnaître que
le donataire évincé peut, dans tous les cas, exercer
l'action en garantie contre le vendeur de son donateur : « La demande en garantie, dit-il, peut
« être formée tant par l'acquéreur que par ses
« représentans ; ainsi l'héritier de l'acquéreur, ou
« son *donataire*, aura le même droit que lui ;
« un second acquéreur aurait le même droit,
« *comme exerçant les droits du premier ac-*
« *quéreur.* » (Domat, liv. 1, sect. 2, du contrat
de vente).

On devra décider de même et par les mêmes motifs la question de savoir si, ayant acheté de vous un héritage que j'ai revendu à Pierre dont je suis devenu héritier, j'ai contre vous, en cas d'éviction, l'action en garantie. Je retrouve en effet dans la succession de Pierre l'action en garantie que j'avais moi-même contre vous, et que je lui ai transmise, en me dessaisissant en sa faveur de tous mes droits sur la chose vendue.

DIALOGUE 13.

C***. Celui qui n'a sur un immeuble qu'un droit de propriété subordonné à une condition suspensive, tel qu'un vendeur à réméré ou un vendeur qui a une action en rescision pour cause de lésion, etc., peut-il hypothéquer cet immeuble?

N***. Non, parce que, pour constituer une hypothèque, il faut être propriétaire *actuellement,* dit l'art. 2129 (1).

C***. L'art. 2125 semble pourtant décider que celui qui, sans être propriétaire actuellement, a du moins une propriété conditionnelle, subordonnée à une condition, soit suspensive, soit ré-

(1) M. Grenier, Hypothèque, n° 153.

solutoire, peut constituer une hypothèque, sauf
que cette hypothèque sera soumise à la même
condition. Ainsi a-t-il une propriété *résoluble* en
cas de tel événement? L'hypothèque s'éteindra
comme la propriété elle-même, si l'événement
s'accomplit. A-t-il une propriété *suspendue* jusqu'à l'arrivée d'un certain fait? Le fait accompli,
l'hypothèque sera validée et confirmée tout comme
la propriété elle-même.

N * * *. Il m'est impossible d'être de votre avis.
Je pars du principe incontestable que, pour pouvoir hypothéquer, il faut être propriétaire. Or, le
droit de propriété de l'immeuble sur la vente duquel on peut exercer une action en rescision pour
lésion, ou sur lequel on peut exercer une action
en réméré, ne peut être considéré comme reposant sur la tête de celui auquel l'une ou l'autre de
ces actions peut appartenir.

Celui qui a dans la pensée l'exercice d'une action en rescision pour lésion, peut-il être considéré comme propriétaire de l'immeuble à l'occasion duquel cette action, qui d'ailleurs doit être
exercée dans un délai très court, est un être de
raison tant que le succès n'en est pas assuré par
son admission? Fût-elle encore fondée, elle ne
tend pas nécessairement à la propriété, puisque
l'acquéreur peut s'en rédimer en suppléant le juste
prix; ce qui, dès-lors, fait dégénérer l'action en
une somme d'argent, qui incontestablement ne
peut être susceptible d'hypothèque. Celui à qui
cette action peut appartenir, n'est donc pas pro-

priétaire de l'immeuble; le vrai propriétaire de cet immeuble est celui qui l'a acheté; lui seul peut l'hypothéquer, sauf la résolution de l'hypothèque, s'il doit y avoir lieu.

Doit-on considérer d'un autre œil l'action en réméré? je ne le pense pas : la propriété de l'immeuble vendu sous la condition de réméré, réside également sur la tête de l'acquéreur; l'art. 2125 le désigne comme en étant propriétaire, puisque cet article veut qu'il puisse hypothéquer l'immeuble, et que, d'après l'esprit de notre législation qui se puise dans plusieurs articles du Code civil, la faculté d'hypothéquer tient essentiellement à la propriété. D'après l'art. 2124, il n'y a que celui qui peut aliéner, qui ait la capacité d'hypothéquer; la possibilité de la résolution de l'hypothèque n'empêche pas l'existence de l'hypothèque, et on ne peut soutenir que cette possibilité ait l'effet de faire reporter sur la tête de celui à qui appartient l'action en réméré, qui encore n'existe que pendant cinq ans, la faculté d'hypothéquer; le propriétaire de l'immeuble sous la condition du réméré est tellement propriétaire, qu'il peut vendre, que son acquéreur peut soumettre sa vente à la transcription, et prendre toutes les mesures indiquées par la loi pour appeler la purgation des hypothèques imposées sur l'immeuble, sauf l'événement de l'action en réméré qui pourrait être exercée. On ne conçoit pas que le droit de propriété d'un immeuble, considéré en lui-même dans son intégralité, puisse appartenir à plusieurs personnes.

Le titre de la propriété doit être fixé sur une tête ou sur une autre. Le contraire est impossible ; et c'est cependant ce qu'il faudrait admettre dans votre système (1).

C***. Oui sans doute, le droit de propriété considéré en lui-même *dans son intégralité,* c'est-à-dire, considéré comme parfait, complet, fixe et incommutable, ne peut appartenir à plusieurs personnes. Mais qu'il ne puisse appartenir *conditionnellement* à deux ou à plusieurs personnes, c'est ce qui n'est point également vrai : le contraire même arrive et se présente journellement. C'est ce qu'on voit dans toute espèce de traités ou de droits soumis à une condition. Et en effet, celui qui a vendu, par exemple, sous une condition suspensive, conserve bien la propriété de la chose vendue jusqu'à l'arrivée de la condition ; mais ce n'est point dans sa main, une propriété pleine et entière, parfaite et irrévocable, puisqu'elle doit cesser et se résoudre aussitôt que la condition sera accomplie. De son côté, l'acquéreur n'a point non plus encore, à la vérité, la propriété parfaite et entière de la même chose ; mais il en a une propriété au moins éventuelle et qui se réalisera lors de l'accomplissement de la condition, à tel point qu'il sera censé avoir été propriétaire, même avant cet accomplissement de la condition et à compter du jour même de la vente, tandis qu'au contraire le vendeur sera censé avoir perdu la propriété à compter du même jour.

_____

(1) M. Grenier, *loc. cit.*

Certes, dans une telle position respective, et jusqu'à l'arrivée de la condition, on ne peut pas dire
que l'une de ces deux parties ait seule la propriété
véritable, intégrale et fixe de la chose vendue, et
que l'autre n'y ait aucun droit ; il me semble même
impossible de ne pas dire que la chose appartient
à chacune d'elles, au moins sous un certain rapport
et jusqu'à un certain point, en un mot d'une manière éventuelle ou conditionnelle. Et voilà ce qui
me fait penser que chacune aussi peut disposer de
la chose sous la même condition, et notamment
l'hypothéquer ; et c'est de plus, je le répète, ce
qui résulte de la disposition de l'art. 2125.

N ***. Il est impossible d'admettre cette interprétation. Voyons les termes de l'article : « Ceux
qui n'ont sur l'immeuble qu'un droit suspendu
par une condition, ou résoluble dans certains cas,
ou sujet à rescision, ne peuvent consentir qu'une
hypothèque soumise aux mêmes conditions ou à la
même rescision. » Pour peu qu'on se pénètre de
cette disposition de l'article, on est convaincu que
le législateur n'a admis qu'une seule faculté d'hypothéquer, et que l'acquéreur de l'immeuble est le
seul auquel cette faculté soit attribuée ; en sorte
que le vendeur en est exclu. Le législateur con-
centre la faculté d'hypothéquer dans un seul individu. Quel est-il ? C'est celui qui a acquis l'immeuble ; n'importe la modification du droit de
propriété, et par conséquent de l'hypothèque, qui
peut ensuite arriver par l'effet des circonstances
indiquées dans l'article. Ces expressions, *suspen-*

*du par une condition, ou résoluble dans cer-
tains cas, ou sujet à rescision,* se réfèrent au
droit sur l'immeuble; et dans l'esprit du législateur, il est impossible que ce droit sur l'immeuble
n'ait pas été appliqué à celui qui est acquéreur de
l'immeuble sous ces conditions. La propriété est
autre chose que les actions qui peuvent accidentellement la modifier.

Pesons encore ces termes, *suspendu par une
condition.* Ils supposent le cas où un particulier
aurait une propriété, mais en même temps le cas
où cette propriété devrait cesser et devrait passer à
une autre personne; ce qui arriverait, par exemple, si cette personne survivait à celui à qui la
propriété aurait d'abord été assurée. Or, pourrait-
on dire que, dans une pareille circonstance, la
personne qui, par événement, pourrait avoir l'immeuble qui, sans cet événement, doit rester définitivement dans le domaine de celui à qui il a été
donné, fût en droit de constituer une hypothèque
sur l'immeuble? Il faudrait cependant aller jusque-
là dans votre système; mais je pense que c'est ce
qui ne peut être admis. Sans doute si la condition
qui révoque la propriété s'accomplit, les hypothèques constituées sur l'immeuble par celui qui en
est actuellement propriétaire, ne pourront nuire
à la personne en faveur de qui la condition a été
imposée. Mais jusque-là la faculté d'hypothéquer
n'est attribuée qu'au propriétaire actuel dont le
droit est soumis à la condition, bien que suspensive. C'est à lui que peuvent s'appliquer les expres-

sions *suspendu par une condition.* On ne peut
les appliquer à celui qui peut avoir la propriété
accidentellement et dans un cas prévu. Ce n'est
pas lui qui détient l'immeuble *sous une condi-*
tion suspensive; et la loi n'accorde de faculté
d'hypothéquer qu'à celui qui est dans cette position. La propriété qui, dans le cas de l'accomplissement de la condition, reviendrait à la personne
appelée éventuellement à la recueillir, serait bien
grevée de ses hypothèques personnelles, si elles
étaient légales ou judiciaires, parce que ces hypothèques portent, de leur nature, sur tous les biens
présens et à venir; mais avant l'événement, cette
même personne ne peut hypothéquer la propriété
spécialement, parce que, pour constituer cette hypothèque, il faut être propriétaire *actuellement,*
dit l'art. 2129, sauf la résolubilité que peut opérer l'événement d'après l'art. 2125. (1)

C***. C'est-à-dire, selon vous, que le législateur a commis dans la rédaction de cet article un
pléonasme grossier, qu'il est tombé dans des
redondances et des répétitions tout-à-fait oiseuses
et insignifiantes. Car enfin, pour exprimer une seule
et même chose, savoir, le cas où, selon vous, le
droit de propriété sur l'immeuble devrait cesser et
passer à une autre personne, il aurait employé ces
deux locutions différentes : droit *suspendu par*
une condition, et droit *résoluble dans certains*
cas, ce qui ferait véritablement double emploi,

(1) M. Grenier, d° l°.

redondance, pléonasme, etc. Or déjà, il n'est pas permis de rien supposer d'inutile dans la loi, et lorsqu'elle s'est servie de termes différens, nous devons croire qu'elle a entendu exprimer des idées différentes aussi.

Mais ensuite, comment pouvez-vous interpréter comme vous le faites, ces termes : *suspendu par une condition?* « Ils supposent, dites-vous, le cas où un particulier aurait une propriété, mais en même temps le cas où cette propriété devrait cesser, et devrait passer à une autre personne. » Comme si une telle propriété n'était pas bien plutôt et uniquement même un droit *résoluble en un certain cas!* Comme s'il était possible d'y voir un droit *suspendu par une condition!* C'est le droit éventuel de la personne à laquelle doit passer la propriété dans le cas prévu, c'est ce droit, à la bonne heure, qui est véritablement *suspendu par une condition.*

Avez-vous donc oublié la définition que donne la loi elle-même des *conditions suspensives* et des *conditions résolutoires?* La condition *suspensive* n'est-elle pas celle qui *suspend* l'effet de la disposition ou la naissance du droit jusqu'à l'événement du cas ou du fait prévu? Et la condition *résolutoire,* au contraire, celle qui, ne s'opposant point à la naissance actuelle du droit, ne fait que le *résoudre* et l'*anéantir* lorsqu'arrive l'événement prévu? N'est-ce pas dès-lors dans le seul cas de la première de ces deux conditions qu'il est exact et vrai de dire que le droit est *suspendu par*

une condition ; et dans le seul cas aussi de la seconde, qu'il est vrai de dire que le droit est *résoluble en un certain cas ?* (art. 1168, 1181, 1183.)

Eh bien donc, maintenant, dites-nous voir si
l'acquéreur à réméré ou celui dont l'acquisition ou
la propriété est sujette à *rescision* ou à *résolution*
pour quelqu'autre cause que ce soit, est dans le cas
de la première condition ! si son droit de propriété
est *suspendu par une condition !* impossible.
Comment donc soutenir, comment croire que l'art.
2125 n'ait entendu parler que de lui ou de tout
autre comme lui et dans la même position, en se servant de cette expression, *droit suspendu par une
condition ? Droit résoluble en certains cas,*
voilà, à la bonne heure, des termes qui lui conviennent véritablement, mais ce sont les seuls.

A qui donc les premiers, *droit suspendu par
une condition,* peuvent-ils s'appliquer, si ce n'est
précisément au vendeur sous condition de réméré,
au vendeur lésé de plus des sept douzièmes, au
vendeur sous condition résolutoire quelconque, à
l'acquéreur sous condition *suspensive,* et à tout
autre enfin dont le droit est ainsi en *suspens* et
subordonné à un événement futur et incertain, à
une véritable condition *suspensive ?* Je dis au
vendeur sous condition *résolutoire,* parce qu'en
effet la même condition qui *résoudra,* qui fera
cesser le droit de l'acquéreur, fera naître au contraire le droit du vendeur, et qu'ainsi la condition
résolutoire pour l'un est une véritable condition
suspensive pour l'autre. Ou interprétez ainsi et

dans ce sens l'art. 2125, ou bien effacez-en, si vous l'osez, ces mots *droit suspendu par une condition.*

Vous voulez à toute force que celui qui constitue l'hypothèque soit propriétaire *actuellement*, c'est-à-dire à l'instant même où il le grève d'hypothèque! Eh bien! je vais vous prouver maintenant que le vendeur à réméré, ou tout autre ayant un droit de propriété soumis à une condition *suspensive*, a effectivement ou est censé avoir la qualité que vous exigez. Et en effet, n'est-il pas de principe général et absolu que toute condition accomplie a un effet rétroactif au jour auquel le contrat a été formé? L'art. 1179 le dit positivement. Et que s'ensuit-il de là? Que celui qui avait un droit de propriété suspendu par une condition est censé, une fois la condition accomplie, avoir été propriétaire dès l'instant même du contrat ou de l'acte quelconque d'où découle son droit. Donc, dans notre hypothèse, le vendeur à réméré ou tout autre ayant comme lui un droit subordonné à une condition suspensive, doit être considéré comme étant propriétaire non point seulement à compter du jour de l'événement ou de l'accomplissement de la condition, mais bien à compter du jour même du contrat de vente, etc. Et comme ce n'est que postérieurement à ce jour qu'il a constitué l'hypothèque, il faut bien conclure, la conséquence est inévitable, qu'il était en effet propriétaire *actuellement*, c'est-à-dire au moment même de la constitution d'hypothèque.

DIALOGUE 14.

C***. La confirmation ou ratification faite en majorité d'une obligation contractée en minorité a-t-elle un effet rétroactif à l'égard des tiers ?

N***. Oui ; car il est constant que cette nullité n'est pas absolue, qu'elle n'est que relative ; il faut donc dire que la ratification par le silence gardé pendant dix ans, validera l'acte *ab initio*.

Et puisque le silence produit cet effet important, combien à plus forte raison ne sera-t-il pas produit par la ratification expresse, émanant de la volonté libre, réfléchie, d'un majeur, que sa bonne foi porte à imprimer le sceau de l'inviolabilité à ses engagemens de conscience et d'honneur (1).

C***. On objecte cependant, M. Grenier entr'autres, que le mineur devenu majeur, ne peut, par son fait, dépouiller les créanciers qui ont contracté avec lui dans l'intervalle du premier contrat à la ratification, du droit d'exercer à sa place l'action en nullité qui lui était ouverte. Cette ratification leur porte un véritable préjudice; il est d'ailleurs de principe que la ratification ne peut avoir d'effet au préjudice des tiers.

(1) M. Troplong, Hypothèques, tom. 2, n° 493.

13

N***. La réponse me paraît facile à faire.

D'abord, il est trop absurde de dire que le mineur devenu majeur ne peut, par son fait, priver ses créanciers du droit d'exercer à sa place l'action en nullité; car il résulterait de ce système, qu'un débiteur ne pourrait jamais user de ses droits, sans consulter la masse de ses créanciers; ce qui serait le mettre dans un état d'interdiction véritable, et entraver la liberté des contrats dans un majeur. Que les créanciers puissent exercer les droits de leur débiteur, tant que ces droits subsistent ou sont ouverts, il n'y a à cela nulle difficulté; mais cette faculté leur est interdite lorsque ces droits ont cessé d'exister en la personne de leur débiteur, et par le fait de ce débiteur; ils sont obligés de respecter ses actes, à moins qu'il n'y ait eu fraude de sa part, auquel cas ils peuvent exercer l'action révocatoire Paulienne (1).

C***. Tout cela me paraît fort juste relativement aux créanciers en général, à ce que vous appelez la masse des créanciers, à tous ceux en un mot qui n'ont point, par un traité particulier fait depuis la majorité, acquis un droit spécial sur la chose objet de la convention ratifiée. Mais en ce qui concerne les tiers acquéreurs ou créanciers qui auront acquis un droit semblable, la ratification doit-elle avoir également un effet rétroactif?

N***. C'est un principe général et certain que

(1) M. Troplong, Hypoth., tom. 2, n° 494.

la ratification produit un effet rétroactif; *retrò currere ratihabitionem ad illud tempus quo convenit*, dit la loi 16, au **D.** *de pignorib. et hypothecis* (1).

C***. Oui; mais il y a une exception remarquée par tous les auteurs et sanctionnée par la loi, savoir, que la ratification ne produit pas d'effet rétroactif *au préjudice des tiers*, art. 1338 C. civ.

N***. S'il est vrai que la ratification n'a pas d'effet rétroactif au préjudice des tiers, il ne faut pas croire que ce soit dans tous les cas et sans exception aucune; cette règle n'est vraie que dans deux circonstances, savoir :

1° Lorsque l'acte ratifié est d'une nullité absolue; car n'ayant eu aucune existence légale avant la ratification, on ne peut créer au préjudice des tiers une fiction qui ferait remonter la validité de cet acte à une époque où ils avaient juste sujet de le croire nul.

2° Lorsque le contrat qu'on ratifie a été passé *à non domino*, ou par une personne qui n'était pas munie de pouvoirs, comme dans le cas de la loi 16, au D. *de pignorib. et hypoth.* « *Si, nesciente domino, res ejus hypothecæ data sit, deindè posteà dominus ratum habuerit, dicendum est, hoc ipso quod ratum habet, voluisse eum, retro currere ratihabitionem ad*

---

(1) M. Troplong, Hypoth., tom. 2. n° 495.

illud tempus quo convenit. » On suppose que,
par la ratification, les choses sont mises dans les
mêmes termes que si celui qui ratifie avait donné
originairement un mandat : « *Ratihabitio man-
dato æquiparatur.* » Mais cette rétroactivité ne
peut préjudicier aux tiers; en effet, l'hypothèque
donnée *à non domino* sur le bien que le véritable
propriétaire leur a plus tard engagé, n'était rien
pour eux, à l'époque où ils ont traité avec ce
dernier qui n'avait encore rien ratifié. C'est seulement du jour de la ratification que le propriétaire
réel est censé avoir créé l'hypothèque, puisque
auparavant elle lui était étrangère, et qu'elle éma-
nait d'une personne sans pouvoir. De quel droit le
propriétaire pourrait-il donner un effet rétroactif à
cette hypothèque au préjudice de droits acquis?

Mais, comme Pothier le fait remarquer, on ne
peut dire la même chose d'un contrat passé par un
mineur. Car ce contrat n'est pas nul *absolument*,
il n'est nul qu'à l'égard du mineur, tandis qu'il
lie d'un lien de droit indissoluble ceux qui y ont
pris part et adhéré.

Je ne puis m'empêcher de citer encore un autre
passage de Pothier, tiré de son Traité des retraits. On
y verra clairement marquée la différence d'effet de la
ratification entre les actes nuls d'une nullité relative, et ceux qui sont nuls d'une nullité absolue :

« Lorsque la vente a été faite *par un autre que
le propriétaire*, quoique la tradition soit intervenue, ce n'est que du jour du consentement
donné à la vente par ce propriétaire, qu'il y a ouverture au retrait, au profit de la famille de ce

propriétaire, car ce n'est que par ce consentement qu'il est censé vendre, et que l'héritage est mis hors de la famille.

« Lorsqu'un mineur a vendu son héritage propre et que devenu majeur, il ratifie, c'est du jour du contrat de vente que le retrait est ouvert. Car la nullité de l'aliénation des héritages des mineurs n'est pas une nullité absolue, mais relative, et en faveur du mineur seulement. L'acte n'est nul que dans le cas auquel le mineur, ou ceux qui succèdent à ses droits, jugeraient à propos de s'en plaindre, et d'avoir recours aux lettres de rescision ; l'acte par lequel il ratifie en majorité, est un acte par lequel il renonce à s'en plaindre. Mais ce n'est pas par cet acte, c'est par la vente qu'il a faite de son héritage, qu'il l'a mis hors de sa famille, et c'est cette vente qui donne ouverture au retrait et non à la ratification. »

On voit que dans le premier cas, c'est-à-dire lorsque la vente est faite *à non domino*, et où par conséquent il y a nullité absolue, la ratification ne produit pas l'effet rétroactif au préjudice des tiers qui veulent exercer le retrait. Ils sont admis à le demander dans l'année de la ratification. Au contraire, lorsque la nullité est relative, comme dans le second cas, la ratification produit un effet rétroactif au préjudice des tiers. Ce n'est pas du jour de la ratification que le retrayant doit calculer le délai du retrait, mais du jour de la vente originaire ; on ne peut rien trouver de mieux marqué que cette différence, et rien de plus applicable à la question que nous examinons.

Il est étonnant que M. Grenier, qui a cherché à l'approfondir, n'ait pas saisi cette nuance. En effet, on voit que les anciens docteurs, en enseignant la règle fondée sur la raison, que la ratification ne produit pas d'effet rétroactif *au regard des tiers*, ne l'ont jamais appliquée qu'aux actes nuls d'une nullité absolue, ou faits *à non domino;* c'est ainsi que Bartole, qu'on ne cesse de citer, et qui dit que, *actus medius interveniens impedit ratihabitionem retrotrahi*, ne s'appuie de ce principe que pour décider la question de savoir si la ratification donnée par un propriétaire à une vente *faite sans son autorisation*, produit un effet rétroactif à l'égard des tiers. C'est aussi ce cas que la glose envisage, ainsi que la plupart des auteurs. Tiraqueau, qui développe longuement la règle de non rétroactivité à l'égard des tiers, et Maynard, ne la considèrent non plus que dans l'hypothèse où la vente ratifiée avait été faite *à non domino*, cas qui est le même que celui dont parle Pothier dans le passage cité tout-à-l'heure; il ne faut donc pas étendre au cas d'une nullité relative ce qui n'a été créé que pour les nullités absolues : car c'est seulement à l'égard de celles-ci que l'on peut dire que la rétroactivité est *une fiction*, et que la fiction ne peut nuire aux tiers. Mais à l'égard des nullités relatives, il n'y a pas réellement *fiction*. On ne peut pas dire que l'acte n'existait pas avant la ratification, puisqu'il obligeait déjà l'une des parties par un lien indissoluble.

Vous objectez l'art. 1338 qui, en parlant de la

ratification des actes nuls ou sujets à rescision, dit
qu'il ne sera plus possible de les attaquer, sans
préjudice néanmoins des droits des tiers!

Mais, en réservant les droits des tiers, cet article
n'a nullement voulu dire que la ratification ne dût
jamais produire d'effet rétroactif à l'égard des tiers.
J'ai dit que, dans le cas de nullité absolue, la ratification ne produisait pas d'effet rétroactif à l'é-
gard des tiers. Eh bien! c'est ce droit des tiers que
l'art. 1338 a cru devoir réserver, afin, dit M. Toullier, qu'on n'abusât pas de l'omission de cette réserve dans un article dont la disposition est générale. Que prouve donc cette objection, qui cependant vous paraît si décisive, puisque je conviens
qu'il y a des cas où les tiers ne peuvent pas être
préjudiciés par la ratification? (1)

C***. Il y a des cas, dites-vous, et encore seulement par forme de concession, où les tiers ne peuvent pas être préjudiciés par la ratification. Mais
y a-t-il plutôt des cas où les tiers puissent être préjudiciés par la ratification? L'art. 1338 semble bien
positivement décider le contraire ; rien de plus général et de plus absolu que ses expressions, *sans
préjudice néanmoins des droits des tiers;* il n'y
a là ni exception, ni distinction entre les nullités
absolues et les nullités relatives ; et déjà par conséquent vous voilà en opposition déclarée avec le
texte même de la loi, et de plus avec les premiers

(1) M. Troplong, Hypoth., tom. 2, nos 496-499.

principes et les règles fondamentales sur l'application des lois, savoir, qu'il n'est pas permis de créer
des exceptions et des distinctions qui ne sont point
dans la loi : *ubi lex non distinguit, nec nos distinguere debemus.*

Le § 1.er de l'art. 1338 parle de toutes espèces
de nullités indistinctement, absolues ou relatives,
peu importe : « l'acte de confirmation ou ratification
d'une obligation *contre laquelle la loi admet l'action en nullité ou en rescision*, etc. » Cette première disposition de l'article embrasse donc évidemment les nullités résultant de l'incapacité personnelle
des débiteurs, interdits, mineurs, femmes mariées,
etc., tout autant que celles résultant de vices réels,
tels que dol, erreur, violence, lésion, etc., toutes nullités essentiellement relatives (art. 1125,
1117, 1304, 1338, etc.). Or le § 3 du même article
s'applique manifestement aux mêmes espèces
de nullités; la corrélation entre les deux paragraphes ou dispositions est palpable, incontestable.
Donc la réserve du droit des tiers contenue dans la
seconde de ces dispositions, le § 3, est faite pour
le cas de ratification intervenue sur des nullités
relatives, tout autant que pour celui de ratification intervenue sur des nullités *absolues;* et dès-
lors, aussi, pour le cas d'obligations contractées
en minorité et ratifiées en majorité.

Mais je dis plus, c'est que cette réserve du droit
des tiers n'est même faite que précisément pour le
cas de nullités relatives. Et en effet, supposons une
nullité absolue, c'est-à-dire, une de ces nullités résultant du défaut d'objet ou de cause, ou de ce que

la cause est illicite, ou d'autres circonstances semblables; cette nullité pourrait-elle être réparée par une
confirmation ou ratification faite suivant les termes
de l'art. 1338? Non; et vous-même le reconnaissez(1).
Ce ne sont donc point réellement les nullités *absolues* que l'art. 1338 a en vue; ce n'est donc point
pour ces sortes de nullités qu'est faite ni la disposition du § 1er de cet article, ni la disposition du § 3,
ni par conséquent non plus la réserve du droit
des tiers contenue dans cette seconde disposition.
Toutes ces dispositions ne sont donc réellement
faites, alors, que pour le cas des nullités simplement
relatives, telles entr'autres que celles résultant de
l'incapacité des parties.

Quant à la nullité qui existe en cas de vente faite
par un autre que par le propriétaire et ratifiée depuis par ce dernier, je suis bien de votre avis au fond,
et je pense comme vous que cette nullité, appelez-
la du reste absolue ou relative, peu m'importe,
que cette nullité, dis-je, peut être couverte par la
ratification du propriétaire; mais que cette ratification ne peut avoir d'effet rétroactif au préjudice
des tiers. Mais de dire avec vous que c'est précisément pour ce cas, de même que pour celui des nullités absolues (et nous venons de voir ce qu'il faut
penser de celui-ci), qu'est faite la réserve du droit
des tiers dans l'art. 1338, c'est ce qui m'est impossible, et par une bonne raison : c'est que ce cas,
de même que celui des nullités absolues, est totalement étranger à l'hypothèse pour laquelle seule

(1) M. Troplong, Vente, tom, 1, no 245.

avait été fait cet article. Cette hypothèse, nous venons de le voir, est celle d'obligations *contre lesquelles la loi admet l'action en nullité ou en rescision,* telles qu'obligations contractées par des mineurs ou interdits, etc., ou par suite de dol, d'erreur, etc. Mais la vente d'une chose faite *à non domino!* pourrez-vous jamais la faire entrer dans cette catégorie, dans cette hypothèse? Le propriétaire dont la chose a été ainsi vendue sans sa participation, a-t-il une *action en nullité ou en rescision* contre cette vente? En a-t-il besoin pour la faire déclarer nulle et comme non avenue? S'il ne l'exerce dans les dix ans, la vente sera-t-elle parfaite et obligatoire pour lui, et irrévocable? Est-il en un mot dans la même position que l'individu qui s'est obligé durant sa minorité? Non, cent fois non; (1) et vous avez été le premier à faire remarquer et à établir la différence tranchante et décisive qui existe entre les deux. Mais alors, et s'il en est ainsi, l'art. 1338 est donc en effet totalement étranger à ce cas, à cette hypothèse, de même qu'à celle des nullités *absolues;* et ainsi; au lieu de dire, comme vous faites, que la réserve insérée dans le § 3 de cet article est faite précisément et uniquement en vue de cette double hypothèse, il faut dire, tout

---

(1) « L'art. 1304, dit M. Chardon (Traité du dol, tom. 2, n° 286), ne comprend que les *actions en nullité ou rescision des conventions,* c'est-à-dire les actions ouvertes AUX CONTRACTANS EUX-MÊMES, pour faire annuler ou rescinder les conventions dans lesquelles ils ont éprouvé un tort dont la loi veut la réparation. Mais les TIERS, etc. » Or il est évident qu'il faut dire absolument la même chose de l'art. 1338.

au contraire, que cette même réserve y est absolument étrangère, et qu'elle n'est faite que pour le cas des nullités *relatives*.

Que prouvent, du reste, toutes les citations d'auteurs que vous nous avez faites? Le passage de Pothier, notamment, prouve-t-il réellement que la ratification du mineur devenu majeur produise un effet rétroactif au préjudice des tiers? Nullement. L'auteur établit seulement, 1.º que la vente consentie par le mineur est valable, et restera telle s'il ne la fait point annuler; et en ce cas, bien certainement, la vente donne ouverture au retrait à compter du jour de sa date; 2.º que si le mineur la ratifie à sa majorité, il y aura encore également ouverture au retrait à compter de la même époque. Le moyen donc de voir dans une telle décision un exemple et une preuve de ce que vous affirmez, savoir, que la ratification produit un effet rétroactif au préjudice des tiers? rien de plus étranger, ce me semble, à cette dernière question, que le passage de Pothier.

Vous citez aussi Bartole, qui dit que « *actus medius interveniens impedit ratihabitionem retrotrahi,* » et qui, dites-vous, ne s'appuie de ce principe que pour décider la question de savoir si la ratification donnée par un propriétaire à une vente faite sans son autorisation, produit un effet à l'égard des tiers. C'est-à-dire que Bartole applique ce *principe* général à cette *espèce* ou question *particulière;* mais il ne dit point pour cela que ce même *principe* ne soit applicable qu'à cette *espèce,* qu'à ce cas tout seul. Vous-même, du reste, ainsi que lui, appelez cette maxime un *principe*, et cela seul suffit pour que votre citation se retourne contre vous : c'est un *principe* général! appliquez-le donc à tous les cas non spécialement *exceptés*. Ce même *principe* est adopté et répété par notre article 1338! appliquez-le donc encore à tous les cas prévus et réglés par cet article, et non spécialement *exceptés*, puisque c'est un autre *principe* non moins vrai, que *les exceptions qui ne sont point dans la loi ne doivent pas être suppléées*. (Tit. préliminaire du projet de Code.)

Vous dites enfin, pour dernière raison, que « ce n'est qu'à l'égard des nullités absolues qu'on peut dire que la rétroactivité est une fiction, et que la fiction ne peut nuire au tiers; mais qu'à l'égard des nullités relatives, il n'y a pas réellement fiction; qu'on ne peut pas dire que l'acte n'existait pas avant la ratification, puisqu'il obligeait déjà l'une des parties par un lien indissoluble. »

Eh! oui sans doute, l'acte existait, et il obligeait même les deux parties, même celle qui pouvait se prévaloir de la nullité; il l'obligeait du moins jusqu'à ce qu'elle eût fait prononcer cette nullité. Mais aussi pouvait-elle effectivement la faire prononcer; c'était pour elle un droit certain, un droit acquis; et ce droit, ne l'a-t-elle point transmis implicitement ou explicitement, peu importe, au tiers avec qui elle a traité depuis que son incapacité, par exemple, a cessé, si c'était un mineur? Et si elle l'a transmis, a-t-elle pu ensuite, en ratifiant une précédente convention faite en minorité, le reprendre, l'annihiler dans les mains du tiers-acquéreur ou créancier? Je soutiens que non; et c'est pourtant ce qui arriverait si l'on donnait à cette ratification un effet rétroactif à l'égard du tiers-acquéreur.

Posons une espèce : un mineur a vendu un de ses immeubles à *Primus*. Devenu majeur, il vend le même immeuble à *Secundus*. Postérieurement il ratifie la première vente; laquelle de ces deux ventes aura la préférence?

Avant de répondre, permettez-moi de vous adresser une ou deux questions.

L'individu qui n'a sur une chose qu'un droit *suspendu par une condition*, ne peut-il pas vendre ou hypothéquer cette chose, sous la même condition, bien entendu, et quoique la chose ne lui *appartienne pas actuellement*?

N***. Oui, sans doute, il le peut; il ne faut pas prendre le mot *appartenir* dans un sens trop restreint : *verbum illud pertinere*, dit la loi 181, Dig., *De verb. sig., latissime patet...* PERTINERE *ad nos etiam ea dicimus* QUAE ESSE POSSINT. » Ainsi Titius me donne l'immeuble A, si tel vaisseau arrive des Indes; je ne suis pas encore propriétaire; je ne le serai qu'autant que la condition se réalisera; mais en attendant je pourrai constituer des hypothèques sur l'immeuble dont il s'agit; seulement ces hypothèques suivront le sort de mon droit; si la condition arrive et que mon droit se consolide, l'hypothèque se consolidera aussi. Si, au contraire, la condition n'arrive pas et que mon droit s'évanouisse, l'hypothèque périra avec lui (1).

C***. Bien; et cela résulte au surplus bien clairement de l'art. 2125 du Code civil. Et maintenant, une seconde question, ou plutôt un second principe, car la loi répond d'avance et suffisamment. « Les conventions obligent non-seulement à ce qui y est exprimé, mais encore à toutes les suites que l'équité, l'usage ou la loi donnent à l'obligation d'après sa nature » (art. 1135 Code civil). Et d'un autre côté, « lorsqu'une clause est susceptible de deux sens, on doit plutôt l'entendre dans celui avec lequel elle peut avoir quelque effet, que dans le sens avec lequel elle n'en pourrait produire aucun » (art. 1157); et enfin, « l'on doit dans les conventions rechercher quelle a été la commune intention des parties contractantes, plutôt que de s'arrêter au sens littéral des termes » (art. 1156).

Cela posé, revenons à notre espèce ou question.

Le vendeur n'avait pas, lors de la seconde vente, la *propriété actuelle* de l'immeuble, puisqu'il l'avait précédemment vendu, et que cette première vente, quoique faite en minorité, était valable et conservait encore tous ses effets, n'ayant point été annulée sur la demande du vendeur. Mais aussi le vendeur avait le droit acquis et certain d'en demander la nullité et de rentrer ainsi en possession comme s'il n'eût jamais consenti cette première aliénation; c'est-à-dire, en d'autres

_____

(1) M. Troplong, Hypoth., tom. 2, n° 468 *ter*.

termes, qu'il avait sur le bien, objet de la vente, un droit de propriété éventuel, *suspendu par une condition* potestative, la condition d'exercer l'action en nullité que lui donnait la loi.

Mais ce droit éventuel et conditionnel, eh bien! c'est précisément ce qu'il a transmis et entendu transmettre au second acquéreur, et rien de plus licite et de plus légal que cette transmission, d'après vos propres principes tels que vous venez de les exposer.

Mais ce n'est pas le tout; cette transmission ou cession de droit, bien certainement on a voulu et entendu réciproquement la faire et la stipuler d'une manière utile, efficace, de manière en un mot à ce qu'elle produisît tous ses effets, art. 1156 et 1157. Il faut donc alors, de toute nécessité, supposer ou plutôt reconnaître que le vendeur a transmis également ou voulu transmettre à l'acquéreur, avec son droit principal de propriété éventuelle sur l'immeuble, son autre droit que nous pouvons appeler *accessoire*, relatif au même immeuble, je veux dire, son droit légal et incontestable de faire prononcer la nullité de la première vente, ou son action en nullité de la première vente; comme aussi et tout au moins faut-il supposer et reconnaître que le vendeur s'est obligé à ne rien faire personnellement qui fût de nature à priver la seconde vente de ses effets, à la neutraliser, à rendre en un mot nulle et inefficace entre les mains de l'acquéreur la cession qu'il lui a faite. Tout cela n'est que la conséquence ou l'ap-

plication directe et immédiate des principes rappelés notamment aux art. 1615, 1135, 1156 et
1157 du Code. Et je citerais, au besoin, à l'appui
de cette assertion, ce double passage de Pothier :

« La livraison à laquelle le vendeur s'engage
« par le contrat de vente, est une livraison par la-
« quelle il doit transférer à l'acheteur *tout le droit*
« qu'il a dans la chose *et par rapport à cette*
« *chose*.

« Lorsque je vends une chose à quelqu'un, *je*
« *suis censé lui vendre et transporter* TOUS LES
« DROITS ET ACTIONS QUI TENDENT A FAIRE AVOIR
« CETTE CHOSE ; cela paraît renfermé dans l'obli-
« gation que je contracte envers lui *præstandi ei*
« *rem habere licere.* » (Pothier, *vente,* n°ˢ 48
et 149).

A quoi M. Duranton ajoute (tom. 16, n° 275) :
« C'est même incontestable : la chose est vendue
cum omni causâ, et cela est si vrai, que si le
débiteur d'un corps certain, qui est libéré par la
perte de la chose, arrivée par cas fortuit et avant
qu'il fût en demeure, a quelque action contre un
tiers relativement à cette chose, il est obligé de la
céder au créancier (art. 1303)..... Le vendeur a
vendu la chose *cum omni causâ,* avec tous les
droits qu'il pouvait avoir relativement à cette
chose ; il y a subrogation tacite pour les actions
personnelles, comme pour les droits réels ; et ce
système qui est celui de Domat, et qui ressort
de ce que dit Pothier, est infiniment plus simple

et plus propre à faciliter la transmission des propriétés, indépendamment de ce qu'il doit contribuer à diminuer le nombre des procès. »

Il est donc bien certain que l'action en nullité ou rescision de la première vente, était, dans notre espèce, implicitement mais forcément comprise dans la seconde; soit comme droit *accessoire* du droit ou objet principal vendu, soit comme moyen nécessaire et unique de valider cette vente et de la rendre utile et efficace; et qu'ainsi le vendeur ne pouvait en aucune manière reprendre, en quelque sorte, cette action ou ce droit accessoire des mains de son acquéreur, pour le neutraliser, pour l'annihiler à son préjudice. Or c'est pourtant ce qu'il aurait fait en ratifiant la première vente, si cette ratification produisait son effet à l'égard du second acquéreur; et supposer que le vendeur ait entendu se réserver cette faculté de ratifier ainsi la première vente, ce serait supposer que les parties ont voulu faire un acte inutile et dérisoire. L'opinion que je combats ici est donc manifestement et victorieusement repoussée par tous les principes d'équité, de raison et de justice rappelés et consacrés notamment par les différens articles de loi que je viens de citer.

La question devrait évidemment se décider de même à l'égard d'un acte fait par une femme mariée ou un interdit, et ratifié depuis qu'a cessé l'incapacité.

DIALOGUE 15.

N***. L'usufruitier pourrait-il, malgré le nu-
propriétaire, satisfaire à son obligation de donner
caution, en offrant des hypothèques suffisantes
sur des fonds francs de toutes autres charges?

Le pourrait-il, en offrant un gage en nantissement, estimé suffisant?

C***. Pourquoi ne le pourrait-il pas? La caution que la loi exige de l'usufruitier n'est qu'une
sûreté ou garantie pour le propriétaire. Or celui-ci
trouve tout autant de sûreté, et même plus, dans
une hypothèque ou dans un gage, que dans une
caution, *plus est cautionis in re quàm in personâ*, l. 25, ff. *de reg. jur.*

N***. Je ne pense pas de même. Il est certain
que dans le langage du Code, le mot *caution* ne
s'applique qu'à l'intervention d'une tierce personne, ou, en d'autres termes, qu'il ne s'entend
que de la caution fidéjussoire. C'est incontestablement une caution fidéjussoire que l'usufruitier
est tenu de fournir; or celui qui doit une chose
n'est point admissible à se libérer par la prestation
d'une autre; donc, une offre d'hypothèque ne
remplirait pas le vœu de la loi (1).

(1) M. Proudhon, Usufruit, n° 842.

C***. Sans doute! celui qui doit une chose n'est point admissible à se libérer par la prestation d'une chose différente : ainsi, je vous ai promis ma maison de Rennes, et je vous offre en paiement ma maison de Grenoble; il est clair que je ne puis vous forcer à recevoir l'une pour l'autre, parce que vous avez ou que vous pouvez avoir un intérêt réel et majeur, ne fût-ce même qu'un intérêt de convenance ou d'affection, à avoir précisément la chose qui vous est due et non point une autre. Mais je vous dois une *sûreté* de telle espèce, et je vous en offre une autre, d'une espèce différente à la vérité, mais du reste et au fond absolument égale et tout aussi satisfaisante; pourriez-vous donc encore tenir le même langage et justifier de la même manière votre prétention à avoir l'une plutôt que l'autre? Évidemment non.

N***. Il semble en effet, au premier coup d'œil, que le propriétaire aurait mauvaise grâce de refuser des hypothèques, pour exiger une caution fidéjussoire; mais, pour peu qu'on y réfléchisse, on reste bientôt convaincu qu'il n'est jamais sans intérêt pour en agir ainsi, parce qu'il est toujours important pour lui que l'usufruitier n'abuse pas, et que par la prestation du cautionnement on lui crée un surveillant intéressé à mettre obstacle aux abus de jouissance qu'il pourrait se permettre (1).

C***. Je ne vois pas, d'abord, quel obstacle le

(1) M. Proudhon, do lo.

fidéjusseur pourrait mettre aux abus de jouissance
de la part de l'usufruitier, je veux dire, comment
il pourrait les prévenir ou les empêcher ; il ne le
peut pas plus, ce me semble, que le propriétaire
lui-même. Ce n'est tout au plus qu'après des abus
déjà commis et consommés qu'il est possible d'en
prévenir de nouveaux. Mais comment cela ? En faisant prononcer la déchéance de l'usufruitier,
conformément à l'art. 618. Or, 1° ce n'est, régulièrement et directement, qu'au propriétaire qu'appartient cette faculté ou cette action. 2° L'art. 618
lui-même prouve bien que le cautionnement n'est
point, aux yeux du législateur, un moyen de prévenir ou d'empêcher les abus de jouissance de
l'usufruitier, puisque la disposition de cet article
est faite aussi bien et même plus pour le cas où
l'usufruitier a donné caution que pour le cas contraire ; puisque généralement et presque toujours
il y a caution (art. 601) ; et qu'ainsi la caution
est exigée bien plus pour réparer le mal fait par
l'usufruitier si celui-ci vient à abuser de sa jouissance , que pour prévenir le mal et les abus.
3° Enfin, ce même article encore prouve bien également qu'en cette matière, le législateur a entendu
se contenter de sûretés ou garanties quelconques,
pourvu qu'elles fussent bonnes et suffisantes, puisqu'il admet les créanciers à demander le maintien
de l'usufruit en offrant *des garanties* pour l'avenir ; DES GARANTIES ! c'est-à-dire évidemment des
sûretés telles qu'elles, gage, hypothèque ou caution, peu importe, pourvu encore une fois que les

intérêts du propriétaire soient suffisamment ga-
rantis et assurés.

« L'usufruitier doit donner caution, disait le
tribun Gary; il faut en effet au propriétaire une
garantie que l'usufruitier n'excédera pas les limites qui lui sont prescrites. » (Exp. des motifs,
t. 4, p. 105.)

Voilà donc, je le répète, la seule chose que
puisse demander le propriétaire, une sûreté, une
garantie pleine et entière. Or cette garantie, il la
trouve tout autant dans une hypothèque ou dans
un nantissement que dans un cautionnement proprement dit; et c'est ce que reconnaît de tout
créancier en général, soit la loi romaine que je
viens de citer, soit même aussi le Code civil qui
dispose (art. 2041) que « celui qui ne peut pas
trouver une caution, est reçu à donner à la place
un gage en nantissement suffisant. » C'est là un
principe général fondé sur l'équité, et qui concilie
parfaitement les intérêts de toutes les parties.
Ecoutons Pothier : « Il nous reste la question de
savoir, dit ce grand jurisconsulte, si celui qui est
tenu de donner une caution peut être admis à
donner à la place des gages suffisans pour répondre
de la dette. Pour la négative on allègue cette
maxime de droit, *aliud pro alio invito credi-*
tori solvi non potest; maxime qui a lieu quand
la chose qu'on offrirait serait meilleure. D'où il
paraît suivre que le créancier à qui l'on doit une
caution n'est pas obligé de recevoir des gages à la
place. Nonobstant ces raisons, on doit être facile à

permettre à celui qui doit une caution, de donner
des gages à la place lorsqu'il ne peut donner des
cautions ; parce que celui à qui la caution est due
n'ayant d'autre intérêt que de se procurer une sûreté, et en trouvant dans les gages autant et même
plus, *cùm plus cautionis sit in re quàm in personâ, et potiùs sit pignori incumbere, quàm
in personam agere,* ce serait de sa part une
pure mauvaise humeur de refuser ces gages à la
place de la caution, si ce que l'on lui offre pour
gages peut se garder sans aucun embarras, sans
aucun péril. (Pothier, Obligations, n° 393).

N***. En thèse générale, oui. Mais lorsqu'on
ne peut trouver une caution, et qu'il s'agit non d'un
débiteur ordinaire, mais d'un usufruitier, la loi,
statuant spécialement sur ce cas, ne suppose pas
que la caution puisse être remplacée par un nantissement, puisqu'elle veut qu'on ait recours au séquestre et aux autres moyens de sûreté qu'elle
spécifie ; et il est naturel d'adopter plutôt la disposition qui est particulière, parce qu'à raison de
sa spécialité, elle est comme une dérogation ou
exception à la règle générale : *Et illud potissi-
mum habetur quod ad speciem directum est.*
L. 80, ff. *de reg. jur.* (1).

C***. La loi ici ordonne le séquestre ou autre
moyen de sûreté, précisément et uniquement dans
la supposition que l'usufruitier n'en fournisse pas

(1) M. Proudhon, n° 848.

lui-même, qu'il soit hors d'état d'en fournir.
Mais s'il en fournit une réelle et satisfaisante, telle
qu'est assurément une hypothèque ou un gage,
conçoit-on qu'elle puisse être refusée sous le seul
prétexte que ce n'est point un cautionnement?
Des sommes ou des denrées, par exemple, sont
comprises dans l'usufruit; eh bien! à coup sûr,
l'usufruitier aura le droit d'en jouir et de les con-
sommer, sauf à en rendre de pareille quantité,
qualité et valeur, ou leur estimation, à la fin de
l'usufruit, et ce n'est que pour assurer cette restitution de sa part, et nullement pour l'empêcher
d'user et d'abuser, s'il le veut, de ces sortes de
choses, *quarum usus est abusus,* qu'il est obligé
de donner caution. Or donc, qu'il donne un gage
ou une hypothèque, la restitution ne sera-t-elle pas
tout aussi assurée, tout autant garantie que s'il
donnait une caution? Le vœu de la loi est donc
suffisamment rempli dans un cas comme dans
l'autre. Au contraire, si l'usufruitier ne peut
fournir ni gage, ni caution, ni hypothèque, eh
bien alors vous appliquerez, et vous devrez le faire,
la disposition spéciale de l'art. 602; alors en effet,
l'usufruitier n'offrant plus de garantie d'une manière ni de l'autre, c'est véritablement le cas de
recourir aux moyens de précaution ou de sûreté
prévus et ordonnés par la loi précisément pour ce
cas. Décider autrement, c'est abandonner l'esprit
de la loi, sa véritable intention, par un vain et
puéril respect pour la lettre.

DIALOGUE 16.

N ***. L'aveu judiciaire n'est-il pas susceptible parfois d'être divisé?

C ***. Il semble que non, d'après l'article 1356, suivant lequel *l'aveu ne peut être divisé contre celui qui l'a fait.*

N ***. Il est certain que, par cette disposition, l'indivisibilité de l'aveu judiciaire est érigée en loi; mais faut-il en conclure que cette règle générale soit tellement rigide qu'il ne soit plus aujourd'hui permis aux tribunaux d'admettre aucune des exceptions que peut exiger l'équité? Cette conséquence paraît dure (1).

C *** C'est possible : mais alors ce serait le cas de dire ici comme en bien d'autres cas, *dura lex, sed scripta lex* : c'est la loi. Ses expressions du reste, claires et précises, sont en outre générales et absolues.

N ***. Quelque générales que soient ces expressions, on ne saurait présumer que le législateur ait voulu que l'application de la loi entraînât une injustice ou une absurdité; d'où l'on a conclu,

(1) M. Toullier, tom. 10, nos 337, 338.

avec raison ce me semble, que lorsqu'il se ren-
contre des cas tels, que l'application de la loi opérait une injustice ou une absurdité, ils sont naturellement présumés être exceptés, par la volonté
présumée du législateur ; ils forment des exceptions
tacites. Il y a des choses qui s'exceptent naturellement et d'elles-mêmes, encore qu'on ne voie
rien dans les termes de la loi qui insinue cette restriction, dit fort bien Quintilien : *Quædam etiamsi nullâ significatione legis comprehensa sint,
naturâ tamen excipiuntur.* L'art. 1356 du Code
porte que l'aveu judiciaire ne peut être divisé contre celui qui l'a fait. Mais s'il a été interrogé sur
plusieurs faits, il a fait aussi plusieurs aveux ou
dénégations ; car il en est des aveux comme des
stipulations ; il y a autant de stipulations que de
choses : *tot sunt stipulationes quot corpora.*
De même, autant d'articles différens, autant d'a-
veux ou dénégations. Or le Code dit-il que
toutes les réponses, s'il y a plusieurs faits différens,
ne peuvent être divisées, contre la doctrine de
Voët, Zœsius, Heurys, etc.? Car ces auteurs reconnaissaient et enseignaient que l'aveu peut être
divisé dans certaines circonstances. (1)

C***. Cette doctrine pouvait être vraie et
fondée de leur temps, parce qu'alors n'existait pas
cette règle si précise et si absolue que nous
trouvons dans l'art. 1356 de notre nouveau Code.

_____

(1) M. Toullier, tom. 10, nos 338, 339.

N***. Il est vrai qu'aucune loi n'avait encore
interdit la division de l'aveu judiciaire, en telle
sorte qu'aujourd'hui même un arrêt antérieur à
la promulgation du Code ne pourrait être cassé
pour avoir divisé l'aveu. Et aussi nos plus savans
auteurs français étaient-ils divisés sur ce point.
L'indivisibilité était combattue par les uns, soutenue par d'autres, mais en plus grand nombre,
et ceux-là même qui la soutenaient convenaient
qu'elle souffrait des exceptions. (1)

C***. Soit; mais enfin et toujours est-il que
ces exceptions, quelles qu'elles fussent, n'étaient
point repoussées alors comme elles le sont aujour-
d'hui par un texte de loi formel et précis, général
et absolu, qui semble avoir été fait tout exprès
pour mettre un terme à toutes ces divisions et con-
troverses de l'ancienne jurisprudence. Certes, les rédacteurs du Code civil n'ignoraient point cette diversité d'opinions soit sur la règle elle-même de
l'indivisibilité, soit sur les exceptions qu'on y apportait. Eh bien! cependant, que font-ils? Ils
adoptent et consacrent formellement la règle, le
principe, et ils ne disent mot des exceptions. C'est
donc qu'ils n'entendent point approuver et autoriser ces exceptions; et leur intention paraît d'autant moins douteuse qu'ils venaient de poser en
tête de leurs lois, dans un titre préliminaire du
projet de Code, que « les exceptions qui ne sont
point dans la loi ne doivent pas être suppléées. »

(1) M. Toullier, tom. 10, n° 336.

N***. Oui; mais ce titre préliminaire qui, d'ailleurs, contenait d'excellentes choses, fut rejeté précisément parce qu'il contenait des règles trop générales, règles toujours dangereuses et sujettes à des exceptions.

Il est donc certain que le brocard que vous rappelez n'a point été érigé en loi; et dès-lors un jugement ne pourrait être cassé uniquement parce qu'il aurait admis à l'indivisibilité de l'aveu judiciaire une exception suggérée par l'équité et par les circonstances, quoique non contenue dans la loi; car il ne ferait que décider que la disposition de l'art. 1356 n'est pas applicable à tel cas particulier; il n'y aurait donc point de loi violée.

Ainsi le Code dit bien que l'aveu ne peut être divisé contre celui qui l'a fait; mais le Code ne dit pas que tous les faits étrangers que l'avouant a insérés dans son aveu formeront une preuve en sa faveur, par cela seul qu'il lui aura plu de les insérer. Sans doute, il est juste et naturel de ne pas séparer l'aveu de la dette de celui du paiement; c'est le véritable cas de l'indivisibilité de l'aveu : car si vous n'avez d'autre preuve de votre créance que mon aveu, s'il n'en existait pas d'autre, il est juste de m'en croire lorsque j'affirme avoir payé; car n'existant point de titre contre moi, je n'ai pas dû songer à me faire donner une quittance parfaitement inutile.

Mais si, comme dans la loi 26, ff *depositi*, 16, 1, *Titius*, en écrivant aux Sempronius, pour reconnaître le dépôt qu'ils lui ont confié, ajoute à cette reconnaissance, et pour se faire un titre à lui-même, qu'ils lui doivent différentes sommes, on ne peut appliquer à cette espèce l'indivisibilité de l'aveu. Cette addition n'est point un aveu; c'est une allégation contre eux, dit fort bien le jurisconsulte Paul, *Respondi obligationem nullam natam videri.* Cela est évident; mais cette addition forme-t-elle du moins une preuve de la créance alléguée par Titius? C'est, dit encore Paul, ce que le juge seul peut décider, *judicem aestimaturum,* parce qu'en effet les circonstances seules peuvent éclairer sur ce point.

Le Code ne me paraît rien avoir changé à cette décision sage et raisonnable; car, en disant que l'on ne peut diviser l'aveu contre celui qui l'a fait, il ne dit point, et n'a pu même dire, sans injusticé, que tout ce que l'avouant pourra ajouter à son aveu demeurera prouvé en sa faveur. (1)

C***. Sans doute, si ce dernier s'avisait d'ajouter à son aveu quelque chose, l'allégation de quelque fait d'où il résultât non seulement qu'il est libéré de son obligation propre, mais encore que son adversaire est son redevable, est obligé lui-même à son égard, oh! bien sûr qu'alors ce qu'il aurait ainsi ajouté à son aveu ne demeurerait point prouvé en sa faveur, si l'adversaire ne voulait point se prévaloir de son aveu; car alors il n'y aurait plus véritablement ce que défend la loi, une division d'aveu, une déclaration acceptée et oppo-

(1) M. Toullier, tom. 10, nᵒˢ 338, 339.

sée dans une partie, et rejetée dans l'autre. Mais enfin, et au contraire, si l'adverse partie prétend se servir de l'aveu, tout en repoussant la déclaration qui l'accompagne, comment soutenir encore que ce n'est point là scinder ou diviser l'aveu, contre la défense formelle de la loi?

Mais, dites-vous, une semblable déclaration ou addition n'est point *un aveu;* c'est une allégation qui, n'étant point acceptée ni reconnue, ne peut former une obligation!.

Mais dites-moi donc, je vous prie, si dans l'espèce que vous avez posée vous-même en premier lieu d'un individu qui, en reconnaissant la dette, ajoute qu'il l'a payée, si, dis-je, cette addition est davantage un *aveu!* Il est évident que cette assertion n'est pas plus un *aveu* proprement dit, que celle en question dans l'autre hypothèse; on *avoue* une dette, mais on n'*avoue* pas un paiement ou un fait qu'on articule et qu'on met en avant pour s'en faire un moyen de défense. Cette réponse de votre part n'en est donc point une; cette objection n'a donc rien de fondé, rien de concluant, pas plus dans un cas que dans l'autre.

L'argument que vous tirez de la loi romaine est-il plus fondé? Dit-elle même, cette loi, ce que vous lui faites dire? Je ne le pense pas. En voici le texte: « *Titius Semproniis salutem. Habere me à vobis auri pondo plus minùs decem, et discos duos, saccum signatum; ex quibus debetis mihi decem, quos apud Titium deposuistis: item quos Trophimate decem; item ex ratione patris*

vestri decem. Quaero an ex hujusmodi scrip-
turâ aliquâ obligatio nata sit, scilicet quod
ad solam pecuniae causam attinet? Respondit,
ex epistolâ, de quâ quaeritur, obligationem
quidem nullam natam videri; sed probatio-
nem rerum depositarum impleri posse. An au-
tem is quoque, qui deberi sibi cavit in eâdem
epistolâ decem, probare possit hoc, quod scrip-
sit, judicem aestimaturum. » L. 26, § 2, ff *De-*
positi.

N***. Eh bien donc! ne voilà-t-il pas ce que
je disais? Vous voyez bien qu'il s'agit là d'une lettre
dans laquelle Titius reconnaît avoir reçu en dépôt
des frères Sempronius dix livres d'or, plus ou
moins, deux plats et un sac cacheté; sur quoi,
ajoute-t-il, vous me devez dix livres que vous avez
déposées chez Titius, dix livres déposées chez Tro-
phime, et dix livres du compte de votre père, *ex*
ratione patris vestri.

On demande au jurisconsulte Paul si cette lettre
forme quelque obligation.

Il répond que non; mais il ajoute qu'elle forme
la preuve du dépôt fait par les Sempronius. Quant
à la question de savoir si cette même lettre forme
en faveur de Titius une preuve de ce qu'il a ajouté
en sa faveur, par cela seul qu'il l'a écrite, Paul
répond que c'est au juge de l'examiner, *judicem*
aestimaturum.

Ainsi, des deux questions que faisait naître la
lettre de Titius, la première est, sans balancer,
résolue affirmativement; la lettre fait preuve du

dépôt contre Titius. Quant à la seconde question,
fait-elle également preuve en sa faveur ?... Elle est
renvoyée à la prudence du juge : donc la législation
romaine n'avait point établi la règle de l'indivisibilité des aveux, parce qu'en effet, les circonstances
seules peuvent décider s'ils sont ou non divisibles.

Si la lettre avait été écrite au moment même du
dépôt et pour servir aux Sempronius, il est clair qu'en
y laissant insérer la mention des sommes dont Titius
se prétendait créancier, ils reconnaissaient tacitement ses prétentions; autrement ils pouvaient, ils
devaient refuser la lettre, et ne pas choisir Titius
pour dépositaire. Mais si, comme c'est assez l'ordinaire, le dépôt avait été fait d'abord de confiance,
et sans écrit, et que Titius, abusant de cette circonstance pour se créer un titre, eût écrit la lettre
citée aux Sempronius, qui n'étaient plus libres de
la refuser sans rester dénués de toute espèce de
preuve contre un homme que sa conduite rendait
suspect, n'eût-il pas été d'une souveraine injustice
de contraindre les Sempronius à reconnaître pour
titre un écrit insidieux, qu'il n'avait pas été en
leur pouvoir de refuser, sans rester dénués de toute
espèce de preuve de leur dépôt ? Dans l'ignorance
des circonstances, que pouvait répondre la loi ?
Renvoyer à la prudence du juge, *judicem aestimaturum.* (1)

C***. Je n'entends point cette loi comme vous.
Son auteur, le jurisconsulte Paul, ne répond point,

(2) M. Toullier, tom. 10, n° 335.

comme vous le supposez et que vous le lui faites
dire, que la lettre en question forme la preuve du
dépôt fait par les Sempronius. Il dit seulement, et
tout au plus, qu'elle offre un commencement de
preuve que les Sempronius peuvent *compléter* par
d'autres preuves, *probationem rerum deposita-*
rum IMPLERI *posse*. Mais, du reste, c'est bien
dire qu'à elle seule et par elle-même, cette lettre
ne fait pas preuve complète et suffisante du dépôt.

Et pourquoi donc, par quel motif une telle
lettre ne serait-elle pas pleine foi? Car enfin les
lettres missives, chez les Romains, faisaient pleine
foi comme chez nous-mêmes, des obligations
qu'elles retraçaient (ll. 24 et 26, ff *De pecuniâ*
constitutâ, et autres *passìm*). Il ne peut y avoir
qu'une raison qui détermine le jurisconsulte Paul
à regarder la lettre de Titius comme insuffisante pour
constater le dépôt qui y est mentionné; c'est qu'à
la reconnaissance qu'elle contient de ce dépôt, est
mêlée une allégation par laquelle Titius se déclare
lui-même créancier des Sempronius. C'est là, n'en
doutons point, ce qui lui fait dire que cette lettre
ne produit aucune obligation contre celui qui l'a
écrite, parce qu'effectivement si cette lettre le signale d'un côté comme débiteur, de l'autre elle
le signale aussi comme créancier ; d'où il suit que
son obligation serait éteinte par compensation, ou,
ce qui revient au même, que son obligation est
nulle, qu'il n'y a point d'obligation, *respondit*
obligationem nullam natam videri.

Si la partie de la déclaration ou de la lettre par

laquelle Titius se reconnaît débiteur des Sempronius à titre de dépôt, pouvait être séparée de la
même lettre par laquelle Titius se porte leur créancier à un autre titre, les Sempronius n'auraient
pas besoin de preuve ultérieure pour faire condamner Titius à leur rendre le dépôt qu'ils soutiennent lui avoir confié. Cependant la loi décide
qu'une preuve ultérieure leur est nécessaire. Elle
décide donc que le mélange de l'allégation de la
créance de Titius à l'aveu de sa dette, ôte à l'aveu
de sa dette la force probante qu'il aurait *pleinement,* s'il était pur et simple ; elle décide donc du
moins que cet aveu ou cette déclaration ne peut
être divisé, que les Sempronius ne peuvent point
se faire un titre d'une partie de cette déclaration et
rejeter l'autre partie. Et c'est ce que fait entendre la
dernière phrase ou disposition de la loi : *An autem
is quoque, qui deberi sibi cavit in eâdem epistolâ decem, probare possit hoc quod scripsit,
judicem æstimaturum ; probare possit* HOC, *id
est,* PER HANC EPISTOLAM, dit la Glose d'Accurse ; et
l'on sent en effet qu'il ne peut dépendre du juge d'ar-
bitrer s'il est recevable ou non à faire cette preuve
d'ailleurs et par d'autres voies ; car cela ne
peut faire question ni dépendre du caprice du juge ;
judicem æstimaturum, ut si ille consentit,
ajoute la même glose, *his quae erant contrà se,
stetur epistolae* IN TOTUM, *aliàs non.* Voilà bien
la preuve que, suivant la loi romaine dont il s'agit,
l'aveu est indivisible, qu'il faut le prendre dans
son entier, qu'il fait preuve pour le tout, IN TO-

15

TUM, ou qu'il ne fait preuve pour rien, *obligationem* NULLAM *natam videri.*

Et cependant, vous le voyez, il s'agit bien là
de plusieurs faits différens, de faits non connexes,
étrangers les uns aux autres, de faits qui sont,
comme vous le remarquez, non point des *aveux*
proprement dits, mais bien plutôt des *allégations*
étrangères au fait avoué, des *additions* faites à
l'aveu; nouvelle preuve de ce que je vous répon-
dais tout-à-l'heure, que cette circonstance ne fait
rien quant à notre question.

Et autrement, il faudrait donc restreindre la
disposition de l'art. 1356, la règle de l'indivisibilité, au seul cas où l'aveu de la dette serait accom-
pagné, je ne dis plus avec vous, de *celui* du
paiement, mais de l'*addition* ou de l'*allégation*
du paiement?

N***. C'est là en effet, je l'ai dit, le véritable
cas de l'indivisibilité de l'aveu (1).

C***. Mais ce n'est pas le seul; et j'en trouve
la preuve 1° dans les expressions générales et illi-
mitées de l'art. 1356, 2° dans les motifs de cette
règle ou disposition, dans lesquels ce cas n'est cité
que par forme d'exemple.

Ecoutons Pothier, dont vous savez que les rédacteurs du Code n'ont presque généralement fait
et voulu que reproduire la doctrine et consacrer
les décisions : «Observez, dit-il, (Poth., Oblig.,
n° 833), que lorsque je n'ai d'autre preuve que

(1) M. Toullier, n° 339.

votre confession, je ne puis la diviser. Supposons, par exemple, que j'aie donné une demande contre vous pour une somme de 200
livres que je soutiens vous avoir prêtée, et dont
je vous demande le paiement : si sur cette demande vous êtes convenu en justice du prêt, en
ajoutant que vous m'avez rendu cette somme, je
ne puis tirer de votre confession une preuve du
prêt, qu'elle ne fasse en même temps foi du paiement ; car je ne puis m'en servir contre vous qu'en
la prenant telle qu'elle est, et en son entier. *Si*
quis confessionem adversarii allegat, vel de-
positionem testis, dictum cum suâ quantitate
approbare tenetur; Bruneman, ad l. 28 ff. *de*
pact. » Vous voyez qu'on ne parle ici du paiement que par forme *d'exemple,* et nullement
pour limiter la règle à ce cas particulier.

Écoutons maintenant les orateurs du Gouvernement et du Tribunat, sur l'art. 1356, qui n'est que
la copie abrégée du passage de Pothier :

« S'il est juste et régulier que l'aveu judiciaire
fasse pleine foi contre celui qui l'a fait, il est également juste et régulier (en toutes matières civiles)
que l'aveu ne puisse être divisé contre lui.

« Paul me demande 1000 fr. ; il n'a aucun titre
contre moi. Je déclare en jugement qu'à la vérité
Paul m'a prêté 1000 fr., mais que je les lui ai
rendus. Paul ne peut tirer de ma confession une
preuve du prêt, sans que cette confession ne fasse
en même temps foi du paiement. Il ne peut se
servir de ma confession contre moi qu'en la pre-

nant telle qu'elle est dans son entier. » (Exposé
des motifs, tom. 5, pag. 200.) Il est clair que cette
espèce, encore ici, n'est citée également que par
forme *d'exemple*.

« L'aveu fait pleine foi contre la personne qui
l'a fait ; mais aussi l'on ne peut le diviser contre
elle : dès qu'on s'en fait un titre, il faut le prendre
précisément tel qu'il est. » (*Ibid*. pag. 246) Rien
de limitatif encore, rien que de général et d'absolu,
comme dans le texte même de l'article. Et de
même encore du passage suivant : « Il ne serait pas
juste que l'adversaire de celui qui fait l'aveu, profitât de la déclaration en ce qu'elle lui est favorable, sans accorder la même foi à ce qui serait défavorable. L'aveu ne peut être divisé contre celui qui
le fait. » (*Ibid*. pag. 98.)

Et remarquez du reste, maintenant, l'énergie et
la portée de toutes ces expressions de Brunemann
et de Pothier et des orateurs que je viens de citer :
Dictum CUM SUA QUANTITATE *approbare tenetur;
il ne peut se servir de ma confession* QU'EN *la
prenant telle qu'elle est* ET EN SON ENTIER; *dès
qu'on s'en fait un titre* (de l'aveu), *il faut le
prendre* PRÉCISÉMENT TEL QU'IL EST; *il ne serait
pas juste que l'adversaire profitât de la déclaration en ce qu'elle lui est favorable,* SANS
ACCORDER LA MÊME FOI A CE QUI LUI SERAIT
DÉFAVORABLE! Ne voyez-vous pas combien se manifeste clairement et énergiquement l'intention du
législateur, de ne pas permettre que l'aveu soit
scindé, divisé, pris et employé dans une partie,

et rejeté dans l'autre? et ce, en tous cas généralement quelconques et indistinctement!

Et ne trouvez-vous pas encore dans tout cela
une réponse péremptoire à la dernière objection
que vous avez faite? Il serait d'une souveraine
injustice, disiez-vous, de contraindre un créancier
(les Sempronius) à reconnaître pour titre un écrit
insidieux, qu'il n'avait pas été en son pouvoir de
refuser, sans rester dénué de toute espèce de
preuve de sa créance (de leur dépôt). Mais à qui
donc la faute, s'il reste ainsi dénué de toute espèce de preuve? Que ne s'en était-il procuré
une dès le principe, au lieu de s'en rapporter uniquement à la bonne foi de son débiteur. Et que
vient-il ensuite parler d'écrit *insidieux*, de *mauvaise foi*, de *conduite suspecte*? Mais quoi donc!
ne pourrait-il pas dire toutes les mêmes choses
dans le cas même où le débiteur, au lieu d'ajouter
à son aveu l'allégation d'un fait qui tendrait à le
rendre créancier et par suite à le libérer par voie
de compensation, y joindrait seulement l'allégation d'un paiement direct? Et néanmoins vous
reconnaissez bien qu'en ce dernier cas l'aveu est
indivisible.

Et puis d'ailleurs, y a-t-il en effet mauvaise foi,
manœuvre insidieuse? C'est précisément la question; et cette question, vous commencez par la
trancher en faveur du créancier qui la soulève, et
vous partez de là comme d'un point connu et certain pour arriver à cet autre point ou à cette autre
solution, que l'aveu doit être divisé, afin que le
créancier ne soit pas victime de la fraude ou de

la mauvaise foi. Or, vous allez voir combien les
vues et la marche du législateur s'écartent et dif-
fèrent des vôtres, combien plus elles sont logiques
et rationnelles ; écoutez ce passage du discours
prononcé au Corps législatif par M. Favard, l'un
des orateurs du Tribunat : « Quand le dépôt s'élève
au-dessus de 150 francs, il ne peut être prouvé
par témoins. Il faut alors s'en rapporter à la déclaration du dépositaire. Cela est fondé sur les principes du droit. Le déposant a suivi la foi du dépositaire, *totum fidei ejus commissum ;* il s'est livré
à sa moralité dans laquelle il peut avoir eu trop
de confiance, mais qu'il ne peut pas récuser. Il est
le seul coupable de son imprudence, s'il y en a
eu : je dis, *s'il y en a eu,* car les juges ne peuvent
pas en voir là où le déposant ne leur offre que
son allégation, qui ne doit pas l'emporter sur l'allégation contraire du prétendu dépositaire. » (Exposé des motifs, t. 6, pag. 238.) A plus forte raison, disons-le, les juges ne peuvent-ils voir ni
fraude, ni manœuvre insidieuse, ni mauvaise foi ,
là où celui qui s'en plaint ne leur offre, comme
dans notre espèce, que son allégation, et alors surtout qu'il est de principe que la fraude et la mauvaise foi ne se présument jamais, et qu'ici, comme
en toute autre matière, c'est à celui qui allègue un
fait à le prouver, *ejus est probare qui dicit, non
ei qui negat* (art. 2269).

Il ne serait pas juste, dites-vous, de contraindre le créancier à s'en rapporter à la déclaration
du débiteur ! « Il ne serait pas juste, dit le législa-

teur à son tour et en sens contraire, dans les passages que je viens de citer, il ne serait pas juste que l'adversaire profitât de la déclaration en ce qu'elle lui est favorable, sans accorder la même foi à ce qui lui serait défavorable; dès qu'il s'en fait un titre, il doit la prendre précisément telle qu'elle est; il ne peut s'en servir qu'en la prenant telle qu'elle est dans son entier. »

J'ai donc raison de dire que tout cela répond suffisamment et parfaitement à votre objection; d'autant mieux encore que l'on ne force véritablement pas le créancier ou soi-disant tel à en passer par la déclaration du débiteur prétendu : non; libre à lui de la faire rejeter comme nulle et non avenue, et de se soustraire par là à ce qui pourrait en résulter contre lui; mais aussi, s'il veut s'en servir, s'en prévaloir, contre celui de qui elle émane, qu'il la prenne telle qu'elle est et dans son entier, sans la diviser; c'est tout ce que demande la loi, et certes il n'y a là ni dureté ni injustice; car enfin, et indépendamment de toutes les raisons précédentes qui suffisent bien d'ailleurs pour justifier la loi, cette dernière considération n'est-elle pas tout-à-fait décisive, savoir, que l'avouant pouvait bien nier purement et simplement la dette, et ainsi mettre ou plutôt laisser son adversaire dans la position où il était d'abord, c'est-à-dire, dénué de toute espèce de titre ou de preuve, et que par conséquent en avouant la dette, mais en ajoutant qu'il en était libéré d'une manière ou de l'autre, ou même qu'il était créancier de son

côté, il est naturel de croire qu'il a rendu hommage
à la vérité sur un point tout autant que sur l'autre ;
et de là la règle de l'indivisibilité de l'aveu.

Si du reste l'adversaire peut s'en passer, s'il
a d'autres preuves à faire valoir à l'appui de sa
demande, qu'il les présente, rien de mieux; car
alors il ne se mettra plus en opposition avec
la prescription de la loi, en repoussant la déclaration de son adversaire dans son entier; il ne
divisera plus un aveu indivisible, puisqu'il n'en
acceptera aucune partie; et c'est alors qu'il sera
vrai de dire que l'auteur de l'aveu ne pourra point
s'en prévaloir de son côté, parce qu'il est évident
que nul ne peut se faire un titre à soi-même. Mais
autrement, l'aveu reste et doit rester indivisible.

DIALOGUE 17.

C***. Pour faire courir la prescription dont
parle l'art 642 du Code civil, suffit-il que le propriétaire du fonds inférieur ait fait les ouvrages sur
sa propriété? ou bien faut-il nécessairement qu'il
les ait pratiqués sur le terrain du propriétaire de
la source?

N***. La servitude ne peut naître que de
l'existence des ouvrages de la part du propriétaire
inférieur sur le fonds du propriétaire de la source.

C'est ce que disait aussi une partie du Tribunat, et par les motifs suivans : le propriétaire
du fonds supérieur étant le propriétaire de la
source, il ne peut être dépouillé des droits inhérens à sa propriété que par les moyens conformes
à l'équité et à la raison, c'est-à-dire, par des
moyens d'où l'on puisse induire un consentement
tacite à la perte de cette propriété. Si l'eau passe
du fonds supérieur dans le même état, aussi long-
temps que son intérêt ne lui commande pas d'en
disposer autrement, pourquoi faudra-t-il que, si
pendant trente ans, il ne fait pas ce qu'il serait
peut-être contre son intérêt de faire, c'est-à-dire,
s'il ne change pas le cours de l'eau, il soit réduit à
perdre le droit de le changer dans la suite? En sorte
qu'après les trente ans, quelque précieux que soit
ce changement pour lui quant à l'amélioration
de son fonds, il ne pourra le faire, parce que pendant les trente ans il ne l'a pas fait, ayant les meilleures raisons pour s'en abstenir. On convient par
là que celui qui veut prescrire doit nécessairement
manifester son intention à cet égard. Mais comment
le propriétaire supérieur connaîtra-t-il cette intention, si les ouvrages ne sont faits que sur le fonds
inférieur? N'est-il pas possible que les deux propriétés soient séparées par des édifices ou des murs,
de manière que l'un ne puisse voir ce qui se passe
chez l'autre? Il arrivera donc que le propriétaire
inférieur prescrira sans que le propriétaire supérieur
s'en aperçoive; et quand, par hasard, il s'en aper-
cevrait, comment empêcherait-il le propriétaire in-

férieur de faire chez lui ce qui lui plaît? En un mot, il serait contre tous les principes d'opposer la prescription à celui qui ignore que l'on prescrivait contre lui, et qui, même le sachant, ne pouvait l'empêcher. Ce raisonnement doit, dans l'espèce, avoir d'autant plus de force, qu'il ne s'agit pas seulement de la possession d'un simple filet d'eau, mais que, d'après l'amendement proposé sur l'art. 641, il s'agit de tous les droits que le propriétaire du fonds inférieur peut acquérir relativement à l'usage de la source.

C'est ainsi qu'on motivait l'art. 642, et qu'on interprétait les mots *ouvrages extérieurs* qui figuraient dans la première rédaction communiquée au Tribunat.

C***. Oui; mais un changement de rédaction fut proposé et adopté par la majorité du Tribunat. Et voici les raisons de ce changement et les réponses aux raisons des partisans de l'opinion que vous venez de rappeler : « Ceux qui pensent au contraire que les ouvrages extérieurs dont parle l'art. 642 sont et doivent être des ouvrages faits par le propriétaire inférieur dans son propre fonds, répondent qu'il faut distinguer entre les servitudes qui dérivent de la situation des lieux et celles provenant du fait de l'homme. Ces dernières sont l'objet du chapitre 3; et il est hors de doute que le propriétaire inférieur ne pourrait établir à son profit une servitude sur le fonds supérieur, sans un ouvrage fait et terminé sur le même fonds, et tendant évidemment à l'acquisition de cette servitude. Mais cette espèce est absolument différente de celle dont il s'agit dans l'art. 642. Cet article n'appartient point au chapitre 3 qui a pour titre : *Des servitudes établies par le fait de l'homme;* il appartient au premier, intitulé : *Des servitudes qui dérivent de la situation des lieux.* Dans le cas de l'art. 642, le propriétaire inférieur tient sa jouissance du bienfait de la nature, et non d'une convention expresse et tacite entre lui et le propriétaire supérieur. Si le propriétaire supérieur laisse passer le long intervalle de trente ans sans troubler cette jouissance, il est censé avoir ratifié l'ouvrage de la nature, et la jouissance est irrévocablement acquise à celui qui l'a possédée paisiblement durant tant d'années; les ouvrages extérieurs que ce dernier a faits sur son propre fonds étaient une déclaration formelle qu'il avait dessein de prescrire; et le propriétaire supérieur doit s'imputer de n'avoir manifesté de sa part aucune disposition contraire; il pouvait, pendant les trente ans, arrêter cette prescription, soit en détournant l'eau en faveur d'un autre, soit en l'absorbant tout entière pour l'irrigation de son fonds, soit en déclarant au propriétaire inférieur, par une protestation formelle, qu'il n'entendait point laisser prescrire contre lui le droit de changer le cours de l'eau. Dès qu'il n'a rien fait de tout cela, quoique averti par la loi de ce qu'il aurait dû faire, il n'a point à se plaindre; il résulte de son silence un véritable consentement, non pas à ce qu'on pût acquérir contre lui quelque chose de nouveau, mais à ce que les choses restassent dans l'état où la nature

elle-même les avait placées. Ainsi le propriétaire inférieur n'a rien changé par ses ouvrages;
il a seulement annoncé l'intention de conserver ce qu'il avait. Voilà l'espèce prévue par l'art.
642. S'il eût fait des ouvrages sur le fonds supérieur, il y aurait eu de sa part volonté d'acquérir
un supplement de fonds qu'il n'avait pas encore;
c'est un tout autre cas. On a conclu de là qu'il
suffisait, dans l'espèce, que des ouvrages extérieurs
fussent faits sur le fonds du propriétaire inférieur,
ou partout ailleurs que sur le fonds du propriétaire
de la source.

« *Cette dernière opinion a prévalu*; et vu les
difficultés que le mot *extérieurs* (qui se trouvait
dans la rédaction communiquée de l'art. 642)
pourrait faire naître sur le sens qu'il doit avoir ici,
la section pense qu'il convient d'y substituer le
mot *apparens.* » (Conférence du Code civil,
tome 3, page 229.) D'après une décision aussi formelle de la section de législation du Tribunat, et
l'adoption, par le Conseil d'Etat, du changement
de rédaction qu'elle a proposé, en conséquence, à
l'art. 642 du Code civil, il paraît hors de doute
que la prescription court du moment où le propriétaire inférieur a fait, soit sur son fonds, soit partout
ailleurs, des ouvrages apparens destinés à faciliter
le cours de l'eau dans sa propriété.

Cette décision se trouve encore singulièrement
confirmée par ce passage du discours de M. Regnault de Saint-Jean-d'Angely, qui proposa et fit
adopter l'art. 642 au Conseil d'Etat : « L'usage a

établi, disait-il, que la propriété des eaux s'acquiert par la jouissance, toutes les fois qu'il a été fait *dans le fonds inférieur* des constructions pour en profiter. » Véritablement donc au Conseil d'Etat comme au Tribunat, on entendait et on voulait, en faisant l'art. 642, que des travaux faits sur *le fonds inférieur* fussent suffisans pour faire acquérir la prescription en cette matière.

Mais, du reste, et à part cette double autorité du Conseil d'Etat et du Tribunat, les raisons ou la plupart des raisons présentées à l'appui de cette décision me paraissent, je l'avoue, peu satisfaisantes.

N***. Les raisonnemens du Tribunat me semblent à moi en contradiction avec les principes des art. 640, 641 et 642. Qu'est-ce que le bienfait de la nature pour le fonds inférieur? La loi n'a considéré que l'assujettissement pour le propriétaire de ce fonds; elle l'oblige à recevoir les eaux, et elle ne l'autorise pas à les exiger. Le bienfait est pour le propriétaire de la source, autant qu'il peut en profiter. Que signifie la ratification de l'ouvrage de la nature en faveur du fonds inférieur, quand le propriétaire de ce fonds ne peut tendre à acquérir de droit aux eaux, qu'en faisant usage de l'art pour assurer leur écoulement sur son fonds; quand il n'y a que la ratification de ces œuvres artificielles qui puisse nuire au propriétaire supérieur? Que peut gagner sur les eaux, au préjudice de son voisin, le propriétaire inférieur qui n'a fait que construire sur son propre terrain des bassins et des canaux pour les recevoir au sortir du fonds supérieur? Le propriétaire de la source est-il plus asservi, lorsque les eaux qu'il laisse échapper de son fonds, tombent chez le voisin, dans des réservoirs que la main de l'homme a créés, que lorsqu'elles tombent sur un sol qui est resté dans son état naturel? Les arrangemens que le maître du terrain inférieur fait dans sa propriété, n'importent au propriétaire supérieur qu'autant qu'ils peuvent lui nuire; il ne peut pas les empêcher, s'ils ne changent rien chez lui-même, s'il conserve la même facilité pour retenir et distribuer l'eau à son gré dans sa propriété. Ne pouvant pas les empêcher, il n'a pas de protestation à faire contre leur établissement. D'ailleurs pourrait-il toujours bien les connaître, pour protester contre l'intention de leur auteur, s'il devait lui supposer la vue de lui nuire? (1)

C***. On pourrait ajouter que la rédaction de l'art. 642, si le motif et le but du changement qu'elle a éprouvé n'étaient point aussi bien connus, ne se prêterait guère, d'elle-même, au sens contraire à celui que soutenait la minorité du Tribunat. D'abord, les mots *ouvrages apparens* peuvent s'entendre d'ouvrages pratiqués sur le fonds supérieur tout aussi bien que d'ouvrages pratiqués sur le fonds inférieur; ces mots n'ont rien d'exclusif, rien de concluant. Ensuite, ces autres mots, *destinés à faciliter la chute et le cours de l'eau dans sa propriété*, paraissent au contraire décisifs en

_____

(1) M. Vazeille, Prescription, n° 402.

faveur du propriétaire supérieur; car enfin l'on ne conçoit guère des ouvrages propres à faciliter la *chute* et le cours de l'eau d'une propriété dans l'autre, sans que ces ouvrages soient faits sur les deux propriétés à la fois ou au moins sur la propriété supérieure. C'est ce que semblait reconnaître Dunod lorsqu'il disait (pag. 88), que le propriétaire de la source peut priver de son eau les fonds voisins, *à moins qu'elle n'y ait coulé par un droit de servitude, prouvé par acte, ou parce que les voisins auraient fait un canal dans le fonds d'où sort la source, pour la conduire dans les leurs.* Pour la conduire dans les leurs ! N'est-ce pas là ce que paraît vouloir dire aussi notre article 642? Or si les ouvrages ne se font que sur le fonds inférieur, ils n'y *conduiront* pas l'eau du fonds supérieur; elle y sera toute conduite.

Et puis encore, qui annoncera, dans ce cas, que l'eau coule ainsi dans le fonds inférieur à *titre de servitude ?* Car enfin tout ce qu'un propriétaire fait chez lui, sur son propre fonds, il le fait naturellement à titre de propriétaire, *jure dominii, non jure servitutis.*

Aussi voyons-nous que la Cour suprême a interprété l'art. 642 comme le faisait la minorité du Tribunat : « Attendu, a-t-elle dit dans son arrêt du 25 août 1812, que l'écoulement des eaux d'une source d'un héritage supérieur sur les terres inférieures, ne peut constituer une servitude au profit des propriétaires de ce terrain; que cependant le jugement attaqué a décidé qu'il suffisait de l'existence de cet écoulement, pendant un temps immémorial, pour faire acquérir la prescription des eaux au propriétaire inférieur; qu'à cette erreur il en a ajouté une autre non moins grave, en décidant, contrairement à la disposition de l'art. 642 du Code, qui n'a fait que consacrer les anciens principes en cette matière, qu'il n'y avait pas lieu à examiner si les ouvertures par où s'écoulaient les eaux, avaient été pratiquées par le propriétaire du fonds inférieur, ou par celui de l'héritage supérieur; tandis que ce n'est que de l'existence de ces ouvrages de la part du propriétaire inférieur sur le fonds du propriétaire de la source, que peut naître la servitude sur son héritage, et, par suite, la prescription de l'action possessoire. » (Sirey, tom. 12, 1, 350.)

La Cour de cassation, ici, semble bien juger en effet qu'en principe il faut, pour acquérir la prescription, que les ouvrages soient faits par le propriétaire inférieur *sur le fonds du propriétaire de la source*. Toutefois, on pourrait répondre que la Cour n'avait pas ce point à décider, puisqu'il s'agissait uniquement de savoir s'il était ou non nécessaire que les ouvrages apparens fussent l'œuvre du propriétaire inférieur. Ce qui est avancé à la fin de l'arrêt n'est donc qu'un point *de doctrine ;* ce n'est pas un point *jugé.* Et cette distinction est importante, dit M. Favard de Langlade.

Mais enfin, et quoi qu'il en puisse être, soit de cette distinction, soit des objections que nous ve-

nons de faire aux observations du Tribunat, il est
certain que nous voilà placés entre deux autorités
opposées, celle de la Cour de cassation d'une part,
et de l'autre, celle du Tribunat et du Conseil
d'État. Comment choisir ? Il me semble qu'une fois
amenés à ce point, réduits à choisir non plus entre
les raisons ou les motifs de décision, mais entre
l'autorité de la Cour de cassation et l'autorité du
législateur lui-même, notre choix ne doit pas être
difficile à faire. L'autorité de la Cour suprême
n'est toujours qu'une autorité de doctrine et d'interprétation qui n'a rien d'obligatoire, tandis que
l'autorité du Tribunat et du Conseil d'État réunis,
c'est-à-dire, encore une fois, l'autorité du législateur lui-même a quelque chose de bien supérieur, de bien plus puissant, puisqu'après tout
c'est la loi même; oui la loi; car enfin la loi,
n'est-ce pas la volonté du législateur ? Eh bien !
nous venons de reconnaître, par la discussion de
l'art. 642, que la volonté du législateur, sa véritable intention, a été que des ouvrages pratiqués
sur le fonds inférieur fussent suffisans pour acquérir la prescription dont parle cet article. Nous devons donc nous y soumettre.

N***. Il est vrai que telles sont les intentions
manifestées par les rédacteurs mêmes du Code civil.
Mais, et ce n'est pas le seul exemple, la doctrine
s'assied à côté de la loi, et la jurisprudence réforme
le législateur; c'est maintenant un point hors de
toute controverse qu'il faut que les travaux destinés à procurer l'usage des eaux au propriétaire in-

16

férieur aient été faits par lui sur le fonds où naît la source, afin qu'il puisse s'en prévaloir pour la prescription; et certes cela est plus conforme aux principes du droit que l'opinion énoncée par Regnault de Saint-Jean-d'Angely d'après une appréciation erronée de l'ancienne jurisprudence. Les auteurs les plus accrédités professent cette opinion : MM. Henrion de Pensey, Toullier, Garnier, Proudhon et Troplong. Et la jurisprudence de la Cour de cassation paraît irrévocablement fixée dans le même sens (1).

C***. Fixée par un arrêt ! C'est là ce que vous appelez une jurisprudence irrévocablement fixée ! Un seul arrêt ! Demandons à l'un de vos auteurs les plus accrédités, à M. Toullier, ce qu'il en pense. Voici ce qu'il nous répondra : « On a toujours entendu par le mot *jurisprudence* l'habitude de juger une question de la même manière, une suite de jugemens semblables, qui forment un usage.

« Il est très important, observe le président Bouhier (Observations sur la coutume de Bourgogne, chap. 13, n°ˢ 49 et 50), de faire attention que pour donner aux choses jugées cette autorité qui approche de la législative, il ne suffit pas d'un ou de deux arrêts, rendus souvent sur des circonstances particulières ou dans des causes *mal plaidées et mal défendues...*; c'est le sens de notre proverbe coutumier, *une fois n'est pas coutume.*

(1) M. Daviel, *Cours d'eau*, tom. 2, n°ˢ 775 et 776.

(Loisel, liv. 5, tit. 5, reg. 11.) Aussi *est-il certain* que, pour former *une jurisprudence* sur une matière, il faut une longue suite d'arrêts conformes.

« Telle est la règle que nous devons suivre, et de laquelle il serait dangereux de s'écarter (1). »

Vous voyez par là ce que nous devons penser de votre prétendue *jurisprudence* dans l'espèce qui nous occupe, et où il n'existe qu'un arrêt ; et quel arrêt encore ! qui ne *juge* même pas la question, ainsi que M. Favard le fait observer ! Et quand même, d'ailleurs, au lieu d'un seul arrêt, il y en aurait quinze, vingt, trente, ou plus encore, dans le même sens, comment la jurisprudence qui en résulterait pourrait-elle *s'asseoir à côté de la loi,* ou marcher son égale ?

J'en dis autant de la doctrine : comment l'admettre, aussi, à s'asseoir auprès de la loi ou à marcher son égale ? surtout si, comme dans notre espèce, elle n'est point uniforme et constante ; car enfin des auteurs accrédités aussi, et justement accrédités, soutiennent l'opinion contraire à celle que vous défendez ; ce sont MM. Pardessus, Delvincourt et Favard, et peut-être encore d'autres.

Après tout, et au fond, je ne vois pas que la décision, que vous-même reconnaissez être dans les intentions manifestées par les rédacteurs du Code, dans la *loi* même, ait autant d'inconvéniens qu'on lui en impute. Le propriétaire du fonds

(1) M. Toullier, tom. 7, n° 31.

supérieur pourra parfois ne pas connaître les ouvrages pratiqués sur le fonds inférieur ! C'est donc
qu'alors ces ouvrages ne seront point *apparens,*
ce qui pourrait fort bien arriver en effet quoiqu'ils
fussent *extérieurs,* c'est-à-dire non souterrains ;
par exemple, s'il y avait des murs de clôture ou
autre chose qui en masquât la vue. Eh bien ! alors,
la prescription ne courra point contre ce propriétaire ; telle a été aussi la volonté du législateur
dans la rédaction de l'art. 642, et tel est d'ailleurs
le vœu de la loi en général, puisqu'elle exige, pour
prescrire, une possession *publique,* art. 2229.

Mais ce propriétaire ne peut pas empêcher son
voisin de faire chez lui ce qu'il lui plaît ! Non ;
mais il peut bien, aussitôt qu'il voit les travaux
achevés, et même dans les 30 ans, s'il ne peut ou
s'il ne veut détourner son eau ou la retenir tout
entière, il peut bien au moins déclarer au propriétaire inférieur, par une protestation formelle,
qu'il n'entend point par sa tolérance ou son inac-
tion laisser prescrire contre lui le droit de changer
le cours de l'eau. Et s'il ne prend point cette précaution si simple et si naturelle et qu'il vienne
par suite à perdre son droit, à qui la faute et qu'aura-t-il à se plaindre ? Et n'objectez point qu'il lui
faudra donc renouveler cette protestation tous les
29 ans, et que c'est là lui imposer une charge que
mille circonstances peuvent lui faire oublier ou
négliger de remplir. Point du tout, cette protestation une fois faite et dûment signifiée, son droit
sera suffisamment garanti et conservé quel que

puisse être le temps qui s'écoulera depuis. Par là
en effet il aura constitué son adversaire en état de
possession purement précaire ou de tolérance, et il
est de principe que la possession, quelque temps
qu'elle dure, se continue toujours telle qu'elle a
commencé et avec tout le même caractère, art.
2231. Nul doute, au surplus, qu'une semblable
précaution ne soit suffisante pour rassurer complètement le propriétaire de la source, puisque c'est
le législateur lui-même qui la lui indique comme
telle, dans les observations du Tribunat qui viennent d'être citées.

DIALOGUE 18.

C***. La résolution du contrat de vente pour
défaut de paiement du prix, a-t-elle lieu dans les
ventes de meubles, comme dans les ventes d'immeubles?

N***. Oui sans doute, et toute difficulté s'éva-
nouit devant les termes généraux des art. 1184 et
1654 du Code civil, et devant la comparaison de
l'art. 1654 avec les deux articles suivans, qui,
en proclamant des dispositions spéciales pour les
ventes d'immeubles, laissent à l'article 1654 son
caractère exempt d'exception. Cet article en effet
ne fait aucune distinction, lorsqu'il dit que, si l'a-

cheteur ne paie pas le prix, le vendeur peut demander la résolution de la vente; et ainsi sa
disposition s'applique à toutes sortes de ventes,
aux ventes de meubles, aux ventes de créances, aux
ventes commerciales (1).

C***. Mais, cette disposition ne reçoit-elle pas,
quant aux meubles, une exception ou modification qui en restreindrait beaucoup la portée?
L'art. 2102, §. 4, n'accorde au vendeur le droit de
revendiquer les effets mobiliers vendus et non
payés, qu'autant que la vente a été faite sans
terme, et que la revendication est faite dans la
huitaine de la livraison, etc.; et le Code de commerce (art. 576 et suiv.) limite encore davantage
l'exercice de ce droit en cas de faillite....

N***. Prenez garde de confondre la revendication accordée par l'art. 2102 du Code civil avec
la résolution. Ce serait méconnaître la nature de
deux droits fort dissemblables en eux-mêmes (2).

C***. En quoi dissemblables? J'avoue que je
ne vois guère, au fond, de différence entre le droit
de revendication et le droit de résolution.

N***. Il y a plusieurs différences importantes
entre ces deux droits. Le premier suppose que la
propriété n'a pas été aliénée; le second suppose que
la vente en a opéré la transmission. La revendication suppose la propriété.

(1) M. Troplong, Vente, tom. 2, n° 645.
(2) M. Troplong, loc. cit.

Quand on exerce le droit de revendication, on n'a pas besoin d'obtenir, avant tout, que le contrat soit détruit et les choses replacées dans leur ancien état. L'action en revendication suppose *de plein droit* qu'il n'y a pas de vente valable, et que l'aliénation n'a pas été consommée. Au contraire, celui qui agit en résolution de contrat admet que ce contrat a reçu sa perfection; il doit en poursuivre l'anéantissement pour des causes survenues *ex post facto*, et il est exposé à voir le juge accorder un délai pour le paiement au débiteur (art. 1184). L'action en revendication est réelle, *rei vindicatio est actio in rem* L'action en résolution est personnelle, *in rem scripta*. L'action en revendication est prompte et décisive; celui qui demande la résolution ne peut procéder d'une façon aussi expéditive : avant d'agir par des voies d'exécution, il faut qu'il ait obtenu la résolution en justice. Il suit de là que ce serait une erreur de confondre ces deux actions l'une avec l'autre; que l'action en revendication est beaucoup plus grave que l'action en résolution; que le Code a donc pu mettre ces deux moyens à la disposition du vendeur, sans opérer un double emploi; enfin, que plus la revendication contient en elle de sévérité, plus il était nécessaire de la renfermer dans des limites étroites. Mais il ne s'ensuit pas de là qu'elle remplace ou qu'elle exclue la résolution. Au contraire, dans tous les cas où la revendication ne trouve pas sa place, on peut y suppléer par la voie de la résolution, qui est la règle générale dans tous les contrats bilatéraux.

Ainsi une triple garantie est offerte au vendeur non payé, savoir : le privilége et la revendication dont parle l'art. 2102 ; et l'action en résolution autorisée par les art. 1654 et 1184 du Code civil. (1)

C * * *. Il était bien inutile, alors, de limiter et de restreindre, comme on l'a fait, l'exercice du droit de revendication, pour ensuite accorder au vendeur un droit analogue ou identique ; car enfin, et quoi que vous en puissiez dire, tel est, en résultat, le droit de demander la résolution de la vente.

Le premier suppose, dites-vous, que la propriété n'a pas été aliénée ; le second suppose que la vente en a opéré la transmission : comme s'il n'était pas vrai dans un cas comme dans l'autre que la vente ne transfère véritablement la propriété que sous la condition expresse ou tacite que le prix sera payé, *vendita res et tradita non aliter emptori adquiritur, quàm si is pretium venditori solverit.* Inst. de rer. div. § 41 ; comme si, par suite, le prix n'étant pas payé, le vendeur n'était pas censé, dans un cas comme dans l'autre, être demeuré propriétaire ; comme si enfin, et par suite encore, il n'était pas fondé à revendiquer la chose vendue qui se trouve ainsi être demeurée sa propriété, et pour cela de faire préalablement déclarer la vente nulle ou résolue ; comme si, dès-lors, l'action en résolution n'était pas comme un accessoire ou un préliminaire de l'action en revendication, bien plutôt qu'une action propre et distincte, et d'une nature essentiellement différente !

---

(1) M. Troplong, Hypothèques, tom. 1er, nos 193 et 198.

Mais non, selon vous! celui qui agit en résolution du contrat admet que ce contrat a reçu sa
perfection; il doit en poursuivre l'anéantissement
pour des causes survenues *ex post facto*!

Et pour quelles causes donc, je vous prie, dans
notre espèce, si ce n'est pour le défaut de paiement
du prix? Or, l'action en revendication de la part du
vendeur a-t-elle donc une autre cause? Est-ce
sur une autre circonstance que celui qui l'exerce
peut l'étayer? par une autre qu'il peut la justifier
et la faire triompher? Voilà donc déjà une première
différence prétendue qui n'existe point en réalité.

L'action en revendication est réelle, ajoutez-
vous; tandis que l'action en résolution est personnelle! Entendriez-vous dire par là qu'elle n'est que
personnelle, qu'elle ne s'adresse et ne peut s'a-
dresser qu'à la personne de l'acheteur?

N***. Non, sans doute; elle n'est pas pure
personnelle; elle est du nombre de ces actions
qu'on appelle *personales in rem scriptae*, actions
qui, principalement et par leur nature, sont personnelles, mais qui tiennent à l'action réelle par
quelque demande qui leur est connexe. Elles
naissent d'une obligation personnelle; mais
elles aboutissent aux conclusions d'une demande
réelle; elles cumulent une action personnelle
et une action réelle, et l'action personnelle
y est le prélude de la revendication. *Hanc,*
dit Cujas, *rei vindicatio habet velut prae-
cursoriam et emissoriam actionem.* Par
exemple, lorsqu'on poursuit la résolution contre

l'acquéreur, le demandeur conclut en premier lieu
à la dissolution du contrat ; voilà la partie personnelle de sa demande ; puis il conclut au désiste-
ment de la chose par l'acheteur, par la raison que,
la résolution une fois acquise, il est propriétaire
de la chose, *nec ab eo dominium recessisse in-*
telligitur, dit encore Cujas, et cette partie de sa
demande est réelle. Elle est fondée sur le droit de
propriété ; elle émane de celui qui est propriétaire
contre celui qui détient l'immeuble sans cause. Il
fallait, avant tout, se servir de l'action personnelle
comme un préliminaire pour se faire délier. Mais
ce passage par l'action personnelle, bien qu'indispensable, n'était cependant qu'un moyen préalable
d'arriver à la revendication de la chose, ce qui
constitue la fin du litige. C'est ce cumul d'un caractère personnel et d'un caractère réel que les
interprètes du droit romain ont voulu dépeindre
en qualifiant ces actions, d'après Ulpien, de *perso-*
nales in rem scriptae. (1)

C***. Avouez-le donc, alors, ou plutôt vous
l'avouez donc formellement, que l'action en résolution est la même chose, au fond, que l'action en
revendication ! Car enfin, ne dites-vous pas ici de
la première absolument tout ce que vous disiez
précédemment de la seconde ? *qu'elle aboutit*
aux conclusions d'une demande RÉELLE *ou* EN
REVENDICATION ? *qu'elle cumule une action*
personnelle et une action RÉELLE ? *qu'elle est*
par conséquent elle-même aussi une action

(1) M. Troplong, Vente, tom. 2, n° 624.

RÉELLE quoique étant en même temps une action personnelle? *qu'elle est fondée sur le droit de propriété; qu'elle émane de celui qui est propriétaire contre celui qui détient l'immeuble sans cause?* que LA REVENDICATION EST CE QUI CONSTITUE LA FIN DU LITIGE (de l'action en résolution)? Quelle différence donc pouvez-vous sérieusement voir entre deux actions qui, de votre propre aveu, ont le même caractère, la même cause ou le même fondement, et la même fin, le même but? quelle autre différence, du moins, que celle-là seule que j'avais reconnue et signalée moi-même le premier, savoir, que l'une n'est qu'un accessoire ou un préliminaire de l'autre? ce que vous reconnaissez, du reste, également, en disant, ainsi que vous venez de le faire, que l'action personnelle comprise dans l'action en résolution *n'est que le prélude de l'action en revendication* qui y est également comprise; *qu'on ne se sert de l'action personnelle* (en résolution) *que comme d'un préliminaire pour se faire délier; mais que le passage par l'action personnelle n'est qu'un moyen préalable d'arriver à la revendication, ce qui constitue la fin du litige; hanc rei vindicatio velut præcursoriam et emissoriam habet actionem,* ainsi que le dit Cujas, que vous citez; et M. Tarrible dit toute la même chose lorsque, parlant de la revendication, il dit que « c'est un privilège qui tend à résilier la vente et à réintégrer le vendeur dans la propriété du meuble vendu et non payé. » (Répertoire, v° Privil. de créance, section 3, § 2, n.° 11.) Résiliation ou résolution, et revendication, c'est donc tout un aux yeux aussi de M. Tarrible, sauf que l'une, encore une fois, est naturellement comme le préliminaire ou le prélude de l'autre. Or, une semblable différence n'est point de nature, certes, à justifier la distinction si profonde et si tranchée que vous établissez entre l'action en résolution et celle en revendication.

Tout au plus peut-elle amener ce résultat que l'une, l'action en résolution, doive être considérée comme l'accessoire de l'autre, l'action en revendication. Mais que s'ensuivra-t-il de là? Que la première suivra nécessairement le sort de la seconde, et s'éteindra par conséquent avec elle, suivant le principe : *Accessorium sequitur principale; cùm causa principalis non consistit, nec ea quae sequuntur locum habent,* 1. 178, ff *De reg. jur.* Cela est d'autant plus vrai, d'autant plus sensible, que la résolution n'est, selon vous-même, que le *moyen* d'arriver à la revendication qui est la *fin*, la fin ou le but du litige. Or s'il est vrai de dire que qui veut la *fin* veut le *moyen*, il n'est pas moins vrai de dire, en sens contraire, que qui ne veut pas la *fin* ne veut pas le *moyen*.

Suivant vous au contraire, et dans votre système, c'est le principal qui suivrait l'accessoire, et le *moyen* survivrait à la *fin*, de manière à opérer tout le même résultat que si la *fin* subsistait encore; c'est-à-dire, en d'autres termes, que le vendeur pourrait encore se remettre en possession

tout autant que si le droit de revendiquer ou de se
remettre ainsi en possession, car c'est tout un,
continuait de subsister à son profit; et cependant
nous supposons le contraire, puisque nous raisonnons dans l'hypothèse où le vendeur ne serait pas
ou ne serait plus recevable à exercer la revendication; dans l'hypothèse où, comme vous avez dit,
l'action en revendication ne trouve pas sa place.
Or, comment croire qu'un pareil système, si contraire aux principes, si contradictoire avec les vues
et l'intention de la loi, soit précisément celui de la
loi? S'il en était ainsi, il était donc bien inutile,
je le répète, de limiter et de restreindre ainsi qu'elle
l'a fait dans l'art. 2102 et ailleurs, l'exercice du
droit de revendication; car enfin, à quoi bon déclarer le vendeur déchu, en tel ou tel cas, du droit
de revendiquer, de reprendre la chose vendue, si
l'on entend lui rendre ou lui laisser le même droit
sous un autre nom? Je dis le même droit, ou plutôt c'est vous-même qui le dites, en reconnaissant,
comme vous venez de le faire, que, dans l'action
en résolution, la revendication de la chose est ce
qui constitue véritablement la fin du litige, et en
ne voyant entre l'une et l'autre de ces deux actions d'autre différence que celle qui existe entre
l'accessoire et le principal, entre le moyen et la
fin.

Il est vrai que vous avez signalé cette autre différence que, dans l'une, le juge peut accorder au
débiteur un délai pour le paiement, et non dans
l'autre. Mais veuillez bien y réfléchir un peu, et

je ne doute pas que vous ne rejetiez de vous-même
cette prétendue différence.

N***. Il est vrai....;.dans les ventes de meubles, le vendeur est toujours en danger de perdre
la chose et le prix ; d'où il suit qu'il n'y a pas lieu
d'accorder des délais pour le paiement. Sous un
autre point de vue encore, une prorogation de délai
aurait des inconvéniens graves. On sait avec quelle
promptitude varient les prix des choses mobilières.
Pendant le délai de paiement, l'objet vendu pourrait augmenter de valeur ; mais si à l'expiration,
l'acheteur ne payait pas, et qu'on fût alors à une époque de baisse, le vendeur serait exposé à reprendre
sa chose avec perte, et à se voir privé de ses chances
de profit. (1)

C***. Autre prétendue différence qui n'existe
donc plus, selon vous-même, entre l'action en résolution et l'action en revendication.

Je suis donc bien fondé à soutenir, en dernière
analyse, que la disposition générale de l'art. 1654
est singulièrement limitée ou modifiée, quant aux
meubles, par l'art. 2102, à moins que vous ne
préfériez voir dans la loi des vues contradictoires
ou des dispositions oiseuses et inutiles, telles que le
serait certainement, en admettant votre système,
celle de l'art. 2102 relative à la revendication !

Mais j'irai plus loin, et je vous demanderai :
L'action en résolution de la vente, pour défaut de

---

(1) M. Troplong, Vente, tom. 2, n° 665.

paiement du prix, ne donne-t-elle pas au vendeur un droit de suite sur la chose entre les mains des tiers-détenteurs?

N***. Assurément; car un des caractères de l'action personnelle *in rem scripta,* c'est d'engendrer toujours un droit de suite contre les tiers-détenteurs. La raison en est simple; quand la demande personnelle a fait évanouir le contrat qui s'opposait à la revendication, l'immeuble revient *ipso facto* dans les mains de son ancien maître; et, dès-lors, celui-ci est investi du droit de revendication, ou, autrement dit, de l'action réelle qui compète à tout propriétaire pour retrouver sa chose en quelque main qu'elle soit passée. On en voit tous les jours la preuve dans l'action en réméré (art. 1664), et dans les actions en rescision pour lésion (1).

C***. Bien : mais ce droit de suite contre les tiers-détenteurs, ce droit qui dérive, pour le vendeur, de l'art. 1654, a-t-il lieu aussi en fait de meubles?

N***. Non, sans doute, il pourrait avoir de trop graves inconvéniens, nuire au commerce, et tromper la bonne foi des tiers-acheteurs; et c'est pour cela que le Code exige (art. 2102) que la revendication ne puisse avoir lieu qu'autant que la chose est en la possession de l'acheteur, et qu'elle n'est pas passée en mains tierces (2).

---

(1) M. Troplong, Vente, tom. 2, n° 624.

(2) M. Troplong, Hypothèques, tom. 1, n° 195; Prescription, tom. 2, art. 2279, arg. de tout ce que l'auteur dit sur cet article.

C***. Et votre article 1654? cet article si général! si absolu! qui ne fait aucune distinction ni
exception! dont la disposition s'applique également
à toutes sortes de ventes, aux ventes de meubles,
aux ventes de créances, aux ventes commerciales!
le voilà donc bien, cependant, et selon vous-même,
limité, modifié quant à ces différens objets! Que devient donc alors et que vaut dans la réalité l'argument
que vous tiriez avec tant de confiance de la généralité de ses termes? Reconnaissez donc enfin, pour
ne pas vous mettre en contradiction, je ne dis pas
seulement avec les principes ou avec la loi, mais
avec vous-même, que la disposition de cet article
1654, quelque générale qu'elle paraisse, est nécessairement modifiée et restreinte par les articles
2102, 2279, 1141, etc., du Code civil, 576 et
suiv. du Code de commerce.

Ne l'est-elle pas bien évidemment, par exemple,
dans le cas de ces derniers articles, 576 et suivans
du Code de commerce? Soutiendriez-vous par hasard que le vendeur, en ce cas, peut reprendre
par voie de résolution les objets vendus qu'il ne
peut reprendre par voie de revendication?

N***. Non; le vendeur en matière de commerce peut *seulement* exercer la revendication
dans les cas prévus par l'art. 576; il n'a même
point de privilège sur le prix. Mais c'est ici une exception au droit commun, exception qui a été positivement annoncée par M. Tarrible, orateur du
Tribunat, en ces termes : « S'il en était autrement,
le but qu'on se propose en restreignant la revendica-

tion serait manqué, puisque le vendeur auquel on refuserait la restitution de sa marchandise en obtiendrait l'équivalent dans le recouvrement exclusif du prix. » (1)

C * * * A plus forte raison donc, l'action en résolution doit-elle en effet lui être interdite, puisqu'autrement ce ne serait plus seulement l'équivalent de la restitution de sa marchandise qu'il obtiendrait, mais bien cette restitution elle-même. Eh bien donc, la même chose n'arriverait-elle pas en matière de vente civile, si le vendeur déchu du droit de revendiquer pouvait encore, néanmoins, exercer utilement l'action en résolution, cette action dont vous reconnaissez vous-même que la revendication ou restitution de la chose est la fin propre et principale? Le but qu'on s'est proposé dans l'art. 2102, en restreignant la revendication, ne serait-il pas alors également manqué? La restriction ou prohibition de la loi ne serait-elle pas manifestement éludée?

Il est vrai qu'en ce dernier cas, le vendeur auquel on refuse la restitution de sa chose, peut du moins en obtenir l'équivalent dans le recouvrement exclusif du prix, au moyen du privilège que lui accorde le même art. 2102. Mais toujours est-il que ce n'est point une raison suffisante pour lui restituer sa chose elle-même, puisque enfin et après tout la loi n'a pas mis sur la même ligne, il s'en faut bien, ces deux droits différens, privilége

_____

(1) M. Troplong, Hypothèques, tom. 1, n° 200.

et revendication ou restitution de la chose; puisqu'il
lui a plu de mettre à l'exercice de l'un des restrictions
qu'elle n'a pas cru devoir mettre également à l'exercice de l'autre.

DIALOGUE 19.

N***. Par quel laps de temps se prescrivent
les intérêts d'un prix de vente?

C***. Par cinq ans, je pense ; puisque l'art.
2277 porte que les arrérages de rentes ou pensions,
les loyers ou fermages, les intérêts des sommes
prêtées, *et généralement tout ce qui est paya-*
ble par année ou à des termes périodiques
plus courts, se prescrivent par cinq ans.

N***. Les intérêts du prix de vente ne se trouvent point mentionnés au nombre des objets que
l'article soumet ainsi à la prescription de cinq
ans... (1)

C***. Qu'importe, s'ils sont compris implicitement dans la clause générale qui suit l'énumé-
ration de ces objets?

N***. Mais, précisément, ils n'y sont pas com-

(1) M. Duranton, tom. 16, n° 342.

pris. On n'a eu en vue réellement dans l'art. 2277 que les prestations annuelles ou à des termes périodiques plus courts ; et les intérêts d'un prix de vente, quoique stipulés à tant par an, n'out pas le caractère d'une prestation annuelle. Ils sont un accessoire du prix, et l'accessoire suit en général la nature du principal. (1)

C***. Je ne vois en vérité pas ce qui peut ôter à cette espèce de dette le caractère d'une prestation annuelle, si les intérêts sont stipulés à tant par an, et payables aussi chaque année, ce qu'il faut bien, du reste, supposer, puisque autrement, et s'il y avait terme pour eux de même que pour le prix principal, il n'y aurait plus de question, la prescription ne courant point en général contre une créance à terme (art. 2257) ; ce ne serait du moins qu'après l'échéance du terme que la prescription commencerait à courir. Mais alors même, et en tout cas, comment ne pas voir dans les intérêts d'un prix de vente une véritable prestation annuelle ? Encore une fois, ils sont fixés à tant par an ; ils sont payables annuellement et doivent se multiplier autant de fois qu'il y aura d'années écoulées jusqu'au paiement ; et ils ne formeraient point une prestation annuelle ! En quoi diffèrent-ils donc des intérêts des sommes prêtées, dés arrérages de rentes et de tous les autres objets compris dans l'art. 2277 ?

N***. Ils sont la compensation des fruits qu'a

(1) M. Duranton, n° 343.

l'acheteur, et il n'est pas juste qu'il ait l'un et l'autre. (1)

C * * *. Supposons que le prix de la vente consiste en une rente perpétuelle ou viagère ; les arrérages de cette rente seront bien prescrits par cinq ans à compter de leur échéance. Et cependant les arrérages d'une rente constituée pour prix de vente d'une chose sont bien aussi, ce me semble, tout autant que les intérêts d'une somme principale stipulée pour prix de vente, la compensation des fruits ou de la jouissance de cette chose; et je ne vois pas qu'il soit plus juste dans un cas que dans l'autre que l'acheteur ait l'un et l'autre tout ensemble.

N * * *. Sans doute ici la prescription de cinq ans aurait lieu ; mais c'est précisément parce qu'il s'agirait d'arrérages de rente, objet littéralement compris dans l'art. 2277. Il était à craindre qu'un débiteur d'arrérages de rentes ou d'intérêts de sommes prêtées ne fût écrasé par une demande de ces arrérages ou intérêts accumulés par la négligence du créancier, et qui auraient pu s'élever à la valeur du principal; et la loi, avec raison, s'y est opposée. Ici la prescription est établie au moins autant en punition de la négligence du créancier qu'en faveur du débiteur; elle n'est pas absolument fondée sur la présomption du paiement, comme dans les autres cas de prescription de courte durée.

(1) M. Duranton, *ibid.*

Mais les mêmes motifs n'existaient pas à l'égard
des intérêts d'un prix de vente; car l'acheteur a
eu les fruits qui compensent ces intérêts. (1)

C * * *. Quoi donc! Est-ce que l'acheteur n'a
pas également les fruits dans le cas où le prix de
vente consiste en une rente perpétuelle ou viagère?
Est-ce que ces fruits, en ce cas, ne compensent pas
également les arrérages de la rente? Et de même
en fait de loyers, d'intérêts de sommes prêtées,
etc., est-ce que ces sortes de prestations ne sont
pas aussi compensées par la jouissance qu'a également
le fermier ou l'emprunteur de la chose louée
ou de la somme prêtée, etc. ? Il n'y aurait donc pas
plus de motifs dans un cas que dans l'autre de faire
courir la prescription de cinq ans; ou, pour mieux
dire, il y a donc tout autant de motifs de la faire
courir dans un cas que dans l'autre, puisque la
prétendue différence que vous signalez n'a rien de
réel. Et c'est qu'en effet dans tous ces cas également,
et malgré l'espèce de compensation dont
vous parlez, la crainte de la loi est toujours également
fondée, cette crainte de voir écraser et ruiner
le débiteur par une demande d'arrérages ou
d'intérêts accumulés, et qui pourraient s'élever
à la valeur du principal et peut-être au delà; et
quant aux fruits ou jouissances qu'a pu avoir le débiteur, la loi présume, et avec raison, qu'il n'en
a plus rien, qu'il les a usés et consommés périodi-
quement, c'est-à-dire, au fur et à mesure des per-

(1) M. Duranton, *cod. loc.*

ceptions, etc.; de sorte que ce serait toujours le
ruiner ou l'écraser, comme vous dites, que de le
forcer à payer un grand nombre d'arrérages ou
d'intérêts. Tel est effectivement le motif d'humanité qui a dicté la disposition de l'art. 2277 : « On
a voulu empêcher, disait le Conseiller d'Etat Bigot-
Préameneu, (Exposé des motifs, tom. 7, p. 160),
que les débiteurs ne fussent réduits à la pauvreté
par des arrérages ou intérêts accumulés. »

Et il ajoutait : « La crainte de la ruine des
débiteurs étant admise comme un motif d'abréger
le temps ordinaire de la prescription, on ne doit
excepter aucun des cas auxquels ce motif s'applique. »

Or, il est plus qu'évident que ce motif s'applique
au cas dont nous nous occupons ici, tout autant
qu'aux autres mentionnés dans l'art. 2277, tout
autant, par exemple, et notamment, qu'au cas d'intérêts dûs pour sommes prêtées. Le prix principal
dû par l'acheteur et qu'il conserve jusqu'à l'é-
chéance du terme stipulé, mais à charge d'en
payer l'intérêt annuel, n'est-il pas en effet entre
ses mains absolument comme un prêt de pareille
somme qui lui aurait été fait à la même charge ou
condition? Quelle différence y a-t-il réellement
entre l'un et l'autre? Aucune, évidemment.

Et cet autre motif que vous reconnaissez aussi
avoir dicté l'art. 2277, savoir, qu'on a voulu punir la négligence du créancier qui a laissé accumu-
ler les arrérages ou intérêts! ne trouve-t-il pas également son application au cas qui nous occupe,

non moins qu'aux autres spécialement prévus par l'article? La disposition doit donc s'y appliquer aussi également, *ubi eadem ratio, ibi idem jus esse debet.*

DIALOGUE 20.

C***. Un usufruitier qui a fait de grosses réparations à l'immeuble dont il jouit à ce titre, peut-il exiger du propriétaire le remboursement ou l'indemnité de ce qu'il y a dépensé?

N*** L'affirmative est incontestable, puisqu'il aura satisfait à une charge qui n'était pas sa propre dette, mais qui pesait sur le propriétaire; *eum ad quem ususfructus pertinet, sarta tecta suis sumptibus præstare debere, explorati juris est; proindè si quid ultrà quàm impendi debeat, erogatum potes docere, solemniter reposces.* L. 7, § 3, ff *De usuf.*

Seulement il ne pourra exercer son action en remboursement avant la fin de l'usufruit. Deux raisons s'y opposent : d'abord, parce que le propriétaire ne doit point être forcé de payer le prix de la chose avant l'époque où elle devra lui être remise; en second lieu, parce qu'il y aurait de la contradiction à soutenir que l'usufruitier peut répéter de suite le prix des réparations, tandis qu'il

est avéré qu'il ne peut forcer le propriétaire à les
faire exécuter. (1)

C***. Mais n'y a-t-il donc pas aussi contradiction à soutenir que l'usufruitier peut répéter, même
après la fin de l'usufruit, le prix de réparations
qu'il ne peut forcer le propriétaire à faire exécuter?
L'article 607 du Code civil dit effectivement que
le propriétaire n'est pas tenu de rebâtir ce qui
est tombé de vétusté, ou ce qui a été détruit par
cas fortuit; ce qui veut dire sans doute qu'il n'est
pas tenu de faire les grosses réparations?

N***. Certainement (2).

C***. Et par quels motifs, s'il vous plaît, la
loi l'affranchit-elle de cette obligation?

N***. Par le motif que le propriétaire n'est
point obligé de conserver sa chose; qu'il est libre
au contraire de la laisser tomber en ruine, et que
cette faculté est un des attributs essentiels du droit
de propriété; qu'il ne doit personnellement rien
à l'usufruitier que la délivrance du fonds pour en
jouir dans l'état où il le trouve. Et aussi, les auteurs du Code, en déclarant (dans l'art. 605) que
*les grosses réparations demeurent à la charge
du propriétaire*, n'ont-ils réellement dit ni voulu
dire autre chose, sinon que l'usufruitier n'en est
pas tenu; aussi n'ont-ils pas dit que le propriétaire

(1) M. Proudhon, Usufruit, tom. 4, nos 1685, 1686.
(2) M. Proudhon, no 1679.

lui-même *est tenu aux grosses réparations*, ou obligé de faire les grosses réparations, comme ils ont dit que l'usufruitier *est tenu aux réparations d'entretien.* (1)

C***. Eh bien donc! pourquoi voulez-vous qu'il soit obligé de rembourser à l'usufruitier, n'importe à quelle époque, le prix de ces mêmes réparations? N'est-ce pas l'obliger indirectement à faire ce qu'on ne peut le forcer directement de faire? N'est-ce pas le contraindre à faire des dépenses qu'il ne pourrait ou ne voudrait point supporter? Et est-il juste de le contraindre ainsi à dépenser des sommes considérables, ou à contracter de fortes dettes pour une maison, par exemple, dont il ne retire aucun profit, dont souvent il n'a pas même l'espoir de rien retirer pendant sa vie; pour une maison que peut-être il ne réparerait point, quand même elle ne serait pas grevée d'usufruit; qu'il a quelquefois le projet d'abattre en tout ou au moins en partie, parce que sa grandeur est disproportionnée à la fortune du propriétaire; par exemple, une maison de campagne qu'il ne peut habiter, et qui se trouve située dans un lieu où elle n'a pas de valeur locative? C'est ainsi que nous voyons des propriétaires, même opulens, négliger et souvent laisser tomber en ruine des maisons qu'ils n'occupent point, et dont l'entretien est dispendieux.

N***. Je conviens qu'il pourrait y avoir des

(1) M. Proudhon, n° 1652.

circonstances rares, si l'on veut, mais possibles,
dans le concours desquelles le propriétaire devrait
être autorisé à refuser le remboursement qui lui
serait demandé.

Supposons, par exemple, (outre celui que vous
venez de citer), qu'il s'agisse d'un bâtiment de
ferme mal placé et insuffisant pour le service du
domaine auquel il est attaché; que par rapport à
ces circonstances il soit dans les vues comme dans
l'intérêt bien entendu du propriétaire, de le faire
démolir pour en construire un autre dans un meilleur emplacement et sur des dimensions plus con-
venables; sans doute, dans ce cas-là même, il ne
pourrait empêcher l'usufruitier de réparer l'ancien,
puisqu'il ne peut avoir le droit de mettre obstacle à
la jouissance de celui-ci; mais l'usufruitier réparant
pour l'exercice de sa jouissance et ne réparant que
dans son intérêt personnel, ne ferait la dépense que
pour son propre compte, et l'opposition ou les protes-
tations du propriétaire n'ayant rien d'affecté dans
leurs motifs, devraient avoir pour effet de faire écarter la demande de l'usufruitier en recouvrement de
ses impenses de main d'œuvre, pour avoir réparé
ce qu'il faudra démolir; car l'action en recours
qui, en thèse générale, appartient à l'usufruitier
qui fait une grosse réparation, n'est fondée que sur
ce qu'en cela il a rempli les fonctions de *negotiorum gestor* du propriétaire; mais pour pouvoir
prendre cette qualité, il faut avoir géré utilement,
c'est-à-dire, avoir fait une chose qui devait être
utile au maître du fonds, et telle qu'il aurait dû la

faire lui-même pour soigner convenablement ses
intérêts, ce qui ne serait pas dans le cas supposé.
Mais hors de ce cas, et lorsque les réparations
étaient vraiment nécessaires ou utiles, le remboursement de ce qu'elles ont coûté est dû par le
propriétaire à l'usufruitier. (1)

C*** J'aurais pensé, moi, qu'il n'appartenait
qu'au propriétaire, en tous cas, de délibérer et de
décider de ce qui peut lui être utile ou nécessaire
en fait de grosses réparations, et de se déterminer
à agir en conséquence.

N***. Cela est vrai aussi. Oui, lorsqu'il s'a-
git d'une grosse réparation, qui est une charge de
la propriété; mais qui n'est ni imposée, ni com-
mandée, c'est au propriétaire seul à en faire les
impenses, parce qu'il l'exécute spontanément et
sans contrainte, et que, n'obéissant qu'au sentiment de son intérêt personnel, c'est à lui à voir si
cet intérêt est assez pressant pour le déterminer à
agir. (2)

C*** Eh bien mais, il me semble qu'en le con-
traignant à payer le coût des grosses réparations
qui ne lui sont ni imposées ni commandées (article 607), qu'il n'a ni autorisées ni voulues, et
qu'il a plu à l'usufruitier de faire de son chef et de
sa propre autorité, et plus que probablement aussi
dans son seul et unique intérêt, vous le dépouil-
lez entièrement de ce libre arbitre, de ce pouvoir

(1) M. Proudhon, n° 1685.
(2) M. Proudhon, n° 1862.

suprême que vous lui reconnaissez en principe de
ne faire ou de ne payer, c'est tout un, que celles
qu'il juge lui-même et lui seul à propos de faire,
que celles qu'il se détermine spontanément et sans
contrainte à faire pratiquer, dans la vue de son intérêt personnel, tel qu'il peut l'entendre et l'arbi-
trer lui-même. Nouvelle contradiction, ce me
semble; nouvelle opposition au principe général
et absolu de l'art. 607.

Et n'est-ce pas de plus, aussi, une opposition à
cet autre principe contenu en l'art. 599, que l'usufruitier ne peut, à la cessation de l'usufruit, réclamer aucune indemnité pour les améliorations qu'il
prétendrait avoir faites, encore que la valeur de la
chose en fût augmentée?

N * * *. Le mot *améliorations* doit être pris ici
dans un sens rigoureux et étroit. Il ne doit point
être appliqué généralement à tout ce qui rend
meilleur l'état de la chose; car si on voulait lui
donner toute cette latitude, il faudrait dire qu'une
réparation quelconque, ne fût-elle que locative,
est aussi une amélioration, parce qu'il n'y en a aucune dont l'exécution ne rende le fonds en meilleur état qu'il n'était auparavant. Il ne faut donc
pas donner à cette expression un sens aussi étendu;
autrement il n'y aurait plus de distinction entre les
améliorations et les réparations, et l'on confon-
drait ainsi des choses qui sont tellement distinctes
que la loi a voulu les soumettre à des règles toutes
différentes.

Pour qu'un ouvrage soit au rang des améliorations, il faut qu'il ait été entrepris volontairement et sans être exigé par le besoin de la chose, ni commandé par l'autorité. Il faut qu'il n'ait point été fait pour entretenir ou conserver, ou rétablir le fonds; autrement il serait l'objet d'une impense nécessaire, *impensae necessariae sunt, quae si factae non sint, res aut peritura aut deterior futura sit* (l. 79, ff *De verb. sig.*), et non pas une amélioration qui ne peut être que spontanément faite. Il faut de plus, pour qu'un ouvrage soit une amélioration proprement dite, que, par sa confection ou construction, on ajoute au fonds quelque chose qui n'ait point encore été préexistant; car rétablir ce qui était préexistant sans en changer le genre ou l'espèce, c'est réparer et non améliorer.

Ainsi, par exemple, lorsque l'usufruit existe sur un domaine dont la maison faisait partie, le droit d'usufruit reste même sur le sol et les matériaux de l'édifice qui est détruit (624); et dans ce cas, il est hors de doute que la reconstruction ne doit point être envisagée comme une amélioration à raison de laquelle il ne serait dû aucune indemnité à l'usufruitier qui l'aurait faite; qu'au contraire, on doit considérer cette reconstruction comme une réparation, parce que la maison n'est que la partie d'un tout, c'est-à-dire, du domaine au service ou au complément duquel elle est destinée; qu'en la reconstruisant on rétablit le domaine même en son état de valeur naturelle; qu'enfin la reconstruction est provoquée par une cause nécessaire, soit par rapport à la maison elle-même, soit par rapport au domaine, pour lui rendre un accessoire utile et peut-être même indispensable à son service. *Sed etsi pistrinum vel horreum necessario factum sit, necessariis impensis habendum ait.* (L. 1, § 3, ff. *de impensis in res dot. fact.*) Il faut en conclure que l'usufruitier aurait, pour la répétition de ses impenses appliquées aux objets de grosse réparation, une action en indemnité à exercer contre le propriétaire. Ce n'est point l'art. 599 qu'il faut appliquer en pareil cas, mais bien les art. 1381, 555, et 1375 ; car alors l'usufruitier a rempli les fonctions de *negotiorum gestor* du propriétaire, qui doit lui tenir compte, en conséquence, de toutes les dépenses nécessaires ou utiles qu'il a faites dans la chose.

Disons donc ainsi, en définitive, que le Code, qui refuse à l'usufruitier toute indemnité pour ses améliorations, lui accorde au contraire une action en répétition des avances qu'il aurait faites pour le genre de travaux que je viens de signaler, attendu que les améliorations n'étant provoquées par aucune cause nécessaire, il est présumé avoir agi par esprit de libéralité, dans ce qu'il a spontanément voulu faire; tandis qu'obéissant à l'empire de la nécessité lorsqu'il fait une construction sans laquelle le fonds serait ruiné ou perdu, il ne peut être censé avoir agi *animo donandi*, et que si, sous ce prétexte, on lui refusait toute action en indemnité, ce serait moins une libéralité qu'il aurait faite qu'un don qui lui serait extorqué. Ce serait enrichir le propriétaire à ses dépens. (1)

C***. Malgré tous vos efforts pour justifier la subtile distinction que vous prétendez établir entre les améliorations et les réparations, je ne puis voir de différence réelle entre ces deux choses. Améliorations! Cela veut dire sans doute et tout naturellement, car le mot s'explique ou se définit lui-même, cela veut dire ouvrages ou travaux quelconques dont le résultat a été *d'améliorer* la chose ou le fonds, c'est-à-dire, de lui donner plus de valeur qu'il n'en aurait eu si ces ouvrages ou travaux n'eussent point été faits ; et cette interprétation résulte aussi, d'ailleurs, bien clairement du texte même de l'art. 599 : « L'usufruitier ne peut réclamer aucune indemnité pour les *améliorations* qu'il prétendrait avoir faites, *encore que la valeur de la chose en fût augmentée.* »

Pour savoir donc si cette définition, et par suite aussi cette disposition, s'appliquent aux grosses réparations qu'a faites l'usufruitier, il n'y a évidemment qu'à examiner si *la valeur de la chose en a été augmentée*, ou si, en d'autres termes, ces réparations, ces ouvrages ou travaux faits par l'usufruitier ont eu pour résultat *d'améliorer* le fonds, c'est-à-dire, de lui donner plus de valeur qu'il n'en aurait eu s'ils n'eussent point été faits. Or, poser une telle question, c'est la résoudre.

(1) M. Proudhon, Usufruit, tom. 3, nos 1435, 1436, 1438, 1439, 1449, 1450; tom. 4, no. 1685.

Comment, par exemple, dans l'espèce que vous avez posée d'une maison reconstruite par l'usufruitier sur le fonds dont il jouit, comment, dis je, ne pas voir dans ces travaux de reconstruction une véritable amélioration? Et qui oserait soutenir que ces travaux n'ont pas donné au fonds une valeur qu'il n'aurait point si ces travaux n'eussent point été faits? Mais alors donc, et nécessairement, la disposition de l'art. 599 s'applique à ce cas et à tout autre semblable, non moins qu'à ceux où il s'agirait d'une construction nouvelle ou de la confection de quelque chose qui n'eût point été préexistant, comme vous dites, et qui aurait eu d'ailleurs le même résultat, celui d'améliorer la chose ou d'en augmenter la valeur.

Mais, dites-vous, refuser à l'usufruitier le remboursement de ses dépenses dans le premier cas, ce serait lui extorquer un don; ce serait enrichir le propriétaire à ses dépens! Eh! que ne dites-vous donc la même chose aussi dans le second cas, puisqu'aussi bien, et au fond, c'est absolument la même chose : même position respective des parties, même résultat, même avantage pour le propriétaire, même perte pour l'usufruitier, même injustice par conséquent?... C'est que le législateur s'est formellement expliqué à ce sujet; c'est qu'il a répondu d'avance à cette objection, à ce reproche d'injustice.

« L'équité, a dit l'orateur du Tribunat, M. Gary, lors de la discussion sur l'art. 599, l'équité semble d'abord s'opposer à ce que le propriétaire

profite, aux dépens de l'usufruitier, de l'amélioration évidente de la chose; mais quand on considère
que l'usufruitier en a lui-même recueilli le fruit;
que cette amélioration n'est d'ailleurs, aux yeux
de la loi, que le résultat naturel d'une jouissance
éclairée et d'une administration sage et vigilante;
quand on pense qu'il ne doit pas être au pouvoir
de l'usufruitier de grever d'avance le propriétaire
de répétitions qui pourraient souvent lui être onéreuses; quand on songe enfin aux contestations
infinies, qu'étouffe dans leur naissance cette disposition de la loi, on ne peut lui refuser son assentiment. » (Exposé des motifs, t. 4, p. 101).

« Si l'usufruitier, a dit pareillement le rappor-
teur du Tribunat, M. Perreau, a, comme on ne
peut en douter, le droit de faire sur le fonds en
travaux et en dépenses, tout ce qu'il veut sans le
détériorer, pour étendre ses moyens de jouir, peut-
il à cette occasion réclamer des indemnités? Non;
pas même dans le cas où, par ces travaux et ces
dépenses, il aurait réellement ajouté plus de valeur
au fonds; car les avantages qu'il a retirés de ces
améliorations compensent ce qu'elles lui ont coûté. » (*Ibid.* , pag. 90.)

N***. Tels sont effectivement les motifs qui
ont dicté la disposition de l'art. 599; et l'on conçoit sans peine que l'usufruitier, sachant que l'héritage ne lui appartenait pas, et que les améliorations qu'il a *spontanément* faites devaient suivre
la condition du fonds dont elles ne sont que les
accessoires, était dans une position telle que les au-

teurs du Code, établissant ici un point de droit
nouveau, ont pu le soumettre à la présomption légale suivant laquelle il est réputé n'avoir
agi que dans un esprit de libéralité et d'abandon
pour tout ce dont la valeur de l'amélioration ex-
céderait la compensation qu'il pouvait en espérer
dans sa jouissance. Il n'y a donc point d'injustice
dans la disposition de l'art. 599. Mais à l'égard
des dépenses ou des travaux que l'usufruitier n'a
faits que pour empêcher la ruine ou la perte du fonds,
qu'en obéissant à l'empire de la nécessité. . . . (1)

C***. Quelle nécessité donc? il n'est point tenu,
la loi le déclare positivement, des grosses réparations; il n'est point tenu de rebâtir ce qui est tombé de vétusté, ou ce qui a été détruit par cas fortuit (art. 605, 607). Quelle nécessité donc, encore
une fois, de faire les travaux et les dépenses auxquels il s'est livré? C'était nécessaire pour le besoin de la jouissance, pour le service ou l'exploitation de l'héritage, ou même peut-être pour sa
conservation! C'était commandé ainsi par les règles d'une administration éclairée, sage et vigilante! Mais quoi donc! Avez-vous sitôt oublié
que c'est précisément là, d'après ce qui résulte de
l'exposé des motifs que je viens de rappeler, la
raison ou l'une des raisons qui ont dicté la disposition de l'art. 599? « Quand on considère, a dit
M. Gary, puisqu'il faut le répéter, que l'usufruitier a lui-même recueilli le fruit de l'amélioration;

_____

(1) M. Proudhon, tom. 3, nos 1425, 1428, 1436.

que cette amélioration *n'est d'ailleurs*, aux yeux
de la loi *que le résultat naturel d'une jouis-*
sance éclairée et d'une administration sage
et vigilante, etc. ; on ne peut refuser à cette disposition de la loi son assentiment. »

Votre objection se retourne donc ainsi contre
votre propre système.

Et pour peu, du reste, que vous veuillez vous
rappeler les autres motifs de la loi, tels que nous
venons de les voir exposés et déterminés, vous
sentirez qu'ils reçoivent tous également, comme
le texte lui-même de la loi, une application directe
et irrécusable au cas dont nous parlons, non moins
qu'à celui auquel vous prétendez, par une distinction subtile et arbitraire que repoussent également
le texte et l'esprit de l'art. 599, restreindre la disposition de cet article. Et puisque c'est ici, de votre
propre aveu, un point de droit nouveau qu'on a
voulu établir, la loi romaine que vous avez citée
en commençant, de même que toute autre autorité
semblable, n'a évidemment plus rien de concluant.

Que si d'ailleurs, et après tout, il pouvait rester encore quelque doute à l'égard de cette disposition de l'article 599, ne serait-il pas complètement levé par celle de l'art. 607, de laquelle il résulte, selon vous-même, que le propriétaire n'est
obligé ou tenu en aucune façon de faire les grosses
réparations? Quoi! vous le reconnaissez libre et
affranchi de toute obligation à ce sujet, et vous
voulez néanmoins qu'il paie, bon gré mal gré, les
dépenses qu'il aura plu à l'usufruitier de faire

quant à ce même objet! Cela n'est pas possible ;
et à coup sûr, vous ne sauvez point l'inconséquence
d'une telle doctrine, en disant qu'il ne paiera du
moins qu'après la fin de l'usufruit ; car enfin qu'il
paie plus tôt ou qu'il paie plus tard, il faut toujours qu'il paie ; et cependant il ne doit rien suivant la loi (art. 607), il n'est pas tenu ni obligé,
selon vous-même !! Et ici se représente, pour donner à l'art. 607 une force toute nouvelle, cette
considération présentée par M. Gary à l'appui de
l'art. 599, « qu'il ne doit pas être au pouvoir de
l'usufruitier de grever d'avance le propriétaire de
répétitions qui pourraient souvent lui être onéreuses, » sans compter cette autre encore, qu'on
a voulu par cette même disposition (l'art. 599),
étouffer des contestations infinies, comme a
dit le même orateur. Or, que de contestations nouvelles ne ferait pas naître le système que vous soutenez, quand ce ne serait que sur le point de savoir
s'il y a *améliorations* ou simples *réparations!*

DIALOGUE 21.

C***. L'héritier présomptif fait-il, dans tous
les cas, acte d'héritier, lorsqu'il acquitte, de ses propres deniers, les dettes ou les charges de la succession, en totalité ou en partie?

N***. Dans tous les cas où l'héritier présomptif n'agit pas *aut pro pietatis aut pro custodiae causâ*, ou bien *pro suo*, c'est-à-dire, avec une autre qualité que celle d'héritier, s'il acquitte, quoique avec ses propres deniers, des dettes ou des legs, ou d'autres charges de la succession, il fait acte d'héritier.

Il est évident, dit Pothier, qu'un tel fait suppose en lui la volonté d'être héritier : car ne pouvant être tenu des dettes ou des charges qu'en qualité d'héritier, il manifeste clairement, en les acquittant, qu'il veut être héritier.

On pouvait induire des termes de la loi 2 au Code, *de jur. delib.*, et de la loi 8, au Code, *de inoff. test.*, que l'héritier présomptif ne faisait acte d'héritier en payant une dette, que lorsqu'il en payait la portion juste dont il devait être tenu à raison de la part héréditaire qu'il devait avoir dans les biens par l'événement du partage à faire entre lui et ses co-héritiers ; on supposait que dans ce cas il avait l'intention de se libérer personnellement, comme héritier.

Mais, qu'il payât plus ou moins que sa portion juste, n'avait-il pas l'intention de libérer la succession ? et cette intention ne supposait-elle pas sa volonté d'être héritier, s'il n'était pas tenu de la dette dans une autre qualité que celle d'héritier ?

Aussi l'on voit dans les anciens auteurs, et notamment dans Domat, liv. 13, titr. 3, section 1.re, que la distinction n'était pas suivie.

La coutume du Bourbonnais, art. 325, disait d'une manière générale : « Quand aucun, habile à

succéder, paie créanciers, légats, ou fait autre
acte d'héritier, il est réputé héritier et ne peut plus
répudier. »

C'était là le droit commun dans les pays coutu-
miers; on y admettait, et l'on ne doit admettre
encore sous le Code civil d'autres exceptions que
celles dont j'ai parlé en commençant, et qui se
réduisent aux cas où l'héritier présomptif a payé,
aut pro pietatis aut pro custodiae causâ, ou
qu'il a payé *pro suo*, c'est-à-dire, lorsqu'il avait,
pour payer, une autre qualité que celle d'héritier. (1)

C***. Il est possible en effet, il est même
croyable, si vous voulez, qu'en payant une dette
de la succession, l'héritier présomptif a agi en sa
qualité d'héritier. Mais enfin, n'est-il donc pas
possible aussi qu'il ait agi, non point précisément
avec l'intention formelle et arrêtée de se porter
héritier, mais seulement dans un pur sentiment
de bienveillance ou d'honneur pour le défunt ou
pour la famille, pour prévenir ou arrêter des poursuites et des frais, ou par forme de simple intervention et de gestion d'affaires, *animo negotii ge-
rendi*, comme aussi et en même temps, dans un
but de surveillance et de conservation, d'administration, et pour son propre intérêt, au moins
éventuel, et pour le cas où plus tard il se détermi-
nerait à accepter la succession? Et s'il est possible
que telle ait été effectivement son intention, ce

---

(1) M. Chabot, Successions, tom. 2, art. 778, n° 19 8°.

qu'il a fait ne suppose donc pas nécessairement son intention d'accepter. Or, la loi ne voit d'acceptation tacite que dans les actes qui supposent *nécessairement* cette intention (art. 778, Code civil), et l'on pourrait même dire que cela ne suffit point encore, et qu'il faudrait de plus et en même temps que l'héritier n'ait eu le droit de faire ce qu'il a fait *qu'en sa qualité d'héritier* (même article).

N***. Cela est vrai aussi. Il faut remarquer, en effet, avec grand soin, que l'art. 778 ne dit pas qu'il y a acceptation tacite, quand l'héritier fait un acte qui suppose nécessairement son intention d'accepter, ou qu'il n'aurait droit de faire qu'en sa qualité d'héritier. Il dit formellement que l'acceptation est tacite, quand l'héritier fait un acte qui suppose nécessairement son intention d'accepter, ET qu'il n'aurait droit de faire qu'en sa qualité d'héritier.

La conjonction ET, qui se trouve dans les deux membres de la phrase, démontre que l'article exige, pour l'acceptation tacite, la réunion des deux conditions; 1.º que l'héritier présomptif ait fait un acte qui suppose nécessairement son intention d'accepter; 2.º qu'il n'ait eu droit de faire cet acte qu'en sa qualité d'héritier.

Ainsi, d'après les termes de l'art. 778, il n'y a pas d'acceptation tacite si l'héritier présomptif a fait un acte qui suppose nécessairement son intention d'accepter, mais qu'il avait le droit de faire dans une autre qualité que celle d'héritier. Il n'y a

pas d'acceptation tacite, s'il a fait un acte qu'il n'a-
vait le droit de faire qu'en sa qualité d'héritier,
mais qui ne suppose pas nécessairement son intention d'accepter.

Le Code civil ne s'est pas contenté, comme l'a-
vait fait le droit romain, de la simple intention
d'accepter ; il ne s'est pas non plus contenté,
comme l'avaient fait nos coutumes, de la simple
immixtion dans les biens de la succession. Il a
voulu que pour l'acceptation il y eût de la part de
l'héritier présomptif un acte qui, tout-à-la-fois,
prouvât l'intention d'accepter, et contînt immixtion dans les biens.

Enfin, il est certain qu'il ne suffit plus, pour
qu'il y ait acceptation tacite, que l'héritier ait fait
un acte qui suppose sa volonté d'accepter, mais
qu'il faut encore qu'il n'ait eu le droit de faire cet
acte qu'en qualité d'héritier.

Or, précisément, ce n'est bien qu'en sa qualité
d'héritier qu'il peut payer des dettes de la succession. (1)

C***. C'est ce que je nie. Qu'il ne puisse vendre
les biens de la succession, les échanger, les hypothéquer, les donner, etc., qu'en sa qualité d'héritier ; et qu'en conséquence, s'il fait quelque acte
de cette nature, il y ait alors de sa part acceptation tacite mais nécessaire de l'hérédité ; à la bonne
heure ; je le conçois parfaitement. Mais payer !
payer de ses propres deniers ! ce n'est plus du tout

(1) M. Chabot, *ibid.* et n° 6.

la même chose ; il n'est plus besoin qu'on soit héritier pour avoir le droit de faire cette espèce d'acte;
et j'en trouve la preuve dans l'art. 1236 , qui
porte : « Une obligation peut être acquittée par
toute personne qui y est intéressée , telle qu'un co-
obligé ou une caution. L'obligation peut même
être acquittée par un tiers qui n'y est point intéressé, pourvu que ce tiers agisse au nom et en l'acquit
du débiteur, ou que , s'il agit en son nom propre,
il ne soit pas subrogé au droit du créancier. »

Il est donc certain , d'après cet article , que l'héritier présomptif avait droit et qualité suffisante
pour payer les dettes de la succession , encore bien
qu'il ne fût pas héritier. Ce n'est donc véritablement point là un acte qu'il n'eût le droit de faire
qu'en sa qualité d'héritier, ainsi que le dit l'art.
778. Et dès-lors, comment serait-il possible d'y
voir une acceptation tacite de la succession , surtout encore , puisque l'acte par lui-même ne suppose pas *nécessairement* l'intention d'accepter ,
puisqu'on peut tout aussi bien l'attribuer à une intention différente ? Comment, en un mot, voir
dans un tel acte ou une telle conduite, cette réunion que vous-même proclamez indispensable,
des deux conditions voulues par l'art. 778 : acte
qui suppose *nécessairement* l'intention d'accepter , ET qu'on n'ait le droit de faire *qu'en qualité
d'héritier?* « Souvent , disait M. Jollivet au Conseil d'Etat, un parent paie les dettes du défunt
seulement par honneur et sans néanmoins vouloir
se porter héritier ; et d'après ce motif d'honneur,

il n'exige pas de cession et se contente d'une simple quittance. Cet exemple prouve qu'il ne faut pas regarder comme adition d'hérédité tous les actes indifféremment. »

Quant aux objections que vous puisez dans l'ancien droit et dans l'ancienne doctrine, vous-même venez de m'y fournir une réponse, en disant que le Code civil ne s'est contenté, pour l'acceptation, ni de la simple intention d'accepter, comme avait fait le droit romain, ni de la simple immixtion dans les biens de la succession, comme avaient fait nos coutumes. Laissons donc de côté ces autorités devenues étrangères et surannées, et nous attachons uniquement au texte et à l'esprit de la loi nouvelle.

DIALOGUE 22.

C***. Un possesseur expulsé par un tiers qui est resté en possession plus d'un an, s'est, après ce temps, pourvu au pétitoire, et a obtenu par sentence définitive sa réintégration. La possession du tiers ainsi évincé profitera-t-elle, pour la prescription, à celui qui l'aura évincé ?

N***. Pour discuter cette question avec tout le soin qu'elle mérite, nous devons remonter d'abord à la loi 13, § 9, *D. de acq. poss.*

A la vérité on n'est pas tout-à-fait d'accord sur le texte de cette loi... (1).

C ***. Ni sur le sens qu'il faut y attacher. Que voulez-vous donc que nous allions chercher la solution d'une difficulté dans une autre difficulté, d'une question dans une autre question ? Et ne ferions-nous pas mieux de dire avec M. Toullier : « Je crois inutile de les suivre (les commentateurs) dans leurs profondes recherches. Le Droit romain n'étant plus pour nous une loi vivante, j'évite, quand je le peux, de m'occuper des doctes discussions de nos grands jurisconsultes, pour concilier deux textes opposés ou qui paraissent tels. Les lois romaines n'ont plus en France d'autre autorité que celle de la raison. Pourquoi donc tant d'efforts et tant d'érudition perdus, pour essayer de concilier deux textes contraires, *difficiles nugæ?* Suivons l'idée qui s'accorde le mieux avec la raison et avec nos lois françaises. » (M. Toullier, tom. 9, à la fin ; addition aux tom. 4 et 7, pag. 562 et 585, 4me édit.)

Vous-même, au surplus, sur une question analogue à celle qui nous occupe ici, disiez naguère la même chose, en ces termes : « Cette question avait partagé les jurisconsultes romains ; mais leurs opinions sont obscures, et l'on n'est pas d'accord sur la manière dont leurs dissentimens doivent être interprétés. Aujourd'hui que nous consultons la raison bien plus que l'autorité d'anciens systêmes,

___

(1) M. Troplong, Prescription, tom. 1, n° 449.

on résout cette controverse par des aperçus aussi simples que satisfaisans. » (1).

N***. Je reconnais qu'il devient de jour en jour plus difficile de fonder une cassation sur la violation des lois romaines : le sens de ces lois s'oublie et se perd ; tous, tant que nous sommes, nous éprouvons de graves obstacles pour en acquérir la véritable intelligence. Les conflits entre les interprètes ébranlent la confiance du magistrat, ils lui enlèvent cette vive foi qu'il faut ressentir pour annuler une décision souveraine ; on s'effraie d'une dissidence d'opinions ; souvent aussi l'imagination la grossit et l'exagère (2).

Quoi qu'il en soit, et s'il nous faut, ici, nous en tenir à la raison, au bon sens et à l'équité, nous ne tarderons pas à reconnaître que la question doit être résolue en faveur du possesseur réintégré (3).

C***. C'est bien le moins aussi que nous consultions la loi nouvelle sur une si grave question. Or, je l'avoue, je ne vois rien dans le Code civil qui favorise votre opinion ; et au contraire, les art. 2235 et 2243 me paraissent amener et nécessiter une décision tout opposée. L'un de ces articles, en effet, dispose que : « pour compléter la prescription, on peut joindre à sa possession celle de son auteur, de quelque manière qu'on

(1) M. Troplong, Prescription, tom. 1, n° 243.
(2) M. Troplong, ibid. n° 465.
(3) M. Troplong, ibid. n°° 465, 455.

lui ait succédé, soit à titre universel ou particulier, soit à titre lucratif ou onéreux. » Et l'autre porte, que : « Il y a interruption naturelle lorsque le possesseur, est privé, pendant plus d'un an, de la jouissance de la chose, soit par l'ancien propriétaire, soit même par un tiers. »

Eh bien ! précisément, dans notre hypothèse, je vois d'une part un possesseur privé pendant plus d'un an de la jouissance, par un tiers, et je ne vois, d'autre part, dans les deux parties que nous supposons en présence, ni ayant-cause ni *auteur*, dont l'un puisse joindre à sa possession celle de l'autre ; car enfin, un *auteur* est-il, peut-il être autre chose que celui de qui le successeur ou *ayant cause* tient ses droits, *causam habet*, à titre de succession, ou de legs, ou de vente, ou de donation, ou d'échange, ou autre semblable ? N'est-ce pas ainsi qu'on l'a toujours entendu ?

N***. Vous allez voir que la réponse à vos deux articles est aussi simple que décisive.

Et d'abord, il faut bien remarquer que le mot *auteur* ne doit pas être pris, dans l'art. 2235, dans le sens restreint qu'il a ordinairement ; que quiconque transfère la chose à autrui, et lui remet la possession en vertu d'un rapport juridique, est son auteur ; que c'est ainsi que le légataire peut se prévaloir de la possession de l'héritier ; qu'il en est de même dans le cas de retrait conventionnel, de pacte commissoire, de rédhibition, de rescision, de résolution, et autres où les choses sont rétablies dans leur ancien état, et où, d'après l'accep-

tion exacte du mot *auteur*, on ne trouve pas les
relations d'un auteur et d'un successeur. Or, la
relation juridique entre le propriétaire et celui
qu'il évince avec restitution de fruits est palpable :
son droit s'augmente de celui du possesseur, puisque celui-ci est obligé de lui remettre les fruits.
On sait que le mot *auteur, auctor*, vient du
latin *augere*, qui signifie augmenter, s'ajouter ;
de telle sorte que dans la signification grammaticale de cette expression, l'auteur est celui dont
le droit accroît à quelqu'un qui vient après lui
en vertu d'une cause juridique ; et cette signification est précisément celle qui est la seule
exacte quand il s'agit de l'accession de possession.
Il est si vrai que l'usurpateur qui est dépouillé de
la chose d'une manière intégrale, *cum omni suâ
causâ*, transmet au propriétaire sa possession, que
ce dernier pourrait s'en servir pour repousser par
le moyen des actions possessoires les tiers qui viendraient le troubler, ou qui déjà auraient commis,
lors de l'éviction, des troubles sur la chose. Arg.
l. 40, § 2, *D. pet. hæred.* Il peut donc s'en servir
pour la prescription ; car qu'est-ce que la prescription, sinon la possession continuée pendant trente
ans ? Je sais bien qu'un grand nombre d'auteurs
avec lesquels je fais cause commune ont dit que,
dans notre espèce, l'usurpateur n'est pas auteur ;
mais ils le disent aussi dans les cas de legs, de résolution, de rescision et autres semblables, où
cependant personne n'est tenté, à ma connaissance, de nier la jonction des possessions ; c'est

que, lorsqu'ils parlent ainsi, ils prennent le mot *auteur* dans son sens restreint, et non dans l'acception très large qu'il doit conserver ici pour que l'art. 2235 ne conduise pas à l'absurde (1).

C***. Je conçois parfaitement que la possession de l'héritier profite au légataire, « car, ainsi que le dit Domat, la possession de l'héritier *qui représente le testateur* est considérée comme si c'était le testateur même qui eût possédé », et assurément le testateur est *l'auteur* du légataire, et sa possession profite à ce dernier.

Je conçois de même que la possession de l'acheteur, en cas de rescision ou de résolution, profite également au vendeur, parce que la résolution ou rédhibition, ainsi qu'il résulte des lois romaines, (ll. 19, ff., *de usuc.*, 6, § 1, ff. *de div. tempor. præscript.*, 13, § 2, ff. *de acq. poss.*), équipolle pour le vendeur à une *rétrocession* que l'acquéreur lui ferait de la chose vendue, *hunc enim perindè haberi ac si retrorsùs mihi venisset*, et que par conséquent l'acquéreur est considéré comme *l'auteur* du vendeur ; ou bien encore, parce que la vente faite sous la condition tacite ou expresse de résolution, paraît contenir cette convention implicite que l'acquéreur, s'il vient à être évincé par voie de résolution, sera censé avoir jusque-là possédé pour le vendeur et en son nom, au moyen de quoi sa possession devra réellement profiter au vendeur, tout comme lui profiterait la

(1) M. Troplong, n° 452.

possession d'un fermier, d'un usufruitier, etc.
(art. 2228, 2236).

Mais, je l'avoue, je ne vois rien de semblable
dans notre espèce. Tout ce que j'y vois, c'est un
individu qui, matériellement et de fait, succède
à un autre dans la possession d'une chose, qui en
jouit après lui, mais non point par lui et à cause
de lui, je veux dire, non point comme tenant ses
droits de lui, non point en vertu de quelque
transmission ou convention ou relation quelconque
que l'on puisse assimiler à ce qui a lieu dans les
cas précédens; je ne vois plus ici, en un mot, ce
rapport d'un *auteur* avec son ayant-cause, qu'exige
l'art. 2235 pour la jonction des possessions. Je ne
vois que deux adversaires; et certes, un adversaire
n'est pas un auteur.

N***. Ce sont là de ces mots éblouissans qui
ont l'air d'être victorieux, et qui au fond ne prouvent rien. Je dis, parce que c'est une vérité incontestable dans la matière qui nous occupe, qu'un
adversaire est souvent un auteur, et j'en ai donné
des exemples que vous-même ne pouvez qu'accepter sans hésitation (1).

C***. Oui, parce que j'y vois ce rapport d'auteur et d'ayant-cause, que je ne retrouve plus ici.
Mais, dites-vous, il y a, entre les deux possesseurs
dont nous parlons, un rapport juridique; c'est en
vertu d'une cause juridique que le droit de l'un

(1) M. Troplong, n° 462.

accroît à l'autre, augmente celui de l'autre ; d'où
vous concluez que le premier est l'auteur du
second, puisque le mot *auteur, auctor,* vient du
latin *augere,* qui signifie augmenter, s'ajouter.

Mais quel est donc ce prétendu *droit* de l'usurpateur évincé, qui viendrait s'ajouter ainsi à celui
de son adversaire, en vertu de la sentence judiciaire qui l'évince ? Comme s'il n'était pas jugé
précisément et par là même qu'il n'avait aucun
droit ! comme si ce n'était pas précisément parce
qu'il n'a réellement aucun droit qu'il est condamné
à déguerpir ! et comme si, d'un autre côté, bien
loin de faire passer ses prétendus droits à son
adversaire, de manière à le faire considérer comme
étant *l'auteur* de celui-ci, et celui-ci comme
étant son *ayant-cause, habens causam ab eo,*
la même sentence ne reconnaissait pas et ne sanc-
tionnait pas, au contraire, les droits propres et
personnels de ce dernier !

Tout ce que l'usurpateur évincé avait pour lui,
c'était un *fait,* et non pas un *droit ;* c'était ce
fait d'une possession annale qui a mis son adversaire dans la nécessité de le poursuivre au pétitoire.
Mais enfin, là, au pétitoire, il ne s'agissait plus de
fait, mais de *droit,* du droit de *propriété.* Ce
droit de propriété a été, par la sentence, reconnu
appartenir et adjugé définitivement au demandeur,
et le défendeur a été condamné, en conséquence,
à lui abandonner ou restituer l'objet du litige.
Mais aussi, voilà tout ce qui a été véritablement
jugé ; voilà le seul rapport juridique qui se trouve

établi par là entre eux deux ; et le moyen, je le
demande, de voir là un rapport d'ayant-cause et
d'auteur, un rapport de personnes dont le *droit*
de l'une *accroît* ou *s'ajoute* au droit de l'autre,
ou est *transféré* à l'autre ? le moyen d'y voir,
par conséquent, l'accomplissement de la condition
voulue par l'art. 2235 pour qu'il puisse y avoir
accession ou jonction de possession ?

Bien loin donc de voir dans la possession
qu'a eue l'usurpateur une possession qui puisse
profiter au possesseur expulsé, et puis réintégré
par voie pétitoire ; une possession qui puisse être
considérée comme une continuation de celle qu'a-
vait ce dernier ; nous ne devons y voir, au contraire,
qu'une interruption réelle et caractérisée de cette
même possession ; l'art. 2243 est là, qui le veut
ainsi.

N***. Cet art. 2243, qui est le grand cheval
de bataille de l'opinion opposée à la mienne, je
vais prouver qu'on ne saurait s'en prévaloir, du
moins en tous cas (1).

En triomphant sur une demande en désiste-
ment, le propriétaire n'obtient pas toujours la
restitution des fruits (art. 550) ; il est possible
qu'il recouvre la propriété et que les fruits consommés restent au possesseur évincé. C'est alors
que je conçois l'application de l'art. 2243 : il y a
eu interruption plus qu'annale ; le possesseur a
joui des fruits ; il les a faits siens par sa bonne foi ;

(1) M. Troplong, n° 452, à la fin du n°.

il n'est pas tenu de les rendre. Il est évident que
le jugement rendu sur la question de propriété
au profit du propriétaire consacre la légitimité de
la possession intermédiaire qui est venue scinder
en deux la possession du propriétaire. Parler, dans
ce cas, d'accession de possession, ce serait proposer
une fiction, et l'art. 2243 doit conserver son autorité. Mais, lorsque le jugement ordonne la restitution des fruits, on tomberait dans une fiction
bien plus déraisonnable en considérant comme
possesseur intermédiaire celui qui est obligé de se
dépouiller de l'émolument de sa détention, à peu
près comme un fermier vide ses mains auprès de
son propriétaire. Je conçois difficilement qu'on
puisse repousser un système qui ramène les choses
à leur vérité inaltérable, et qu'on s'imagine trouver la vérité dans un simulacre d'interruption
qui n'a eu qu'une existence éphémère, et que la
chose jugée a effacé pour toujours.

Quand le jugement ordonne, en effet, que le
spoliateur de mauvaise foi se désistera et qu'il
rendra le produit avec la chose (art. 549 du Code
civil), on peut avancer hardiment que le passé
est effacé, et que le propriétaire n'a pas un moment
cessé de posséder de droit. La possession ne se manifeste jamais d'une manière plus authentique que
lorsqu'elle se réalise par la perception des fruits.
Percevoir les produits de la chose, c'est faire l'acte
possessoire le plus éclatant et le plus certain, et
quiconque les touche sans interruption a une possession non interrompue. Or, puisque le proprié-

taire doit toucher les fruits échus, et que le possesseur de mauvaise foi est condamné à les verser
entre ses mains, conçoit-on une interruption réelle
de la possession? La chose jugée n'opère-t-elle pas
une restitution en entier? Ne renoue-t-elle pas la
chaîne des temps? Peut-on sérieusement proposer
d'appliquer l'art. 2243 ? Car qu'est-ce que prescrire,
sinon jouir pendant trente ans, exclusivement à
tous autres, des produits de la chose?

Ainsi donc mon opinion se trouve pleinement
justifiée par la puissance de la chose jugée qui rétablit le propriétaire dans tous ses droits, qui ordonne que le temps de sa dépossession ne sera
compté pour rien, et veut que, pendant cette pé-
riode plus ou moins longue, le fait se réunisse au
droit, et que la possession retourne là où était le
domaine reconnu par le jugement. On aura beau
subtiliser, argumenter; il restera toujours le jugement qui aura arraché à l'usurpateur le bénéfice
de la possession, et qui, par son énergie rétroac-
tive, opère une complète restitution du propriétaire. Il n'en faut pas davantage pour que le système
que je défends subsiste à l'abri de la raison, du
bon sens et de l'équité. (1)

C***. Il faut donc alors effacer du Code l'art.
2243, comme contraire à la raison, au bon sens et
à l'équité; il faut du moins rectifier et modifier
par une restriction très étroite ce que sa disposition présente de trop général et de trop absolu.

_____

(1) M. Troplong, nᵒˢ 454, 453, 455.

Peut-on rien voir en effet de plus général et de plus absolu que ces termes de l'article : « Il y a interruption naturelle lorsque le possesseur est privé pendant plus d'un an de la jouissance de la chose, soit par l'ancien propriétaire, soit même par un tiers ? » Voit-on rien là qui appelle, qui autorise une distinction entre le tiers possesseur condamné à rendre les fruits avec la chose, et celui qui ne doit rendre que la chose elle-même sans les fruits ?

Voit-on rien dans les motifs de ce même article qui justifie la moindre distinction de ce genre? « Il y a interruption naturelle, disait au Conseil d'Etat M. Bigot-Préameneu, lorsque *le fait même* de la possession est interrompu pendant un an... La règle de la possession annale a toujours été suivie en France à l'égard des immeubles ; elle est la plus propre à maintenir l'ordre public. C'est pendant la révolution d'une année que les produits d'un fonds ont été recueillis ; c'est pendant une pareille révolution qu'une possession publique et continue a pris un caractère qui empêche de la confondre avec une simple occupation. Ainsi nul ne peut être dépouillé du titre de possesseur que par la possession d'une autre personne pendant un an ; et, par la même raison, la possession qui n'a point été d'un an n'a point l'effet d'interrompre la prescription. » (Exposé des motifs, t. 7, p. 143.)

« L'art. 2243, disait l'orateur du Tribunat, M. Goupil-Préfeln, porte que lorsque le possesseur est privé pendant plus d'un an de la jouissance de la chose, il y a interruption naturelle du cours de la prescription. Il faut en conclure que celui qui a joui pendant plus d'un an sans trouble est *possesseur*, et remplace *en cette qualité* celui qui l'était avant lui; car l'ancien possesseur ne peut avoir perdu les droits inhérens à cette qualité que parce qu'un autre possesseur *a pris sa place* pendant plus d'un an, temps fixé par la loi pour qu'il le soit devenu. Cette disposition recevra un plus grand développement au titre des *complaintes et réintégrandes, dans le Code judiciaire.»* (*Ibid.*, pag. 167.)

Voilà bien une distinction faite et motivée entre la dépossession annale et celle qui n'a pas duré un an. Mais entre le tiers possesseur condamné à rendre les fruits et celui qui est autorisé à les conserver? aucune; aucune, je le répète, pas plus dans les motifs que dans le texte même de la loi. Et nous nous permettrions d'en faire une, alors que le législateur posait en tête de son corps de lois (titre préliminaire du projet de Code civil) que « les exceptions qui ne sont pas écrites dans la loi ne doivent pas être suppléées! »

Et que signifie de dire, à l'appui de cette distinction, que, par l'effet du jugement qui ordonne la restitution des fruits ou du produit avec la chose même, *le passé est effacé*, et que le propriétaire réintégré *n'a pas un moment cessé de posséder de* DROIT? Qu'il ait ou non cessé de posséder *de droit*, peu importe ici, ce n'est point la question. Mais a-t-il, oui ou non, cessé de posséder *de fait*, et pendant un an? *Le fait même* de la possession, comme dit l'Exposé des motifs, a-t-il été interrompu à son préjudice pendant un an? A-t-il été *privé de la jouissance*, comme dit le Code (2243), pendant un an, par un tiers *qui a pris sa place*, dit encore l'Exposé des motifs? Voilà toute la question; question toute *de fait*, encore une fois, comme le sont toutes celles qui concernent la possession, soit qu'il s'agisse de prescription, soit qu'il s'agisse d'interruption, soit qu'il s'agisse d'actions possessoires.

La possession en effet est-elle donc autre chose qu'un *fait?* la possession que la loi définit « la détention ou la jouissance d'une chose ou d'un droit que nous tenons et que nous exerçons par nous-mêmes, ou par un autre qui la tient ou qui l'exerce en notre nom. » (Art. 2228.)

Eh bien donc, je vous le demande, le possesseur expulsé pendant plus d'un an, avait-il pendant ce temps la détention ou la jouissance de la chose, soit par lui-même, soit par un autre qui la tînt ou qui en jouît *pour lui et en son nom?* A moins que vous ne prétendiez que le spoliateur jouissait effectivement pour lui et en son nom! le spoliateur! le *praedo!* qui ne s'était emparé de la chose que pour l'avoir à lui, que pour se l'approprier, qui la possédait certainement *pro suo* et *cum animo domini, cum animo sibi habendi*, comme usant d'un droit qui lui était propre!! N'est-il donc pas, ce spoliateur, dans la même position absolument que l'héritier apparent qui se serait emparé de la succession non point en qualité d'héri-

tier, mais bien à un autre titre et comme usant
aussi d'un droit qui lui était propre? Eh bien! que
décidez-vous en pareil cas et quant à la question
de savoir si la possession du véritable héritier est
interrompue par là? Le voici : « Pour que la possession du défunt continuée de plein droit dans sa
succession et prise par l'héritier apparent fût interrompue, il faudrait que celui-ci l'eût appréhen-
dée, non pas comme héritier, mais comme usant
d'un droit qui lui était propre; sans cela, n'est-il
pas manifeste que loin de vouloir interrompre et
briser la possession du défunt, son intention a été
de la continuer et de la conduire à fin? Un continuateur est-il un interrupteur? » (1)

Eh bien donc, je le répète, l'usurpateur, dans
notre espèce, n'a-t-il pas joui aussi *comme usant
d'un droit qui lui était propre?* A-t-il joui pour
le possesseur dont il a pris la place, et en son nom?
*Loin de vouloir interrompre et briser la pos-
session de ce dernier, son intention n'a-t-elle
été que de la continuer et de la conduire à
fin?* Et direz-vous de lui comme de l'héritier en
question, *qu'il est un continuateur et non point
un interrupteur?* Il est évident que c'est tout le
contraire qu'il faut dire et affirmer.

Percevoir les produits de la chose, c'est faire,
dites-vous, l'acte possessoire le plus éclatant et le
plus certain; et quiconque les touche sans interruption, a une possession non interrompue. Eh!

(1) M. Troplong, n° 467.

qui donc les a touchés ou perçus en réalité ? qui donc
a fait cet acte possessoire pendant l'année d'usurpation, si ce n'est l'usurpateur lui-même et lui
seul ? La possession de son adversaire a donc été
dès-lors, et par cela même, interrompue pendant ce
laps de temps.

N***. N'importe, puisque celui-ci doit toucher tous les fruits échus, et que le possesseur de
mauvaise foi est condamné à les verser entre ses
mains.

Si le détenteur dépouillé par un ordre de justice
a possédé provisoirement, la possession définitive
lui échappe. La chose jugée a décidé que la fiction
qui l'avait fait considérer comme propriétaire était
une illusion ; elle a résolu la possession qu'il avait
usurpée, et elle en a effacé les effets ; elle a rapporté tout l'émolument de cette possession sur celui
qui l'a fait déclarer spoliateur. Or, je le demande,
peut-on concevoir un possesseur sans perception
des fruits, et n'est-ce pas la plus inconcevable de
toutes les fictions que de dire que celui-là a possédé, qui doit rendre les fruits à un autre ? (1)

C***. La preuve qu'il a possédé, c'est précisément qu'il doit rendre les fruits à un autre ; comment les rendrait-il s'il ne les avait perçus ? et s'il
les a perçus, il a donc possédé ; car enfin, qu'est-ce
que posséder, si ce n'est détenir la chose et percevoir les fruits ?

(1) M. Troplong, n° 461.

Mais il doit les rendre, et le possesseur réintégré
a, dans le jugement, un titre pour en exiger la
restitution ! Eh quoi ! vous voyez là, dans cette condamnation, dans cette restitution de fruits, vous
y voyez, pour le possesseur réintégré ou de sa
part, un acte possessoire, une possession véritable,
éclatante et certaine ! C'est un acte possessoire que
cette restitution de fruits ou jouissances, qui se pas-
sera uniquement entre le possesseur évincé et le
possesseur réintégré ! qui se réduira le plus souvent
et en dernière analyse, au paiement d'une somme
d'argent (Code de procédure, art. 129) ! Recevoir
une somme d'argent de cette manière et à ce titre,
ce serait faire l'acte possessoire le plus éclatant et
le plus certain ! Beau moyen, vraiment, d'avertir
te de toucher le propriétaire contre qui l'on prescrit ! Car enfin, n'est-ce pas précisément pour que
ce dernier soit instruit et averti de ce qui se passe,
qu'on exige, pour la prescription, une possession
publique et patente ?...

N * * *. Oui, sans doute. La publicité de la possession est essentiellement requise pour éclairer le
tiers contre qui court la prescription ; c'est là une
condition destinée à réagir contre lui, à le mettre
en éveil, à solliciter son attention. Si elle est supprimée, ou, ce qui est la même chose, si on la réduit à un simulacre puéril, le but de la loi n'est
pas rempli, et la prescription n'est plus qu'un piège
tendu à la propriété. « Par règle générale, la possession, ni la prescription, dit Coquille, ne sont
considérables quand les actes ne sont ordinaires,

continus et BIEN APPARENS, *et si la science de celui qui y a intérêt n'y est.* » Quand la possession flotte entre des intermittences de publicité et de clandestinité, son incertitude la rend équivoque, et par conséquent vicieuse. (1)

C ***. Eh bien ! voyez donc, de bonne foi, si la possession du possesseur réintégré, que vous faites résulter de la condamnation prononcée contre son adversaire à lui rendre les fruits avec la chose, si cette possession, dis-je, ou prétendue possession réunit, dans le fait, tous les caractères *d'apparence* et de *publicité* que vous reconnaissez vous-même indispensables pour qu'il puisse y avoir prescription ? Et si elle n'a véritablement point ces caractères, comme on n'en peut douter, ce me semble; si c'est au contraire la possession du tiers évincé qui les a seule en effet, puisque ce dernier seul a réellement, et par le fait, détenu ostensiblement la chose et perçu ostensiblement les fruits; la première possession ou prétendue possession n'a donc réellement point existé tant qu'a duré la seconde, la seule qui ait vraiment eu lieu; la première a donc été, tout ce temps, remplacée par la seconde; elle a donc été interrompue naturellement, aux termes de l'art. 2243. Et quel est l'effet de cette interruption? Celui de toute espèce d'interruption, celui de rendre inutile pour la prescription tout le temps antérieur à l'époque de la réintégration.

(1) M. Troplong, nᵒ 357.

N * * * Voudriez-vous qu'une interruption de possession fût un fait ineffaçable ? Eh bien! interrogeons la loi, et voyons si elle autorise à tirer cette conclusion.

Une citation en justice interrompt tout aussi bien qu'une possession d'an et de jour qui s'interpose pour couper celle du débiteur en chemin de prescrire ; or, l'art. 2247 déclare l'interruption comme non avenue, si la demande est rejetée, ou si le demandeur se désiste de son ajournement. Ainsi donc il est prouvé par cette disposition qu'un fait d'interruption n'est pas à l'abri de l'effet rétroactif. (1)

C * * *. Un fait d'interruption *civile*, sans doute!

N * * * Il est vrai que le Code ne dit rien de semblable quand l'interruption, au lieu d'être civile, est naturelle ; mais il ne dit non plus rien de contraire. L'analogie nous autorise donc à assimiler les deux cas. Pourquoi ce qui a lieu dans le cas d'interruption civile serait-il repoussé dans le cas d'interruption naturelle? La raison de décider n'est-elle pas la même? La citation en justice, rejetée par un jugement définitif, s'efface dans le passé, parce que la cause en est déclarée injuste, attentatoire à la propriété. La détention plus qu'annale du débiteur est aussi reconnue injuste et équivalente à un trouble vexatoire apporté au droit de propriétaire, puisqu'on le force à res-

(1) M. Troplong. n° 463

tituer les fruits. Cette possession intermédiaire doit
donc disparaître comme un fait sans conséquence,
puisque, dépouillée de la perception des fruits,
elle est réduite à n'avoir été qu'une détention nue
et sans émolument. L'argument de l'art. 2247 reste
donc victorieux dans le système que je défends,
et il faut cesser de donner à une interruption naturelle un privilège inoui dans le droit, privilège
que la loi refuse expressément à l'interruption civile, et que la raison désavoue dans tous les cas
analogues. (1)

C***. Il y aurait vraiment analogie entre le
cas de l'interruption naturelle et celui de l'interruption civile, que ce ne serait point encore une
raison suffisante pour appliquer à l'un de ces cas
les dispositions de loi qui sont faites pour l'autre,
et vice versâ; parce qu'enfin il est de principe
que chaque disposition de loi soit appliquée limi-
tativement à l'ordre de choses pour lequel elle est
faite, et non à d'autres, et parce qu'il est de principe aussi que les exceptions et distinctions qui ne
sont point dans la loi ne doivent pas être suppléées,
même sous prétexte d'analogie ou d'identité de
raison. Or, je l'ai déjà fait observer, rien de plus
général et de plus absolu que la disposition de
l'art. 2243.

Mais au surplus, rien de moins fondé, selon
moi, que la prétendue analogie ou identité de
raison, qu'il vous plaît de voir ici.

(1) M. Troplong, n° 463.

La demande ou citation judiciaire interrompt la prescription à compter de sa date, mais conditionnellement, c'est-à-dire, si elle est suivie d'un jugement favorable ou conforme. C'est qu'alors le jugement lui-même est censé avoir été rendu le jour même de la demande; c'est que tout jugement a un effet rétroactif au jour de la demande; ou, en d'autres termes, que ses effets remontent au jour de la demande (art. 1445, etc.). A compter donc de ce jour, le possesseur est réputé évincé et son adversaire réintégré.

Mais si la demande n'est point suivie de jugement, parce que le demandeur s'en sera désisté, ou bien s'il intervient un jugement contraire et qui la rejette, il est bien évidemment impossible qu'il y ait en ce cas interruption, puisqu'en effet le possesseur reste en possession comme si de rien n'était, comme s'il n'y eût point eu de demande formée contre lui.

C'est tout ce que veut dire l'art. 2247; et c'est ce qu'exprimait très bien l'orateur du Gouvernement, en disant : « Au surplus, la citation n'interrompt pas la prescription d'une manière absolue, mais *conditionnellement, au cas où la demande est adjugée;* ainsi l'interruption est regardée comme non avenue si le demandeur se désiste de son action, s'il laisse périmer l'instance, si la demande est rejetée. » (Exposé des motifs, tom. 7, pag. 145.)

Mais a-t-on jamais et nulle part rien dit de semblable au sujet de l'interruption naturelle?

Cette espèce d'interruption n'opère-t-elle aussi que *conditionnellement*, que sous la condition que le tiers qui aura pris la place du possesseur pendant un an, sera jugé n'avoir rien fait d'injuste, rien d'attentatoire à la propriété ? Lisez, encore une fois, lisez l'art. 2243, et dites-moi si vous y voyez rien de semblable ! Lisez l'exposé des motifs, sur cet article, et dites-moi si vous n'y voyez pas, comme dans le texte même de la loi, cette seule et unique condition, que le possesseur ait été *privé de la jouissance* réelle pendant un an, que le *fait même* de sa possession ait été interrompu par un tiers *qui a pris sa place* pendant un an, et qui en conséquence est devenu lui-même *possesseur* en titre ! Lisez tout le titre *de la prescription* du Code civil, et d'autres encore, et dites-moi si vous y trouvez un seul article qui soit et qui fasse, relativement à l'interruption naturelle, ce qu'est et ce que fait l'art. 2247 relativement à l'interruption civile !

Et dans le fait, qu'il y ait jugement ou qu'il n'y en ait point, que le tiers possesseur qui a pris la place du premier, soit jugé avoir agi ou non injustement, qu'il soit condamné ou non à rendre les fruits ou jouissances, qu'importe ? En est-il moins vrai toujours, qu'il a possédé *de fait* pendant un an ? que son adversaire n'a pas possédé *de fait* pendant le même laps de temps ? Encore une fois, c'est là un *fait*, un pur *fait*, qui, une fois accompli, n'est subordonné à aucune condition, à aucune restriction possible ; un *fait*, qu'aucun jugement, qu'aucune puissance ne peut anéantir, ne peut empêcher d'avoir existé, ne peut *effacer,* quoique vous disiez avec tant de confiance qu'ici, et par le jugement, *le passé est effacé.* Ne sentez-vous pas bien l'énorme différence qu'il y a entre un pareil fait, et une citation ou une demande nécessairement subordonnée à l'existence d'un jugement ultérieur et conforme, comme à une condition sans laquelle elle n'est rien elle-même et ne peut rien ?

L'argument par analogie que vous tirez de l'art. 2247 n'a donc véritablement rien de fondé, rien de concluant. Et sous ce nouveau point de vue comme sous le précédent, la disposition de l'art. 2243 me paraît aussi générale et aussi absolue que l'annoncent ses termes mêmes.

S'il me fallait un nouvel argument à l'appui de l'opinion que je viens de soutenir, je le trouverais dans la doctrine de Pothier, qu'ici sans doute comme partout ailleurs, ou presque partout où ils n'ont pas dit formellement le contraire, les rédacteurs du Code ont probablement entendu suivre et adopter.

« Observez, dit ce jurisconsulte, qu'il faut que trois choses concourent à l'égard de la possession de l'auteur, pour que le successeur à titre singulier la puisse joindre à la sienne. 1°..... 2° Il faut que cette possession de l'auteur soit contiguë à celle du successeur à titre singulier : s'il y a eu interruption, le successeur ne pourra la joindre à la sienne ; car il faut pour la prescription une possession *sans interruption.*

« Supposons par exemple, que Pierre, possesseur de bonne foi d'un petit morceau de terre,
dont il n'était pas propriétaire, me l'a vendu.
Avant que la tradition m'en ait été faite, un usurpateur s'en est emparé, et en a acquis la possession
par an et jour. Pierre m'ayant subrogé à ses droits,
j'ai donné la demande en revendication contre
l'usurpateur, lequel, sur cette demande, m'a dé-
laissé le morceau de terre. Il faut, pour que je
l'acquière par prescription contre celui qui en est
le véritable propriétaire, que je le possède *moi-
même* pendant tout le temps requis pour la prescription : car je ne puis joindre à ma possession,
ni celle de l'usurpateur, *cet usurpateur n'étant
pas mon auteur*, et d'ailleurs sa possession étant
une possession injuste; ni celle de Pierre mon
auteur, parce qu'elle n'est pas contiguë à la
mienne. » (Pothier, Prescription, n° 120).

N***. Si je voulais prêter à ce passage le sens
que vous lui attribuez, je pourrais me donner l'a-
vantage d'ébranler la confiance due à Pothier,
en le mettant en contradiction avec lui-même :
il me suffirait de renvoyer à la doctrine qu'il enseigne dans ses *Pandectes*, dans le cas analogue,
où la restitution de la chose s'opère par l'effet d'un
jugement; mais j'ai trop d'estime pour Pothier,
pour supposer facilement qu'un esprit aussi judicieux ait émis sur le même sujet des avis tout-à-fait
opposés.

Il faut remarquer que dans l'exemple qu'il pose,
Pothier ne parle que d'un simple délaissement par

l'usurpateur; et ce cas est-il le même que celui
que nous examinons? Non! sans doute. Un délaissement pur et simple laisse subsister l'interruption; il n'efface pas le passé; il ne crée pas de
rapport juridique entre l'usurpateur qui se retire
et le propriétaire qui prend sa place. C'est à peu
près comme dans un salon où l'on ne se connaît
pas : l'un entre et l'autre sort par la même porte.
Mais il en est autrement s'il y a convention pour
en opérer une restitution complète, pour reporter
sur la tête du propriétaire tout l'émolument que la
chose a produit pour le possesseur intermédiaire ;
car je ne cesserai jamais de répéter que celui à qui
on rend les fruits est le vrai possesseur, et que
l'interruption se trouve effacée.

Ceci admis, voici comment j'aperçois le fil non
interrompu de la possession.

Pierre possédait; par le contrat de vente qu'il m'a
passé, j'ai succédé de plein droit à sa possession,
quoique je n'aie pas encore pris tradition ; car, si
la possession ne s'acquiert pas sans un acte cor-
porel, elle se continue *animo*, et il ne s'agit ici
que d'une continuation de possession : me voilà
donc possesseur de droit et héritier (si je puis parler ainsi) de la possession de Pierre. Mais il arrive
qu'un tiers vient s'entremettre comme un obstacle,
et me prive pendant l'an et jour de la jouissance
de la chose : sans doute, si je ne fais que reprendre
cette chose purement et simplement, ma possession
aura été interrompue ; mais si l'usurpateur consent
à me rétablir en entier, à me rendre les fruits,

signe non équivoque de la jouissance de la chose,
faudra-t il ne tenir aucun compte de cet événement? Ne sera-t-il pas vrai de dire qu'il n'y a eu
qu'un simulacre d'interruption, et qu'en réalité,
tout l'émolument de la chose a été pour moi sans
discontinuité? J'avoue que cette conclusion est
pour moi d'une vérité évidente, et je ne conçois
ni n'admets aucune des objections qu'on peut lui
faire (1).

C ***. Je ne lui en ferai point de nouvelles ;
je ne pourrais que répéter celles que j'ai déjà faites,
puisque vous-même ne faites ici que répéter le
même raisonnement, que représenter cette distinction entre la simple restitution de la chose, et
la restitution des fruits avec la chose même.

Je n'ajouterai qu'une observation, c'est qu'il
doit paraître bien étrange, bien inconcevable que
ni Pothier, ni les rédacteurs du Code, ni aucun
des membres du Conseil d'État ou du Tribunat qui
ont pris part à sa discussion, personne enfin n'ait
remarqué ou signalé cette distinction si importante,
si décisive selon vous ; et que tous, au contraire,
aient écrit ou parlé en termes qui, par leur généralité, excluent ou repoussent toute distinction !
J'avoue que je ne puis m'expliquer une telle conduite ou un tel langage que par l'opinion fixe et
arrêtée, chez tous ceux dont je parle, qu'effectivement aucune distinction ne doit avoir lieu en cette
matière, et que *le fait seul* d'avoir été privé

(1) M Troplong, n° 466.

pendant un an de la jouissance réelle, matérielle, de la chose, dont un tiers se sera emparé et aura joui lui-même et lui seul pendant ce même laps de temps, suffit pour interrompre la possession de celui qui prescrivait.

Et ne pensez pas que Pothier se soit démenti ou rétracté dans cette opinion ; au contraire, ce qu'il avait dit dans son Traité de la prescription, au passage que je viens de citer, il l'a répété ensuite dans son introduction au titre 14 de la coutume d'Orléans, en l'appliquant au cas même où l'acquéreur aurait déjà pris possession personnellement : « La possession de mon auteur, dit-il n° 29, que je puis unir à la mienne, est celle dont il m'a cédé les droits, et qu'il avait lorsqu'il m'a vendu et livré l'héritage.

« Si, depuis qu'il m'a livré, pendant mon absence, il se fût remis en possession, et qu'à mon retour je lui eusse fait délaisser l'héritage, je ne pourrais commencer le temps de la prescription *que du jour que j'y suis rentré*, sans pouvoir joindre le temps pendant lequel mon vendeur s'était de nouveau mis en possession de cet héritage : l. 14, ff. *de usucap.* ; car ce n'est pas cette possession dont il m'a cédé les droits. Je ne pourrais pas non plus compter mon ancienne possession, ni celle *de mon auteur* que j'aurais pu y joindre; car *elles ont été interrompues.* »

~~~~~~

DIALOGUE 23.

C ＊＊＊. Si, en partageant un fonds commun, qui d'ailleurs a issue sur un chemin public, les copartageans, par négligence ou à dessein, s'arrangeaient de manière à ne laisser aucun passage pour l'exploitation de la part de l'un d'entre eux, celui-ci pourrait-il exiger d'un voisin, étranger au partage, le passage qui lui serait nécessaire ?

N ＊＊＊. Oui; il pourrait, pour l'obtenir, s'adresser à celui des voisins qui serait le plus à portée de le fournir; car telle est la règle : le passage, en cas d'enclave, doit régulièrement être pris du côté où le trajet est le plus court du fonds enclavé à la voie publique (art. 682).

C ＊＊＊. N'est-il pas cependant bien plus naturel et plus juste qu'il s'adresse à ses co-partageans, le trajet dût-il être plus long par leurs fonds que par ceux des voisins? Ces derniers n'étaient point, avant le partage, assujettis à la servitude qu'on veut leur imposer; et parce que l'individu qui en a besoin se l'est lui-même, par son fait ou par sa faute, rendue nécessaire, ils y deviendraient soumis par cela seul !

N ＊＊＊. Il semblerait juste, en effet, que celui

qui se trouve ainsi avoir besoin du passage s'a-
dressât de préférence, soit à ses co-partageans, si
le terrain enclavé lui provenait d'un partage, soit
à son vendeur, soit à son donateur, soit aux héritiers de celui qui le lui aurait donné ou légué ; car
il n'est pas douteux, suivant les principes consacrés par l'art. 1018 du Code, que la transmission
à l'un de ces titres n'entraîne l'obligation d'assurer
un passage pour y parvenir.

Mais le défaut de vigilance dans la rédaction
des actes, ou le laps de temps, peut l'avoir rendu
non-recevable contre ses garans ; son imprudence
serait punie trop sévèrement, si elle avait pour
résultat de frapper sa propriété d'une éternelle
inutilité ; l'intérêt public en souffrirait. A quelque
titre donc qu'un héritage soit parvenu à celui qui
a besoin d'un passage pour l'exploiter, il peut
s'adresser à celui de ses voisins qui, comme je viens
de le dire, est le plus à portée de le fournir (1).

C *** Il ne faut pas sans doute, en refusant
un passage nécessaire, frapper une propriété d'une
éternelle inutilité. Non ; ce n'est point là non plus
ce que je veux : Un passage est dû et doit être
donné, à toute force, à celui qui en a besoin.
Mais enfin, si c'est par sa faute, par sa négligence
personnelle qu'il s'en trouve privé, comment voulez-vous en punir et en faire souffrir des voisins
entièrement étrangers à cette faute, plutôt que
celui-là même qui l'a commise, et ceux qui en

(1) M. Pardessus, Servitudes, n° 219.

sont complices, à qui elle est commune avec lui?
Ni lui donc, ni ces derniers ne peuvent exiger
que le passage soit accordé sur le fonds d'un voisin,
sous prétexte que le trajet serait plus court, par là,
du fonds enclavé à la voie publique.

D'ailleurs, je le répète, comment ce fonds du
voisin, qui ne devait point de passage avant le
partage, ou la vente, etc., comment, dis-je, pourrait-il en devoir un, par cela seul que les parties
qui le réclament ou qui le prétendent dû l'auraient
rendu nécessaire par leur fait propre et volontaire,
par la manière dont ils auraient opéré le partage
ou la vente, etc.? Le voisin ne devait point ce
passage au défunt ou au vendeur, etc.; comment
donc le devrait-il davantage à ses héritiers ou
ayans-cause, qui n'ont pas plus de droits que lui?
Qui alterius jure utitur eodem jure uti debet.

Naturellement donc, et en tout cas, le passage
est dû et doit être pris sur les fonds des co-partageans, ou des vendeurs, etc. Si l'acte de vente ou
de partage, ou autre semblable, n'en dit rien,
on doit supposer à cet effet une convention tacite,
qui aurait autant de force qu'une convention expresse; et cette supposition ou présomption est
suffisamment autorisée, ce me semble, par les
art. 1134, 1135, 1156, 1160, 1018, 1615, etc.

Aussi, M. Toullier enseigne-t-il que « si le
fonds n'était devenu enclavé que par vente, échange
ou partage, ce seraient les vendeurs ou les co-partageans qui seraient tenus de fournir le passage,
quoique le trajet fût plus long; ils devraient même
le fournir sans indemnité. » (Tom. 3, n° 550.)

DIALOGUE 24.

C***. L'art. 2111 du Code civil porte que :
« Les créanciers et légataires qui demandent la
séparation du patrimoine du défunt, conformément à l'art. 878 au titre *des successions,* conservent, à l'égard des créanciers des héritiers ou
représentans du défunt, leur privilège sur les immeubles de la succession, par les inscriptions faites
sur chacun de ces biens dans les six mois à compter
de l'ouverture de la succession. Avant l'expiration
de ce délai, aucune hypothèque ne peut être établie avec effet sur ces biens, par les héritiers ou
représentans, au préjudice de ces créanciers ou
légataires. »

Suit-il donc de cet article qu'après les six mois
écoulés sans qu'aucune inscription ait été prise par
les créanciers ou légataires, ceux-ci ne puissent
plus, en aucune manière, demander la séparation
des patrimoines, ni réclamer de préférence sur
aucun des créanciers personnels de l'héritier ?

N***. Evidemment. Ce que cet article appelle
*le privilège des créanciers ou légataires sur
les immeubles de la succession,* n'est, et ne
peut être autre chose que le droit de se faire payer
sur les immeubles de la succession, *par préfé-*

rence aux créanciers personnels de l'héritier. Or, si ce privilège et ses effets ne peuvent se conserver que par les inscriptions faites sur chaque immeuble dans les six mois, à compter de l'ouverture de la succession, il s'ensuit qu'à défaut d'inscription dans le délai prescrit, le privilège est perdu ; il s'ensuit que les créanciers de la succession ne peuvent plus invoquer la préférence sur les créanciers personnels de l'héritier, et que ceux-ci peuvent concourir avec les premiers à la distribution du prix des immeubles de la succession, selon l'ordre général des hypothèques ; il s'ensuit enfin qu'après ce délai, les créanciers de la succession ne peuvent plus demander utilement la séparation du patrimoine, ou en obtenir les effets qu'ils en attendaient, quoique les immeubles soient encore dans la main de l'héritier (1).

C***. L'art. 880 dit pourtant que l'action en séparation des patrimoines peut être exercée, à l'égard des immeubles, *tant qu'ils existent dans la main de l'héritier.*

N***. Aussi pouvons-nous assurer que s'il n'y a pas une antinomie proprement dite entre les art. 878 et 880, et l'art. 2111, du moins celui-ci modifie ceux-là ; et qu'il est plus prudent d'éluder la difficulté que d'en courir les chances, en prenant inscription sur les immeubles de la succession, dans les six mois à compter de son ouverture, à

_____

(1) M. Tarrible, Répertoire, v° privilège de créance, sect. 4, § 6, n° 2.

l'effet de conserver intact le bénéfice ou le *privilège*
de la séparation des patrimoines (1).

C***. Mais enfin, et au moins, les créanciers
et légataires, s'ils n'ont point, faute d'inscription
dans les six mois, conservé leur privilège, s'ils
l'ont perdu, doivent-ils avoir encore une hypothèque qu'ils feront inscrire utilement, quoiqu'après
les six mois, et qui leur donnera la préférence
sur les créanciers de l'héritier qui n'en auraient
point, ou qui n'en auraient qu'une postérieure en
date quant à l'inscription. L'art. 2113 porte en
effet que « toutes créances privilégiées soumises
à la formalité de l'inscription, à l'égard desquelles
les conditions ci-dessus prescrites pour conserver
le privilège n'ont pas été accomplies, ne cessent
pas néanmoins d'être hypothécaires ; mais l'hypothèque ne date, à l'égard des tiers, que de l'époque des inscriptions qui auront dû être faites ainsi
qu'il sera ci-après expliqué. »

N***. Si l'on s'en rapportait à la lettre de la
loi, l'on pourrait dire en effet que les créances de
la succession, qui, faute d'inscription dans les six
mois de l'ouverture, cesseraient d'être privilégiées,
ne cesseraient pas néanmoins d'être hypothécaires,
puisque effectivement le droit dont jouissent les
créanciers et légataires, de demander la séparation du patrimoine du défunt d'avec celui de
l'héritier, est appelé un *privilège* par l'art. 2111 ;

---

(1) M. Tarrible, *loc. cit.*

et que ce privilège est soumis à l'inscription dans
les six mois, à compter de l'ouverture de la succession. Mais cette application de l'art. 2113 ne
serait rien moins que juste ; et pour s'en convaincre, il suffit de retracer la nature et le but de ce
privilège particulier. Un homme dont la fortune
est grevée de quelques dettes, vient à mourir ; sa
mort ne doit point changer la condition ni le droit
de ses créanciers. Sa succession, comprenant tout
à la fois son actif et son passif, passe à un héritier
qui est son image. Les créanciers doivent agir
contre cet héritier, et recueillir de leur action le
même fruit qu'elle aurait produit si elle eût été
dirigée contre la personne du débiteur pendant
sa vie. Si l'héritier, au moment où il recueille
la succession, se trouvait dans un état d'insolvabilité, le seul moyen de conserver aux créanciers
de la succession l'intégrité de leurs droits sur les
biens qui la composent, serait de demander la séparation du patrimoine du défunt d'avec celui de
l'héritier. Par le résultat de cette séparation, le
patrimoine du défunt sera rétabli identiquement
dans le même état où il était du vivant du débiteur. Les créanciers du défunt trouveront les
mêmes sûretés qu'ils auraient trouvées auparavant ;
ils exerceront leurs droits sur ce patrimoine isolé et
dégagé de tout mélange, ainsi qu'ils l'auraient fait
s'il eût continué d'être sur la tête de leur débiteur
primitif; ils écarteront enfin de la concurrence
les créanciers de l'héritier et tous autres qui n'a-
vaient pas de droits acquis sur les biens du défunt

à l'époque de sa mort. C'est là précisément ce qui constitue le privilège des créanciers et légataires d'une succession. Ils n'acquièrent aucun droit nouveau; ils conservent seulement, à l'abri de toute atteinte, ceux qu'ils avaient auparavant. Leur privilège, en un mot, est moins une préférence qu'une véritable exclusion; ce privilège, en lui-même, a si peu le caractère hypothécaire, qu'il n'est pas investi du droit éminent de l'hypothèque, qui consiste à suivre l'immeuble hypothéqué dans toutes les mains où il peut passer. Il n'en jouit pas, dis-je, puisque du moment où un immeuble a été aliéné par l'héritier, les créanciers du défunt ne peuvent plus réclamer la séparation de cet immeuble.

Durant le délai de six mois accordé pour exercer l'action en séparation du patrimoine du défunt, toutes les créances établies sur ce patrimoine, pendant le vivant du débiteur, restent donc dans leur état antérieur. Celles qui étaient privilégiées, restent donc privilégiées; celles qui étaient hypothécaires, restent hypothécaires; et celles qui étaient chirographaires, restent chirographaires. Si les créanciers de la succession laissent écouler le délai de six mois, sans faire l'inscription requise, ils perdront l'avantage d'écarter la concurrence des créanciers de l'héritier; mais ils ne perdront que cela, et leurs créances conserveront leurs attributs primitifs. Ainsi, celui qui aura vendu au défunt un immeuble pour le prix de 10,000 fr. et qui aura fait transcrire l'acte de vente constatant que le prix lui est dû, conservera son privilège sur l'immeuble vendu, et l'exercera, avec le même succès, contre les créanciers de l'héritier, qu'il aurait pu le faire contre tous autres créanciers. Ainsi, celui qui aura prêté au défunt une somme de 30,000 fr. avec stipulation d'hypothèque sur un immeuble déterminé, et qui aura inscrit son titre sur le registre des inscriptions, du vivant du débiteur, conservera son hypothèque et son rang à la date de l'inscription, sans que la concurrence des créanciers de l'héritier puisse rien ôter ni ajouter à ce droit.

Mais, par la même raison, celui qui aura prêté 20,000 fr. au défunt sans aucune stipulation d'hypothèque, et sous la foi d'un simple billet sous signature privée, restera créancier chirographaire; et sa créance sera nécessairement primée par celle des créanciers personnels de l'héritier qui auront acquis hypothèque sur les biens de la succession, et qui auront inscrit leurs titres.

Ce créancier chirographaire, dans le principe, était, comme les autres, apte à réclamer le privilège de la séparation des patrimoines, et à en recueillir le fruit, qui eût été d'écarter la concurrence des créanciers personnels de l'héritier. En perdant ce privilège par sa négligence, il ne peut avoir acquis un avantage qu'il n'avait pas auparavant : il ne peut avoir converti sa créance cédulaire en une créance hypothécaire. Et comment lui appliquerait-on ces expressions de la loi : « *Les créances privilégiées* soumises à la formalité de l'inscription, à l'égard desquelles la formalité n'a pas été accomplie, *ne cessent pas néanmoins d'être hypothécaires?* » Pour ne pas cesser d'être hypothécaires, il faudrait nécessairement qu'elles fussent nanties d'une hypothèque préexistante. S'il n'y avait pas d'hypothèque préexistante, ces créances ne peuvent, après la perte du privilège, se trouver hypothécaires qu'autant qu'elles le deviendraient; et la loi n'a nullement dit qu'elles deviendraient hypothécaires.

La disposition de l'art. 2113 est donc inapplicable au privilège des créanciers et légataires d'une succession qui demandent la séparation du patrimoine du défunt (1).

C***. Vos raisonnemens, je l'avoue, ne me convainquent nullement.

Le créancier de la succession ne peut, dites-vous, en perdant son privilège par sa négligence, avoir acquis un avantage qu'il n'avait pas auparavant; il ne peut avoir converti sa créance cédulaire en une créance hypothécaire. Mais remarquez donc bien que, loin d'acquérir effectivement un avantage qu'il n'avait pas auparavant, ainsi que vous l'entendez, ce créancier, au contraire, perd par sa négligence un avantage certain et acquis, le privilège attaché par la loi elle-même à sa créance, ce privilège accordé par les art. 878 et 2111 aux simples créanciers cédulaires ou chirographaires de la succession, tout autant qu'aux créanciers ayant déjà un privilège ou une hypothèque. Seulement, et tout en perdant ce privilège, cet avantage, le

_____

(1) M. Tarrible, *ibid.*, sect. 5, n° 16.

plus grand que puisse avoir un créancier, il en
conserve du moins un autre, mais un moindre,
un moins utile et moins efficace, une simple hypothèque. Et certes, ce n'est point là acquérir,
comme vous dites, un avantage qu'il n'avait pas
auparavant; ce n'est point convertir sa créance
cédulaire en une créance hypothécaire ; c'est bien
changer sa position, mais c'est la changer de bien
en mal, c'est la rendre beaucoup moins avantageuse qu'elle n'était d'abord ; c'est, en un mot,
éprouver le sort réservé par l'art. 2113 à tous les
créanciers qui négligent de conserver leur droit.

Mais cet article, à vous entendre, n'est fait que
pour les créances nanties d'une hypothèque
préexistante, laquelle hypothèque continuerait de
subsister même après la perte du privilège. Cet
article dit que les créances privilégiées à l'égard
desquelles la formalité de l'inscription n'a pas été
accomplie, *ne cessent pas néanmoins d'être
hypothécaires*. Or, pour ne pas cesser d'être hypothécaires, il faudrait nécessairement, dites-vous,
qu'elles fussent nanties d'une hypothèque préexistante. S'il n'y avait pas d'hypothèque préexistante,
ces créances ne peuvent, après la perte du privilège, se trouver hypothécaires qu'autant qu'elles
le deviendraient ; et la loi n'a nullement dit qu'elles
deviendraient hypothécaires.

Quand la loi a dit que les créances privilégiées
qui cessent de l'être, *ne cessent pas néanmoins
d'être hypothécaires*, elle n'a pas entendu dire
autre chose, sinon, que les créances privilégiées

ayant naturellement et par cela même qu'elles sont
privilégiées, le double caractère de créances privilégiées et de créances hypothécaires, si elles
viennent à perdre, faute d'inscription, le premier
de ces deux caractères, elles ne perdent point en
même temps et pour cela même le second; en
d'autres termes, que si elles cessent d'être privilégiées, *elles ne cessent pas néanmoins* et pour
cela seul *d'être hypothécaires*. Et dans le fait,
qu'est-ce qu'un privilège, je vous le demande,
sinon une hypothèque privilégiée?

N ***. En effet, le privilège est un droit accessoire à une créance, puisqu'il ne peut appartenir
qu'à un créancier. Le privilège est un droit réel
sur une chose et sur le prix provenant de la vente
de cette même chose. Ce droit réel affecte la chose
engagée, de manière qu'il la suit dans les mains
de tout possesseur, du moins lorsqu'elle est immobilière. Tous ces avantages sont communs à l'hypothèque et au privilège, puisque l'hypothèque
est un droit réel sur une chose appartenante au
débiteur, qui tend à assurer l'exécution de l'obligation, au moyen de la préférence qu'elle attribue
au créancier nanti de ce droit, sur les autres créanciers.

La préférence a pour cause ou la faveur due à
la créance ou la propriété; elle résulte soit du contrat, soit de l'accomplissement des formes qui
donnent à l'hypothèque son efficacité.

Cette différence dans les causes caractérise deux

genres d'hypothèques, dont l'une conserve le nom d'hypothèque, et l'autre prend celui de privilège.

Le privilège n'est donc, à proprement parler, qu'une *hypothèque privilégiée*. (1)

C***. Et par conséquent, une créance privilégiée n'est autre chose qu'une créance nantie d'une hypothèque, et qui plus est, d'une hypothèque privilégiée. Et voilà précisément aussi pourquoi la loi dit que les créances privilégiées qui cessent de l'être, faute d'inscription, *ne cessent pas néanmoins d'être hypothécaires,* parce qu'en effet, qui dit privilège dit hypothèque, et qu'ainsi il n'y a point de créance privilégiée qui ne soit en même temps hypothécaire, qui ne remplisse par conséquent la condition que vous exigez, d'être *nantie d'une hypothèque préexistante,* pour *ne pas cesser d'être hypothécaire,* aux termes de l'art. 2113. Comment donc, alors, cet article serait-il inapplicable à la créance privilégiée des créanciers et légataires d'une succession qui demandent la séparation des patrimoines?

N***. C'est que leur privilège, en lui-même, a si peu le caractère hypothécaire, qu'il n'est pas investi du droit éminent de l'hypothèque, qui consiste à suivre l'immeuble hypothéqué, dans toutes les mains où il peut passer. Il n'en jouit pas, je le répète, puisque, du moment où un immeuble a été aliéné par l'héritier, les créanciers du défunt

_____

(1) M. Tarrible, *ibid.*, sect. 1, n° 1.

ne peuvent plus réclamer la séparation de cet immeuble. (1)

C***. Tout ce qui s'ensuivrait de là, c'est que
cette sorte de privilège ne produirait point l'un
des effets du privilège en général, le droit de suite
contre les tiers. Eh bien! soit; mais enfin, et à
part cette exception, s'il y a lieu, n'a-t-il pas tous
les autres caractères et ne produit-il pas tous les
autres effets du privilège ? Ne donne-t-il pas notamment un droit de préférence sur les autres
créanciers (ceux de l'héritier) ?

N***. C'est moins une préférence qu'une véritable exclusion. (2)

C***. Qu'est-ce encore que cette nouvelle subtilité ? Ne venez-vous pas de dire vous-même que « ce
que l'art. 2111 appelle le privilège des créanciers
ou légataires sur les immeubles de la succession,
n'est et ne peut être autre chose que le droit de se
faire payer sur les immeubles de la succession, *par
préférence* aux créanciers personnels de l'héritier? » Et ce que la loi appelle expressément un
privilège, ce que vous dites n'être et ne pouvoir
être autre chose qu'un *droit de préférence*, ne serait point réellement un *privilège*, un *droit de préférence*, une *hypothèque*! alors, d'ailleurs, que la
loi voit précisément dans cette circonstance-là seule,
d'être préféré aux autres créanciers, le caractère

(1) M. Tarrible, *ibid.*, sect. 5. n° 16.
(2) M. Tarrible, *ibid.*.

distinctif et déterminant du privilège ou de l'hypothèque! Ne dit-elle pas en effet (art. 2094 et
2095) que « les causes légitimes de *préférence*
sont les privilèges et les hypothèques » et que « le
privilège est un *droit* que la qualité de la créance
donne à un créancier *d'être préféré* aux autres
créanciers, même hypothécaires, » etc.? Et n'est-
ce donc pas aussi précisément parce que le privilège
des créanciers et légataires sur les immeubles de la
succession a véritablement ce que vous appelez le
caractère hypothécaire, comme l'a d'ailleurs essentiellement tout privilège, vous venez de le reconnaître, que la loi l'assujettit, comme les autres,
à la formalité de l'inscription, et ce, en vertu du
principe ou système de publicité admis comme la
base du régime hypothécaire actuel?

Disons donc que l'art. 2113 n'est pas moins applicable à cette espèce de privilège qu'à toutes les
autres; et voici en conséquence comment les
art. 880, 2111 et 2113 devront être combinés et
appliqués dans cette matière.

Pour que les créanciers ou légataires du défunt puissent jouir, relativement aux immeubles
de la succession, du privilège qui leur est accordé
par la loi, il faut qu'ils le fassent inscrire dans les
six mois à compter de la mort de leur débiteur;
et en remplissant cette formalité, le privilège leur
est acquis, lors même qu'antérieurement les créanciers personnels des héritiers auraient fait inscrire
des titres hypothécaires. Pendant les six mois, il
ne peut être porté aucune atteinte à leur privilège.

Mais après ce délai, leur privilége non inscrit serait perdu, et ils n'auraient plus qu'une simple hypothèque qui ne produirait d'effet qu'à compter du jour où elle serait inscrite, et qui se trouverait conséquemment primée par les hypothèques qu'auraient antérieurement fait inscrire les créanciers personnels de l'héritier. Ils pourraient, du reste, prendre ces inscriptions et demander la séparation des patrimoines tant que les immeubles existeraient dans la main de l'héritier.

DIALOGUE 25.

N***. Celui qui a acquis, par une possession de trente ans, le droit d'ouvrir des fenêtres sur son terrain à une distance inférieure à celle que prescrivent les art. 778 et 779 du Code civil, a-t-il, par cela seul, acquis une servitude de vue sur son voisin? Peut-il en conséquence empêcher son voisin d'élever, soit sur son propre fonds, soit sur un mur mitoyen, un bâtiment qui rende inutile l'usage de ces fenêtres? (1)

C***. Poser cette question, n'est-ce pas la résoudre? Vous commencez par supposer un *droit acquis*, celui d'ouvrir et de conserver des fenêtres à une moindre distance que celle fixée par la loi; et puis ensuite, vous demandez si ce droit

(1) M. Merlin, Quest. de droit, v° Servitudes, § 3.

acquis entraîne celui d'empêcher une innovation
qui tendrait à neutraliser ce droit, en rendant
inutile l'usage des fenêtres! S'il en était autrement,
que deviendrait donc ce droit acquis? que serait-
il véritablement? rien, ce me semble. Ainsi, par
exemple, un individu, appelé Morant, possédait
un bâtiment qui touchait immédiatement l'héritage
de son voisin, Herbet-Carpentier, ou qui, je crois,
n'en était éloigné que de six pouces. Dans ce bâtiment existaient depuis plus de 30 ans trois fenêtres
ouvrantes qui ne se trouvaient ainsi qu'à six pouces
de distance du fonds d'Herbet-Carpentier, au lieu
d'en être à la distance légale de six ou deux pieds,
conformément aux art. 678 et 679. Herbet-Carpentier fit élever vis-à-vis, à six pouces, un mur
très haut qui devait rendre tout-à-fait inutiles les
fenêtres de Morant. Celui-ci réclama, et avec
raison, ce me semble, contre cette innovation qui
le privait du droit que sa possession trentenaire lui
avait acquis.

N***. Il avait acquis sans doute, par sa possession de 30 ans, le droit d'ouvrir des fenêtres
sur son terrain à une distance inférieure à celle que
la loi oblige tout propriétaire de laisser entre l'héritage de son voisin et le point sur lequel il pratique, dans son propre fonds, des ouvertures donnant sur cet héritage. Mais ce droit constituait-il,
pour le sieur Morant, une servitude sur l'héritage
du sieur Herbet-Carpentier? Non; évidemment
non.

La loi naturelle laisse à chacun la liberté de

faire sur son propre fonds tout ce qu'il lui plaît ; et
il n'importe qu'en usant ainsi de cette liberté, il
nuise à son voisin. Dès que, par l'usage qu'il en
fait, il n'empiète pas sur l'héritage de son voisin ;
dès qu'il ne jette ni n'envoie rien dans l'héritage de
son voisin, celui-ci ne peut pas s'en plaindre.

Je puis donc, de droit naturel, ouvrir des fenêtres dans le mur que j'ai sur la ligne qui forme
l'extrémité de mon héritage ; et mon voisin ne peut
m'en empêcher quoique, par là, je me procure
sur son terrain des vues qui peuvent l'incommo-
der. C'est ce qu'enseignent tous les jurisconsultes,
et spécialement *Cæpolla*, dans son traité *de
Servitutibus*, chap. 72 : *Videamus*, dit-il, *an
quis in suo possit fenestram facere, etiamsi
per eam inspiciatur in fundum vicini. Et dicendum est quòd sic...; et est ratio quia in
re suâ quis potest ædificare, dummodo nihil
mittat in alienum, etiamsi noceat vicino...;
in re enim suâ quilibet est moderator et ar-
biter....*

Mais cette liberté naturelle a été restreinte par
les législateurs.

Avant le Code civil, l'empereur Zénon avait
réglé, par la loi 12, § 2, C. *De aedificiis pri-
vatis*, qu'il y aurait toujours, d'une maison à
l'autre, un intervalle de douze pieds, dans lequel il ne pourrait être fait ni bâtiment ni ouvrage quelconque.

Cette distance avait été abrogée par la plupart

de nos coutumes. Celle de Paris avait ordonné, art. 202, qu'aucun ne pût faire vue droite sur son voisin, ni sur place à lui appartenante, s'il n'y avait six pieds de distance entre ladite vue, et l'héritage du voisin, et ne pût avoir baies de côté, s'il n'y avait deux pieds de distance. Il paraît que, dans une grande partie de la France, l'usage avait converti en loi la disposition de l'art. 202 de la coutume de Paris.

Et c'est aussi ce qu'ont fait, en ces termes, les art. 678 et 679 du Code civil : « On ne peut avoir des vues droites ou fenêtres d'aspect, ni balcons ou autres semblables saillies sur l'héritage, clos ou non clos de son voisin, s'il n'y a dix-neuf décimètres (six pieds) de distance entre le mur où on les pratique et ledit héritage. — On ne peut avoir des vues par côté ou obliques sur le même héritage, s'il n'y a six décimètres (deux pieds) de distance. »

On pouvait cependant, sous la coutume de Paris, et dans les lieux qui en avaient adopté l'art. 202 à titre d'usage, pratiquer des fenêtres dans le mur qui joignait immédiatement l'héritage d'autrui, pourvu qu'on les garnît d'un treillis de fer et d'un chassis à verre dormant, et qu'on ne les établît qu'à neuf pieds au-dessus du plancher ou sol de la chambre qu'on voulait éclairer, si c'était au rez-de-chaussée, et à sept pieds au-dessus du plancher pour les étages supérieurs.

Et les art. 676 et 677 du Code civil disent la même chose, sauf qu'ils n'exigent qu'une élévation de huit pieds au lieu de neuf, et de six pieds au lieu de sept.

Que faisaient les anciennes lois, en restreignant ainsi la liberté naturelle, en assujettissant ainsi chaque propriétaire qui voulait ouvrir des fenêtres sur son terrain, à l'observation de certaines distances, à l'accomplissement de certaines conditions? Elles faisaient ce que fait aujourd'hui le Code civil : elles grevaient chaque propriétaire d'une servitude envers son voisin ; car c'est grever un propriétaire d'une servitude que de l'empêcher de faire sur son fonds ce qui lui est permis de droit naturel ; et cela est si vrai, que les art. 676, 677, 678 et 679 du Code civil sont placés sous la rubrique *des servitudes établies par la loi.*

Ainsi, dans notre espèce, le sieur Morant était assujetti, envers le sieur Herbet-Carpentier, à une servitude en vertu de laquelle celui-ci avait le droit de s'opposer à ce qu'il ouvrît, sur son propre fonds, des vues obliques à une distance moindre de deux pieds, ou des vues droites à moins de six pieds.

Mais le sieur Morant a pu s'affranchir de cette servitude, de deux manières : ou par convention, ou par prescription.

Il a pu s'en affranchir par convention ; car il a pu acheter du sieur Herbet-Carpentier le droit d'ouvrir des vues, non-seulement à six pouces, mais même plus près encore du mur mitoyen qui les séparait.

Il a pu s'en affranchir par prescription ; car, dans la coutume de Paris, comme partout ailleurs et même dans les coutumes qui ne permettaient d'acquérir les servitudes que par titres, on pouvait se libérer des servitudes par une possession contraire, prolongée pendant 30 ans; et les art. 706 et 707 du Code civil nous apprennent qu'on le peut aujourd'hui.

Or, c'est précisément ce qu'a fait le sieur Morant. Que la possession dans laquelle il était, au moment où s'est élevée la contestation, suppose ou non une convention préalable entre lui et le sieur Herbet-Carpentier, toujours est-il certain que cette possession, continuée pendant plus de trente ans, a, non pas éteint tout-à-fait, mais allégé, en sa faveur, la servitude légale dont il était grevé envers son voisin, et qu'il lui a conféré le droit d'avoir, dans son propre fonds, à six pouces seulement de son voisin, des fenêtres qu'il n'aurait pu, sans cette possession, avoir qu'à deux pieds ou à six pieds.

Mais acquérir par prescription, soit l'affranchissement entier, soit le simple adoucissement d'une servitude passive dont on est grevé envers son voisin, est-ce acquérir une servitude active sur son voisin ? Est-ce acquérir le droit d'empêcher son voisin de faire, sur son propre fonds, ce qui lui est permis de droit naturel ?

C'est demander, en d'autres termes, si celui qui a prescrit la libération d'une dette a, par cela seul, prescrit une créance sur celui contre lequel la prescription a couru à son profit? C'est demander, en d'autres termes, si, par cela seul que, par l'effet de la prescription, le débiteur cesse de l'être, il devient créancier? Et assurément, il n'est personne qui osât soutenir l'affirmative.

Sudposons que, dans notre espèce, le sieur Morant n'ait pas seulement prescrit le droit d'avoir des fenêtres sur son propre fonds, à six pouces de l'héritage du sieur Herbet-Carpentier; mais qu'il ait fait beaucoup plus, qu'il ait prescrit le droit d'avoir des fenêtres sur la ligne qui joint immédiatement le mur mitoyen entre son voisin et lui.

Dans cette hypothèse, le sieur Morant se trouvera totalement affranchi, par la prescription, de la servitude légale dont son fonds est grevé envers son voisin; il se trouvera replacé, par la prescription, dans les termes du droit naturel, qui permet à chacun de faire, sur son propre fonds, tout ce qu'il juge à propos.

Mais alors aussi, le sieur Herbet-Carpentier pourra dire au sieur Morant : le droit que vous avez sur votre fonds, je l'ai également sur le mien. Comme propriétaire libéré de la servitude qui vous était imposée par la loi en ma faveur, vous pouvez ouvrir des fenêtres dans le mur qui joint immédiatement mon héritage; et moi, comme propriétaire originairement libre de mon héritage, je puis élever mon mur aussi haut qu'il me convient. Qu'en usant à cet égard de mon droit, je vous prive des vues dont vous avez joui jusqu'à présent sur mon héritage, c'est ce qui est fort indifférent. Les vues dont vous avez joui jusqu'à présent sur mon héritage, vous n'en avez pas joui à titre de servitude ; vous n'en avez joui qu'en vertu du droit que vous aviez de faire chez vous ce qu'il vous plaisait, et, par conséquent, d'ouvrir des fenêtres dans votre propre mur. Ces vues ne vous autorisent donc pas à m'empêcher d'user moi-même, comme il me plaît, de ma propriété.

Que faudrait-il donc pour que Morant fût aussi fondé que vous le dites à réclamer contre l'exhaussement donné par le sieur Herbet-Carpentier au mur dont il s'agit au procès ? Il faudrait de deux choses l'une : ou que le sieur Morant rapportât un titre par lequel le sieur Herbet-Carpentier lui eût accordé sur son héritage la servitude de vue ; ou qu'il prouvât qu'il est depuis plus de trente ans en possession d'empêcher le sieur Herbet-Carpentier d'exhausser le mur dont il s'agit au procès. Dans l'un et l'autre cas, sans doute, le sieur Morant pourrait invoquer avec avantage l'autorité de Desgodets et de deux anciens arrêts que rapporte cet auteur. Mais, pouvons-nous dire avec M. l'avocat-général Chauvelin, de titre, le sieur Morant n'en a point ; de contradiction, il n'y en a jamais eu. Donc, point de servitude de vue pour le sieur Morant ; donc, liberté entière pour le sieur Herbet-Carpentier, d'élever aussi haut qu'il lui plaît le mur dont il s'agit au procès (1).

(1) M. Merlin, Quest. de droit, v° Servitudes, § 3.

C***. Donc aussi, par conséquent, le droit
acquis par Morant se réduit à rien en définitive ;
car que l'usage de ses fenêtres lui soit enlevé parce
qu'il sera forcé de les supprimer lui-même, ou
bien parce que son voisin pourra les obstruer à son
gré, c'est toujours la même chose au fond ; et j'a-
joute : donc aussi la loi, en disant que des servitudes de *vue* peuvent s'acquérir par prescription,
n'a rien dit en réalité, rien d'utile au moins et qui
puisse produire quelqu'effet, puisqu'il est vrai, d'a-
près vous, que de telles vues peuvent être bou-
chées et obstruées par le propriétaire contre lequel
on les aurait acquises ou cru acquérir.

L'art. 689 dit que les servitudes *apparentes*
sont celles qui s'annoncent par des ouvrages extérieurs, tels qu'une *fenêtre,* etc. L'art. 688 dit
que les servitudes *continues* sont celles dont l'u-
sage est ou peut être continuel, sans avoir besoin
du fait actuel de l'homme, et que telles sont les
vues et autres de cette espèce. Voilà donc que les
vues annoncées ou produites par des *fenêtres,*
sont aux yeux de la loi des servitudes tout-à-la-
fois *continues et apparentes.* Or qu'est-ce que des
vues? qu'est-ce que la servitude de *vue?* rien autre chose, rien de plus ni de moins que le droit,
que la faculté de *voir,* c'est-à-dire, de recevoir
la lumière chez soi, ou bien encore et de plus,
de porter ses regards au dehors et jusque chez le
voisin, et peut-être même encore par delà. Cette
définition comprend généralement tout ce qu'anciennement on distinguait sous les noms différens

de *jours, lumières, vues, prospect, etc.,*
servitutes luminum, luminibus non officiendi,
prospectus, etc. Et il est clair qu'un tel droit,
une fois qu'il existe, une fois qu'il est légitimement acquis, emporte avec lui le droit essentiellement accessoire et inséparable de s'opposer à toute innovation, à toute entreprise, de la
part du propriétaire du fonds asservi, qui serait de
nature à mettre obstacle à l'exercice et à la jouissance de ce droit, qui tendrait en un mot à obstruer ou empêcher la *vue* en tout ou en partie.
C'est là, d'ailleurs, un principe commun à toutes
espèces de servitudes, que le propriétaire du fonds
débiteur de la servitude ne peut rien faire qui
tende à en diminuer l'usage ou à le rendre plus
incommode, art. 701.

Cela posé, je reprends mon raisonnement, et
je dis : La loi, d'un côté, regarde les *vues* comme
étant des servitudes *continues et apparentes.*
D'un autre côté, elle déclare positivement que les
servitudes *continues et apparentes s'acquièrent*
par titres ou *par la possession de trente ans,*
art. 690. Donc, très-certainement, les servitudes
de *vues s'acquièrent par la possession de trente*
ans; si la loi ne le dit pas précisément en toutes
lettres, cette proposition résulte si clairement de
ses dispositions, qu'on peut la considérer comme
littéralement écrite elle-même dans la loi. Je le répète donc aussi hardiment que si je le lisais dans
la loi : la servitude de vue s'acquiert par la possession de trente ans, ou, en d'autres termes, par la
prescription. La loi le dit ou le veut ainsi.

Mais maintenant, voici que vous vous posez en
face de la loi, et que lui donnant un démenti
formel, vous dites : Non, la servitude de vue ne
s'acquiert point par la prescription; ou si vous ne
tenez pas précisément ce langage, du moins est-ce
là la conséquence inévitable du système que vous
soutenez.

Et, en effet, quand et comment, dans ce système, une servitude de *vue* sera-t-elle acquise
utilement par la prescription, s'il est permis au
propriétaire assujetti de boucher ou d'obstruer
les fenêtres par des constructions qui ôteront la
lumière ou *la vue?* si ce propriétaire en est toujours quitte pour dire à son adversaire : « Les
vues dont vous avez joui jusqu'à présent sur mon
héritage, vous n'en avez pas joui à titre de servitude; vous n'en avez joui qu'en vertu du droit que
vous aviez de faire chez vous ce qu'il vous plaisait,
et par conséquent, d'ouvrir des fenêtres dans votre
mur; ces vues ne vous autorisent donc pas à m'empêcher d'user moi-même, comme il me plaît, de
ma propriété? » Je vous le demande, quand, avec
un pareil système, une servitude de *vue* sera-t-
elle acquise utilement par prescription? Jamais.
Vous dites donc évidemment le contraire de ce
que dit la loi, ou vous lui faites donc dire une
chose absolument inutile et insignifiante; car
encore une fois, que signifierait, de sa part, d'avoir
dit que les servitudes de vues s'acquièrent par la
prescription? Il suffit, ce me semble, de voir que
votre système conduit nécessairement à un pareil

résultat, pour sentir tout de suite qu'il doit être
rejeté comme étant en opposition ouverte et manifeste avec la loi.

Toute prescription est fondée sur une convention
qu'on suppose intervenue entre les parties et dont
le titre est censé perdu ; et cette convention doit,
comme toutes les autres, s'interpréter par la commune intention des parties comme aussi par l'u-
sage général et commun , *ex eo quod plerumquè
fit praesumptiones ducuntur.* Or donc , je vous
le demande également, croyez-vous qu'ici , dans
notre espèce , le propriétaire du fonds dominant
eût jamais eu l'idée absurde et folle de stipuler un
droit de *vue* tel que vous le supposez ou qu'il faut
bien le supposer dans votre système, je veux dire
tel et en tels termes , que le propriétaire du fonds
servant conservât de son côté le pouvoir de neutraliser, d'anéantir à son gré le droit ou la servitude stipulée par son voisin? Croyez-vous , de
bonne foi, qu'il ne faille pas leur supposer à tous
deux également une intention analogue à celle que
leur suppose la loi elle-même dans l'art. 701 ?

Qu'est-ce maintenant que cette distinction subtile que vous faites entre l'affranchissement d'une
servitude passive et l'acquisition d'une servitude
active ? Comme si la possession trentenaire de fenêtres ou de vues que l'on n'aurait pas le droit
d'avoir sans titre ou sans prescription , ne faisait
pas acquérir tout-à-la-fois l'un et l'autre de ces deux
avantages ! comme s'ils ne formaient pas , à eux
deux, une seule et même chose , une chose essen-

tiellement indivisible! Sans doute, celui qui a
pendant trente ans eu des fenêtres plus rapprochées
du fonds de son voisin que ne le permet la loi,
s'est affranchi par là de la servitude passive que lui
imposait cette loi. Mais ce n'est pas tout : par ce
même fait, par cette même possession, il a joui encore d'une faculté, d'une servitude active de *vue*,
d'une servitude que la loi reconnaît *nommément*
comme telle, qu'elle met au nombre des servitudes *continues et apparentes*, qu'elle déclare
ensuite susceptible de *s'acquérir par la possession de trente ans.* Supposons qu'au lieu d'avoir
une simple possession de fait de ces fenêtres, il ait
stipulé de son voisin, sans plus d'explications, la
faculté de les ouvrir ainsi à une distance moindre
que celle tracée par la loi, diriez-vous, par hasard,
qu'en ce cas il n'aurait entendu stipuler, et que
son voisin n'aurait entendu lui concéder que le
simple affranchissement de la servitude passive qui
grevait son héritage, et non point l'acquisition
d'une servitude active qui empêchât son voisin de
rien faire qui tendît à rendre inutile l'usage de ses
fenêtres? Impossible. Eh bien! la prescription,
c'est-à-dire, la convention tacite ou présumée doit,
je le répète, s'interpréter de la même manière que
la convention expresse elle-même.

En un mot, quelle que soit la manière, le
moyen par lequel une servitude a été acquise, titre
ou prescription, peu importe, puisque la loi les
met sur la même ligne; la servitude une fois légalement acquise a toujours, et en tous cas indistinc-

tement, les mêmes caractères et les mêmes effets.
Or l'un de ces effets, et l'un des plus importans,
c'est celui rappelé en l'art. 701, celui, dis-je, de
lier les mains au débiteur de la servitude et de
l'empêcher de rien faire qui tende à en diminuer
l'usage. Comment donc, dans notre espèce, Herbet-Carpentier pouvait-il être autorisé à bâtir de
manière à boucher ou obstruer les fenêtres et les
vues de Morant?

Et que signifie aussi, et sur quoi fondée, l'assimilation que vous faites de cette espèce à celle d'un
débiteur qui aurait prescrit la libération de sa dette,
sans qu'il eût pour cela, dites-vous, prescrit une
créance sur celui contre lequel la prescription aurait couru à son profit? Il est clair qu'il y a une différence énorme entre se libérer d'une dette par
prescription et acquérir une créance par la même
circonstance, et que jamais l'une de ces choses n'a
entraîné l'autre avec elle; tandis qu'il en est tout
autrement du fait d'avoir ouvert et possédé des fenêtres à une distance moindre que celle fixée par
la loi; je viens de le démontrer.

Mais, dites-vous, il n'y a point eu de contradiction de la part de Morant, point de possession
pendant trente ans dans le but d'empêcher le sieur
Herbet-Carpentier d'exhausser son mur. Eh! qu'importe? où trouvez-vous dans la loi qu'il n'y ait de
prescription possible que là où il y a contradiction
ou empêchement de cette sorte? La possession, la
vue, les fenêtres, le laps de trente ans écoulés
sans interruption, voilà tout ce qu'il faut, tout ce

22

que la loi exige pour que la prescription s'accomplisse et que la servitude de vue soit pleinement acquise, art. 688, 689 et 690.

~~~~~~

DIALOGUE 26.

N * * *. C'est une question que de savoir si, lorsque la vente est commerciale et qu'elle porte un terme pour la prise de livraison, elle est dissoute de plein droit, conformément à l'art. 1657, à défaut par l'acheteur de l'avoir retirée.

C * * *. Cette question, M. Pardessus la résout pour la négative; il dit, dans son Cours de droit commercial, tom. 2, n.° 288 : « La simple expression du délai accordé pour retirer les denrées et effets mobiliers achetés, n'opère pas la résiliation de la vente de plein droit et sans sommation. Un vendeur, dans le cas où le prix des choses augmenterait, pourrait abuser d'un tel principe en se disant dégagé par le seul fait que l'acheteur n'est pas venu prendre la livraison le jour fixé. Cependant, si telle a été la convention des parties, elle doit être exécutée. »

N * * *. Pendant long-temps j'ai vu cette croyance enracinée dans les esprits, et suivie au barreau comme incontestable.

Elle est cependant très-inexacte.

L'art. 1657 ne fait aucune distinction explicite entre les matières civiles et commerciales, et le Code de commerce, promulgué plusieurs années après le Code civil, n'a apporté aucune dérogation à cet article. On crée donc une exception arbitraire quand on place les ventes commerciales sous l'empire d'un droit spécial.

M. Pardessus qui, à défaut d'autorité, a cherché à donner une raison plausible de son système, ne me paraît pas avoir été heureusement servi par sa raison exacte. Ce qui le détermine en effet, c'est qu'un vendeur pourrait abuser de l'augmentation survenue dans le prix de la chose vendue, pour se dire dégagé et la vendre ailleurs plus avantageusement. Mais, ou je me trompe fort, ou cette raison me paraît excellente pour justifier l'application de l'art. 1657 aux matières de commerce, et pour démontrer que s'il n'existait pas, il faudrait l'inventer.

Dans le commerce, en effet, bien plus que dans les matières civiles, il faut que le marchand soit mis en situation de tirer parti de sa marchandise et de profiter des variations des cours. Toute son industrie consiste à vendre avec bénéfice et à saisir les occasions favorables pour compenser les pertes qu'occasionnent les baisses inattendues. Qu'arrive-t-il dans le système de M. Pardessus? Voilà une hausse qui permettra au négociant de faire une bonne affaire; son acheteur ne pourra certainement pas se plaindre qu'il dispose de la chose, puisque, par son retard à venir la retirer, il

est censé avoir abandonné le marché. Eh bien!
point du tout. Suivant M. Pardessus, il faudra
faire une sommation à l'acheteur qui demeure
peut-être à une autre extrémité de la France! Mais
pendant ce temps-là, la marchandise baissera; le
vendeur ne pourra plus la revendre avec profit; il
sera peut-être obligé d'y perdre. Si, au lieu d'être
spéculateur, il eût été simple particulier, il aurait pu faire une excellente spéculation, d'après
l'art. 1657; mais il est spéculateur par état, et on
lui défend la spéculation!! Un tel système n'est
pas admissible!! (1)

C***. Il a pourtant, fondé ou non, été admis
par le législateur; et en voici la preuve.

Dans la première rédaction de l'art. 1657, le mot
marchandises était ajouté aux mots *denrées et
effets mobiliers.* Là-dessus, et lors de la discussion
au Conseil d'Etat, « M. Bégouen, dit le procès-verbal, observe que cet article (à cause du mot *marchandises)* serait applicable aux matières commerciales, où cependant aucune vente n'est résiliée sans
que l'acheteur ait été mis en demeure de retirer les
marchandises. Si l'on s'écartait de cet usage, on
donnerait trop d'avantages au vendeur, dans le
cas où le cours des choses vendues augmenterait.

« M. Galli consent à restreindre l'article à la
vente d'effets mobiliers. (Il parlait aussi des marchandises, l'article).

(1) M. Troplong, Vente, tom. 2, n° 68.

« M. Cambacérès dit que toute équivoque sera levée par le procès-verbal qui indiquera que l'article n'est pas applicable aux matières de commerce. » L'art. 1657 fut adopté avec la suppression du mot *marchandises*. (M. Locré, tom. 14, pag. 60).

Ne suit il pas de là que l'art. 1657 n'est point fait pour les marchandises, c'est-à-dire, pour les matières ou les ventes commerciales?

N***. Le procès-verbal de la discussion du Conseil, malgré l'autorité un peu trop solennelle que lui attribue M. Cambacérès, ne saurait prévaloir contre un texte si général dans ses expressions.

Il est contraire à la vérité des faits de dire que les usages du commerce veulent qu'aucune vente ne soit résiliée sans que l'acheteur ait été mis en demeure. Les coutumes d'Auxerre, Sens, Laon, Bar et Châlons sont la preuve éclatante du contraire.

« *Marchands forains*, dit cette dernière coutume, *soit qu'ils baillent arrhes ou non*, sont tenus de prendre livraison de la *marchandise* dans les vingt jours, et perd, l'acheteur, ses arrhes, s'il ne la prend dans ledit temps, soit qu'elle soit revendue ou non, s'il n'y a convention ou sommation en justice contraire » (art. 218).

« *Marchandise vendue*, dit encore la coutume de Laon, se doit lever dedans vingt jours, s'il n'y a autre convention; et, à faute de ce faire dedans ledit temps, sont les arrhes perdues, *et*

peut le vendeur faire son profit ailleurs de SA
MARCHANDISE » (art. 278). (1)

C***. Qu'est-ce que cela prouve? que dans trois
ou quatre coutumes l'usage était différent de ce
qu'il était dans les autres en général. Ce n'était
vraiment pas la peine de donner un démenti aux
membres du Conseil d'Etat qui devaient connaître
aussi bien que nous, je pense, les usages suivis
de leur temps; et **M.** Favard aussi devait les connaître aussi bien que nous, lui qui faisait partie du
Tribunat. Eh bien! lui aussi reconnaît et constate
l'usage signalé au Conseil d'Etat : « On voit, dit-il
dans son Répertoire, v.° Acheteur, n.° 4, on voit,
par la discussion qui eut lieu au Conseil d'Etat sur
cet article, que l'intention du Conseil n'était pas
qu'il fût applicable au commerce. (Conférence de
Code civil.)

« Mais cette opinion se rattachait à l'usage contraire à l'art. 1657, *usage qui était alors généralement observé dans le commerce.* »

A la vérité, **M.** Favard ajoute ce qui suit : « Et
l'on supposait que le Code de commerce établirait
une règle différente de celle du Code civil. Or, non-
seulement le Code de commerce qui contient un titre des *achats et ventes,* n'a rien statué sur le point
qui nous occupait; mais la loi du 15 septembre
1807 a implicitement abrogé l'usage contraire à
l'art. 1657 du Code civil. Cet article renferme
donc la règle générale; et comme le Code de com-

---

(1) **M.** Troplong, *loc. cit.*

merce ne contient aucune disposition qui y soit contraire, ou avec laquelle il soit inconciliable, nous pensons que cet article doit être observé dans le commerce. Nous avions rappelé l'opinion du Conseil d'Etat dans notre *Traité des privilèges et hypothèques*; mais de nouvelles réflexions nous ont fait penser que la jurisprudence contraire à l'art. 1657 doit cesser d'être suivie depuis le Code de commerce. »

Et quelle est la raison de ce changement d'opinion chez l'auteur ? Il vient de nous le dire : C'est que le Code de commerce ne contient aucune disposition contraire à celle de l'art. 1657. Eh bien mais, qu'est-ce que cela peut faire à notre question ? En est-il moins vrai que cet art. 1657 n'a point été fait pour les ventes commerciales? En est-il moins vrai que sa rédaction a été changée tout exprès afin qu'il ne fût point applicable aux matières commerciales? En est-il moins vrai que les mots *denrées et effets mobiliers* qu'il contient ne sont point, dans l'esprit du législateur, synonymes du mot *marchandises*, puisque autrement c'eût été prendre un soin puéril et vain que de supprimer ce dernier mot dans la vue précisément d'empêcher l'application de l'article aux matières commerciales? En est-il moins vrai, en un mot, que l'intention du Conseil d'Etat n'était point, comme le reconnaît positivement M. Favard, que l'article fût applicable au commerce ?

Eh bien donc! comment se ferait-il que par le simple effet du silence gardé à cet égard par le Code

de commerce, ce même article fût devenu applicable au commerce, lui qui ne l'était point dès le
principe; lui qu'on avait, à dessein et tout exprès,
fait et rédigé de manière à ce qu'il ne le fût
point?

Et, d'un autre côté, que sert d'argumenter de
la prétendue généralité des termes de l'article,
denrées et effets mobiliers? Comme si les mots
dont s'est servi le législateur ne devaient pas être
entendus dans le sens qu'il y a attaché lui-même!
Or, nous l'avons vu, ces mots *denrées et effets
mobiliers* ne signifient nullement, à ses yeux,
marchandises. Malgré donc la généralité appa-
rente de son texte, l'art. 1657, à en juger par l'intention formelle et reconnue du législateur, ne
doit point s'appliquer aux ventes commerciales.
C'est là une conséquence de cette règle que nous a
transmise le droit romain : *Etsi maximè* VERBA
legis hunc habeant intellectum, tamen MENS
legislatoris aliud vult, l. 3, § 2, ff *De ex-
cus. tut.* Et qu'est-ce, dans le fait, que la *loi*,
sinon ce que *veut* le législateur? *aliud* VULT.
« Si une loi, dit Domat, étant appliquée à un cas
qu'elle paraît comprendre, il en arrive une
conséquence qui blesse *l'intention* du législateur,
la règle ne doit pas s'étendre à ce cas. »

Je ne vois donc pas, en définitive, que le système de **M.** Pardessus, qui est aussi celui de
M. Malleville, l'un des rédacteurs du Code civil,
soit si peu admissible que vous le prétendez.

N***. Il a été formellement repoussé par un

arrêt de la Cour de cassation du 27 février 1828, portant cassation d'un arrêt de Cour royale qui avait adopté les sentimens de MM. Pardessus, Malleville, etc. On aime à voir la Cour de cassation mériter son surnom de cour régulatrice par des décisions empreintes de cette fermeté et de cette sagesse. (1)

C***. Je répondrai ici, ou plutôt je laisserai répondre M. Duvergier : « L'autorité de la Cour de cassation, toujours très-puissante à mes yeux, me semble ici devoir céder à l'intention manifeste du législateur, d'autant plus qu'il s'agit, non de la solution d'une question de droit par l'application des principes généraux, mais de l'interprétation des mots *denrées et effets mobiliers*. La Cour dit que ces expressions sont générales; et le Conseil d'Etat, en faisant la loi, les a employées comme restrictives. La Cour ajoute qu'il n'y a point de raison pour établir une distinction entre les matières commerciales et les matières civiles; le Conseil d'Etat a, au contraire, constaté que l'usage commercial repoussait l'art. 1657, et il a reconnu que cet usage était bon et raisonnable. Entre ces deux autorités, je ne crois pas qu'on doive balancer; il faut donner la préférence au législateur sur le juge; sans doute on ne doit pas abuser des moyens d'interprétation que peuvent offrir les débats qui accompagnent la confection des lois; mais il ne faut pas non plus dédaigner des documens si

(1) M. Troplong, *ibid.*

précieux, et que Bentham considère comme le meilleur commentaire de la loi. » (M. Duvergier, continuation de Toullier, tom. 16, n.° 475.)

On ne peut mieux répondre, assurément.

Il ne faut donc plus dire, avec M. Favard, que, dans le silence du Code de commerce, l'art. 1657 renferme la règle générale à appliquer par conséquent aux ventes commerciales comme aux autres; non ; c'est l'art. 1184 qui demeure la règle générale, et l'art. 1657 n'est que l'exception; exception qu'il faut donc restreindre au cas spécial et précis pour lequel elle a été faite; ainsi le veulent les principes. Or ce cas spécial, c'est celui de ventes purement civiles ou non commerciales.

DIALOGUE 27.

N ***. Si un immeuble appartenant à la communauté a été donné par le mari seul, sans le concours de la femme, le donataire a-t il action contre le mari ou contre ses héritiers, après le partage de la communauté, pour se faire restituer soit l'immeuble lui-même s'il est tombé dans le lot du mari, soit sa valeur dans le cas contraire ?

C ***. Pourquoi non ? Si l'immeuble avait été légué au lieu d'être donné, le légataire aurait bien cette action, aux termes de l'art. 1423 ; le donataire doit l'avoir également.

N***. Je ne le pense pas. Il y a, tant de la part du donateur que du donataire, contravention à la loi, qui défend au mari de disposer gratuitement des immeubles de la communauté (art. 1422); par conséquent, l'on doit appliquer la disposition de la loi 8, ff. *de condict. ob turpem causam;* c'est-à-dire, que, si le donataire est en possession, le donateur ne peut le forcer à restituer; mais que, réciproquement, s'il n'y est pas, il ne peut rien demander au donateur, *quià, in pari causâ, melior est conditio possidentis* (L. eâdem). Donc, quand les objets ont été une fois réunis dans la masse pour la liquidation et le partage, les donataires n'ont pas le droit d'en exiger la restitution (1).

C***. Je ne conçois vraiment pas que vous puissiez voir ici ce que la loi romaine appelle *turpem causam,* une cause *honteuse, criminelle,* une cause telle, en un mot, que le donataire doive être repoussé de sa demande sous prétexte que *nemo auditur suam turpitudinem allegans, nemo ex delicto suo consequi debet emolumentum* ou *actionem!*

D'ailleurs, le donataire ne peut-il pas avoir été de très bonne foi, avoir cru que l'objet qui lui était donné appartenait au mari, ou même que celui-ci aviserait au moyen d'indemniser sa femme, et qu'il avait bien de quoi, etc.? Le

_____

(1) M. Delvincourt, sur l'art. 1422, tom. 3, pag. 261, édition de 1819.

mari lui-même n'a-t-il pas pu, en donnant, se réserver effectivement d'accorder cette indemnité, comptant pour cela sur ses ressources personnelles ou sur celles d'une communauté opulente, etc.? Et l'on verrait dans une telle disposition un acte ou un traité honteux, *turpem causam!*

Il y a contravention à la loi! Sans doute, la loi défendait au mari de disposer gratuitement des immeubles de la communauté; mais pourquoi? dans quelle vue? en quel sens? Uniquement dans l'intérêt de sa femme, et en ce sens que le donataire est obligé de rapporter ou restituer l'immeuble au partage de la communauté, si la femme, usant de son droit, l'exige; et telle est la sanction de la loi, en cas de contravention; sanction bien suffisante sans doute, puisque l'intérêt de la femme se trouve parfaitement à couvert et garanti, et qu'ainsi le but, l'unique but de la loi est complètement rempli. On ne voit donc pas comment et à quel titre le mari viendrait ensuite argumenter du droit d'autrui, se prévaloir d'un bénéfice qui n'est point fait pour lui, pour arracher ou pour refuser ce qu'il a donné, pour se soustraire à des obligations légitimement contractées en tout, du moins, ce qui ne compromet ni ne lèse les droits des tiers.

Si l'immeuble donné est venu, par l'effet du partage, à tomber au lot du mari, celui-ci est censé en avoir été seul et unique propriétaire à compter du jour même où l'immeuble avait été

acquis à la communauté; tel est le résultat du
principe consacré dans l'art. 883, principe qui
s'applique aux partages de communautés comme
aux partages de successions (art. 1476). Ce n'est
donc plus alors que son bien propre qu'il se trouve
ou qu'il est censé avoir donné; et par le seul fait
de la donation, il s'en est irrévocablement dépouillé, et la propriété en a été transférée au donataire (art. 894, 938). Comment dès-lors et à quel
titre le reprendrait-il ou le retiendrait-il au préjudice du donataire? A la vérité, cette propriété était
résoluble, dans le cas où la femme, usant du bénéfice introduit par la loi pour elle, mais pour elle
seule et dans son seul intérêt, le ferait rapporter et
comprendre au partage de la communauté, et par
suite, par l'effet du même partage, en deviendrait
propriétaire, et ce, avec le même effet rétroactif
que je viens de rappeler et qui résulte, en principe,
de l'art. 883. Le mari en effet, dans ce cas, se
trouverait réellement avoir disposé d'une chose
qui ne lui appartenait point, et une semblable disposition est nulle (art. 1021, 1599). Mais enfin,
cette condition résolutoire n'étant point arrivée,
je le suppose, qui donc pourrait ébranler ou
anéantir la donation, et pourquoi? surtout, lorsqu'on voit que cette condition n'était point apposée
ou imposée par la loi dans l'intérêt du mari?

Que si, au contraire, l'immeuble donné est
échu au lot de la femme, eh bien! pourquoi dans
ce cas, comme dans celui prévu par l'art. 1423,
le mari ne devrait-il pas du moins en restituer la
valeur au donataire évincé?

N***. Le donateur, en général, ne doit pas de garantie au donataire évincé.

C***. Soit. Mais d'abord, on peut se trouver dans un cas d'exception où la garantie soit due; par exemple, si la donation a été faite en faveur de mariage (art. 1440, 1547).

Ensuite, et même hors de ce cas d'exception ou autre semblable, est-ce donc, par hasard, que le donateur qui n'a plus, qui ne peut plus livrer la chose même qu'il avait donnée, n'est pas tenu au moins de livrer en son lieu et place ce qu'il peut avoir reçu lui-même en remplacement ou en dédommagement? Qu'un donateur ne soit pas tenu, généralement, de payer au donataire la valeur de la chose donnée et que se fait restituer un tiers qui s'en trouve être le véritable propriétaire; à la bonne heure : on le conçoit parfaitement. Mais s'il arrive que l'éviction ne soit pas pure et simple et sans dédommagement; si le donateur, à la place ou en retour de l'objet donné, en reçoit la valeur ou quelque chose qui en soit l'équivalent, est-ce qu'ici encore il demeure dégagé de toute garantie ou obligation envers le donataire? Non; évidemment non; cela ne peut pas être. Il a donné la chose *cum omni causâ*, c'est-à-dire, avec tous ses accessoires, avec tout ce qui peut y tenir, ou en provenir, ou la remplacer et la représenter; c'est ainsi qu'on interprète généralement toutes espèces de donations. Que dis-je! c'est même là un principe de droit expressément adopté et consacré par la loi, en thèse générale, que quiconque a l'équivalent, total ou partiel, de la chose qu'il devait mais qu'il lui est impossible de livrer, doit au moins céder et livrer cet équivalent, quel qu'il soit (art. 1303); et la disposition de l'art. 1423 n'est qu'une juste application de ce principe.

Et bien! dans notre hypothèse, si le mari donateur ne peut plus livrer l'immeuble donné, parce que cet immeuble aura été attribué à la femme par le partage, il en a du moins l'équivalent dans ce qu'il a reçu en retour, pour sa part et pour une égale valeur, dans les autres biens de la communauté, argent ou autre chose, n'importe. Qu'il livre donc alors au donataire cet équivalent, cette valeur de l'objet donné; ainsi le veulent les principes et la justice.

DIALOGUE 28.

C * * *. Un acte sous-seing privé, par lequel une personne déclare donner à une autre ou à plusieurs autres personnes, ses biens, ou ce qu'elle possède, ou telle partie de ses biens, ou tel objet déterminé, etc., sans qu'il y ait du reste aucune expression annonçant que l'acte a été fait dans l'intention de tester ou de disposer à cause de mort; un tel acte, s'il est d'ailleurs entièrement écrit, daté et signé de la main de la personne qui y parle, est-il un testament olographe? Peut-il valoir comme tel?

N*. Impossible. Qu'est-ce qu'un testament?
C'est, dit Justinien dans ses Institutes, la déclaration légale de ce que l'on veut être fait après sa
mort : *Testamentum est justa sententia de eo
quod quis post mortem suam fieri velit.* Ainsi,
pour qu'un homme soit censé faire un testament,
il faut qu'il dispose pour un temps où il ne sera
plus ; il faut qu'il rédige sa disposition de manière
qu'elle ne soit susceptible d'exécution qu'après sa
mort.

Si donc un homme dit purement et simplement,
je donne, ce n'est point un testament qu'il fait,
parce que, dans ces seuls mots, *je donne,* rien
n'annonce l'intention de ne donner que dans un
temps où l'on aura cessé de vivre ; parce que ces
mots, *je donne,* emportent par eux-même une
donation présente, un dessaisissement actuel, une
translation de propriété qui s'opère à l'instant
même (1).

C*. Cependant, nous voyons journellement
ces mêmes mots, *je donne,* employés dans les
testamens non moins que dans les actes de donation entre vifs ; preuve qu'ils conviennent à la
donation à cause de mort tout autant qu'à la donation entre vifs.

N*. Je sais bien que, dans l'usage, les mots,
je donne, s'emploient dans le legs, dans le fidéicommis, dans la donation à cause de mort, comme

_____
(1) M. Merlin, Répert., v° Testament, sect. 2, § 4, art. 2.

dans la donation entre-vifs ; mais ce n'est point par eux-mêmes qu'ils constituent un legs, un fidéicommis, une donation à cause de mort ; ils ne les constituent que parce qu'ils sont accompagnés d'autres expressions qui manifestent, dans le donateur, l'intention de léguer, de fidéicommisser, de donner à cause de mort. Ainsi, dans la loi 75, *D. de legatis*, la phrase suivante, *sachez que je vous donne telle somme d'argent*, est présentée comme un fidéicommis imposé à l'héritier *ab intestat*, en faveur de la personne à laquelle cette phrase est adressée ; mais pourquoi ? Parce que le défunt avait ordonné que l'écrit dans lequel cette phrase était consignée, ne fût ouvert qu'après sa mort.

La loi 77, § 26, du même titre, nous offre une espèce semblable. Une mère avait déposé dans un temple, un écrit *portant donation pure et simple* de certains héritages à son fils ; et elle avait chargé le sacristain de ne le remettre à son fils qu'après qu'elle serait morte. Question de savoir quel était le caractère de cette donation ; et la loi répond qu'elle doit valoir comme fidéicommis ; et la raison en est, dit Cujas sur cette loi, qu'en chargeant le sacristain de ne remettre l'écrit à son fils qu'après sa mort, la mère avait témoigné vouloir ne donner à son fils qu'au moment où elle cesserait de vivre : *Quibus verbis ostendit se nolle donationem effectum habere nisi post mortem suam ; ergo quasi fideicommissum valere, non quasi donationem inter vivos.*

Que sera-ce donc si, dans l'écrit qui contient
les mots, *je donne*, ou dans un autre qui y soit
relatif, le donateur n'a rien dit qui ait trait à sa
mort? En ce cas, les mots, *je donne*, rentrent
dans leur sens propre; et l'on sait assez que,
dans leur sens propre, ils ne conviennent qu'à
une donation entre-vifs. *Donationes complures
sunt* (dit la loi 1re, *de donationibus*, au Digeste).
*Dat aliquis eâ mente, ut statim velit acci-
pientis fieri nec ullo casu ad se reverti, et
propter nullam aliam causam facit, quàm ut
liberalitatem exerceat :* HÆC PROPRIÈ DONATIO
APPELLATUR. *Dat aliquis eâ mente ut tunc
demum accipientis fiat cùm aliquid secutum
fuerit :* NON PROPRIÈ DONATIO APELLABITUR, *sed
totum hoc donatio sub conditione est. Item cùm
quis eâ mente dat, ut statim quidem faciat accipientis, si tamen aliquid factum fuerit, velit
ad se reverti :* NON PROPRIÈ DONATIO DICITUR, *sed
totum hoc donatio est quæ sub conditione sol-
vitur,* QUALIS EST MORTIS CAUSA DONATIO.

De là, la conséquence que, dans le doute, une
donation doit être présumée entre-vifs plutôt qu'à
cause de mort; et c'est ce qu'enseignent tous les
auteurs : Voët, Ménochius, Furgole, Ferrière, etc.

Ainsi, point de testament sans expressions qui
indiquent manifestement l'intention de disposer à
cause de mort; et par conséquent point de testament toutes les fois que l'on dispose en termes qui
caractérisent une donation actuelle (1).

(1) M. Merlin, *loc. cit.*

C***. Reste toujours à savoir si ces termes, je donne mes biens ou telle partie de mes biens à telle personne, ou autre disposition semblable, caractérise effectivement une donation actuelle ou entre-vifs, à tel point qu'elle ne puisse pas s'entendre aussi bien d'une donation à cause de mort. Dites tant qu'il vous plaira, avec la loi 1re, ff. *de donat.*, que la donation entre-vifs s'appelle proprement donation, *propriè donatio appellatur;* qu'au contraire la donation à cause de mort s'appelle moins proprement ou improprement donation, *non propriè donatio dicitur;* toujours est-il que cette dernière espèce de disposition s'appelle aussi *donation*, quoique cette appellation soit moins exacte ou lui convienne moins proprement qu'à la première.

Mais quoi donc! voulez-vous, pour une locution peu exacte ou impropre dont se sera servi un homme étranger aux subtiles définitions et distinctions du droit et de ses commentateurs, voulez-vous, dis-je, annuler ou laisser sans effet les dernières dispositions d'un mourant, ces dispositions que toujours et partout on a entourées de tant de faveur et de protection! *Ultima voluntas tuenda est; dicat, et erit lex.* « L'obligation de donner aux mots le sens consacré par l'usage, est moins rigoureuse, dit M. Toullier, dans les actes de dernières volontés que dans les actes entre-vifs. En donnant aux mots un sens autre que le sens propre et ordinaire, un sens plus ou moins étendu, le testateur court le risque de n'être pas

compris ou de l'être mal ; mais il ne trompe personne, il ne préjudicie à aucun droit acquis par
une autre personne. C'est par cette raison que les
lois se montrent plus indulgentes dans l'interprétation des testamens; elles établissent pour maxime
qu'il faut interpréter les testamens plus pleinement
que les conventions, *in testamentis plenius vo-*
luntates testantium interpretantur. Loi 12, ff.
de R. J. *In contractibus plena, in testamentis*
plenior interpretatio est adhibenda. Cap. 6; 10
de donat.

« *Plenius, plenior :* une interprétation pleine
ou entière, dans le langage des jurisconsultes, est
celle qui tend à ne rien retrancher à cause de l'obscurité des dispositions, qui cherche à les appliquer
dans toute leur étendue, de manière qu'elles aient
une pleine et entière exécution, sans rien abandonner de ce qui paraît obscur. S'il y a de l'ambiguité ou de justes motifs de croire que le testateur
a employé les mots dans un autre sens que le sens
consacré par l'usage, il faut leur donner le sens
dans lequel il est à croire qu'il les a entendus.

« *Cùm in testamento ambiguè aut etiam per-*
peràm scriptum est, benignè interpretari et
secundùm id quod credibile est cogitatum,
credendum est. L. 24, *de reb. dub.* » (M. Toullier, tom. 6, nos 310, 312.)

A toutes ces maximes, ajoutons celles-ci, qui
ne sont pas moins vraies, et qui sont aussi les
premières règles à suivre en cette matière : *pri-*
mum locum voluntas defuncti obtinet; voluntas

magis quàm verba intuenda est. In ambiguo sermone non utrumque dicimus, sed id duntaxat, quod volumus. Ll. 19, ff. *de cond. et dem.;* 16, Cod. *de fideic.;* 3, ff. *de reb. dub.*

Eh bien donc, maintenant, qu'a pensé, qu'a voulu faire l'auteur de l'écrit dont nous parlons? Une donation entre-vifs? Mais une donation entre-vifs ne peut être faite dans cette forme; et ainsi sa disposition serait nulle et sans effet; or il n'est pas croyable qu'il ait voulu faire un acte inutile et dérisoire. Ce n'est donc plus alors qu'une donation à cause de mort qu'il a effectivement voulu faire, puisque, à la différence de la donation entre-vifs, la donation à cause de mort peut fort bien se faire de cette manière. Voilà donc vraiment ce qu'il est raisonnable et nécessaire de croire qu'il a entendu et voulu faire, *id quod credibile est cogitatum, credendum est;* je dis nécessaire, puisqu'aussi bien c'est là encore une des règles fondamentales de la matière, que tout acte soit interprété plutôt dans le sens avec lequel il peut avoir quelque effet, que dans le sens avec lequel il n'en pourrait produire aucun, *potiùs ut valeat quàm ut pereat;* c'est ainsi qu'il DOIT être entendu, aux termes de l'art. 1157 du Code.

N***. Ce principe est vrai à l'égard de toute disposition qui, portant à l'extérieur un caractère particulier, ne présente des doutes que sur le fond des choses qui en sont l'objet. Mais il cesse d'être applicable, lorsque, la disposition étant conçue dans des termes qui caractérisent manifestement

un genre de disposition, l'on voudrait, pour lui
conserver son effet, la métamorphoser en une
disposition d'un autre genre. Par exemple, un
testateur lègue à *Pierre*, son cousin germain, une
somme d'argent. Il se trouve, après sa mort, avoir
laissé deux cousins germains nommés *Pierre*,
l'un qui est capable de recevoir, l'autre qui en
est incapable. Lequel des deux est-il censé avoir
voulu gratifier? Sans contredit, c'est celui qui est
capable de recevoir, puisqu'autrement sa disposition serait nulle. Mais si, par un acte sous seing-
privé, je déclare purement et simplement donner
tel bien, je ne fais point un testament, je ne fais
qu'une donation entre-vifs; et l'on ne pourra pas,
sous le prétexte que ma disposition est nulle comme
donation entre-vifs, demander qu'elle soit exécutée comme testament; car ce serait intervertir ma
volonté; ce serait me prêter une intention que je
n'ai pas eue; ce serait mettre un testateur à la place
d'un donateur entre-vifs. On peut seulement dire
alors, que j'ai fait, par un acte sous seing-privé, ce
que je ne pouvais pas faire; et ce que je pouvais
faire par un acte semblable, je ne l'ai point fait.
Feci quod non potui; quod potui, non feci.

Une donation entre-vifs, un testament, sont des
actes dont toute la valeur est dans leur solennité,
et dont toute la solennité est dans leurs formes.
Si, en faisant un testament ou une donation entre-
vifs, on néglige les formes qui leur sont propres,
qu'est-on censé avoir voulu faire? Rien. La loi
présume alors qu'on a rédigé un acte défectueux,

pour se dérober à des suggestions importunes, en paraissant y céder ; elle présume qu'en faisant semblant de disposer, on n'a réellement voulu faire aucune disposition. Et c'est ce qui répond à l'argument tiré du principe que, dans le doute, une disposition doit être interprétée plutôt dans le sens propre à lui donner son effet, que dans le sens qui tendrait à l'anéantir (1).

C***. Cette dernière explication n'a rien de plausible. D'abord, et en général, on ne doit pas supposer le crime ou le mal, et par conséquent des obsessions ou importunités de nature à imposer l'espèce de contrainte morale dont un écrit du genre de celui dont nous parlons serait le fruit.

Ensuite, et du moment qu'on suppose une disposition extorquée de cette manière, il faut supposer aussi que les personnes qui auront voulu se faire avantager auront exigé, de manière ou d'autre, une disposition régulière et en forme; qu'elles ne se seront pas contentées d'un écrit informe et insignifiant, incapable de produire le moindre effet; et qu'ainsi l'auteur d'un tel écrit ne se serait point, en le faisant, soustrait aux importunités dont il avait à souffrir.

Rien donc de moins plausible, je le répète, que votre explication; et certes vous ne pourriez pas soutenir que c'est là ce qu'il y a de plus croyable, et y appliquer cette maxime, *id quod credibile est cogitatum, credendum est.*

Cette explication écartée, que reste-t-il donc

(1) M. Merlin, *cod. loc.*

qu'on puisse croire en effet qu'ait pensé et voulu
l'auteur de l'écrit ? Qu'est-il censé avoir voulu
faire ? Rien, dites-vous. Rien ! Mais c'est précisément ce que la loi, d'accord avec la raison, défend
de supposer, lorsqu'elle commande d'entendre les
actes plutôt dans le sens propre à leur faire produire leurs effets, que dans le sens qui tendrait à
les anéantir.

Mais, dites-vous, une donation entre-vifs, un
testament, sont des actes dont toute la valeur est
dans leur solennité, et dont toute la solennité est
dans leurs formes. Soit; mais quelles sont donc les
formes d'un testament olographe ? Il doit être écrit
en entier, daté et signé de la main du testateur : *il
n'est assujetti à aucune autre forme.* C'est ce
que dit littéralement l'art. 970.

Ainsi donc, suivant cet article, un testament
olographe est valable par cela seul qu'il est écrit,
daté et signé de la main du testateur, *et il n'est
assujetti à aucune autre forme.* Il n'est donc pas
nécessaire qu'il ait un intitulé quelconque, un
préambule particulier ; qu'il porte une adresse ou
une souscription; que les dispositions qu'il contient
soient rédigées suivant certaines formules ou pro-
tocoles; qu'elles soient plus ou moins longues;
enfin que le testateur parle au futur plutôt qu'au
présent ; et personne n'ignore que les dispositions
testamentaires sont plus ordinairement rédigées au
présent qu'au futur : je donne, je donne et lègue,
j'entends que, etc.

Comment dès-lors ne pas voir dans l'acte que

nous supposons, acte entièrement écrit, daté et
signé de la main de celui qui l'a fait, la réunion
de toutes les conditions ou de toutes les formes
requises pour la validité d'un testament olographe?
Il ne contient pas la mention expresse que c'est un
testament, qu'il contient une disposition à cause de
mort, ou autre semblable! Eh! qu'importe? Où
est la loi qui prescrive une pareille énonciation,
qui ajoute cette quatrième *forme* ou condition aux
trois qui sont *seules* exigées par l'art. 970?

N***. Sans doute il n'est pas de l'essence du
testament olographe que l'acte présenté comme tel
contienne l'énonciation qu'il a été écrit dans l'intention de disposer à cause de mort; mais il faut
du moins, et je crois l'avoir démontré, que cette
intention résulte implicitement des termes dans
lesquels il est conçu (1).

C***. Mais c'est précisément là même ce que
j'appelle ajouter une quatrième *forme* ou condition
à celles prescrites par l'art. 970. Et pourquoi donc
faudrait-il si absolument que cette intention résultât des termes mêmes de l'acte? La saine raison
ne nous dit-elle pas qu'il doit suffire que l'intention de disposer pour le temps où l'on ne sera plus,
résulte soit de la nature et des termes de la disposition, soit des circonstances qui l'ont accompagnée?

« S'il y a des expressions, dit Domat, qui ne

(1) M. Merlin, *ibid.*, tom. 17, 3ᵉ édit.

« soient pas déterminées à un sens précis, par la
« signification naturelle des termes, et qu'il y ait
« quelque obscurité, quelque ambiguité, ou autre
« défaut qui rende incertain ce que le testateur a
« voulu exprimer, ces sortes d'expressions seront
« interprétées par les preuves que pourront don-
« ner de sa *volonté* les différentes *circonstances*
« qui pourront y servir. » (2ᵉ part., liv. 3, tit. 1,
sect. 6, art. 8).

Eh bien! quand nous voyons un acte rédigé
avec tout le soin et dans toutes les formes littéralement exigées par la loi pour la validité des testamens olographes ; un acte fait en secret, sans
intervention ni acceptation de personne ; un acte
conservé par son auteur jusqu'à son décès, de manière à ce qu'il ne paraisse et ne puisse être mis à
exécution qu'après son décès; un acte qu'il sait bien
d'ailleurs ne pouvoir produire d'effet de son vivant,
parce qu'il est nul comme donation entre-vifs,
nul pour n'être pas dans la forme rigoureusement
prescrite pour la validité de ces sortes de dispositions, nul encore pour défaut de concours et
d'acceptation du donataire ou des donataires ; un
acte par lequel il transmet sa fortune ou ses biens
à d'autres personnes sans se rien réserver pour lui-
même ; quand, dis-je, nous voyons un tel acte et
de pareilles circonstances, pouvons-nous raisonnablement, et de bonne foi, douter de la véritable
intention de l'auteur de cet acte? Pouvons-nous
croire sérieusement, qu'il n'ait entendu faire qu'une
simple note, qu'un simple projet ou brouillon?

Comme si un projet, une note, etc., était jamais fait avec ce soin exact et minutieux! comme s'il était naturel surtout, et ordinaire, d'y mettre la date et d'y apposer sa signature!

Pouvons-nous croire, d'un autre côté, qu'il ait entendu faire une donation entre-vifs, c'est-à-dire, aux termes de l'art. 894, un acte par lequel il se soit dépouillé actuellement et irrévocablement de ses biens?

N'est-il pas plus naturel de croire que sa véritable et unique intention a été de disposer de ses biens pour le temps où il n'existerait plus, c'est-à-dire de faire un testament (art. 895)? Vous-même reconnaissez bien, d'après les lois romaines que vous venez de citer, un testament ou une donation à cause de mort dans un écrit portant donation pure et simple, par cela seul que l'auteur de cet écrit aurait ordonné, soit dans l'écrit lui-même, soit même hors de l'écrit et sans y en rien dire, qu'il ne fût représenté ou remis qu'après sa mort! Comment donc vous refusez-vous à voir une disposition de la même nature dans un écrit, portant également donation, et que son auteur aura retenu par-devers lui, de manière à ce qu'il ne parût aussi et ne pût produire d'effet qu'après sa mort? Évidemment, et à en juger par vos propres principes, un tel écrit contient une disposition à cause de mort; évidemment, c'est un acte par lequel son auteur dispose, *pour le temps où il n'existera plus*, de tout ou partie de ses biens, et qu'il peut révoquer ; c'est donc un testament, art. 895.

Encore une fois, s'il ne contient pas la mention expresse, ou équivalente, que c'est effectivement pour le temps où il n'existera plus que son auteur a entendu disposer, cette intention ressort manifestement de toutes les circonstances; tout annonce que telle a été la volonté de ce dernier ; il est plus que croyable que telle a été sa pensée : eh bien ! cela suffit; *secundùm id quod credibile est cogitatum, credendum est ; primum locum voluntas defuncti obtinet; voluntas magis quàm verba intuenda est; etc., etc.*

DIALOGUE 29.

C***. Est-ce à l'héritier légitime ou au légataire universel à faire vérifier le testament olographe dont l'écriture n'est pas reconnue? En d'autres termes, est-ce au légataire à prouver la vérité de l'écriture et de la signature? ou bien, est-ce à l'héritier légitime à en prouver la fausseté ?

N***. Que ce soit au légataire ou héritier institué par le testament à faire vérifier le testament, si l'héritier naturel, c'est-à-dire, celui qui est appelé par la loi, déclare ne point reconnaître les écriture et signature du testateur, c'est une proposition incontestable. Mais cela ne doit être entendu que dans la règle générale, que lorsque les difficultés s'élèvent d'entrée de cause, et que le porteur du testament n'a point obtenu du président du Tribunal une ordonnance d'envoi en possession, dans les cas où cet envoi a lieu; car si cet envoi en possession est ordonné, alors les idées ne sont plus les mêmes. L'obligation de faire vérifier le testament devient à la charge de l'héritier naturel. Il doit tout prouver, tout établir, pour faire crouler le testament (1).

C***. Et pourquoi cela? Pourquoi cette différence entre le cas où le légataire a été envoyé en possession et le cas où il ne l'a pas été? Pourquoi l'héritier, dans un cas comme dans l'autre, ne pourrait-il pas se contenter de ne point reconnaître l'écriture ou la signature du défunt? Car enfin, dans un cas comme dans l'autre, le testament olographe est-il autre chose qu'un acte sous seing privé? Et la loi ne déclare-t-elle pas, en principe général et sans distinction, que « les héritiers ou ayans-cause peuvent se contenter de déclarer qu'ils ne connaissent point l'écriture ou la signature de leur auteur » (art. 1323)?

N***. Sans doute, le testament olographe est, par sa nature, un acte sous seing privé; et comme tout acte sous seing privé est sujet à la vérification en justice, lorsque l'écriture et la signature n'en

(1) M. Grenier, Donations, tom. 1, n° 292 quat.

sont pas reconnues (1323, 1324), les héritiers du sang peuvent empêcher l'envoi en possession, et arrêter l'exécution du testament, en déclarant qu'ils ne connaissent pas l'écriture ni la signature, parce que le procès-verbal de l'ouverture et de l'état du testament et son dépôt chez un notaire, attestent bien qu'un acte a été remis comme testament olographe ; mais ils n'assurent point que l'acte soit écrit, daté et signé de la personne à laquelle le testament est attribué.

L'existence du testament étant incertaine jusqu'à la vérification, il ne s'agit point d'ôter la provision à l'acte, mais de savoir s'il en existe un ; la preuve est donc à la charge de l'héritier institué ou légataire universel. C'est à lui de faire vérifier l'écriture et la signature du testateur ; en un mot, c'est à lui de prouver que le titre qu'il présente est vrai.

Mais il en est autrement, si l'héritier institué a été envoyé en possession en vertu de l'art. 1008, sans opposition de la part des héritiers du sang. Il a dans ce cas en sa faveur, et titre déclaré exécutoire, et possession ; il a de plein droit la saisine légale ; il ne peut perdre cette prérogative que par l'anéantissement de son titre ; en un mot, il n'a rien à demander aux héritiers du sang. S'ils veulent attaquer son titre, ils sont obligés de venir par voie d'action, et par conséquent de prouver que leur demande est fondée ; c'est donc sur eux que tombe le fardeau de la preuve ; c'est à eux de prouver que le testament n'est pas écrit ou signé par le testateur, et de faire vérifier l'écriture et la signature.

Il est donc extrêmement important pour les héritiers du sang de s'opposer avant que l'héritier institué soit envoyé en possession ; car, d'après cet envoi, la provision lui appartient en vertu de son titre, comme s'il était institué par un testament public et authentique. (1)

C***. C'est donc ainsi et par là que vous punissez la négligence des héritiers à former opposition avant que l'héritier institué soit envoyé en possession. Mais quoi ! S'ils étaient absens ou éloignés ; s'ils ne se trouvaient pas, au moment du décès du testateur, à même de prévenir par une opposition l'ordonnance d'envoi en possession qui pourrait être demandée et accordée sur le vu du testament ; s'ils ne connaissaient pas ce testament, etc. ; y aurait-il de leur part une négligence punissable ? serait-il juste de les punir d'une telle circonstance comme d'une faute ? de les en punir par la perte d'un privilège ou bénéfice de droit commun, de ce privilège accordé généralement et sans distinction à tous héritiers de se contenter, lorsqu'on leur oppose un acte sous seing-privé émané ou prétendu émané de leur auteur, de ne point reconnaître l'écriture ou la signature de ce dernier ?

Et quand bien même ils auraient connu le testament, quand même pouvant s'opposer à l'envoi en possession ils ne l'auraient point fait, qu'est-ce

(1) M. Toullier, tom. 5 ; nos 502, 503.

que cela prouve, et que peut-on inférer de ce silence? Qu'ils ont reconnu et approuvé le testament? Évidemment non; car il est possible qu'ils
n'eussent point encore pris une suffisante connaissance du testament, qu'ils eussent encore des
doutes sur l'écriture ou la signature, qu'ils aient
voulu se ménager le temps d'examiner plus à fond,
de faire des recherches, des comparaisons, afin de
se décider en complète connaissance de cause.
Certes, voilà une explication très plausible donnée
à leur conduite; et cela sans doute suffit bien pour
empêcher qu'on infère de leur silence une reconnaissance et une approbation tacites ou indirectes
du testament.

Mais, dites-vous, le légataire une fois envoyé
en possession n'a rien à demander aux héritiers du
sang; c'est à eux, s'ils veulent le forcer à leur re-
lâcher ce qu'il possède, de venir par voie d'action,
et par conséquent de prouver que leur demande
est fondée. J'en conviens; ils sont demandeurs, et,
comme tels, obligés de prouver, *actoris est probare; onus probandi incumbit ei qui dicit,
non ei qui negat.* Mais qu'ont-ils donc réellement
à prouver pour réussir dans leur demande? Une
seule chose : qu'ils sont héritiers; qu'ils sont
appelés par la loi à la succession de leur parent
décédé.

Une fois leur parenté (au degré successible)
établie ou reconnue, leur preuve est toute faite,
leur demande est suffisamment justifiée; car, du
reste, ils ont dans la *loi* (qui les appelle à suc-

céder) un titre, un titre *légitime*, sans doute, et bien suffisant.

Dans cette position, que fait le défendeur, le légataire ou héritier institué? Il répond, il *dit* et soutient que, si les demandeurs sont appelés par la loi, il l'est, lui, par le défunt lui-même, et qu'il a dans cette vocation ou institution formelle un titre supérieur à celui de ses adversaires et qui l'anéantit. Fort bien. Mais ce fait qu'il met ainsi en avant et dont il *excipe* contre eux, ils le *nient*. Qu'il le prouve donc alors, puisque c'est à celui qui dit une chose à la prouver, *onus probandi incumbit ei qui dicit, non ei qui negat;* et puisque aussi, d'ailleurs, il devient demandeur dans son exception, et que c'est au demandeur à prouver, *reus excipiendo fit actor; actoris est probare.*

Il produit un testament qu'il dit et qui paraît l'ouvrage du défunt. Mais est-ce bien vraiment l'ouvrage du défunt? L'écriture et la signature sont-elles vraiment de sa main? Les héritiers ne reconnaissent ni l'une ni l'autre; et la loi, fidèle au principe que ce n'est point à celui qui nie, mais bien à celui qui affirme, qu'incombe le fardeau de la preuve, *ei qui dicit, non ei qui negat,* les dispense de toute preuve, en disant qu'ils peuvent se contenter de ne point reconnaître l'écriture ou la signature de leur auteur (art. 1323); et assurément cette disposition s'applique aux testamens olographes comme à tous autres actes sous seing privé, puisqu'ils ne sont pas autre chose eux-mêmes, vous le reconnaissez, que des actes sous seing privé, sujets à vérification, et qui ne font aucune foi tant qu'ils ne sont pas reconnus ou légalement tenus pour reconnus (art. 1322, 1323, 1324).

Comment donc alors, et ici, faire une distinction, apporter une exception au principe si général et si absolu de ces articles, sous prétexte d'un envoi en possession surpris ou obtenu en l'absence des héritiers, sans contradiction ni défense de leur part?

N***. C'était à eux de former opposition à l'ordonnance d'envoi en possession, et de ne la point laisser passer en force de chose jugée.

C***. Comme si jamais un acte judiciaire, dans lequel une personne n'a été ni partie ni appelée, pouvait acquérir, sans l'acquiescement formel de cette personne, l'autorité de la chose jugée! comme s'il y avait là jugement, chose jugée, là, dis-je, dans une simple formalité, dans une procédure où l'on n'examine en aucune manière le fond même du droit, mais seulement la forme et l'apparence! car enfin, l'ordonnance d'envoi en possession est-elle, je vous le demande, autre chose qu'une affaire de pure forme?

N***. C'est une simple ordonnance de forme, j'en conviens, non pas du Tribunal, mais du président, chargé par la loi d'imprimer au testament olographe le caractère de publicité qui lui manque, l'exécution parée qu'il n'avait pas. Si le testament paraît au premier aspect, *in primâ* *figurâ*, revêtu de toutes les solennités extérieures, le juge doit mettre l'héritier institué en possession de l'hérédité, sans nuire ni préjudicier aux droits de l'héritier légitime ; car l'envoi en possession, ordonné par l'art. 1008, ne peut jamais leur préjudicier. Au contraire, le juge doit accorder la possession provisoire à l'héritier légitime, si le testament présente des vices de forme apparens, s'il paraissait rayé, raturé, etc. (1).

C***. Comment voulez-vous donc alors qu'une simple ordonnance de forme, rendue sans contradiction ni défense, et le plus souvent même à l'insu de l'héritier légitime, par un juge qui ne doit s'arrêter effectivement qu'à la forme, qu'à l'apparence, qu'au premier aspect, qu'un envoi en possession qui ne peut jamais nuire ni préjudicier aux droits de l'héritier légitime, ait cependant pour résultat de dépouiller l'héritier légitime du droit incontestable qu'il tient de la loi, de rejeter sur l'héritier institué tout le fardeau de la preuve en refusant de reconnaître l'écriture ou la signature du défunt ? Véritablement il y a ici contradiction. Et il est certain du reste que l'ordonnance ou formalité en question ne constate en aucune manière ni ne fait même présumer que l'acte soit réellement écrit, daté et signé de la main de la personne à laquelle le testament est attribué, pas plus que ne l'assurent, de votre propre aveu, le procès-verbal de l'ouverture et de l'état du tes-

(1) M. Toullier, tom. 5, nos 497, 499.

tament, et son dépôt chez un notaire. Car enfin,
je ne vois rien de plus, absolument rien, dans
l'une de ces formalités que dans l'autre, en ce qui
concerne notre question.

N***. Par l'envoi en possession, l'héritier
institué se trouve saisi de la succession; la saisine
de fait vient se joindre à la saisine de droit qu'il
avait déjà (art. 1006); et, je le répète, il ne peut
perdre cette prérogative que par l'anéantissement
de son titre, que par la preuve que le testament
n'est pas écrit ou signé par le défunt, preuve nécessairement à la charge des héritiers du sang (1).

C***. Sans doute! l'héritier institué est légalement saisi; mais le véritable héritier institué,
c'est-à-dire, celui qui commence par justifier
de son titre, de sa qualité d'héritier institué.
Il serait par trop singulier aussi, il faut en convenir, de voir un individu argumenter de sa prétendue saisine en qualité de légataire ou héritier
institué, pour prouver l'existence en lui de cette
même qualité, alors que la saisine elle-même est
essentiellement subordonnée, dans son existence,
à celle de la qualité en question! Que celui-là
donc qui se dit légataire, et saisi comme tel, commence par prouver qu'il est véritablement légataire;
autrement ou jusque-là, c'est l'héritier légitime
qui est véritablement et seul saisi de la succession
(art. 724); et ce n'est point à lui de prouver que
le premier n'a point réellement la qualité qu'il

_____

(1) MM. Toullier et Grenier, *loc. cit.*

prétend avoir, *onus probandi incumbit ei qui dicit, non ei qui negat ;* et quant au testament représenté, ce n'est qu'un acte sous seing privé, qui n'est ni reconnu, ni légalement tenu pour reconnu, qui ne peut donc faire aucune foi en justice, tant que la partie qui s'en prévaut ne l'aura pas vérifié et fait reconnaître (art. 1322, 1323, 1324).

DIALOGUE 30.

C***. Les servitudes (continues et apparentes) peuvent-elles s'acquérir par une prescription de dix ans entre présens, ou de vingt ans entre absens, s'il y a titre et bonne foi, bien entendu ?

N***. Je le pense. Ainsi, dans le cas où celui qui invoque la prescription aurait reçu de bonne foi, du non propriétaire, la servitude dont il s'agit, et en aurait joui pendant dix ans entre présens, et vingt ans entre absens (par rapport au maître de l'héritage), je pense qu'il peut valablement prétendre l'avoir acquise, comme il aurait, d'après les art. 2265 et 2266, acquis la propriété de l'immeuble lui-même, si c'eût été l'immeuble qui lui eût été vendu, donné, légué ou cédé. Qui peut le plus peut le moins. On ne voit pas pourquoi le législateur aurait eu égard au titre émané d'un tiers quand il s'agit de l'acquisition de la propriété, en ce sens qu'alors la prescription s'accomplit par une jouissance d'une bien moindre durée ; tandis que ce titre serait regardé comme non avenu lorsqu'il s'agirait seulement d'un droit de servitude (1).

C***. Cependant nous voyons l'art. 690 décider que les servitudes continues et apparentes s'acquièrent par titre, *ou par la possession de trente ans*. N'est-ce pas dire suffisamment qu'elles ne peuvent s'acquérir par une possession moindre de trente ans ? *Qui dicit de uno negat de altero.*

N***. Il est vrai que le Code, en parlant de l'établissement des servitudes, se borne à dire qu'elles s'acquièrent (sous certaines distinctions) par titre et par prescription (art. 690) ; et en ce qui touche la prescription elle-même, elle ne distingue pas entre le cas où celui qui réclame la servitude s'appuie sur un titre émané d'un tiers, et le cas où il n'y a pas de titre du tout : d'où il semblerait que, dans tous les cas, sa jouissance devrait être de trente années, puisqu'il n'a pas été fixé un laps de temps plus court. Mais on répond que si le Code, au titre *Des servitudes*, ne consacre pas la distinction, d'autre part il ne l'exclut pas non plus ; en conséquence, il y a lieu à l'application des principes du droit commun. Or, la prescription de dix et vingt ans, avec titre et bonne foi, est dans les termes du droit commun (2).

(1) M. Duranton, tom. 5, n° 5,3.
(2) M. Duranton, *loc. cit.*

C***. L'art. 2264 dit expressément que « les
« règles de la prescription sur d'autres objets que
« ceux mentionnés dans le présent titre, sont ex-
« pliquées dans les titres qui leur sont propres. »
Et remarquez bien que c'est précisément à propos
du temps nécessaire pour prescrire qu'est faite
cette disposition, puisqu'elle figure au chap. 5,
intitulé : *Du temps requis pour prescrire* (au
tit. de la prescription). Eh bien ! la règle concernant *le temps requis pour prescrire,* en matière
de servitudes, est expliquée au titre des servitudes,
dans l'art. 690 ; et nous voyons que ce temps,
c'est *trente* ans ; l'article le dit d'une manière générale, sans distinction ni exception. L'art 2265
devient donc par là tout-à-fait inapplicable.

N***. C'est une erreur de dire que le Code,
ici, exclut toute autre prescription que celle de
trente ans. L'art. 690 ne parle que de la prescription qui s'appuie sur la seule possession ; il ne
porte pas ses regards sur la prescription avec titre :
« Les servitudes continues et apparentes s'acquiè-
« rent *par titre,* ou *par la possession de trente*
« *ans.* » Dans ce dernier membre de la phrase, la
possession est séparée du titre; partant, il est naturel qu'elle ne conduise à la prescription que par le
délai de trente ans (1).

C***. L'art. 690 prévoit deux hypothèses
différentes: l'une, où il y a titre, c'est-à-dire,

_____

(1) M. Troplong, Prescription, tom. 2, n° 856.

concession émanée du propriétaire ; l'autre , où il
n'y a pas de titre ou concession semblable. Eh
bien ! que décide-t-il dans chacune de ces deux
hypothèses. Il décide , dans la première , que la
servitude s'acquiert par le titre même , ce qui va
sans dire ; et dans la seconde , que la possession
s'acquiert *par la possession de trente ans.* Remarquez bien ! il ne dit point qu'en ce dernier cas
la possession s'acquiert *par la prescription.* Ce
serait bien différent : alors en effet , et s'il s'exprimait ainsi, on serait fondé, certainement, à invoquer et à appliquer l'art. 2265 , puisque aussi bien,
et quoi qu'on en puisse dire , la servitude est un
immeuble (art. 526).

Mais non : encore une fois , l'art. 690 dit qu'à
défaut de titre émané du propriétaire , la servitude
s'acquiert *par la possession de trente ans ;* c'est-
à-dire , évidemment, ne s'acquiert , ne peut s'acquérir que par la possession de trente ans , puisque la loi ne reconnaît que trois manières d'acquérir les servitudes : titre (émané du propriétaire),
possession de trente ans, et destination du père de
famille (art. 690 , 692 , et arg. de la rubrique de
la section 2, où se trouvent ces articles , *Comment
s'établissent les servitudes.*)

Mais vous maintenant, que faites-vous ? Vous
venez interpréter ce même art. 690, qui exige absolument, et en tous cas sans distinction ni exception, ou un titre émané du propriétaire , ou une
possession de trente ans ; vous l'interprétez comme
s'il disait : les servitudes s'acquièrent par titre , ou

par la possession de trente ans, ou même encore
par une simple possession de dix ou vingt ans dans
certains cas, c'est-à-dire, quand il y a titre émané
d'un autre que le propriétaire, et bonne foi. Or
donc, je vous le demande, est-ce là se conformer
à la loi, ou si ce n'est pas plutôt, manifestement,
la faire soi-même, ou pour mieux dire, la refaire,
la réformer? La loi dit qu'à défaut de titre réel,
une possession de trente ans est nécessaire en tous
cas, puisqu'encore une fois elle parle en termes
généraux et absolus; et vous, vous dites qu'une
possession de trente ans n'est pas nécessaire en tous
cas, qu'elle ne l'est pas lorsqu'il y a titre putatif et
bonne foi !

Au surplus, la disposition particulière de l'art.
690 s'explique et se justifie d'elle-même; l'admission de la prescription de dix ou vingt ans en matière de servitudes présenterait de graves inconvéniens ; elle serait pleine de dangers pour les
propriétaires qui ne cultivent pas par eux-mêmes
leurs héritages : un fermier, un colon partiaire, ou
tout autre détenteur à titre précaire, pourrait facilement, à l'insu du maître, fournir à un voisin
un titre qui serait pour lui le moyen d'acquérir
promptement la servitude.

N***. Cette observation n'est ni fondée ni
concluante, parce qu'elle s'appliquerait également
au cas où le fermier, par exemple, au lieu de conférer au voisin un titre de servitude, lui aurait
conféré un titre de propriété; et d'après l'art.
2238, combiné avec l'art. 2265, celui-ci pourrait

très bien prescrire par dix ans entre présens , et
vingt ans entre absens. Remarquez d'ailleurs que
j'exige en lui la bonne foi, que je veux qu'il crût ,
lors de la concession , que le concédant n'était pas
un fermier, mais bien un propriétaire. D'après
cela , il n'y a pas plus d'inconvéniens à craindre en
ce qui touche la servitude , qu'en ce qui concerne
la propriété elle-même , surtout si l'on songe que
le propriétaire aurait une action en dommages-
intérêts contre le fermier qui aurait ainsi porté
atteinte à ses droits; ce qui est une garantie de plus
contre les abus que l'on pourrait redouter. (1)

C * ** C'est une garantie qui pourrait devenir
illusoire par l'insolvabilité du fermier ; et puis
d'ailleurs , à quoi aboutirait-elle ? à une somme
d'argent. Mais combien de propriétaires préfére-
raient encore conserver leur propriété libre et sans
charge !

C'est à tort, du reste, que vous comparez ici la
servitude à la propriété. Que la propriété soit assu-
jettie à la prescription de dix ou vingt ans, il n'y a
point là d'injustice contre le propriétaire. Celui-ci
en effet, pendant le cours de ces dix ou vingt ans
de prescription , ne possédait ni par lui-même , ni
par un autre qui possédât pour lui et en son nom ;
c'est un étranger qui possédait seul et *pro suo*; et
certes il y avait bien là de quoi donner l'éveil à son
attention ; c'était un avertissement assez éclatant,
assez frappant; de sorte que s'il a gardé le même

(1) M. Duranton , *ibid.*

silence pendant tout ce temps, c'est qu'il a reconnu n'avoir ni droit ni qualité pour expulser
le possesseur : c'est du moins ce que présume la
loi, et pourquoi elle fait courir et acquérir la prescription contre lui. Il n'a donc point à se plaindre;
il ne peut d'ailleurs que s'en prendre à sa propre
négligence.

Mais en fait de servitudes, ce n'est plus cela :
le propriétaire, en ce cas, n'a jamais cessé de posséder par lui ou ses fermiers, etc.; il n'a jamais vu
un tiers posséder à sa place et à son préjudice; et
tant qu'il s'est vu ou su en possession, il n'a pas
dû songer à venir tout exprès dans ses terres pour y
apporter *l'œil du maître*, je veux dire, pour rechercher et examiner minutieusement s'il n'y avait
pas quelque fenêtre ou quelque gouttière ou quelque autre chose semblable, pratiquée par un voisin
contre ou sur sa propriété; même s'il l'habitait
personnellement, il a bien pu oublier ou négliger
de faire un pareil examen; ou bien, s'il s'est aperçu
du nouvel œuvre, n'y pas faire grande attention,
n'y pas attacher beaucoup d'importance, se tenir
tranquille et s'en reposer du reste sur la loi elle-
même qu'il savait exiger, pour l'acquisition des
servitudes, ou un titre, ou *une possession de
trente ans.* Que si l'on vient cependant, après cela,
déclarer la servitude acquise contre lui par une
simple possession de dix ou de vingt ans, n'aura-
t-on donc pas, la loi elle-même n'aura-t-elle donc
pas tendu véritablement un piège à sa bonne foi,
en lui inspirant ainsi la fausse confiance dans laquelle il se sera endormi?

Sur quel motif, après tout, s'est-on fondé pour
décider que les servitudes pourraient s'acquérir par
la possession de trente ans? Sur ce que « des actes journaliers et patens, exercés *pendant si long-*
temps (pendant trente ans), ont un caractère propre à faire présumer le consentement du propriétaire. » C'est ce que disait en propres termes l'orateur du Gouvernement, M. Berlier, dans l'Exposé
des motifs (tom. 4, pag. 121), pour justifier cette
proposition ou disposition que « les servitudes continues et apparentes pourront s'acquérir par une
possession *trentenaire*. » Il est donc certain que
le consentement du propriétaire n'est présumé par
la loi, que lorsqu'il a toléré *pendant trente ans*
l'exercice ou la possession de la servitude; il est
donc certain que ce n'est que pour ce cas unique
d'une possession *trentenaire* qu'a été conçu, proposé et adopté l'art. 690, dans sa disposition par
laquelle il déclare les servitudes susceptibles de
s'acquérir par la possession; et son texte, enfin,
est conforme à son esprit, puisqu'il ne parle aussi
que d'une possession de *trente ans*.

Dans votre système, au contraire, il faudrait
voir dans la tolérance du propriétaire continuée
seulement pendant *dix ou vingt ans,* au lieu de
trente, un consentement présumé, comme si
l'existence d'un titre putatif, émané d'un étranger,
sans que le propriétaire en eût ni ne pût en avoir
connaissance, pouvait changer en rien la nature
ou le caractère des actes constitutifs de la servi-

tude, et rendre la possession plus éclatante et plus menaçante!

Dans le doute, enfin, l'interprétation ici doit se faire dans un sens favorable au propriétaire. Ainsi le demandent la faveur naturellement due à la liberté des héritages et à la franchise des propriétés, et l'esprit qui a principalement animé le législateur dans la confection du système de lois relatives aux servitudes. « Au surplus, disait le même orateur, M. Berlier, en terminant l'Exposé des motifs, le but essentiel de toute la partie du projet relative aux servitudes qui s'établissent par le fait de l'homme, a été de les protéger, *mais de les circonscrire dans les limites précises de leur établissement; ainsi le voulait la faveur due à la liberté des héritages et à la franchise des propriétés.* »

DIALOGUE 31.

C***. Peut-on contracter par lettres, par correspondance?

N***. Non, suivant le Code civil, art. 1325 (1).

C***. Est-il possible que le Code ait réellement

(1) M. Toullier, tom. 8, no 325.

fait une semblable innovation, qu'il ait ôté aux
particuliers la faculté de contracter par lettres
missives? cette faculté si naturelle, si convenable,
et, de plus, confirmée par les anciens principes!
Paul dit, dans la loi 1 § 2 ff. *De cont. empt.*,
que la vente peut se contracter par lettres missives.
Pothier dit de même, dans son traité du *Contrat
de louage* n. 47, que « dans les contrats de louage
« de même que dans celui de vente et dans les au-
« tres contrats, le consentement des parties con-
« tractantes, lorsqu'elles ne sont pas présentes,
« peut intervenir *per nuntium aut* PER EPISTO-
« LAM. » Et le Code aurait dit ou entendu dire le
contraire! il aurait rejeté cette doctrine si sage et
si universellement adoptée!

N***. Il n'est que trop vrai; et c'est ce qu'il a
fait en adoptant trop légèrement la doctrine nouvelle de la nécessité des actes doubles, de laquelle
il résulte qu'on ne peut plus en France contracter
aujourd'hui par lettres avec sûreté, *per epistolam.*

Cependant, suivant la doctrine des moralistes et
des jurisconsultes de tous les temps et de tous les
pays, lorsqu'à une proposition faite par une lettre
missive, celui à qui elle est adressée a répondu par
une autre lettre missive, de manière à ne pas laisser
de doute sur son acceptation, le contrat est formé;
il est parfait, il oblige les deux parties. Par exemple, je vous mande que je suis dans l'intention de
vendre le fonds cornélien, qui vous convient, et
que j'en trouve 20,000 fr.; mais que, par égard pour
notre ancienne amitié, je vous en offre la préfé-

rence, et consens à vous le vendre moyennant cette
même somme de 20,000 fr. payable dans six mois,
vous priant de me répondre, parce qu'en cas d'acceptation, je regarderai la vente comme irrévocablement conclue. Vous me répondez en me déclarant que vous acceptez mes offres, et que vous
consentez à acheter le fonds cornélien 20,000 fr.,
que vous vous obligez de me payer dans six mois ;
qu'ainsi la vente est conclue.

Voilà bien un contrat parfait suivant le droit
naturel et suivant le droit romain ; il l'est également
en droit français, puisque l'art. 1583 du Code
porte que la vente *est parfaite entre les parties,*
et que la propriété est acquise de droit à l'acheteur,
à l'égard du vendeur, dès qu'on est convenu de la
chose et du prix.

Mais ces deux lettres si précises forment-elles une
preuve suffisante de l'existence du contrat ? Non,
suivant le même Code civil, art. 1325 ; et si vous
voulez manquer à votre parole, la loi vous en offre
le moyen ; vous pourrez me dire impudemment : je
ne suis point légalement engagé, parce qu'il n'y a
point d'écrit double ; vous pouviez supprimer ma
réponse, comme je pouvais supprimer votre lettre (1).

C ***. Cependant, je vois que nos législateurs
ont expressément décidé le contraire dans l'art.
109 du Code de commerce, lequel porte : « Les

_____

(1) M. Toullier, *loc. cit.*

« achats et les ventes se constatent *par la corres-*
« *pondance.* »

N ***. Oui ; mais ce n'est là qu'une disposition
exceptionnelle. La faveur du commerce et la nécessité ont contraint le législateur d'en revenir,
dans cet article 109, à la raison et à la bonne foi.
Et ainsi, des lettres missives suffiront devant les
tribunaux de commerce, pour prouver la vente
d'une partie de marchandises de 300,000 fr., et
elles ne suffiront pas devant les tribunaux civils,
pour prouver la vente d'un cheval ou celle d'un
petit coin de terre de 300 fr. Quelle législation ! (1)

C ***. Vous avez bien raison de vous récrier
ainsi, s'il est vrai que la disposition de l'art. 109 du
Code de commerce doive être considérée comme
une exception au droit commun, et comme une
preuve, par conséquent, que le droit commun refuse aux non commerçans la faculté de prouver les
achats et les ventes par la correspondance. Mais en
est-il vraiment ainsi ? Je ne le crois pas.

L'art. 109 dit : « Les achats et les ventes se cons-
« tatent *par actes publics, par actes sous signa-*
« *tures privées,* par le bordereau ou arrêté d'un
« agent de change ou courtier dûment signé par
« les parties, par une facture acceptée, par la *cor-*
« *respondance,* par les livres des parties, par la
« preuve testimoniale, dans les cas où le tribunal
« croira devoir l'admettre. »

D'abord, de ce que la *correspondance* figure

(1) M. Toullier, d° l°.

au nombre des divers modes de preuve signalés
dans cet article, il ne s'ensuit point assurément
que les commerçans soient les seuls entre lesquels
elle puisse être employée pour constater les achats
et les ventes en matière commerciale ou non commerciale, pas plus qu'il ne résulte du même article
que les commerçans soient les seuls également qui
puissent se servir dans le même but des *actes publics* et des *actes sous signatures privées*.

Ensuite, voyez comme cet article distingue soi-
gneusement la *correspondance* d'avec les *actes
sous signatures privées*. Ce n'est donc pas la même chose aux yeux du législateur ; autrement, il
y aurait dans les expressions dont il s'est servi un
pléonasme évident ; ce qu'on ne doit point croire :
il n'est pas permis de supposer des mots inutiles
dans la loi. Et dans le fait, des lettres missives n'ont
jamais été considérées comme des *actes* proprement dits, comme des *actes* en forme, *instru-
menta*, destinés à contenir et à constater les stipulations réciproques des deux parties et à être
signées par elles deux. C'est donc de ces derniers
actes ou écrits seulement qu'a entendu parler
l'art. 1325, lorsqu'il a dit : « *Les actes sous
« seing privé* qui contiennent des conventions
« synallagmatiques ne sont valables qu'autant qu'ils
« ont été faits en autant d'originaux qu'il y a de
« parties, etc. » Le législateur n'a pas parlé des
lettres missives pour les assujettir à la même formalité ; donc son intention n'a pas été non plus
de les y assujettir en effet ; et il ne faut plus con-

25

clure des expressions dont il s'est servi que telle a
été son intention, puisque, nous venons de le reconnaître et c'est lui-même qui nous l'a appris dans
l'art. 109 du Code de commerce, la *correspondance* ou les *lettres missives* ne sont pas comprises dans ces termes, *actes sous signatures
privées*. Appliquer donc l'art. 1325 aux simples
lettres missives, ce serait véritablement l'étendre
hors de ses termes, et c'est ce qu'on ne peut jamais
faire, même sous prétexte d'identité de raison,
quand il s'agit d'une disposition singulière, contraire au droit commun et peut-être même à la
raison, telle qu'est celle de cet article : *quod contrà rationem juris introductum est, non est
producendum ad consequentias*, loi 14 ff. *de
legibus*.

Disons donc, avec M. Merlin, que l'art. 1325
laisse le mode de preuve par correspondance ou lettres dans les termes du droit commun, c'est-à-dire,
qu'on peut encore aujourd'hui contracter avec sûreté par lettres, comme on le pouvait anciennement.

N***. Vous avez raison, et je me range à votre
avis avec un grand plaisir; je n'avais énoncé une
opinion contraire qu'à regret. (1)

Il reste néanmoins une difficulté. Comment faire
résulter la preuve d'un engagement respectif, tel
qu'une vente, de lettres missives *que l'une ou l'autre des parties peut supprimer?* Ce serait mettre
l'une des parties à la merci de l'autre. (2)

(1) M. Toullier, d° l°.
(2) M. Duranton, tom. 16, n° 4.

C*** « Sans doute! répond M. Troplong (*Vente*, n.° 31), si la correspondance n'est pas avouée ou reconnue, une des parties peut retenir, au préjudice de l'autre, l'une des pièces qui la composent. Sous ce rapport, du reste, il y a égalité de position entre les parties. Mais il ne suit pas de là que lorsque la correspondance est produite et reconnue, on ne doive pas y croire, par cela seul qu'avant d'être produite, on aurait pu la supprimer. C'est comme si l'on disait qu'il n'y a pas de preuve suffisante dans l'aveu d'un individu, parce qu'avant de le faire, il pouvait mettre son adversaire dans l'embarras en niant tout. »

Mais, je l'avoue, cette réponse de M. Troplong ne me paraît pas concluante : elle ne prouve rien, précisément parce qu'elle prouve trop. Cette réponse en effet, cette même réponse, ne pourrait-on pas la faire également et dans les mêmes termes toutes les fois qu'il s'agirait, non plus de simples *lettres missives*, mais même *d'actes* proprement dits, *d'actes sous seing privé contenant des conventions synallagmatiques* et non faits doubles : on ne devrait pas non plus refuser de croire à ces actes produits et reconnus, par cela seul qu'avant d'être produits on aurait pu aussi les supprimer. Et pourtant ne serait-on pas bien fondé à les repousser comme ne faisant pas foi en justice, par cela seul que, comme les lettres en question, ils n'auraient pas été faits en double original? L'art. 1325 est là qui répond bien clairement; de tels actes *ne sont point valables* aux termes de cet

article. Qu'on dise tant qu'on voudra que cette disposition donne un encouragement à la mauvaise foi,
qu'elle heurte de front toutes les notions de justice, etc. ; cela peut être ; mais enfin elle existe,
elle fait loi, et il faut bien dès-lors l'admettre et
l'observer avec toutes ses conséquences ; on est
forcé d'en convenir (M. Troplong, Vente, n.º 32).
Et si la réponse de M. Troplong n'est pas suffisante, comme on n'en saurait douter, pour repousser la prétention d'une partie qui, à vue d'un acte
sous seing privé synallagmatique non fait double,
voudrait le faire rejeter comme non valable aux
termes de l'art 1325, et par le motif d'ailleurs qui
a été celui de l'article, savoir, qu'il dépendait de
l'autre partie de le supprimer ou de le produire à
son gré et suivant son caprice, comment cette
même réponse serait-elle plus satisfaisante à l'égard
d'une lettre missive dont il est certain, du reste,
qu'on peut dire la même chose ?

Mais à défaut, et dans l'insuffisance de cette
première réponse, il s'en présente une autre qui
est de dire que la correspondance, les lettres missives ne sont comprises ni explicitement ni implicitement dans l'art. 1325, ainsi que je viens de le
démontrer, et que vainement le motif qui a servi
de fondement à la disposition de l'art. 1325 s'ap-
plique-t-il ou paraît-il s'appliquer aux lettres missives; du moment et par cela seul qu'il s'agit là,
dans cet article, d'une disposition contraire au
droit commun, on ne doit pas, sous prétexte d'a-
nalogie ou d'identité de raison, l'appliquer hors

de ses termes et de son cas précis et spécial, *quod est contra rationem juris introductum, non est producendum ad consequentias.*

DIALOGUE 32.

C*** Les rivières non navigables ni flottables sont-elles la propriété des riverains ou de l'Etat?

N***. Cette question est une des plus difficiles que la jurisprudence puisse rencontrer; et je serais presque tenté de l'appeler, avec Montaigne, *question pour l'ami*, tant les textes sur lesquels on discute sont à la fois contraires les uns aux autres, et cependant imposans par leurs conséquences.

Voici cependant l'opinion que je proposerai avec quelque confiance, parce que je l'ai plusieurs fois soumise au creuset de l'étude et de la critique.

D'après le droit romain, les rivières non navigables ni flottables étaient réputées publiques; elles étaient la propriété du peuple romain; l'usage seul en appartenait à tous.

En France, on suivait d'autres règles : les rivières dont il s'agit appartenaient presque partout au seigneur haut-justicier, comme indemnité des charges qui pesaient sur lui pour l'administration de la justice; il profitait même de l'alluvion et du lit abandonné.

Après l'abolition de la féodalité, il est certain que le domaine de ces rivières passa à l'Etat, successeur des seigneurs dans la haute-justice : la justice, en rentrant dans la main de l'Etat, y apporta les profits accessoires dont elle avait été investie dans la main des seigneurs, et par conséquent, entr'autres, la propriété des petites rivières.

Mais cet état de choses fut-il définitif? ne subit-il pas des modifications ultérieures? L'Etat resta-t-il dans son droit de propriété absolue? On va voir que non.

Le titre de *la propriété* du Code civil fut publié en 1804; et, chose singulière, après avoir classé les rivières navigables et flottables parmi les dépendances du domaine public (art. 538), il garde le silence sur les petites rivières. Ce n'est que dans le chapitre intitulé : *Du droit d'accession*, qu'on trouve quelques dispositions indirectes qui peuvent mettre sur la voie d'une question que le législateur romain avait cru devoir résoudre sans hésitation. Voyons le parti qu'on peut tirer de ces textes.

. Après avoir décidé, dans l'art. 560, que les îles qui se forment dans le lit des rivières navigables appartiennent à l'Etat, le Code établit dans l'article suivant que les îles nées dans les rivières non navigables sont la propriété des riverains. Notez bien que ces deux dispositions sont écrites sous la rubrique du *Droit d'accession*, et que l'art. 560 applique très rationnellement aux rivières navigables la règle que *l'accessoire suit le principal*.

C'est en effet parce que l'État est propriétaire de ces rivières et de leur lit, que l'accessoire surgi dans leur sein est la propriété de l'État. L'art. 560 n'est que le corollaire de l'art. 538.

Or, lorsque nous voyons le législateur se montrer si logique dans l'art. 560, pourrons-nous supposer que tout d'un coup il soit demeuré infidèle et à son titre et aux lois du raisonnement dans l'art. 561? Ne devrons-nous pas dire que l'attribution, au riverain, de l'île née dans la rivière non navigable, est une preuve que le principal, c'est-à-dire le lit, appartient à ce même riverain; de même que l'attribution, à l'État, de l'île née dans les rivières navigables, découle de la propriété de l'État sur le fleuve et sur son lit? Puisqu'il s'agit d'accession dans ce chapitre du Code, n'est-ce pas par la force du droit d'accession que l'île de la rivière non navigable appartient au riverain? Et à quoi l'île accède-t-elle? Est-ce au rivage? Non; car autrement il faudrait donner aux riverains l'île des rivières navigables. L'île accède au lit; elle est l'accessoire, la partie inhérente et indivisible du lit. Là où est la propriété du lit se trouve la propriété de l'île. Voilà l'argument donné par l'art. 560; il ne saurait être fautif dans l'art. 561 (1).

C***. Votre argument ne paraît cependant pas très concluant; car enfin, dans le droit romain aussi, l'île née dans la rivière appartenait aux riverains, et assurément les riverains n'auraient pas

_____

(1) M. Troplong, Prescription, tom. 1, n° 145.

été fondés à conclure de là , ainsi que vous le faites pour eux sous notre législation, qu'ils étaient propriétaires de la rivière elle-même...

N * **. Je sais bien que, par le droit romain , l'île née dans le sein des rivières appartenait aux riverains, quoique ces cours d'eau fussent du domaine public. Mais quelle en était la raison ? C'est que le lit desséché était attribué par la loi aux propriétaires des héritages bordant ces cours d'eau , et qu'on considérait une île comme une partie mise à sec de ce même lit. D'après le Code, il n'en est plus de même : le lit desséché appartient , à titre d'indemnité, au propriétaire sur l'héritage duquel la rivière s'est ouvert un cours nouveau (art. 563). Si donc l'île entre dans le domaine du riverain, ce n'est pas à titre de partie du lit desséché ; ce n'est pas non plus à titre d'accessoire du rivage. Ce ne peut donc être que comme accédant au lit ; ce n'est, en un mot, que par le même principe qui a dicté l'art. 560. Je crois donc que l'Etat s'est dépouillé, au profit des riverains, de la propriété du lit des rivières qu'il avait depuis la ruine de la féodalité. C'est la seule manière d'entendre logiquement l'art. 561. Le silence de l'art. 538 confirme cette conclusion, et, en procédant par voie de prétérition , le législateur a fait ici quelque chose de très significatif (1).

C***. Je ne conçois guère, je l'avoue, que l'Etat propriétaire des rivières non navigables ni

_____

(1) M. Troplong, *loc. cit.*

flottables, se soit dépouillé de cette propriété au
profit des riverains par cela seul qu'il n'en a pas dit
mot dans l'art. 538. Il me semble qu'à l'Etat
comme aux particuliers s'applique cette maxime
fondamentale en matière de propriété : *Id quod
nostrum est SINE FACTO NOSTRO ad alium transferri non potest ;* l. 11, ff. *De reg. jur.* Et il faut
convenir que le *silence* seul n'équivaut de sa nature, ni ne peut équivaloir à un *FAIT translatif
de propriété.*

Le silence de l'art. 538 me paraît d'autant moins
concluant qu'en le faisant et en y parlant des fleuves et rivières navigables, le législateur, probablement, songeait plutôt à l'eau même, à la masse
d'eau qui forme, à proprement parler, le fleuve ou
la rivière, qui en fait naturellement une chose
propre et destinée à l'usage de tous, qu'au sol ou
au lit qui contient l'eau ; et la rédaction de l'art.
644 favoriserait cette explication : « Celui dont la
« propriété borde UNE EAU COURANTE, *autre
« que CELLE qui est déclarée dépendance du
« domaine public par l'art. 538, etc.* » S'il
est donc vrai que le législateur n'ait pas songé,
dans l'art. 538, au sol ou au lit des rivières, vous
sentez qu'on ne peut point conclure du silence
gardé par lui dans cet article, qu'il a voulu et entendu ne se réserver que la propriété des rivières
navigables, et abdiquer celle des autres rivières;
la propriété, c'est-à-dire, ainsi que nous l'enten-
dons ici, le fond même, le lit, le sol ou terrain.

Quant à l'argument que vous tirez de l'art. 563,

je le répète, il ne me paraît pas concluant. Et
d'abord le droit romain, quoi que vous en disiez,
démontre que l'île, c'est-à-dire, l'accessoire, peut
fort bien appartenir aux riverains, quoique la rivière,
c'est-à-dire le principal, ne leur appartienne point.
Déjà donc on ne peut conclure de la propriété de
l'une (l'île) à la propriété de l'autre (la rivière).

Ensuite, et pour nous en tenir au droit français,
sur quoi roule toute votre argumentation ? Sur ce
que l'île née dans la rivière navigable est attribuée
à l'Etat par ce motif que l'Etat est propriétaire de
la rivière elle-même, et par application de la règle :
l'accessoire suit le principal. Donc, ajoutez-
vous, puisque l'île née dans la rivière non navigable est attribuée aux riverains, c'est par application de la même règle et par le même motif, c'est-
à-dire, parce qu'ils sont propriétaires de la rivière
elle-même ; donc ils sont propriétaires de la
rivière.

Eh bien ! si nous consultons l'Exposé des motifs,
nous voyons que ce n'est point là du tout le motif
qui a dicté la disposition de l'art. 560 :

« La nation, disait M. Grenier au Corps législa-
« tif, doit avoir les îles, îlots et atterrissemens qui
« se forment dans le lit des fleuves ou des rivières
« navigables ou flottables. L'intérêt du commerce
« exige que ces fleuves ou rivières soient libres : la
« nation a déjà l'avantage de ne dessaisir personne
« de ces objets, puisqu'ils n'appartiennent à aucun
« particulier. Elle se dispense seulement d'exercer
« une espèce de libéralité, parce que l'ordre pu-
« blic en souffrirait. »

« Les îles, disait M. Faure, qui se forment
« dans le lit des fleuves appartiennent à la nation ;
« il en est de même de celles qui se forment dans
« les rivières navigables ou flottables ; la loi main-
« tient les droits résultant du titre ou de la pres-
« cription.

« Quant aux autres rivières.., l'île appartient
« aux riverains...

« La distinction entre les îles des rivières navi-
« gables ou flottables, et celles des autres rivières,
« est fondée sur ce que les rivières de première classe
« sont d'une bien plus haute importance pour l'Etat,
« à cause de l'intérêt du commerce, et que rien de
« ce qui se forme au milieu de leur cours ne doit
« être étranger au domaine public. » (Exposé des
motifs, tom. 4, pag. 60 et 78.)

Vous le voyez ; ce n'est point sur votre maxime,
que l'accessoire suit le principal ; ce n'est point sur
ce que l'Etat est propriétaire de la rivière où s'est
formée l'île, qu'est fondé le droit qu'on lui donne
sur cette île ; et cependant c'eût été là le premier
ou même le seul motif qu'on eût invoqué à l'appui de la disposition de l'art. 560, si tel eût été
vraiment, dans la pensée du législateur, le motif
ou la base réelle de cette disposition. Mais non ;
personne ne songe à ce motif, et c'en est un autre, ou d'autres tout différens que l'on fait valoir ;
et cela même confirme indirectement ce que je
disais tout-à-l'heure, qu'en faisant l'art. 538 on
avait plutôt songé à l'eau courante, qu'au sol ou
au lit sur lequel elle coule ; qu'on n'avait donc

point songé alors, et par cette disposition de l'art.
538, à trancher la question de propriété ni quant
au sol ou lit des rivières navigables, ni, et encore
moins, quant à celui des rivières non navigables.

Ce n'est donc point, je le répète, parce que
l'Etat est propriétaire de la rivière, et parce que
l'accessoire suit le principal, qu'il est déclaré propriétaire aussi de l'île qui s'y forme ; et dès-lors
vous n'êtes plus autorisé à conclure, par analogie
de l'art. 560 à l'art. 561, que si les riverains sont
déclarés propriétaires de l'île née dans la rivière
non navigable, c'est précisément aussi parce qu'ils
sont déjà propriétaires de la rivière elle-même, et
sous prétexte que l'accessoire suit le principal. Il
faut dire, plutôt, que ceci est fondé sur des motifs
analogues, mais en sens contraire, à ceux de la
précédente disposition, c'est-à-dire, sur ce que les
rivières non navigables sont d'une bien moins haute
importance pour l'Etat, pour le commerce, et sur
ce que ce qui se forme au milieu de leur cours peut
impunément, en ce qui concerne l'intérêt du commerce et de la navigation, être étranger au domaine public ; sur ce que la nation peut exercer
cette espèce de libéralité sans que l'ordre public
en souffre, etc.

Ajoutons cet autre motif énoncé au sujet des alluvions, et qui probablement a influé aussi sur la
disposition concernant les îles : « Il fut établi, disait M. Portalis, que les alluvions doivent appartenir au propriétaire riverain par cette maxime naturelle que le profit appartient à celui qui est ex-

posé à souffrir le dommage. Des propriétés rive-
raines sont menacées plus qu'aucune autre. Il existe,
pour ainsi dire, une sorte de contrat aléatoire entre le propriétaire du fonds riverain et la nature,
dont la marche peut à chaque instant ravager ou
accroître ce fonds. » (Exposé des motifs, tom. 4,
pag. 42.)

On sent facilement combien ce nouveau motif
s'applique effectivement et de même au cas de
l'art. 561. Les îles, en se formant et prenant la
place de l'eau dans la partie du lit qu'elles occupent, la repoussent d'autant sur les terres rive-
raines, en sorte que la propriété des îles qu'on
donne aux riverains devient comme une compensation, comme une juste indemnité du terrain
qu'elles leur font perdre.

Et ici, du reste, en fait d'alluvions, pas plus
qu'en ce qui touche les îles, nulle mention, vous
le voyez encore, du motif ou prétendu motif que
les riverains sont propriétaires, et que c'est comme
accessoire de la rivière que leur est donnée soit l'île,
soit l'alluvion.

N***. Pourquoi donc, alors, est-ce dans le
chapitre intitulé *du Droit d'accession*, que sont
écrites les dispositions des art. 560, 561, etc.?

C*** Parce que c'est à la propriété même du
fonds riverain qu'est attachée ou attribuée, comme
accessoire, la propriété des îles, ilots, atterrissemens, alluvions, etc.; parce que le droit principal de propriété sur le fonds riverain attire à lui ou

fait accéder le droit secondaire ou accessoire de
propriété sur les îles et alluvions; et ce, par les
motifs d'équité exprimés par le législateur lui-
même, et non point, je le répète, par le prétendu
motif que les riverains sont propriétaires du sol
même ou du fonds sur lequel se forment ces atterrissemens, je veux dire, de la rivière même ou du
lit de la rivière.

Au surplus, l'art. 563 me semble confirmer
bien hautement cette opinion : « Si un fleuve ou
une rivière navigable, flottable ou NON, se forme
un nouveau cours en abandonnant son ancien lit,
les propriétaires des fonds nouvellement occupés
prennent, à titre d'indemnité, l'ancien lit abandonné, chacun dans la proportion du terrain qui
lui a été enlevé. »

« Si, dit M. Merlin, le lit d'une rivière non navigable qui se forme un nouveau cours appartenait aux propriétaires riverains, à qui devrait appartenir l'ancien lit qu'elle abandonne? Ce ne
serait pas, ce ne pourrait pas être aux propriétaires des fonds sur lesquels le nouveau cours de
la rivière s'établit. Conservant la propriété du nouveau lit formé sur leurs terrains, il n'auraient aucun prétexte pour prétendre à la propriété de l'ancien lit; et l'ancien lit ne pourrait appartenir
qu'aux propriétaires des fonds qui y sont adjacens.
Cependant la loi décide que la propriété de l'ancien
lit passe aux propriétaires des fonds sur lesquels la
rivière établit son nouveau cours. Elle décide donc
nécessairement que les propriétaires des fonds ad-

jacens à l'ancien lit n'y ont aucun droit de propriété. »

N***. Tout ce que prouve l'art. 563, c'est
que le législateur, au moment où, par l'art. 561,
il faisait passer le lit de la rivière dans le domaine
du riverain, y apportait une condition limita-
tive qu'il était assurément le maître d'imposer,
savoir, que, dans le cas où la rivière se détournerait
ailleurs, le lit desséché deviendrait la juste indemnité du propriétaire sur l'héritage duquel la rivière
se serait ouvert un nouveau cours. L'Etat, qui se
dépouillait, était libre de partager ses faveurs ainsi
qu'il le jugeait convenable ; en se dépouillant volontairement du lot qu'il avait trouvé dans l'héritage de la féodalité, il n'a pas complètement abdi-
qué son droit au profit des riverains. (1)

C***. Ne leur donnons donc pas plus, alors,
qu'il n'a voulu réellement leur donner lui-même,
qu'il ne leur a donné effectivement. Eh bien ! que
leur a-t-il donné dans le fait ? la propriété même
des rivières dont nous parlons ? Nulle part nous ne
voyons qu'il en ait disposé à leur profit, et encore
une fois, le silence qu'il a gardé à ce sujet dans
l'art. 538, ne peut point être érigé en don de cette
espèce. Tout ce qu'il leur a véritablement donné,
tout ce que nous pouvons donc leur attribuer nous-
mêmes, c'est, d'une part, le profit, la propriété des
alluvions, des relais et des îles (art. 556 et suiv. du

---

(1) M. Troplong, ubi suprà.

Code civil), et de l'autre, le droit de pêche (Avis du Conseil d'État du 27 pluviose an 13)...

N***. C'est précisément là ce qui me confirme dans mon opinion, que l'avis du Conseil d'État du 27 pluviôse an 13 ait déclaré la pêche des rivières non navigables démembrée du domaine public, et que, contrairement aux lois romaines, qui voulaient que la pêche appartînt à tous, cet avis l'ait attribuée aux riverains. La loi du 15 avril 1829, art. 2, a confirmé ce droit en ajoutant que, si un cours d'eau était rendu navigable, il serait attribué aux riverains une indemnité pour perte du droit de pêche. Et dans la discussion de cette loi, il a été proclamé, par tous les orateurs de la Chambre des pairs, que le lit des petites rivières est propriété privée. Ajoutez à cela l'obligation où sont les riverains de payer les contributions jusqu'au milieu du lit de la rivière, et vous serez convaincu qu'il n'est pas possible que les riverains soient restés sans droit sur le lit des rivières non navigables (1).

C***. Ce n'est qu'incidemment et accessoirement que la question de propriété s'est trouvée discutée à la Chambre des pairs, à propos de la loi du 15 avril 1829. Nous ne pouvons donc pas voir, ce semble, dans l'opinion manifestée par quelques orateurs de la Chambre, une autorité bien directe, bien tranchante. D'autant moins encore que cette opinion se présente accompagnée de formes ou

(1) M. Troplong, ibid.

d'expressions dubitatives : « Mais, disait M. de Malleville, quand il serait vrai que telle serait la conséquence à tirer de l'art. 563, il faudrait toujours remarquer que dans le § cité il ne s'agit ni de la propriété du sol, ni de celle du cours d'eau, mais seulement de celle du droit de pêche que le projet lui-même attribuait aux riverains. » « Au surplus, disait M. de Pontécoulant, sans examiner si les riverains sont propriétaires du lit, il suffit que le droit de pêche soit reconnu pour que la privation donne lieu à indemnité. »

Après tout, voyons donc si le législateur proprement dit, si l'auteur de la disposition qui attribue le droit de pêche aux riverains, a considéré ce droit comme *n'étant que l'accessoire de la propriété*, ainsi qu'on le disait, en passant, dans la discussion que vous venez de rappeler, et s'il l'a donc ainsi donné ou reconnu, ce droit de pêche, par ce motif prétendu, que les rivières sont la propriété des riverains.

« Considérant, est-il dit dans l'avis du Conseil d'État du 27 pluviôse an 13, approuvé le 30 par le chef du Gouvernement, considérant que la pêche des rivières non navigables faisait partie des droits féodaux, puisqu'elle était réservée au seigneur du fief; 2° que l'abolition de la féodalité a été faite, non au profit des communes, mais au profit des vassaux qui sont devenus libres dans leurs personnes et dans leurs propriétés; 3° que les propriétaires riverains sont exposés à tous les inconvéniens attachés au voisinage des rivières non na-

26

vigables (dont les lois d'ailleurs n'ont pas réservé
les avant-bords destinés aux usages publics); que
les lois et arrêtés du Gouvernement les assujet-
tissent à la dépense du curage et de l'entretien de
ces rivières; et que, dans les principes de l'équité
naturelle, celui qui supporte les charges, doit
aussi jouir des bénéfices; 4° enfin, que le droit de
pêche des rivières non navigables accordé aux
communes, serait une servitude pour les propriétés
des particuliers, et que cette servitude n'existe
point aux termes des lois civiles; est d'avis que la
pêche des rivières non navigables ne peut, dans
aucun cas, appartenir aux communes; que les
propriétaires riverains doivent *en jouir,* sans pouvoir cependant exercer ce droit qu'en se conformant aux lois générales ou réglemens locaux concernant la pêche, ni le conserver lorsque, par la
suite, une rivière, aujourd'hui réputée non navigable, deviendrait navigable; et qu'en conséquence,
tous les actes de l'autorité administrative qui auraient mis des communes en possession de ce droit,
doivent être déclarés nuls. »

Ici encore, vous le voyez, pas un mot de la prétendue propriété des riverains; et cependant c'eût
été ici encore, de même que dans le cas des
art. 561., etc., la première chose à dire, le premier et principal motif à faire valoir à l'appui de la
décision, si tant est que le législateur eût pensé et
voulu que les riverains eussent effectivement la
propriété des rivières. Ne sentez-vous pas bien avec
quelle force ces considérans ou motifs de l'avis du

27 pluviôse an 13, repoussent l'induction tirée en 1829, à la Chambre des pairs, du fond même ou du dispositif de cet avis ?

Mais que dis-je ? ce dispositif lui-même ou cette décision, de même que celle de la loi du 15 avril 1829, ne dément-elle pas bien hautement l'induction qu'on en veut tirer en faveur des riverains ? S'ils sont propriétaires des rivières en question, pourquoi donc leur accorder par une disposition spéciale et expresse le droit de pêche dans ces rivières ? S'ils sont propriétaires, pourquoi donc ne leur accorder d'indemnité que pour le droit de pêche, dans le cas où, en déclarant ces mêmes rivières navigables, on viendrait à les dépouiller non pas seulement de ce droit de pêche, mais bien de la propriété même tout entière ?

S'ils sont propriétaires de ces rivières, pourquoi donc leur accorder spécialement les atterrissemens qui s'y forment ? Pourquoi donc, surtout, leur accorder spécialement *un droit d'usage* sur les eaux de ces rivières, le droit de *s'en servir* ou *d'en user* (art. 644), de même qu'on leur accorde ensuite (en l'an 13) le droit *de jouir* de la pêche ? *Nemini res sua servit.*

Conçoit-on, je le demande, que le législateur eût jamais songé à leur accorder ainsi en détail, et à diverses reprises, tels ou tels droits déterminés, si sa volonté réelle eût été de les rendre ou de les reconnaître propriétaires, de se dépouiller à leur profit de son droit de propriété ? Oh ! certes, c'est bien le cas, ou jamais, d'argumenter de la maxime, *inclusio unius est exclusio alterius; qui dicit de uno negat de altero.* L'État, propriétaire, se dépouille, au profit des riverains, de tels ou tels droits inhérens à sa propriété (droit de pêche, etc.); donc il se réserve tacitement le surplus.

Cette conséquence logique tirée et résultant manifestement, ce me semble, des différentes dispositions de lois qui viennent d'être rappelées, n'est pas détruite, je pense, par ce seul fait que les propriétaires riverains paieraient les contributions jusqu'au milieu du lit de la rivière. C'est sans doute à cause et à raison des différens droits et avantages qui leur sont concédés sur la rivière, que cette charge leur serait imposée, bien plutôt qu'à raison d'un prétendu droit de propriété qu'il ne paraît pas avoir été dans l'intention du législateur de leur céder également. S'il en était autrement, le cas de l'art. 563 arrivant, il leur serait donc dû restitution de ce qu'ils auraient payé à ce titre, puisqu'enfin ils auraient payé alors pour un sol dont ils n'auraient jamais joui tant qu'il était couvert d'eau, et dont un autre qu'eux jouirait véritablement après la retraite des eaux.

Au surplus, je reconnais sans peine avec vous, malgré tout ce que je viens de dire, que la question est extrêmement difficile et embarrassante.

DIALOGUE 33.

C***. L'institution contractuelle faite par une femme mariée, sans l'autorisation de son mari ou de justice, est-elle valable?

N*** Pour cette espèce de disposition, la femme doit être autorisée de son mari, ou, à son refus, de la justice. Elle ne peut avoir plus de capacité à cet égard que la loi ne lui en donne pour tous les cas où elle peut aliéner et disposer. On sent au moins qu'il est prudent de suivre cette formalité. (1)

C*** La question n'est point de savoir si c'est là un acte de prudence, mais bien si c'est une nécessité; je veux dire, si, pour la validité d'une institution contractuelle que ferait une femme mariée, elle doit nécessairement, à peine de nullité, être autorisée par le mari, ou, à son refus, par la justice. Or, la nécessité d'une autorisation me semble résulter bien clairement des art. 217, 219, 905, 1124, etc., du Code civil : « La femme ne peut *donner, aliéner*, etc., sans le concours du mari dans l'acte, ou son consentement par écrit » (217), ou s'il refuse, sans l'autorisation de la justice (219);

---

(1) M. Grenier, Donations, tom. 2, n° 431.

« la femme mariée ne peut *donner* entre-vifs sans
le consentement de son mari, ou sans y être autorisée par la justice. . . . Elle n'aura besoin ni de
consentement du mari, ni d'autorisation de la justice pour disposer par *testament* » (905); enfin
« les incapables de contracter sont. . . . les femmes
mariées, dans les cas exprimés par la loi » (1124).
Comment ne pas reconnaître, en présence de ces
textes, la nécessité, pour une femme mariée, de se
faire autoriser de son mari ou de justice pour faire
valablement une institution contractuelle?

N * * *. En réfléchissant bien sur cette question,
je crois devoir me décider pour la négative. Cela
résulte de la nature même de l'institution contractuelle. On ne peut induire la nécessité de cette
forme, des art. 217, 219, 905, 1555 et 1556 du
Code civil; tous ces articles ont seulement trait aux
actes qui emporteraient des aliénations, ou qui
seraient constitutifs d'hypothèques. L'institution
contractuelle est une donation de la succession. (1)

C * * *. Oui, mais une donation irrévocable.

N * * *. Elle est irrévocable, à la vérité; mais
cette irrévocabilité n'empêche pas de vendre ou
hypothéquer, (pourvu que ce soit de bonne foi,
et non en fraude de l'institution). Dès-lors elle ne
dépouille pas : on ne peut donc la comparer aux
actes dont je viens de parler. On pourrait plutôt
lui appliquer la seconde partie de l'art. 905, où il

(1) M. Grenier, *loc. cit.*

est dit que la femme n'aura besoin ni du consentement du mari, ni de l'autorisation de la justice
pour disposer par testament.

Mais on sent que si l'usufruit des biens de la
femme avait déjà été assuré au mari, l'institution
contractuelle ne pourrait l'en priver. (1)

C***. Ceci va sans dire.

Mais est-il donc vrai qu'on doive assimiler l'institution contractuelle au *testament?* Non, déjà,
puisque l'institution contractuelle est irrévocable,
à la différence du testament qui est essentiellement révocable. (art. 895.)

Et qu'est-ce à dire, maintenant, que cette espèce
de disposition est irrévocable, sinon qu'elle lie
et engage définitivement son auteur? sinon, par
conséquent, qu'elle le dépouille au moins de quelque chose, de quelque droit, ne fût-ce que du
droit même de révoquer et de disposer autrement
qu'il n'a fait? Et c'est précisément aussi ce qui a
lieu : le donateur ou instituant ne pourra plus, dit
l'art. 1083, disposer à titre gratuit des objets compris
dans la donation. Quoi donc! une disposition par
laquelle on se dépouille réellement d'un droit aussi
important que celui d'aliéner ses biens à titre gratuit,
serait mise sur la même ligne qu'un testament par
lequel on ne se dépouille absolument de rien, par
lequel on ne se lie pas plus que si l'on n'avait rien
fait? C'est impossible ; et il est clair qu'une disposition de cette nature rentre essentiellement dans

(1) M. Grenier, *ibid.*

la classe de celles que le Code appelle donations,
et qu'il définit : « acte par lequel le donateur se dépouille actuellement et irrévocablement » (art. 894).

Sans doute, l'instituant ne se dépouille pas de
la jouissance ni même de la disposition ou du droit
de disposer à titre onéreux des objets compris dans
l'institution; mais enfin , et au moins, toujours
est-il qu'il se dépouille du droit d'en disposer à
titre gratuit, et par conséquent d'une partie de
son droit de propriété dont la faculté de disposer
ainsi est un attribut ou accessoire naturel et comme
une partie intégrante; toujours est-il qu'il l'aliène,
ce droit, qu'il s'en dépouille actuellement et irrévocablement : c'est donc alors une véritable donation qu'il fait là, aux termes mêmes de l'art. 894.

Et aussi le Code ne donne-t-il pas à ce que nous
appelons institution contractuelle d'autres noms
que celui de DONATION, art. 1082, 1083, etc.,
etc. Comment donc alors ne pas appliquer à cette
espèce de *donation* la défense faite à la femme
mariée , par les art. 217 et autres, de *donner,
d'aliéner à titre gratuit,* sans y être dûment
autorisée ?

Diriez-vous, par hasard , que les motifs de cette
prohibition ne trouvent point ici leur application ?
Comme s'il n'était pas de la plus grande importance
d'empêcher une femme , légère peut-être et im-
prévoyante de l'avenir, de se lier les mains par une
disposition de la nature de celle qui nous occupe ,
et de se mettre hors d'état de doter un jour ses
enfans ou de pourvoir à leur établissement de ma-

nière ou d'autre, ou de venir au secours de ses père et mère, etc. ?

Vous assimilez l'institution contractuelle au testament ! Un mineur, ainsi, pourrait donc, selon vous, faire valablement une institution contractuelle, puisqu'il peut faire un testament, du moins quand il a seize ans?

N***. Point du tout. L'institution contractuelle que ferait un mineur serait évidemment nulle. (1)

C***. Et pourquoi cela, sinon précisément parce que la loi déclare le mineur incapable d'aliéner, de donner, de contracter (art. 904, 1124)? Car sans doute l'institution *contractuelle* est un *contrat*; le nom seul l'indique.

N***. Assurément. La coutume d'Auvergne, entre autres, qualifie cette disposition de *pacte de succéder,* de *convenance de succéder;* ce qui donne effectivement l'idée d'un vrai *contrat.* Aussi Basmaison, sur l'art. 29 du titre 14, dit *que l'institution et le pacte de succéder conventionnel sont irrévocables, incommutables, et réputés un* VÉRITABLE CONTRAT. On ne voit pas pourquoi ces idées seraient étrangères au Code civil, qui a adopté sur tous les points les principes de ces coutumes, relativement à l'institution contractuelle. (1)

_____

(1) M. Grenier, nº 431 *bis.*
(2) M. Grenier, nº 431 *bis,* note.

C***. Raison de plus pour déclarer nulle l'institution contractuelle faite par la femme non autorisée, puisque elle aussi, ni plus ni moins que le mineur, est déclarée incapable *de contracter* en général, outre qu'elle est déjà, comme le mineur encore, déclarée spécialement incapable de *donner* et d'aliéner, de disposer de ses biens autrement que par *testament* (art. 1124, 217, 905, 904).

DIALOGUE 34.

N***. Quel sera l'effet de la maintenue en possession au profit de celui qui exerce la servitude sans titre, dans le cas où il s'agira de l'une de celles qui peuvent s'acquérir par prescription? L'affranchira-t-elle de l'obligation de prouver au pétitoire, s'il est ensuite attaqué par cette voie, qu'il a acquis le droit par titre ou prescription, comme il serait affranchi de toute preuve s'il s'agissait de la propriété? Sera-t-il présumé avoir acquis la servitude, sauf preuve contraire; ou cette possession n'engendrera-t-elle en sa faveur aucune présomption de droit? (1)

C***. Il sera bien présumé, jusqu'à un certain

(1) M. Duranton, tom. 5, n° 641.

point, avoir acquis le droit de servitude, en ce sens
qu'il ne pourra plus être troublé ni entravé dans
la possession qu'il en a, jusqu'à ce qu'on ait fait
juger au pétitoire qu'il n'a réellement point de
droit; mais que cette présomption puisse aller jusqu'à le dispenser de prouver qu'il a véritablement
acquis la servitude par titre ou par prescription,
c'est ce que je ne saurais penser.

N***. A quoi donc servirait la possession, si
celui qui l'a en sa faveur était ensuite obligé de
prouver qu'il a acquis la servitude? L'adversaire
serait sans doute forcé, pour détruire l'effet de la
maintenue, de se pourvoir au pétitoire, d'intenter
l'action appelée négatoire; mais, je le répète, si,
sur cette action, celui qui a été reconnu possesseur du droit, par le juge compétent pour connaître de la possession, et qui a été maintenu
dans sa jouissance, doit prouver, par titre ou prescription, l'existence de ce droit, la possession n'a
aucun effet qui ne puisse être ainsi rendu illusoire;
et dès-lors on ne concevrait pas le motif qui aurait
porté le législateur à expliquer, avec tant de soin,
aussi bien en matière de servitude qu'en matière
de propriété (car la loi ne distingue pas), les conditions requises pour qu'on doive être déclaré possesseur. L'art. 3 du Code de procédure, d'accord
avec la loi du 24 août 1790, met dans les attributions des juges de paix les usurpations commises
dans l'année sur les cours d'eau, et toutes les autres actions possessoires. Ce sont là des faits le plus
souvent relatifs à la matière des servitudes; lors-

que, au lieu d'être des actes mal fondés, ce sont des actes légitimes, ces actes ne sont rien autre chose que l'exercice d'un droit de servitude véritable; mais puisque la loi veut que celui qui les a faits paisiblement, à titre non précaire, depuis une année au moins, et qui n'a pas cessé de les faire depuis plus d'un an (art. 23, procéd.), soit maintenu dans sa jouissance et possession, c'est bien certainement parce qu'elle présume qu'il avait le droit de les faire. Elle n'a donc pu vouloir n'attacher à la possession qui réunit tous ces caractères, qu'un effet momentané et pour ainsi dire illusoire, comme il le serait évidemment dans ce système, et il est mille fois improbable que la loi ait été conçue dans cet esprit. (1)

C***. Il me paraît mille fois plus improbable encore qu'elle ait été conçue dans un esprit tel, que la possession simplement *annale* devînt suffisante pour faire acquérir des servitudes que la loi cependant déclare positivement ne pouvoir s'acquérir que par titres ou par une possession *de trente ans* (art. 690 Code civil); car telle serait pourtant la conséquence de votre sytème.

Et en effet, voilà un propriétaire qui, depuis un an, a ouvert une fenêtre dans son bâtiment qui joint immédiatement l'héritage du voisin, ou qui en est distant de moins de six pieds. Que fera celui-ci? Assignera-t-il au possessoire? Impossible; il succomberait infailliblement; et puis, revenant au pétitoire, il succomberait de même encore, à

(1) M. Duranton, *loc. cit.*

moins qu'il ne prouvât que son adversaire *n'a pas
de servitude* sur son fonds. Assignera-t-il tout
d'abord au pétitoire? Mais, son adversaire n'aura
qu'à prendre cette assignation pour un trouble
apporté à sa jouissance, car enfin, vous le savez,
il y a en matière possessoire deux espèces de troubles, trouble de fait, et trouble de droit; et ce
dernier genre de trouble a lieu, disent Brodeau et
Bourjon, etc., lorsque par des actes ou procédures
judiciaires, on conteste ou on révoque en doute
le droit du possesseur : « l'on prend en ce cas
l'acte ou l'exploit pour trouble, et l'on forme
complainte. » (Répertoire, v.° Complainte, § 4.)
Le défendeur n'aura donc, dans notre espèce, qu'à
prendre pour trouble la demande pétitoire formée
contre lui, et qu'à intenter lui-même aussitôt et
en conséquence une demande en complainte possessoire; et alors, qu'arrivera-t-il? Nécessairement
il interviendra un jugement qui le maintiendra en
possession, et dont ensuite il viendra se faire un
moyen victorieux au pétitoire, en disant au demandeur : « Prouvez maintenant! prouvez que je
n'ai pas de servitude! quant à moi, je la possède,
et je suis présumé par cela seul y avoir droit. »
Que pourra faire alors le propriétaire du fonds asservi? Comment prouvera-t-il qu'il ne doit point
de servitude? Et cependant, s'il ne fait pas cette
preuve d'un fait tout négatif, il succombera, et
l'adversaire se trouvera véritablement, ainsi, avoir
acquis par une seule année de possession une servitude que la loi pourtant, je le répète, déclare

ne pouvoir s'acquérir que par titre ou par une possession de trente ans !

N***. Il est facile de répondre à cette objection, qu'on réduit ainsi le demandeur sur le pétitoire à l'obligation de prouver une négation. La négation, dans l'espèce, n'est point de celles qui ne tombent point en preuve ; car elle peut se transformer en affirmation d'un fait positif contraire à la prétention du défendeur ; par exemple, si le demandeur rapportait une pièce par laquelle celui-là a reconnu que ce n'était que par pure tolérance de la part de celui-ci qu'il a fait les actes de possession à raison desquels il a été maintenu au possessoire, pièce qu'alors le demandeur n'a point produite, parce qu'elle était adirée, ou pour autre cause. D'ailleurs, comme le défendeur n'invoque aucun titre, il est clair que la servitude ne peut résulter que de la destination du père de famille, qui vaut titre, ou de la prescription. Or, dans beaucoup de cas, le demandeur ne serait point réduit à l'impossibilité de prouver que la prescription n'a pu avoir lieu : par exemple, s'il s'agissait d'une servitude de vue, il prouverait facilement que le bâtiment pour lequel on la réclame a moins de trente ans d'existence ; si c'était la destination du père de famille qu'invoquât le défendeur (que nous supposons toujours avoir la possession annale), le demandeur ne serait point non plus placé dans une impuissance, de fait, de prouver que les conditions requises par la loi n'ont pu être remplies. (1)

(1) M. Duranton, *ibid.*

C***. S'il est vrai qu'il ne soit pas toujours absolument impossible au demandeur de prouver que la servitude n'est point réellement acquise, combien de circonstances, néanmoins, où cette preuve lui serait véritablement impossible ! Que de fois il peut arriver qu'un propriétaire manque de témoins pour prouver que tel ou tel ouvrage pratiqué par son voisin de manière à s'arroger une servitude sur son fonds, n'existe, par exemple, que depuis quinze ou vingt ans, ou même que depuis vingt-neuf au lieu de trente ou trente-deux, etc. ! Et faute par lui de faire cette preuve, vous voulez qu'il soit condamné à subir une servitude que le voisin ne justifie avoir acquise ni par titre ni par une possession de trente ans, ainsi que le veut la loi ! Car enfin, quand la loi dit si positivement qu'une telle servitude ne peut s'acquérir que par titre ou par une possession de trente ans, sans doute qu'elle veut dire que c'est à celui qui prétend l'avoir acquise à en justifier, à rapporter son titre, ou bien à prouver sa possession trentenaire ; et il est clair, du reste, que le propriétaire du fonds prétendu asservi ne peut rien avoir à prouver ; son héritage est naturellement et de plein droit présumé libre. Eh bien ! pourtant, voici que vous imposez à ce dernier le fardeau d'une preuve dont la loi le dispense, tandis que vous dégagez le premier de l'obligation de prouver que la même loi met à sa charge !

N***. Mais le jugement possessoire ! vous voulez donc qu'il demeure sans effet ?

C***. Sans effet, non. Encore une fois, il produira toujours cet effet de maintenir le possesseur
dans la pleine et entière jouissance de la servitude,
et d'empêcher qu'aucun obstacle ou entrave ne
soit apporté à l'exercice de cette servitude, jusqu'au
jugement définitif à intervenir sur l'instance pétitoire; et tel était précisément le but direct et principal de l'action possessoire, comme telle est aussi,
en réalité, la fin de toute action de cette nature.
Ne dites donc plus, déjà, qu'on ne concevrait pas le
motif qui aurait porté le législateur à expliquer
avec tant de soin les conditions requises pour qu'on
doive être déclaré possesseur; que la possession
serait inutile et la maintenue illusoire, etc. C'est
comme si vous disiez qu'un jugement possessoire,
dans le cas où il s'agirait de propriété et non plus de
servitude, ne doit pas céder et perdre tout effet et
valeur devant un titre positif qui serait rapporté
par le demandeur au pétitoire, sous prétexte aussi
que ce jugement et la possession elle-même seraient
donc alors un avantage illusoire, etc.

N***. Le jugement possessoire, en ce cas, aurait au moins produit cet effet de rejeter sur le demandeur tout le fardeau de la preuve, et d'en
dispenser le possesseur, par l'effet de la présomption légale attachée en général à tout jugement de
maintenue possessoire.

C***. Rien de mieux, en fait de propriété. Le
possesseur est en effet, de droit, réputé propriétaire, et il n'a même pas besoin pour cela d'un

semblable jugement, sa possession toute seule lui
suffit ; c'est toujours à celui qui revendique à justifier de son droit.

Mais en matière de servitude, il n'en est plus de
même ; ou du moins, et si vous voulez à toute
force que la présomption de droit résulte encore ici
du jugement possessoire, eh bien ! quel en sera l'effet ? d'imposer au propriétaire, demandeur au pétitoire, l'obligation de prouver que son héritage
est libre ? Soit ; mais aussi cette preuve , il la fait
suffisamment, ce me semble, en justifiant tout simplement de son droit de propriété, ou pour mieux
dire , il la trouve toute faite dans la présomption
naturelle et de droit, que toutes les propriétés
sont libres et franches de toutes charges, jusqu'à
preuve contraire ; et dès-lors , au possesseur de la
servitude revient nécessairement l'obligation de
prouver qu'il y a effectivement droit, qu'il l'a légale-
lement acquise par titre ou par prescription , tout
de même que lorsqu'il s'agit de propriété et que le
demandeur a justifié de son droit, c'est au possesseur , malgré son jugement de maintenue et la
présomption de droit qui en résulte, à prouver
lui-même à son tour son propre droit, par titre
ou par prescription.

Eh ! voyez donc un peu à quelle conséquence vraiment injuste pourrait conduire le système opposé.

Le propriétaire auquel la loi promet et assure
qu'aucun droit de servitude ne peut être acquis
sur son héritage que par une possession de trente
ans (en l'absence de titres) , et plein de confiance

dans cette loi protectrice, voit tranquillement et
souffre sans se plaindre pendant vingt ou vingt-
cinq ans, ou plus encore, son voisin exercer quelques actes de servitude sur son fonds. Avant que
le terme fatal de trente ans soit expiré, et sans par
conséquent qu'il y ait de négligence à lui reprocher ni à punir en lui, il réclame d'une manière
ou de l'autre, et veut faire cesser l'espèce d'usurpation commise ou tentée à son préjudice. Il agit
en conséquence et avec une pleine sécurité et une
entière confiance, puisque la loi est là qui lui dit
toujours la même chose, savoir, qu'il n'a rien à
craindre d'une possession moindre de trente ans.
Mais point du tout : son adversaire lui répond ou
le prévient, n'importe, par une action possessoire
sur laquelle il n'a pas de peine à triompher, puisqu'il
ne lui faut, là, qu'une année de possession ; et puis,
actionné ou reparaissant au pétitoire, ce même adversaire lui dit : « Prouvez que je n'ai point de
servitude contre vous ; pour moi, voici ma preuve
toute faite, je possède, je suis maintenu en possession, je suis donc de droit présumé avoir légalement acquis la servitude dont je jouis. » Et le
propriétaire, qui n'aura pu s'attendre à pareille
chose, qui n'aura pas seulement songé qu'il eût
rien à prouver un jour, qu'il eût besoin de témoins ou d'autres renseignemens, qui n'en aura
jamais eu ou qui les aura perdus (par décès ou autrement), le propriétaire, dis-je, verra alors sa
propriété irrévocablement grevée, par une possession moindre de trente ans, d'une servitude que
la loi cependant, encore une fois, l'assurait ne

pouvoir s'acquérir contre lui que par titre ou par une possession de trente ans !

Et pourquoi, du reste, accorder tant de faveur au possesseur non trentenaire de cette servitude ? N'est-il pas lui seul en faute, s'il avait un droit véritable et légitimement acquis, de ne s'en être point assuré la conservation par un titre précis et formel ? Et s'il n'a pas de titre, c'est donc aussi qu'il n'a réellement point de droit; la loi le présume ainsi toutes les fois que celui qui prétend à un droit de cette nature, et qui n'en rapporte pas un titre, ne justifie pas d'une possession de trente années (art. 690). Au contraire, que peut-on reprocher, dans la même espèce, au propriétaire? rien, que de s'être fié à la loi, si tant est que le système invoqué par son adversaire doive triompher; véritablement alors, en effet, la loi elle-même et elle seule l'aurait trompé et abusé en lui inspirant une funeste confiance.

Ajoutons à cette première différence, entre l'un et l'autre, cette autre encore, que le propriétaire prétendu asservi serait presque toujours dans l'impossibilité de faire une preuve dont il n'a pu ni dû songer à se ménager les moyens, si tant est qu'il en ait jamais eu ; au lieu que son adversaire peut très-facilement prouver sa possession trentenaire, s'il l'a réellement; il sait du moins, lui, à quelle époque il a fait pratiquer les ouvrages desquels résulte la servitude (art. 889); il sait par qui il les a fait exécuter, etc.; et les ouvriers, notamment, sont pour lui des témoins tout prêts au besoin, etc.

Ce sont probablement toutes ces considérations qui

ont fait presque de tout temps et partout décider notre question contre le possesseur de la servitude...

N***. Elle paraît clairement décidée en sa faveur par la loi 8 , § 3, ff. *Si servit. vindic.* (1)

C***. Cette loi n'est pas très claire, quoi que vous en disiez, et voici des textes qui le sont davantage : *Sanè uno casu,* dit Justinien, (Instit., lib. 4, tit. 6, § 2), *qui possidet, nihilominus is actoris partes obtinet. Uno casu, id est, hoc uno casu,* disent Goveanus, Heineccius, etc. *Actoris partes obtinet, id est, onus probandi sustinet,* disent les mêmes, et Vinnius et les autres commentateurs. *In foro triumphat,* dit Heineccius, (Elem. jur. civ. § 1137), en parlant de l'opinion contraire à la vôtre, opinion partagée aussi par Brunemann, Mascardus et la Glose ; par d'Argentrée qui dit : *Possessio contrà jus non relevat ab onere probandi,* art. 59, Glose 5, n. 3 ; par Dumoulin qui dit également : *Quasi-possessio non relevat ab onere probandi in servitute reali.* (Antiq. consuet. Paris., § 2, Glos. 6, n.° 4), etc., etc.

DIALOGUE 35.

N***. L'art. 1705 du Code civil porte que : « Le copermutant *évincé* de la chose qu'il a reçue

(1) M. Durauton, d° l°.

en échange, a le choix de conclure à des dommages-intérêts, ou de répéter sa chose. »

Cet article ne s'explique pas sur la question de
savoir si cette faculté *de répéter sa chose* peut
être exercée contre un *tiers-détenteur* ou seulement contre le copermutant. Comment décider
cette question ?

C***. Si l'art. 1705 ne s'explique pas positivement à ce sujet, les principes généraux sont là qui
suffisent bien, je pense, pour fournir une réponse
nette et précise : or il est de principe général qu'en
toute espèce de convention, la clause résolutoire
est toujours sous-entendue pour le cas où l'une
des parties ne satisfera pas à son engagement ; et
l'effet de la résolution une fois prononcée est de
remettre les parties, de part et d'autre, au même
état que si la convention n'avait point eu lieu, et
d'autoriser par conséquent celle qui a fait prononcer la résolution à revendiquer sa chose envers et
contre tous, même contre les tiers-acquéreurs qui
l'auraient reçue de l'autre partie, parce qu'il est
de principe non moins général et non moins certain qu'on ne peut transférer à autrui plus de droits
qu'on n'en a soi-même : *Resoluto jure dantis,
resolvitur jus accipientis ; nemo plus juris in
alienum transferre potest quàm ipse habet*
(art. 1184, 2125, 2182).

N***. Les principes généraux, tels que ceux
que vous citez, se trouvent sans application dans
une espèce où la loi y déroge expressément. Or telle
est précisément celle qui nous occupe. La loi 4,

Cod. de rerum permutatione, décide positivement que l'échangiste vis-à-vis duquel l'échange n'a pas été exécuté, n'a point d'action en revendication contre le *tiers-acquéreur* : *Cum precibus tuis*, y est-il dit, *placitum inter te et alium intercessisse, eumque fundum à te datum vendidisse; contra emptorem quidem te nullam habere actionem perspicis, quum ab eo susceperit dominium, cui te tradidisse titulo permutationis non negas. Sed si secundùm fidem placiti stipulatio subjecta est, successores ejusdem cum quo contractum habuisti, convenire non prohiberis : si vero nulla stipulatio intercessit, præscriptis verbis actio est, ut vel fides placiti tibi servetur, vel quod alterius accipiendi fundi gratiâ dedisti, causâ non secutâ restituatur.*

Le motif que cette loi donne de sa décision est donc que le tiers-acquéreur a reçu en propriété la chose de celui-là même auquel celui qui agit contre le tiers-acquéreur l'avait livrée; ce motif est général, et s'applique au cas où l'un des échangistes se trouve évincé, comme à celui qui n'a pas été mis en possession de la chose qu'on devait lui donner en échange; enfin les lois qui décident que l'éviction de l'un des copermutans annulle l'échange, ne s'expliquent dans leurs termes *qu'entre les deux parties*, et n'ont point de conséquence rigoureuse contre les tiers-acquéreurs.

C'est ce qu'a très bien dit et jugé la Cour de cassation dans son arrêt du 15 prairial an 12, en approuvant et appliquant la décision de la loi 4.

Cod., de rer. permut. Les principes du Code
civil y sont conformes; il est donc à croire que la
Cour régulatrice la sanctionnerait encore sous le
Code, ainsi qu'elle l'a fait dans une espèce régie
par la législation antérieure. (1).

C***. Croyez-vous, sérieusement, que les
principes du Code civil soient conformes à la loi
romaine que vous venez de citer? Croyez-vous,
par exemple, que notre Code refuse également au
copermutant tout recours contre le tiers-acquéreur
pour reprendre sa chose, lorsque le contrat d'é-
change n'a pas été exécuté à son égard, lorsqu'il
n'a pas reçu la chose promise en contre-échange?

N***. Il me semble, j'en conviens, que c'est
pousser trop loin la conséquence du principe que
le tiers est à l'abri de toute action, parce qu'il a
reçu la chose de celui à qui la propriété en a été
transmise. Car il n'y a eu transmission qu'à charge
de délivrer l'immeuble promis en échange; or,
tant que cette condition n'a pas été exécutée,
l'échangiste est dans le cas de l'acquéreur qui n'a
pas soldé son prix.

Dans ce cas comme dans l'autre, le contrat de
vente et celui de l'échange avertit les tiers que l'a-
cheteur et l'échangiste ne sont propriétaires que
sous une condition résolutoire. Le vendeur non
payé et l'échangiste auquel la chose promise en
contre-échange n'a pas été livrée, ont donc égale-

_____

(1) M. Favard de Langlade, Répert. v° Echange, n° 3.

ment le droit de faire résoudre le contrat et de rentrer dans leur propriété. Cette solution me paraît résulter avec évidence du rapprochement des dispositions du Code civil, l'échange et la vente, et déroger en cela avec raison à la loi romaine.

C***. Eh bien! cette même solution ne doit-elle donc pas en amener une autre diamétralement opposée à celle que vous soutenez devoir être adoptée en cas d'éviction? Car enfin, que le copermutant soit évincé de la chose qu'il a reçue en échange, ou qu'il ne l'ait pas reçue du tout, n'est-ce pas absolument la même chose? N'est-il pas vrai de dire, dans un cas comme dans l'autre, que le contrat d'échange n'a réellement point été exécuté à son égard, qu'il n'a véritablement point reçu la chose promise en échange? Il n'y a effectivement de livraison réelle et véritable que celle qui n'est pas suivie d'éviction, *non videntur data, quæ eo tempore quo dantur accipientis non fiunt*. L. 167, ff. *de reg. jur.* Tout ce que vous dites du vendeur non payé et de l'échangiste qui n'a pas reçu livraison, s'applique donc évidemment à l'échangiste évincé, c'est-à-dire, que celui-ci doit, tout aussi bien que ceux-là, et par les mêmes raisons, avoir le droit de faire résoudre le contrat et de rentrer dans sa propriété.

Vous venez d'argumenter vous-même, et avec raison, de la similitude qu'il y a entre la vente et l'échange; et aussi bien le Code en fait-il un principe et un précepte : « Toutes les autres règles prescrites pour le contrat de vente s'appliquent

d'ailleurs à l'échange (art. 1707). » Eh bien !
n'est-ce pas une règle certaine que le vendeur qui
n'a pas reçu le prix de la vente, peut reprendre
son immeuble exempt de toutes charges et hypothèques du chef de l'acquéreur, au préjudice des
tiers même de bonne foi auxquels l'acquéreur
l'aurait engagé, et qu'il peut le reprendre de même
ou le revendiquer entre les mains des tiers auxquels l'acquéreur l'aurait revendu ou transmis à
quelque autre titre ?

N***. Oui sans doute (1).

C***. Eh bien donc, pourquoi ne pas appliquer cette décision à l'échange, dès qu'il y a
parité entre l'échange et la vente ?

N***. Je réponds qu'ici les cas sont bien différens. Dans celui de la vente, les tiers ont pu
et dû s'assurer que l'acheteur n'ayant pas payé
son prix, il n'avait qu'une propriété résoluble *ab
initio* ; qu'elle ne lui avait été transmise qu'à condition de payer ce prix, et que tant qu'il ne
l'aurait pas soldé, le vendeur pourrait reprendre
sa chose. Si donc les tiers ont fait ce qu'ils devaient
faire, ils n'ont pu être dupes d'aucune surprise ;
et s'ils n'ont pas été attentifs et vigilans, ils ne
peuvent imputer qu'à eux-mêmes la perte qu'ils
éprouvent.

Mais dans le cas de l'échange consommé par la
délivrance de l'immeuble, les tiers sont dans la

(1) M. Favard, *loc. cit.*

même position que lorsqu'il s'agit d'un acheteur
dont le contrat porte quittance du prix ; et comme
dans ce cas le vendeur ne pourrait venir, au préjudice des tiers qui ont contracté avec l'acquéreur
sur la foi de la quittance qu'il leur a exhibée,
reprendre son immeuble franc et quitte, sous prétexte que la monnaie qu'il a reçue en paiement était
fausse ; de même les tiers qui ont contracté avec le
copermutant qui a rempli son engagement aux termes du contrat, ne peuvent ni ne doivent examiner
si la propriété qu'il a donnée en échange a été bien
irrévocablement transmise à son copermutant.

Celui-ci a déclaré par le contrat et par l'exécution qu'il a reçue, qu'il était satisfait de la manière
dont l'obligation a été remplie à son égard. Les
tiers n'ont rien de plus à vérifier. Pour eux l'échangiste avait la propriété pleine et entière, sans aucune apparence de condition ; il a donc pu la leur
transmettre d'une manière incommutable (1).

C * * *. Vous établissez ici, entre le paiement du
prix et la livraison de l'immeuble, une similitude
qui n'a rien de réel, rien de fondé.

Le tiers acquéreur, qui a traité sur la foi d'une
quittance que lui a représentée son vendeur, n'a
évidemment ni dû ni pu s'enquérir de la nature
ou qualité de la monnaie donnée en paiement, si
elle était fausse ou non, si elle appartenait ou non
à celui qui la donnait en paiement. Il n'y a donc
de sa part absolument aucune faute qui puisse

(1) M. Favard, *ibid.*

autoriser ou justifier un recours en revendication contre lui.

Où prenez-vous, au contraire, que le tiers acquéreur ne puisse ni ne doive examiner si la propriété que son vendeur a donnée en échange de l'immeuble qu'il lui vend, a été bien irrévocablement transmise à son copermutant ?

Celui-ci, dites-vous, a déclaré par le contrat et par l'exécution qu'il a reçue, qu'il était satisfait de la manière dont l'obligation a été remplie à son égard ! Oui, mais cette déclaration a nécessairement été conditionnelle, subordonnée à cette restriction ou condition, tacite mais réelle : si l'exécution opérée tient et conserve ses effets, c'est-à-dire, s'il ne survient point d'éviction. Et c'est précisément ce que suppose l'art. 1705, de même que l'art. 1184 dont le premier n'est qu'une application spéciale et directe. Or, à qui ferez-vous jamais croire que cette réserve ou condition n'ait été faite ou sous-entendue par le copermutant qu'à l'égard de son coéchangiste personnellement, et non à l'égard des tiers auxquels celui-ci viendrait à transmettre la chose qu'il lui donnait en échange ? Et comment se ferait-il que ces tiers, qui ne sont que les représentans ou ayant-cause de l'échangiste, qui ne peuvent dès-lors avoir plus de droits que lui-même, pussent repousser une demande en revendication dont leur auteur ne pourrait se défendre lui-même ? Comment, en un mot, pourraient-ils éviter l'application de toutes ces maximes d'équité et de justice : *Qui alterius jure utitur, eodem jure uti debet; nemo plus juris in alium transferre potest quàm ipse habet; resoluto jure dantis, resolvitur jus accipientis; etc.?*

Et du reste, où était pour eux, je le répète, l'impossibilité de s'assurer si leur auteur ou vendeur était propriétaire incommutable de l'objet qu'ils ont acquis de lui? Ils n'avaient qu'à se faire représenter son titre de propriété; et en le voyant, en voyant que c'était un contrat d'échange, ils devaient exiger, de plus, qu'il leur justifiât que l'immeuble par lui donné en contre-échange était bien réellement sa propriété avant et lors de l'échange : c'était chose aussi facile à faire que s'il se fût agi pour eux d'acheter directement cet immeuble-là lui-même. De même donc que s'ils eussent acheté sans prendre cette précaution, ils n'auraient point à se plaindre de se voir ensuite évincés par le véritable propriétaire; de même aussi et par la même raison, ils ne sont pas plus fondés à se plaindre, en cas d'échange, d'être également évincés par le résultat de la même circonstance, je veux dire, parce que leur vendeur n'aurait pas été propriétaire de la chose par lui donnée en échange au copermutant qui, évincé lui-même de cette chose, revendiquerait par suite la sienne propre. Dans un cas comme dans l'autre s'appliquerait évidemment la règle générale : *Is qui damnum culpâ suâ sentit, damnum sentire non intelligitur.*

Et de même encore que les tiers acquéreurs, eussent-ils même pris toutes les précautions imagi-

nables pour s'assurer des droits et de la qualité de
leur vendeur, et eussent-ils néanmoins été induits
en erreur, n'en seraient pas moins sujets à éviction
de la part du véritable propriétaire, parce qu'aussi
bien et malgré toute leur bonne foi et toute leur
prudence, telle est la puissance du droit de propriété qu'il ne peut passer d'une personne à une
autre sans le fait ou la volonté de la première, *id*
quod nostrum est ad alium sine facto nostro
transferri non potest ; de même, dis-je, et par la
même raison, sans qu'il y eût par conséquent plus
d'injustice dans un cas que dans l'autre, les tiers
acquéreurs, dans le cas d'échange dont nous parlons, ne seraient pas moins sujets à la même éviction
de la part du coéchangiste qui, évincé lui-même de
la chose qu'il aurait reçue en échange, revendiquerait la sienne propre, la sienne, qu'il n'avait donnée
de son côté qu'à la condition virtuelle mais certaine qu'on lui transmettrait la propriété incommutable de la première; la sienne, qu'il s'était
donc réservé, au moins implicitement, le droit de
reprendre en cas d'inaccomplissement de cette
condition.

Tel est certainement le résultat des nouveaux
principes adoptés par le Code civil, principes qui
sont bien loin, comme vous le voyez, d'être conformes à ceux du droit romain sur la matière qui
nous occupe. Le droit romain exigeait une stipulation expresse, une clause résolutoire formelle
pour que le vendeur non payé ou l'échangiste
évincé pût revendiquer contre les tiers. Aujour-
d'hui, au contraire, cette clause résolutoire existe

de droit et toujours, puisqu'elle est sous-entendue
dans toute espèce de contrat synallagmatique
(art. 1184). Il est donc bien impossible que la loi
4, *Cod. de rerum permutatione*, ou autre semblable s'il en existe, nous serve de règle aujourd'hui.
Ne reconnaissez-vous pas vous-même, au surplus,
que si le contrat d'échange contenait expressément la condition qu'en cas d'éviction le copermutant reprendrait sa chose en quelque main
qu'elle se trouvât, la revendication pourrait être
exercée contre les tiers-acquéreurs?

N***. Sans doute. Aussi, pour prévenir toutes
contestations à cet égard, et pour assurer à l'échangiste évincé le retour de la chose, soit qu'elle soit
encore entre les mains de son contre-échangiste,
soit qu'elle soit passée en d'autres mains, les notaires doivent stipuler dans tous les actes d'échange,
et particulièrement dans ceux où l'un des immeubles échangés serait dotal, qu'en cas d'éviction,
l'échangiste reprendra sa chose en quelque main
qu'elle soit. Cette stipulation étant une condition
expresse de l'échange, chaque immeuble échangé
ne peut passer à des tiers qu'à la charge de cette
condition, et elle assurera dans tous les cas à l'é-
changiste évincé le retour de sa chose. C'est ainsi
que les notaires peuvent, par des clauses particulières, suppléer au silence de la loi, prévenir les
contestations qui pourraient en résulter, et établir
la législation particulière des parties. (1)

_____

(1) M. Fayard, *ubi suprà.*

C***. Ce serait là, assurément, une fort bonne précaution ; mais enfin, puisque la loi elle-même veut bien suppléer au silence de la convention, et y écrire, en quelque sorte, de sa propre main, la condition dont il s'agit, car, encore une fois, tel est vraiment le résultat des art. 1184 et autres que j'ai cités dans le cours de notre discussion, pourquoi vouloir méconnaître ou écarter sa disposition sous prétexte qu'une loi étrangère et surannée en dispose autrement ? pourquoi ne pas reconnaître et donner à la condition tacite mais légale, ou légalement présumée, la même force, la même efficacité qu'à la condition expressément stipulée, surtout lorsque la loi veut qu'on recherche avant tout et par dessus tout quelle a été vraisemblablement l'intention des parties contractantes (art. 1156, 1175, etc.)? Or, je l'ai dit, et je le répète, l'intention du copermutant n'est-elle pas naturellement et bien plus que vraisemblablement, de se réserver, en cas d'éviction, le droit de reprendre sa propre chose en quelque main qu'elle puisse se trouver, et non point seulement entre les mains de son coéchangiste personnellement ? Une distinction de sa part et dans son intention entre ce dernier et les tiers auxquels celui-ci transmettrait la chose, tombe-t-elle sous le sens ? n'est-elle pas tout-à-fait incroyable, absurde même ? Tenons-nous-en donc aux principes du Code qui se trouvent si bien d'accord avec ceux de la raison et de l'équité.

DIALOGUE 36.

N***. L'héritier qui a renoncé à la succession peut-il attaquer ou révoquer sa renonciation, sous prétexte qu'il a reconnu, depuis, que le motif qui l'avait déterminé à renoncer était faux, par exemple, qu'un testament qui paraissait absorber tout ou la plus grande partie de la succession a été annulé ou révoqué?

C***. Quelle pourrait être la cause ou le fondement *légal* de cette révocation? La lésion? mais la lésion, aux termes de l'art. 1118 du Code civil, ne vicie les actes ou les conventions que dans certains cas déterminés par la loi, et à l'égard de certaines personnes. Or, nulle part, nous ne voyons qu'une renonciation à succession soit viciée ainsi et puisse être attaquée pour cause de lésion, du moins par un héritier majeur.

N***. Le majeur, sans doute, ne peut révoquer sa renonciation pas plus que son acceptation, sous prétexte de lésion. Quand même il allèguerait qu'il ne connaissait pas, et même qu'il ne pouvait connaître les forces de la succession au moment où il a renoncé, par exemple, parce que depuis sa renonciation, on a découvert qu'il était échu au défunt avant sa mort, une succession opulente, il doit se reprocher de n'avoir pas accepté sous bénéfice d'inventaire.

Mais s'il avait été trompé par un fait apparent dont la fausseté s'est découverte depuis sa renonciation, il pourrait la révoquer comme fondée sur une erreur de fait; par exemple, s'il avait paru un testament qui eût absorbé ou extrêmement diminué la succession, et dont la fausseté ou la révocation a depuis été découverte. On pensait, dans l'ancienne jurisprudence, que, dans ce cas, l'habile à succéder pouvait rétracter sa renonciation, et cette opinion était fondée sur la loi 4, ff *De juris et facti ignor.* (Voyez Lebrun, liv. 3, chapitre 8, sect. 2, n.° 42).

Cette décision doit être suivie sous l'empire du Code, par argument de l'art. 783, si le testament dont on a découvert la fausseté ou la révocation eût absorbé la succession ou l'eût diminuée de plus de moitié. (1)

C*** La disposition de l'art. 783 est spéciale pour le cas d'acceptation; c'est une exception à la règle générale que je viens de rappeler (art. 1118). Et cela seul, déjà, suffit pour repousser toute application, par analogie, de cette disposition particulière à d'autres cas que celui pour lequel elle est faite; c'est en effet, vous le savez, un principe fondamental que les exceptions ne peuvent s'étendre d'un cas à un autre sous prétexte d'analogie ou d'identité de raisons.

(1) M. Toullier, tom. 4, n° 351.

Et d'ailleurs quelle analogie peut-il y avoir entre l'acceptation et la renonciation ? entre le cas
prévu par l'art. 783 et celui dont nous parlons?

Dans le premier, l'héritier n'a aucun moyen,
absolument aucun, d'éviter l'erreur, de connaître
le testament, à qui s'adresserait-il pour avoir connaissance ou communication d'un testament dont
rien même ne lui fait soupçonner l'existence?

Dans le second, au contraire, l'héritier connaît
le testament, ou au moins l'existence du testament,
puisque c'est précisément là ce qui le fait renoncer.
Il sait donc à qui s'adresser pour en avoir communication, et c'est à lui de se le faire représenter et
de le bien examiner, de s'assurer s'il est valable
ou non, vrai ou faux, etc., afin de se déterminer
en complète connaissance de cause.

Et puis d'ailleurs, et en tout cas, c'était à lui
d'accepter sous bénéfice d'inventaire. Par là, du
moins, il ne s'exposait à rien, à aucune perte
réelle si le testament se trouvait valable et recevait
son exécution, tandis qu'il se ménageait en même
temps tous ses droits et tout le bénéfice de la succession dans le cas où le testament viendrait à se
trouver faux, nul ou révoqué. S'il renonce donc
trop légèrement, et que, ce dernier cas se réalisant,
il se voie privé d'une succession avantageuse, à
qui peut-il s'en prendre qu'à lui-même et à sa
propre faute? *Qui damnum suâ culpâ sentit,
damnum sentire non intelligitur.*

« Le dol vicie tous les contrats, disait M. Chabot dans son rapport au Tribunat sur le titre *des*

successions ; mais si la lésion était admise en cette matière, il n'y aurait jamais rien de certain. L'héritier a le moyen de ne pas s'y exposer en ne se portant héritier que sous bénéfice d'inventaire. »

Autre différence entre l'héritier qui accepte et celui qui renonce : le premier se trouve, par l'effet de son acceptation, personnellement obligé et sur ses biens propres, quelque peu de chose qu'il retire de la succession ; en sorte qu'il peut se voir ruiné par un acte qui cependant ne présentait naturellement aucun caractère d'imprudence dont il faille le punir avec cette rigueur démesurée. En revenant donc sur son acceptation, il ne fait réellement que travailler à éviter une perte, *certat de damno vitando.*

Le second, au contraire, n'a toujours rien à perdre, rien à payer de ses propres deniers ; il manque seulement de gagner, de faire un lucre ; et ce n'est que dans la vue de rattraper en quelque sorte la proie qu'il a imprudemment laissé échapper, qu'il veut révoquer sa renonciation, *certat de lucro captando.* Or, toujours, les lois ont fait une différence frappante entre ces deux positions ; toujours, elles se sont montrées plus favorables à la première qu'à la seconde.

Est-il donc bien étonnant, d'après cela, que le Code n'ait point répété pour le cas de renonciation, la disposition faite spécialement pour le cas d'acceptation ? et de cela seul qu'il ne l'a pas répétée, ne faut-il pas conclure inévitablement que c'est qu'il n'a pas voulu que la renonciation pût être révoquée comme l'acceptation et pour la même cause ?

A part les cas de violence ou de dol qui font exception à toutes les règles, l'irrévocabilité de la renonciation est très-certainement le principe général. A ce principe, le Code ne fait qu'une exception, pour le cas où, la prescription n'étant point encore acquise et nul autre héritier n'ayant accepté la succession répudiée, celui qui avait renoncé veut la reprendre. L'art. 790 lui permet alors de révoquer sa renonciation et d'accepter encore la succession. Autrement, et ce cas excepté, la renonciation est réellement irrévocable tout autant et plus même que l'acceptation, puisque l'acceptation peut être révoquée dans le cas spécial et exceptionnel prévu en l'art. 783. Mais encore une fois, précisément parce que c'est là une exception, il n'est pas permis, y eût-il d'ailleurs identité de raison, de l'étendre à un autre cas, à celui de la renonciation.

DIALOGUE 37.

C***. La prescription de l'hypothèque est, aux termes de l'art. 2180, acquise au tiers détenteur par le temps réglé pour la prescription de la propriété à son profit.

Or, si le propriétaire demeure dans le ressort de

la Cour royale de la situation de l'immeuble que prescrit le tiers acquéreur, en vertu d'un juste titre, la propriété s'acquiert par une possession de dix ans; peut-on donc dire que la prescription de l'hypothèque s'acquiert aussi par dix ans, si, de son côté, le créancier hypothécaire demeure hors du ressort de la Cour royale?

N ***. Il semble qu'il suffit de retourner cette question pour la résoudre : si le créancier demeure dans le ressort de la Cour royale, tandis que le propriétaire en est absent, la propriété ne sera prescrite que par une possession de vingt ans; peut-on dire que la prescription de l'hypothèque sera acquise par dix ans? Evidemment non; car, que porte la loi? que la prescription de l'hypo-thèque, à l'égard du tiers-détenteur, *sera acquise par le temps réglé pour la prescription de la propriété à son profit.* Donc, l'hypothèque n'est pas éteinte, tant que la propriété n'est pas acquise. Donc, *vice versa,* quand la propriété est pres-crite, l'hypothèque l'est aussi; car il y a même raison dans un cas et dans l'autre. D'ailleurs, la loi ne fait aucune distinction : l'hypothèque suit le sort de la propriété; cela est dit en termes abso-lus; comment, dès-lors, une distinction serait-elle admissible (1)?

C ***. Le créancier, alors, ne pourra donc point interrompre utilement la prescription.

(1) M. Favard de Langlade, v° Hypothèque, sect. 5, n° 4.

N***. Rien ne l'en empêche ; il peut faire tous les actes d'interruption possibles.

C***. Mais, à quoi lui serviront ses actes d'interruption, si le propriétaire n'en fait pas lui-même de son côté, et laisse prescrire la propriété par dix ans ? L'hypothèque alors sera donc prescrite elle-même avec la propriété, dont il faut absolument, selon vous, qu'elle suive le sort.

N***. Que le créancier fasse, pour interrompre la prescription, tous les actes que son débiteur eût pu faire lui-même : l'art. 1166 du Code civil l'y autorise formellement ; et, par là, il préservera son hypothèque de la prescription (1).

C***. Cela peut se faire, sans doute, si c'est bien son débiteur direct et personnel qui se trouve être le vrai propriétaire. Mais s'il en est autrement! si l'immeuble hypothéqué appartient à un tiers non obligé personnellement, comme cela peut fort bien arriver, et souvent même (Arg., art. 2172, 2077, etc.)! le créancier pourra-t-il encore interrompre la prescription pour le propriétaire et en son nom? Et s'il ne le peut point, et que le propriétaire n'interrompe point lui-même, que lui servira dans votre système (au créancier) de faire personnellement des actes conservatoires de son hypothèque? Mais alors aussi, où sera la justice de lui faire perdre ses droits pour la négligence d'un autre?

(1) M. Favard, *loc. cit.*

D'ailleurs, et en tous cas, au moins faut-il, pour que le créancier interrompe la prescription, soit en son nom propre, soit au nom et du chef du propriétaire, si celui-ci se trouve être en même temps son débiteur, au moins faut-il qu'il soit à même de le faire, qu'il le puisse faire en effet. Or, le peut-il vraiment, est-il censé le pouvoir dans le seul laps de dix ans s'il est absent, dans le sens de l'art. 2265 ? Non ; et c'est précisément pour cela, je veux dire, parce que le propriétaire absent est légalement présumé ne point savoir ce qui se passe sur sa propriété ou quant à sa propriété, et ne pouvoir pas y mettre ordre et interrompre à temps la prescription, que le terme de la prescription est, en pareil cas, porté à vingt ans au lieu de dix ; et ce n'est là véritablement qu'une juste et sage application du principe général : *Contrà non valentem agere non currit præscriptio*. Telle est certainement l'esprit de la loi, esprit de justice et d'équité manifeste.

Vous, cependant, vous voulez que la prescription soit irrévocablement acquise au bout de dix ans seulement, contre le créancier absent et hors d'état par conséquent de veiller et d'interrompre la prescription ! et cela, sous prétexte que le propriétaire était présent et que dix ans suffisaient au moins contre ce dernier ! Comme si le créancier absent était cause ou responsable de la négligence du propriétaire présent ! comme s'il était juste de l'en punir par la perte de son hypothèque !

N ***. Mais, encore une fois, la loi s'exprime

en termes absolus et sans distinction : La prescription de l'hypothèque *sera acquise au tiers détenteur par le temps réglé pour la prescription de
la propriété à son profit.*

C***. Eh bien! oui, c'est-à-dire, que la prescription sera acquise au tiers détenteur par dix ans
ou par vingt ans, ou par trente ans, suivant qu'il
aura acquis avec ou sans titre, avec ou sans bonne
foi, et suivant qu'il y aura, de la part de celui contre qui il prétendra avoir prescrit, présence ou absence, ainsi que l'entend l'art. 2265 ; car tel est en
effet *le temps réglé pour la prescription de la
propriété à son profit* (art. 2265, 2266, 2262).
C'est là évidemment tout ce que veut dire l'art.
2280, et c'est en cela même aussi qu'il est vrai de
dire qu'il y a même raison dans un cas que dans
l'autre, et non point, comme vous le dites, en cela
ou ce sens que l'hypothèque soit prescrite aussitôt
et par cela seul que la propriété l'est elle-même.
Il est clair en effet qu'ici, en matière d'hypothèque, c'est le créancier qui doit souffrir de la prescription et être puni de cette manière de sa négligence à exercer ou à conserver ses droits, de même
que, en matière de propriété, c'est le maître ou
propriétaire qui doit souffrir également de la prescription et y trouver aussi la juste peine de sa négligence. Et de même donc que la loi ne fait pas
accomplir la prescription par un seul laps de dix
ans contre le propriétaire absent, parce qu'elle présume qu'il n'a pu agir dans ce court délai, et
qu'ainsi elle ne voit plus de négligence à punir en

lui ; de même et par la même raison , la loi ne veut
point et ne doit point vouloir que la prescription
s'accomplisse par ce même laps de temps, jugé
trop court, contre le créancier qui se trouve dans
la même position, dans la même impossibilité d'a-
gir, position, du reste, ou impossibilité qui est
toujours la même, bien évidemment, soit que le
propriétaire se trouve absent lui-même , soit qu'il se
trouve présent, soit qu'il doive personnellement au
créancier, soit que l'immeuble seul soit engagé.

Entendre autrement l'art. 2180 , ce serait supposer un véritable désaccord dans les vues du législateur.

Et ce qui achève de me convaincre que le vrai
sens de cette disposition est celui que je viens d'expliquer , c'est qu'il est conforme aussi à l'ancienne
jurisprudence , à laquelle rien n'annonce que le
Code ait voulu déroger en ce point, et au contraire.
« L'hypothèque , dit Pothier, (Traité de l'hypothèque, chap. 3, § 6), s'éteint par la prescription.
Il faut , à cet égard, faire une différence entre le
tiers détenteur de l'héritage hypothéqué et le possesseur personnellement obligé.

« A l'égard du tiers détenteur, dans les pays
régis par le droit écrit, et dans les Coutumes telles
que celle de Paris, qui admettent la prescription
de dix ans entre présens, et vingt ans entre absens,
avec titre et bonne foi, le tiers acquéreur qui n'a
pas eu connaissance de l'hypothèque par son titre
d'acquisition ni d'ailleurs, et a possédé l'héritage
comme franc, acquiert la libération de l'hypothè-

que, par dix ans de possession, contre le créancier qui demeure en même province que lui, *ou par vingt ans, s'il demeure en une province différente.*

« Le tiers détenteur qui possède sans pouvoir produire de titre de son acquisition, ne peut prescrire que par trente ans de possession. »

Nous trouverions la même chose dans Soulages : « A l'égard, dit-il dans son Traité des hypothèques, et en indiquant de quelle manière se compte le temps de la prescription, à l'égard de *l'absence du créancier, qui fait porter à vingt ans* les dix ans de l'action hypothécaire, etc. »

Il n'est pas douteux, selon moi, je le répète, que le Code n'ait voulu disposer dans le même sens.

DIALOGUE 38.

C***. Quelle est l'influence du criminel sur le civil ? Un jugement de condamnation n'a-t-il pas une influence certaine au civil, et l'accusé qui a été condamné pour crime ou délit par le Tribunal de police correctionnelle ou par arrêt de la Cour d'assises, peut-il remettre en question devant les Tribunaux civils (où l'action en dommages-intérêts serait portée ensuite), le fait qui a donné lieu à sa condamnation ? En d'autres termes, le

jugement ou l'arrêt qui tient le fait pour reconnu
en fait-il preuve suffisante devant le Tribunal civil
où est ensuite portée la demande en réparation
civile (1)?

N***. C'est une question importante, dont la
solution me paraît dériver du grand principe établi
par l'art. 1351 du Code civil, que l'autorité de la
chose jugée n'a lieu qu'à l'égard de ce qui fait
l'objet du jugement : c'est-à-dire qu'il faut que la
chose demandée soit la même, que la demande
soit entre les mêmes parties. Comment donc les
jugemens rendus par les Cours d'assises ou par les
Tribunaux correctionnels, pourraient-ils avoir
l'autorité de la chose jugée dans les Tribunaux où
se trouve portée l'action civile (2)?

C***. Cette identité d'objet et de parties, requise par l'art. 1351, existerait cependant ici, à
en croire M. Merlin : sans doute, dit-il, il n'a
point été question dans le procès criminel de l'intérêt privé de la partie lésée; mais il y a été question, en première ligne, de savoir si le délit était
constant; et le ministère public, en demandant,
par la voie criminelle, que le délit fût déclaré
constant, demandait précisément ce que la partie
lésée demande, soit par action, soit par exception,
dans l'instance civile. Donc il y a identité d'objet :

_____

(1) Pour le cas d'acquittement ou d'absolution , voyez le Dialogue
suivant.

(2) M. Toullier, tom. 8, n° 31.

les deux demandes sont identiques dans leur objet
fondamental.

Et quant à l'identité de personnes ou de parties, il l'établit ou prétend l'établir en disant que
la partie lésée par le crime ou délit a été représentée, dans l'instance criminelle, par le ministère
public, attendu que le ministère public est seul
partie capable pour poursuivre les crimes et délits;
qu'il les poursuit aux périls, risques et fortune de
tous ceux qui y sont intéressés, lorsqu'ils ne se
rendent pas parties civiles, et que le jugement qui
intervient avec lui ne peut jamais être attaqué par
les parties privées; que cela résulte nécessairement de l'art. 3 du Code d'instruction criminelle,
portant que l'exercice de l'action civile intentée
avant ou pendant la poursuite de l'action publique
est suspendu jusqu'à ce que l'action publique ait
été définitivement jugée; que, d'après cette disposition, l'action publique est évidemment *pré-*
judicielle à l'action civile, et que dès-lors le
jugement qui intervient sur l'une, même en l'absence de la partie privée, doit avoir l'autorité de la
chose jugée sur l'autre.

N***. Cette prétendue identité de parties et
d'objet est un paradoxe insoutenable, je ne crains
pas de le dire.

Les art. 5 et 6 du Code des délits et des peines,
du 3 brumaire an IV, portent : « L'action *publique*
a pour *objet* de punir les atteintes portées à l'ordre
social. » « L'action *civile* a pour *objet* la réparation du dommage que le délit a causé. »

L'action *publique* et l'action *civile* n'ont donc pas le même *objet*. La conséquence me paraît sans réplique.

L'objet du fonctionnaire, chargé d'exercer l'action publique, est la recherche et la poursuite des délits. *L'objet* de l'action publique est donc réellement et uniquement de punir les délits ou les atteintes portées à l'ordre social.

L'objet direct, l'objet unique de l'action civile, qui appartient aux personnes lésées par un délit, est une somme d'argent pour réparation du dommage qu'elles ont souffert. Il leur est défendu de demander l'application d'une peine quelconque au fait qui leur a causé le dommage. Si le défendeur nie que le fait ait existé ou qu'il en soit l'auteur, le demandeur doit prouver sa demande; c'est la règle. Où donc est cette identité *réelle*, que trouve M. Merlin entre l'objet de l'action publique, où le ministère public ne demande que l'application de la peine prononcée contre un délit, et l'objet de l'action civile, où la partie lésée ne demande qu'une somme pour réparation du dommage qu'elle éprouve.

Il est vrai que le fait que demande à prouver le ministère public dans le procès criminel, et qui sert de fondement à la demande d'application de la peine, est le même que celui qui sert de fondement à la demande d'une somme pour réparation du dommage privé. L'action publique et l'action civile sont donc souvent fondées *sur la même cause*. C'est sûrement ce qu'a voulu dire

M. Merlin, en disant qu'elles sont identiques *dans leur objet fondamental.*

Eh bien! soit : je n'ai jamais prétendu le contraire, et je suis en ceci d'accord avec **M.** Merlin ; mais suffit-il que la *demande soit fondée sur la même cause,* pour qu'il y ait lieu à l'autorité de la chose jugée ? Non certes, l'art. 1351 exige de plus,

Que la demande soit la même ; c'est l'objet de l'action ;

Que la demande soit entre les mêmes parties, et formée par elles en la même qualité.

Or, **M.** Merlin, loin de chercher à prouver, n'ose même pas avancer que *la chose demandée* soit la même dans le procès criminel et dans le procès civil.

Il n'y a pas davantage identité de parties ; car le ministère public n'a ni représenté ni pu représenter la partie lésée dans le procès criminel ; il n'avait ni ne pouvait avoir de mandat pour agir en son nom et pour conclure dans son intérêt. Etrange représentant que celui qui n'a point, et qui ne peut pas même recevoir le mandat du représenté, ni prendre de conclusions pour lui ! (1)

C ***. Le ministère public a bien effectivement ici un mandat, mais de qui, et pourquoi ? De la société ou du pouvoir suprême chargé de la diriger et de la venger, et dans le seul but aussi

(1) M. Toullier, tom. 10, nos 247, 249, 250.

de punir les atteintes portées à l'ordre social ; mais
des particuliers qui auraient plus spécialement
souffert de ces atteintes, et à l'effet de leur procurer la réparation du tort éprouvé ? aucun. Cela
est évident.

N***. Or, si la partie lésée n'a été, ni pu être
représentée par le ministère public, dans le jugement criminel, où elle n'est point intervenue, il
est de toute évidence que ce jugement ne peut
pas plus avoir, dans le procès civil, l'autorité de
la chose jugée, sous le point de vue *de l'identité
des parties,* que sous le point de vue *de l'identité de la chose demandée.*

Cette démonstration me paraît aussi rigoureuse
qu'une démonstration de géométrie (1).

C***. En effet, je ne vois pas ce qu'on pourrait répondre à une telle argumentation.

Mais enfin, et à part ce moyen tiré à tort et sans
fondement de l'autorité de la chose jugée, proprement dite, s'il était vrai néanmoins que le jugement
criminel ou l'action publique fût, dans l'intention
de la loi, et ainsi que le dit M. Merlin, *préjudicielle* à l'action civile !

N***. Elle l'est bien aussi, puisque, suivant
l'art. 3 du Code d'instruction criminelle, elle doit
être jugée *avant* l'action civile. Mais de ce que le
jugement de l'action publique doit précéder celui
de l'action civile qui demeure suspendue, s'ensuit-

(1) M. Toullier, tom. 10, n° 250.

il que le jugement criminel ait une influence nécessaire sur celui de l'action civile (1)?

C***. Vous savez bien qu'en général les actions *préjudicielles* ne sont point ainsi nommées
seulement parce que leur jugement doit précéder
le jugement d'une autre action, mais encore et
principalement parce qu'elles préjugent ou jugent
d'avance toutes les autres actions qui pourront en
dépendre et s'élever dans la suite entre quelques
personnes que ce soit : *Dicuntur actiones præ-
judiciales, et uno verbo praejudicia..... ducto
nomine non ex eo, quod aliis causis praejudicium quandoque afferunt, aut quia harum
judicium praecedere debeant; hoc enim commune est cum aliis multis actionibus, quae
tamen non dicuntur praejudiciales, uti videre
est.*

Sed ex fine harum actionum proprio, QUIA
ETIAM PRÆJUDICII ALIIS REBUS FACIENDI CAUSA
EX PROFESSO INSTITUUNTUR, *atque ut instituuntur,
ità et sine exceptione omnibus praejudicium
afferunt,* ETIAM INTER ALIAS PERSONNAS, *inter
quas postea de eodem statu quaestio incide-
rit. Quamvis aliàs res inter alios judicata
aliis non noceat.* L. 3, *de agnosc. lib.; l. antep.*
ff. *de statu homin.* Vinnius, *in* § 13, *inst. de
act.;* huberus; *etc.*

N***. Tel est, à la vérité, le caractère des

(1) M. Toullier, tom. 10, n° 257.

actions préjudicielles. Mais tel n'est point celui de l'action publique. On ne peut pas l'appeler préjudicielle en ce sens que le jugement criminel ait une influence nécessaire sur celui de l'action civile. L'art. 235 dit positivement le contraire, en parlant de l'action publique exercée à raison des faits qui, dans le cours d'une instance en divorce ou séparation de corps, peuvent donner lieu à une poursuite criminelle, *de la part du ministère public*. L'action en divorce demeure suspendue; elle pourra être reprise après le jugement de l'action publique, mais sans que ce jugement puisse avoir une influence nécessaire sur celui de l'action en divorce ou séparation. L'art. 235 le défend expressément : « L'instance pourra être reprise, dit-il, *sans qu'il soit permis* d'inférer du jugement criminel aucune fin de non-recevoir ou exception préjudicielle contre l'époux demandeur. »

Donc le jugement de l'action publique, appelée si l'on veut *préjudicielle*, n'a point une influence nécessaire sur le jugement de l'action civile, qui a été suspendue, quoique le jugement d'une action préjudicielle de cette nature puisse avoir, en certains cas, une telle influence sur la seconde action qui doit être jugée après (1).

C***. Pourquoi, dans le cas de l'art. 235, ne peut-il être tiré du jugement criminel aucune fin de non-recevoir ou exception préjudicielle contre l'époux demandeur? Par une raison bien simple :

(1) M. Toullier, tom. 10, n° 257.

29

c'est que les faits ont pu ne pas paraître suffisamment constans aux yeux des jurés avec les caractères
de criminalité que leur attribuait l'acte d'accusation, et que néanmoins ils pourront paraître au
Tribunal civil suffisamment graves pour motiver
la demande en divorce ou en séparation de corps.
Voilà tout ce que veut dire l'art. 235, et tout ce
qui en résulte ; car remarquez bien qu'il ne dispose que pour le cas où il n'intervient point de
condamnation, pour le cas par conséquent où il
est jugé seulement que le fait qualifié crime n'est
pas suffisamment prouvé soit dans son existence
même, soit dans les circonstances qui en faisaient
la criminalité ; c'est là en effet, à proprement parler, tout ce que juge, tout ce qu'établit un arrêt
d'acquittement ou d'absolution. Et c'est là, c'est
dans une hypothèse ou disposition de cette nature
que vous allez chercher la preuve que le jugement
d'une action préjudicielle n'a pas une influence
nécessaire sur le jugement de l'action qui lui est
subordonnée, ou, autrement, qu'un arrêt ou jugement de condamnation ne suffit pas pour prouver,
dans l'instance civile en dommages-intérêts, le fait
reconnu et constaté par le jugement et qui a servi
de base à la condamnation ! comme s'il y avait la
moindre analogie d'un cas à l'autre !

Il y aurait analogie, à la bonne heure, et vous
pourriez argumenter de l'art. 235 dans le sens de
votre opinion, si cet article, prévoyant le cas de
condamnation comme il prévoit celui d'acquittement, décidait, pour un cas comme pour l'autre

également, qu'aucun moyen préjudiciel ne peut, relativement à l'action en divorce ou en séparation de corps, être tiré du jugement rendu au criminel. Mais il n'en est point ainsi; et bien au contraire, l'art, 232 dit positivement que la condamnation de l'un des époux à une peine infamante est pour l'autre époux une cause de divorce, quoique, remarquez bien, quoique cet autre époux n'ait point été partie au procès criminel. Ces deux articles combinés, 235 et 232, prouvent donc précisément le contraire de ce que vous en induisez; ils prouvent donc que l'action publique est préjudicielle à l'action civile, en ce sens que le jugement de l'action publique a une influence marquée, nécessaire, sur le jugement de l'action civile. Et tels sont d'ailleurs le caractère et l'effet de toute action préjudicielle en général.

En voulez-vous une nouvelle preuve? Vous la trouverez dans ce qui arrive, lorsque, sur une instance correctionnelle intentée au sujet d'un délit forestier, le prévenu allègue pour sa défense qu'il est propriétaire du bois où le prétendu délit a été commis....

N***. Eh bien! qu'arrive-t-il alors? La question de propriété devient *préjudicielle* sans doute en ce sens qu'elle doit être jugée préalablement. Si elle est rejetée, l'action correctionnelle n'est nullement préjugée; elle est seulement rendue à son cours ordinaire. Il reste à juger si le fait qualifié délit est constant, si le prévenu en est l'auteur, s'il n'a pas d'excuse, etc.; aucune de ces questions n'est préjugée. Le jugement de l'action préjudicielle n'influe en rien sur ces questions. Et ainsi votre exemple prouve précisément le contraire de ce que vous pensez... (1).

C***. Oui, si la question de propriété est jugée contre le prévenu, s'il est jugé qu'il n'est pas propriétaire. Mais s'il arrive le contraire! Si le bois est reconnu et jugé lui appartenir! Croyez-vous encore que le jugement de cette instance ou action préjudicielle n'aura pas une influence certaine, nécessaire sur le jugement de l'action correctionnelle? Croyez-vous de bonne foi que cette dernière action ne sera pas entièrement et absolument préjugée par la sentence intervenue sur la première?

N***. Il est certain que si les juges civils décident que le bois appartient au prévenu, leur jugement a une influence nécessaire et forcée sur l'action correctionnelle qui tombe d'elle-même, car il est prouvé qu'il n'a point existé de délit (2).

C***. Mon exemple ne prouve donc pas le contraire de ce que je veux prouver, tandis qu'il prouve bien véritablement le contraire de ce que vous en induisez vous-même. Il prouve donc bien précisément ce que je cherche à établir contre vous, savoir, que le jugement de l'action préjudicielle a une influence nécessaire et forcée sur le jugement de l'action suspendue par elle, et cela,

(1) M. Toullier, tom. 10, n° 257.
(2) M. Toullier, tom. 8, n° 36.

quoique l'identité de parties et d'objet exigée par
l'art. 1351 n'existe point réellement, puisqu'en
effet ce n'est évidemment point la même chose ici
qui est demandée dans les deux instances, correctionnelle et civile; et puisque aussi le ministère
public, seule partie dans l'instance correctionnelle,
n'était plus partie dans l'instance civile ou préjudicielle de propriété; que ce n'est point contre lui
qu'a été rendu le jugement qui reconnaît et consacre le droit de propriété du prévenu; et que
néanmoins ce même jugement produit ses effets
même contre lui, ministère public, en préjugeant
l'action correctionnelle d'une manière certaine et
inévitable.

Et pourquoi n'en serait-il pas de même, *vice
versâ,* dans l'hypothèse que nous examinons?
pourquoi ce qui a été jugé avec le ministère public
au criminel, ne produirait-il pas également ses effets avec ou à l'égard de la partie lésée agissant au
civil, et quoique aussi, dans ce cas, il n'y eût
point identité de parties ni d'objet? pourquoi enfin
cette condition d'identité, exigée en général par
l'art. 1351, serait-elle plus nécessaire dans ce dernier cas que dans le précédent, si cependant il n'y
a pas moins dans l'un que dans l'autre une action
préjudicielle proprement dite; si, en un mot, il a
été dans l'intention du législateur que l'action publique fût réellement préjudicielle et de nature à
préjuger véritablement l'action civile, du moins
en cas de condamnation, de même qu'il a entendu

que l'action civile, en matière de délit forestier,
fût préjudicielle à l'action publique?

Or, tout nous porte à le penser ainsi.

Premièrement, l'identité de disposition entre le
cas d'une instance correctionnelle sur un délit forestier et dans laquelle est soulevée, pour défense,
la question civile de propriété, et le cas d'une action civile en réparation avant ou pendant laquelle
est poursuivie l'action publique; identité qui consiste en ce que la première action, dans un de ces
cas comme dans l'autre, est suspendue jusqu'au
jugement de la seconde; ce qui, naturellement,
doit faire penser que c'est par le même motif aussi,
dans les deux cas, que la loi en dispose ainsi, c'est-à-
dire, parce qu'elle regarde l'une de ces deux actions comme véritablement préjudicielle, comme
jugeant ou pouvant juger l'autre d'avance.

Secondement, un motif d'équité bien sensible,
et que voici : la loi ordonne que du moment
que l'action publique est poursuivie, l'exercice de
l'action civile demeure suspendu. Or, si, d'un
autre côté, elle n'entend point que le jugement à intervenir sur l'action publique ait d'influence ou d'effet sur l'action civile, que les faits
prouvés au criminel soient par cela seul tenus pour
constans et suffisamment établis au civil, qu'arrivera-t-il? Le temps, on le sait, parvient à effacer
les traces du crime ou du délit; les témoins peuvent disparaître; et s'il s'agit d'une condamnation
capitale, le demandeur en dommages-intérêts serait privé de la ressource de faire entendre l'accusé

lui-même, de lui opposer ses aveux et ses contra-
dictions; il pourrait arriver, par ce moyen, que le
fait le plus notoire fût destitué de preuves, et le
sursis de l'action civile n'aurait ainsi d'autre résultat que celui de préjudicier à la personne lésée.
Ce serait là une injustice manifeste qui ne peut,
certainement, avoir été dans la volonté du législateur. Il faut donc alors qu'il ait réellement voulu et
entendu que le jugement de condamnation pût
servir ensuite à la partie lésée pour justifier sa demande en dommages-intérêts.

Sans doute, si en cela, et pour ne pas commettre
une injustice envers la partie lésée, on en commet-
tait une envers l'accusé, il en devrait être autrement, et la décision devrait changer. Mais enfin,
quelle injustice fait-on véritablement en cela à l'accusé? n'a-t-il pas été partie au procès criminel?
n'a-t-il pas été admis à se défendre de toutes les
manières et par tous les moyens qui étaient en son
pouvoir? à nier le fait? à en prouver la fausseté,
l'inexistence? à combattre et réfuter les preuves
contraires? Trouvez-vous, de bonne foi, qu'il puisse
invoquer les raisons qui ont fait poser en principe
que l'autorité de la chose jugée n'a point lieu à l'é-
gard des personnes qui n'ont point été parties au
procès? Quel est en effet, je vous prie, le fondement de cette condition requise par l'art. 1351,
que la demande soit formée *entre les mêmes parties?*

N***. C'est une conséquence nécessaire du
grand principe, du principe invariable dont on ne

doit jamais s'écarter sous aucun prétexte, dont on
ne s'est jamais écarté dans l'ordre judiciaire : on
ne doit jamais condamner personne sans l'avoir
entendu; *ne inauditus condemnetur.* (1)

C***. Eh bien donc, je le répète, trouvez-vous
que l'accusé, dans notre espèce, puisse invoquer
cette maxime, ce principe d'équité? Trouvez-vous
que ce soit lui faire injustice que de regarder comme
vrai et prouvé au civil, et dans une instance où il
ne s'agit plus que d'un peu d'argent, un fait qui
a été, contradictoirement avec lui, et malgré tous
ses efforts pour en prouver la fausseté, reconnu et
jugé vrai au criminel, dans une procédure où il s'agissait de son honneur, de sa liberté, de sa vie même
peut-être? Est-ce en un mot, selon vous, le condamner sans l'entendre, que de ne pas l'admettre
à renouveler une défense et des efforts inutiles et
prouvés tels par la première instruction?

Et non-seulement la justice ne réclame point
pour lui une telle faveur; mais l'intérêt même
de la société et de la morale publique s'oppose à
ce qu'on admette une pareille prétention : « Quelle
épouvantable théorie, disait M. le procureur-gé-
néral Mourre, que de faire rejuger au civil une
question déjà jugée au criminel ! Ainsi, sous le
prétexte que l'action publique et l'intérêt privé ne
sont pas la même chose, on ferait dire au civil
qu'un homme n'est pas coupable lorsqu'il aurait
péri sur l'échafaud ! . . .

(1) M. Toullier, tom. 10, n° 194.

« Si un tribunal civil, à raison de la matière et par une distinction quelconque, pouvait revoir le même fait et juger la même question, quelle contradiction ne pourrait-il pas en résulter! quel trouble, quel scandale dans la société! »

N***. Mais n'est-ce point une théorie cent fois plus épouvantable que d'empêcher un innocent condamné de se défendre devant le tribunal civil où il est traduit; de lui ôter le moyen de démontrer son innocence par des moyens qu'il a pu ne connaître que depuis son injuste condamnation, et d'en préparer ainsi la révision en prouvant que les témoins ont porté un faux témoignage, que c'est une autre personne qui a commis le délit?

Qu'a donc de si épouvantable une théorie pleine d'humanité, puisée dans le droit romain, adoptée par l'ancienne jurisprudence, et consacrée par l'art. 1351 du Code civil?

Il est vrai que si le jugement criminel n'a point à l'action civile une application forcée, il en pourra naître du scandale, lorsque deux jugemens, l'un criminel, l'autre civil, se trouvent en contradiction. Mais malheureusement ce scandale n'est pas rare; il est de tous les temps, de tous les pays. On a fait et on fait souvent *rejuger* par un tribunal ce qui a déjà été jugé par un autre.

Bien plus : on fait *rejuger* par la même Cour, par le même tribunal, une question qu'ils ont déjà jugée entre d'autres personnes, et il n'est pas rare que le second jugement soit contraire au premier.

Etait-ce une chose épouvantable d'entendre l'élo-
quent et vertueux Lally-Tollendal défendre et faire
réhabiliter la mémoire de son infortuné père? de
voir la famille Calas, la famille Sirven, etc., attaquer les arrêts rendus et exécutés contre leurs auteurs?

C'est une chose à la vérité bien humiliante pour
la raison humaine, que ces jugemens contradictoires sur la même question ou sur le même fait.
Mais les preuves judiciaires ne sont jamais ou
presque jamais un moyen infaillible de découvrir
la vérité.

Ajoutez à cela les passions des hommes, l'esprit
de parti, les erreurs dans lesquelles on peut entraîner des juges d'ailleurs honnêtes, etc., etc.; et
convenez que la loi est sage, quand, au lieu de
regarder la chose jugée comme une vérité incontestable, elle la range au nombre des présomptions,
et permet de faire *rejuger* ce qui avait déjà été jugé
entre d'autres personnes. Où est la loi qui excepte
les jugemens criminels de la règle commune, et
qui leur accorde une infaillibilité refusée aux jugemens civils?

Je crois donc pouvoir poser en principe que les
jugemens criminels qui déclarent le délit constant
et l'accusé convaincu, ne lient pas plus les tribunaux devant qui l'action civile est portée séparément, que les jugemens qui déclarent le fait non
constant ou l'accusé non convaincu.

Le demandeur en action civile ou en réparation
est obligé, suivant la règle ordinaire et générale,

d'apporter au soutien de sa demande d'autres
preuves que le jugement qui inflige au condamné
la peine prononcée par la loi ; et ces preuves peuvent être contredites par le condamné ou par ses
héritiers. (1)

C***. Voilà de belles phrases ; mais de bonnes
raisons ? c'est autre chose. Ce serait sans doute une
épouvantable théorie que celle qui refuserait à un
accusé le droit de se défendre, ou qui ôterait à un
condamné le moyen de démontrer son innocence
par des moyens qu'il n'a pu connaître que depuis
son injuste condamnation, et d'en obtenir ainsi la
révision, en prouvant que les témoins ont porté un
faux témoignage, que c'est une autre personne
qui a commis le délit, etc. Et certes, notre législation criminelle ne mérite aucun de ces reproches ;
il suffit de parcourir, pour s'en convaincre, les
dispositions du Code d'instruction criminelle relatives à la défense et aux manières de se pourvoir
contre les arrêts ou jugemens. On y verra notamment, au livre 2, titre 3, que si le condamné croit
réellement pouvoir démontrer son innocence en
prouvant que les témoins ont porté un faux témoignage, etc., il ne tient qu'à lui de se justifier
en suivant la marche qui lui est tracée par la loi à
cet effet (art. 443 et suivans, Code d'instruction
criminelle).

Mais on y verra aussi que la marche qui lui est
tracée n'est point du tout celle que vous indiquez ;

_____

(1) M. Toullier, tom. 8, n° 37.

que ce n'est point du tout devant la justice *civile*
qu'il doit faire ses preuves et démontrer son innocence ; et je ne pense pas que vous alliez jusqu'à
soutenir que la voie qui lui est ouverte pour se
justifier ne suffit point, et qu'à moins de l'admettre à soulever devant les tribunaux civils des débats qui ne le dispenseraient d'ailleurs point, évidemment, de les recommencer une troisième fois
devant les tribunaux criminels, il ne lui est point
rendu justice complète et entière. La loi, certes,
a fait tout ce qu'elle pouvait raisonnablement faire
dans l'intérêt de la légitime défense avant et après
la condamnation. Exiger plus, exiger surtout, au
nom de la justice et de l'humanité, et sous prétexte de quelques erreurs judiciaires, volontaires
ou non, que le condamné soit admis à débattre
de nouveau pour un simple intérêt pécuniaire des
faits que les tribunaux ont reconnus assez prouvés,
assez constans pour en faire la base d'une condamnation afflictive ou infamante, capitale même, souvent, c'est véritablement abuser des grands mots
d'humanité et de justice ; c'est jeter à tort l'effroi
dans la société ; c'est vouloir lui ravir la foi qu'elle
a naturellement et qu'il lui est si important de conserver dans la vérité de la chose jugée (*res judicata pro veritate habetur*), en matière criminelle
surtout.

N'est-ce point en effet ce qui arriverait presque
infailliblement dans votre système, alors que, les
preuves ayant dépéri, les témoins ne vivant plus,
etc., les juges de l'action civile viendraient à dé-

cider que le crime ou délit constaté et puni par le
jugement criminel n'a point été commis? C'est
donc à dire que votre système ne tend à rien moins
qu'à jeter le trouble et le scandale dans la société,
ainsi que le disait si énergiquement le jurisconsulte que je viens de citer, en ébranlant cette vive
foi qu'elle doit avoir, je le répète, dans un principe que vous-même avez représenté comme l'un
des plus fermes appuis de l'ordre public. (1)

Enfin, voici une nouvelle et dernière preuve à
l'appui de mon opinion, et qui me semble la
confirmer d'une manière irréfragable.

L'art. 463 du Code d'instruction criminelle ordonne que les actes qui auront été déclarés faux,
en tout ou en partie, par une Cour ou un Tribunal, soient *rétablis, rayés* ou *réformés*. Comment serait-il possible, après cela, que l'auteur du
faux, condamné comme tel, ou celui qui a été
condamné pour en avoir fait usage, fît valoir encore
au civil, et malgré sa condamnation, un acte
ainsi détruit? Comment serait-il reçu, par conséquent, à soutenir ensuite, au civil, que le jugement rendu contre lui au criminel, et qui tient le
faux pour constant et reconnu, ne prouve cependant pas le faux devant le Tribunal civil, que la
question doit s'en débattre de nouveau, et que c'est
à son nouvel adversaire, la partie lésée, à établir le
faux par tout autre moyen que par la représentation du jugement criminel? Il est évident que telle
n'est point l'intention de la loi, et qu'elle entend

(1) M. Toullier, tom 10, n° 65

positivement que le jugement rendu sur le faux
exerce une influence nécessaire sur toute autre
action qui peut s'ensuivre; autrement, certes,
elle n'eût point, en ordonnant la destruction ou
réformation de l'acte, mis le condamné dans l'impossibilité réelle et absolue de s'en prévaloir à l'a-
venir et d'user, par suite, de la permission que,
dans votre système, elle accorderait à tout condamné de débattre ses droits comme entiers devant la justice civile, et comme si le jugement de
condamnation n'existait point.

Mais à présent, et s'il en est ainsi d'un jugement
rendu en matière de faux, me diriez-vous comment
et pourquoi il en serait autrement d'un jugement
rendu en matière de tout autre crime ou délit?
Assurément il n'y a pas la moindre raison pour
qu'il en soit autrement dans un cas que dans l'autre; et bien certainement l'art. 463, loin d'être
une exception au principe général, en est bien
plutôt une application et une preuve tout-à-la-fois.
Oui, cet article prouve que le législateur, en ordonnant que l'action civile fût suspendue par
l'exercice de l'action publique, a réellement voulu
et entendu que celle-ci fût *préjudicielle* à celle-
là, c'est-à-dire, non pas seulement qu'elle fût
jugée avant elle, mais encore et surtout qu'elle la
préjugeât véritablement, ou, en d'autres termes,
que le jugement rendu sur cette action eût une
influence nécessaire et forcée sur le jugement de
l'autre, du moins en cas de condamnation.

Nota. Pour le cas d'acquittement, voyez le Dialogue suivant.

~~~~~~

DIALOGUE 39.

C ***. Le jugement ou l'arrêt d'acquittement ou d'absolution rendu au profit d'un individu accusé d'un crime ou d'un délit, met-il obstacle à l'exercice de l'action civile ou en dommages-intérêts que la partie lésée, qui n'a pas figuré au procès criminel, voudrait poursuivre ensuite devant les Tribunaux civils; ou, ce qui revient au même, l'accusé ou le prévenu acquitté peut-il, actionné au civil en dommages-intérêts, se prévaloir du jugement ou de l'arrêt d'absolution pour repousser la demande, pour prouver qu'il n'a point commis le fait qui sert de base à cette demande ?

N ***. Oui sans doute. Il est certain que si celui qui a été poursuivi à la requête du ministère public, a été acquitté, parce que l'existence du délit n'a point été établie, il est certain, dis-je, qu'il n'y a plus d'action, ni criminelle, ni civile, à raison du même fait; et celui qui se prétendrait lésé par ce fait n'en n'aurait point, même devant les Tribunaux civils, en prétextant qu'il n'a point été partie civile au procès. La loi ne donne d'action civile à raison d'un crime ou délit, qu'autant qu'il y a crime ou délit; or, il a été jugé qu'il n'y en avait pas, et cela a été jugé avec la personne chargée par la loi d'en poursuivre la répression (1).

C***. Il a été jugé, tout au plus, qu'il n'y avait pas de crime ou délit caractérisé, et qui méritât la peine infligée par la loi au crime ou délit proprement dit. Mais il n'a pas été jugé qu'il n'y eût pas au moins quelque quasi-délit, quelque faute, en un mot, quelqu'un de ces faits d'imprudence ou de négligence que la loi reconnaît suffisans pour donner à la partie qui en a souffert une action en réparation ou en dommages-intérêts (art. 1382, 1383). Pourquoi donc, alors, priver cette partie d'un recours si juste et si fondé en équité?

N***. Inutilement s'adresserait-elle aux Tribunaux civils. Les Tribunaux civils lui répondraient : votre action en dommages-intérêts était subordonnée à l'action publique qui a été intentée contre votre adversaire; elle ne peut donc pas être accueillie du moment que votre adversaire est acquitté de l'action publique; du moment qu'il en est acquitté en termes qui ne nous permettent pas de deviner s'il a été ou non reconnu auteur du fait matériel, s'il a été ou non reconnu passible de quelque reproche à raison de ce fait; du moment enfin qu'il en est acquitté en termes qui lui donnent le droit de soutenir, et qui nous forcent de déclarer, dans le doute, ou qu'il a été jugé n'avoir

(1) M. Duranton, tom. 13, n° 496.

pas commis l'action que vous lui imputez à quasi-délit, ou ne l'avoir commise qu'à son corps défendant.

Il n'y a, en effet, et il ne peut y avoir aucune différence entre une action civile qui serait intentée par la partie civile, et l'action correctionnelle qui serait intentée par le ministère public contre un accusé que le jury a déclaré purement et simplement non coupable.

Or, il est certain que l'accusé déclaré non coupable par le jury, ne pourrait plus être poursuivi correctionnellement par le ministère public : « Attendu, dit la Cour de cassation dans son arrêt du 29 octobre 1812, que cette déclaration (que l'accusé n'est point coupable du crime qui lui est imputé), d'après la généralité de ses expressions et l'interprétation qu'exige la faveur de tout accusé, doit être censée porter tant sur le fait imputé à crime lui-même, ou sur sa légitimité, que sur l'absence de volonté ; que, dès lors, *il n'existe plus de base à une poursuite quelconque* contre l'accusé, à raison du fait qui a formé l'objet de son accusation. »

Je dis qu'il en doit être à cet égard de l'action civile comme de l'action correctionnelle ; car l'accusé déclaré purement et simplement non coupable, peut opposer à l'une les mêmes exceptions qu'à l'autre ; il peut dire aux tribunaux civils, comme il pourrait dire aux tribunaux correctionnels : « La déclaration qui me proclame non coupable, doit, d'après la généralité des expres-

30

sions et la règle qui veut que, dans le doute, le
défendeur et le prévenu soient renvoyés, être censée porter tant sur le fait en lui-même ou sur sa
légitimité, que sur l'absence de volonté criminelle. »

Et d'ailleurs, comme l'a dit la section des re-
quêtes par un arrêt du 17 mars 1813, en rejetant
la demande en cassation d'un arrêt de la Cour de
Bourges qui avait déclaré un particulier non recevable à reproduire civilement une accusation de
vol qui avait été proscrite contradictoirement avec
le ministère public, « de l'art. 3 du Code d'instruction criminelle, portant que *l'exercice de
l'action civile intentée avant ou pendant la
poursuite de l'action publique est suspendu
jusqu'à ce que l'action publique ait été définitivement jugée,* il résulte nécessairement que
l'action publique est préjudicielle à l'action civile;
et que, dès-lors, le jugement qui intervient sur l'une,
même en l'absence de la partie privée, ne peut pas
ne pas avoir l'autorité de la chose jugée sur l'autre. »

Pourquoi, dans le fait, l'action publique, lorsqu'elle est intentée avant ou pendant la poursuite
séparée de l'action civile, doit-elle tenir l'action
civile en état? Il ne peut y en avoir qu'une raison :
c'est que l'action publique est préjudicielle à l'action civile; c'est par conséquent que le sort de
l'action civile est subordonné au sort de l'action
publique; c'est par conséquent que l'action civile
doit réussir, si l'action publique réussit, et échouer,

si l'action publique échoue; c'est par conséquent que le jugement à rendre sur l'action publique, recevra à l'action civile une application nécessaire et forcée.

Ainsi donc, l'homme lésé par un fait qualifié de crime, dans la poursuite duquel il ne s'est pas rendu partie civile, et dont l'accusé a été purement et simplement jugé non coupable, ne peut plus poursuivre l'accusé devant les tribunaux civils à raison de ce fait. (1)

C***. Voudriez-vous me dire pourquoi la loi veut qu'en matière de faux incident civil, s'il résulte de la procédure des indices de faux ou de falsification, et que les auteurs ou complices soient vivants, et la poursuite du crime non éteinte par la prescription d'après les dispositions du Code pénal, il soit sursis à statuer sur le civil jusqu'après le jugement sur le faux principal ou criminel (Code de procédure, art. 239, 240)?

N***. C'est qu'elle a considéré que l'action tendante à faire condamner quelqu'un comme coupable de faux est à-la-fois trop délicate par sa nature, et trop importante par ses résultats tant envers le prévenu qu'envers la société, pour qu'elle ne doive pas arriver absolument vierge devant le tribunal criminel; qu'à la vérité, le jugement civil qui prononcerait à l'avance sur la vérité ou la fausseté de la pièce ne lierait pas les juges de ce tribu-

_____

(1) M. Merlin, Répertoire, v° Réparation civile, § 7, n° 2, et v° Chose jugée, § 15.

nal), mais qu'il pourrait faire sur eux une certaine
impression, et former dans leur esprit un préjugé
quelconque pour ou contre le prévenu; que cette
impression, ce préjugé affaibliraient leur impar-
tialité, et les empêcheraient de tenir d'une main
ferme la balance dans laquelle doivent être pesées
toutes les preuves du crime ou de la non-culpabilité.

C'est ainsi que, dans l'ancien droit romain, tel
qu'il était en vigueur au temps où écrivaient les jurisconsultes dont les décisions furent érigées en lois
par les Pandectes, la pétition d'hérédité et la querelle d'inofficiosité étaient regardées comme tellement importantes, que, pour les faire arriver pures
et sans préjugé devant le tribunal des centumvirs,
à qui en était réservée la connaissance exclusive, il
était défendu aux autres tribunaux d'en connaître
même incidemment à des affaires pendantes devant
eux, et dans lesquelles une seule des parties qui
devaient figurer dans l'une ou l'autre, se trouvait
en qualité. Assurément il n'était pas à craindre que
les jugemens qui auraient pu être rendus sur ces
affaires, donnassent ensuite lieu devant le tribunal
des centumvirs, à l'exception de chose jugée;
mais ils auraient pu faire naître, dans ce tribunal,
des préventions qui l'eussent fait pencher en faveur
de la partie à qui ces jugemens se seraient trouvés
favorables; et il n'en fallut pas davantage pour
déterminer le sénat de Rome, ainsi que l'empereur Trajan, à ordonner qu'il fût sursis à de
pareils jugemens, jusqu'à ce que la pétition d'hé-

rédité ou la querelle d'inofficiosité fût définitivement jugée.

C'est ce que remarque très-bien le président
Favre, dans ses *rationalia* sur la loi 7, D. *De
hereditatis petitione*, dans laquelle il est dit que,
si un esclave réclame la liberté devant le juge ordinaire, en vertu d'un testament attaqué devant
les centumvirs par la querelle d'inofficiosité, le
juge ordinaire doit surseoir à statuer sur cette demande, jusqu'après le jugement des centumvirs,
de peur qu'il ne forme, par sa décision, un préjugé dans l'esprit de ces magistrats, *ne præjudicium de testamento tribunali cognituro faciat.*
Cette crainte, dit le savant interprète, paraît, au
premier abord, dénuée de fondement, puisque le
jugement à rendre sur la demande de l'esclave affranchi par le testament de son ancien maître, ne
peut pas avoir l'autorité de la chose jugée au préjudice de l'adversaire, de l'héritier apparent contre qui cette demande est intentée. Mais, continue-t-il, voici la raison de décider comme le fait
la loi : *Ratio decidendi : sufficit quale quale
præjudicium fieri cognitioni de hereditate, licet
non fiat plenum. Hoc enim privilegium est ju-
dicii centumviralis.... Atqui non potest negari
quin ex sententiâ etiam inter alios latâ per
quam prononciatum fuerit libertatem compe-
tere vel deberi ex testamento, fiat aliquod et
saltem quale quale præjudicium hereditati,
quae sive ab eâdem personâ, sive ab aliâ pe-
tatur, ex eodem testamento; procliviores*

enim solent esse judices ad pronunciandum
pro testamento pro quo jam semel pronuncia-
tum sit, etiamsi ab alio judice, in aliâ causâ
et inter alias partes ; et itâ rectè Accursius et
Bartolus. (1)

C***. S'il en est ainsi, si tel est le motif d'humanité et de justice qui a dicté les différentes dispositions que vous venez de rappeler, et notamment celle de l'art. 240 du Code de procédure civile, comment serait-il possible de ne pas attribuer
à ce même motif, principalement, la disposition
identique et générale de l'art. 3 du Code d'instruction criminelle, dont au surplus l'art. 240 du Code
de procédure n'est évidemment qu'une conséquence ou une application spéciale? Certes, l'action tendante à faire condamner un homme
comme coupable de meurtre ou d'incendie, etc.,
est trop délicate aussi par sa nature, et trop importante par ses résultats tant envers le prévenu
qu'envers la société, pour qu'elle ne doive pas également arriver absolument vierge et intacte, libre
de tout préjugé tel quel, devant le tribunal criminel.

Mais alors, et si tel est effectivement le motif
principal qui fait suspendre l'exercice de l'action
civile jusqu'au jugement de l'action publique, aux
termes de l'art. 3 du Code d'instruction criminelle,
il n'est donc point vrai de dire, ainsi que vous venez de le faire, *qu'il ne peut y en avoir que cette*

(1) M. Merlin, Questions de droit, v° Faux, § 6, n° 8.

raison, que l'action publique est nécessairement, et en tous cas indistinctement, préjudicielle à l'action civile, et que le jugement de l'une doit avoir une influence nécessaire et forcée sur le jugement de l'autre, ou que ce jugement ne peut pas ne pas avoir l'autorité de la chose jugée sur l'autre.

Non pas que je prétende que le criminel ne doive jamais influer sur le civil. Je reconnais bien, avec vous, qu'un arrêt ou jugement de condamnation doit recevoir à l'action civile une application nécessaire et forcée, en ce sens qu'il prouve suffisamment au civil le fait jugé et reconnu vrai au criminel (1).

Mais qu'il s'en faut qu'il y ait les mêmes raisons de décider relativement à un jugement d'absolution! Un jugement de condamnation, intervenu sur des débats solennels et contradictoires, prouve certainement que l'accusé a commis le fait qui a servi de base à sa condamnation et qui sert de base ensuite à l'action civile; *res judicata pro veritate habetur;* et il y aurait de trop graves et trop sensibles inconvéniens à faire rejuger au civil une question de fait ainsi jugée au criminel, pour que le législateur ait pu vouloir admettre le condamné à nier le même fait au civil et à en exiger une preuve nouvelle, autre que celle résultant déjà du jugement de condamnation.

Mais un jugement d'absolution! que juge-t-il véritablement? rien, le plus souvent, sinon tou-

(1) Voyez le Dialogue précédent.

jours, rien, si ce n'est que le crime ou délit n'est pas prouvé, n'est pas suffisamment prouvé, soit quant à l'existence même du fait, soit quant à la criminalité, etc.? Les circonstances dans lesquelles un fait qui, en général, est qualifié crime ou délit, a eu lieu, peuvent se trouver telles que son auteur doive être absous de la peine requise contre lui au criminel; et que néanmoins il soit justement passible de la réparation des dommages qu'il aura causés, parce qu'ici l'homme peut se rendre débiteur par un simple acte d'imprudence ou de négligence, par un simple quasi-délit (art. 1382, 1383).

Et aussi l'art. 358 du Code d'instruction criminelle porte-t-il que « lorsque l'accusé aura été déclaré *non coupable*, le président prononcera qu'il est acquitté de l'accusation, et ordonnera qu'il soit mis en liberté, s'il n'est retenu pour autre cause. La Cour statuera ensuite *sur les dommages-intérêts respectivement prétendus*, après que les parties auront proposé leurs fins de non-recevoir ou leurs défenses, et que le procureur général aura été entendu. La Cour pourra néanmoins, si elle le juge convenable, commettre l'un des juges, pour entendre les parties, prendre connaissance des pièces, et faire son rapport à l'audience, où les parties pourront encore présenter leurs observations, et où le ministère public sera entendu de nouveau.

« L'accusé acquitté pourra aussi obtenir des « dommages et intérêts contre ses dénonciateurs « pour fait de calomnie, etc. »

Il est évident, à vue de ce texte, que l'action criminelle n'absorbe pas l'action civile, ou que la décision négative sur la culpabilité, n'anéantit pas l'action en dommages-intérêts. Il est évident que, nonobstant son absolution au criminel, l'accusé peut encore être condamné à des réparations civiles, puisque, dans ce cas-là même, la loi autorise la Cour d'assises à statuer sur les dommages-intérêts *respectivement prétendus* par les parties, c'est-à-dire, sur les dommages-intérêts réclamés contre l'accusé par la partie lésée qui est intervenante, ou sur ceux qui peuvent être dûs à l'accusé lui-même, pour fait de calomnie, etc.

Or, ce n'est point assurément parce que la partie lésée ne sera point, par ignorance ou autrement, intervenue au procès criminel, que le jugement d'absolution doit produire plus d'effet contre elle agissant ensuite au civil, qu'il n'en pourrait produire dans l'instance criminelle elle-même si elle s'y fût présentée comme partie civile ; évidemment, dans un de ces cas de même que dans l'autre, un pareil jugement, s'il prouve que l'accusé ne s'est pas rendu coupable d'un crime ou d'un délit caractérisé, ne prouve pas le moins du monde qu'il ne se soit pas rendu coupable au moins d'un quasi-délit, d'une faute ou d'un fait préjudiciable et qu'il doit réparer.

Et du reste, le même art. 3 du Code d'instruction criminelle, qui ordonne la suspension de l'action civile jusqu'au jugement de l'action publique, réserve indistinctement à la partie lésée son action civile en dommages-intérêts, pour l'exercer en temps et lieu, c'est-à-dire, après le jugement tel quel, de condamnation ou d'absolution, à rendre sur l'action publique, et devant le tribunal civil, si elle ne la fait pas concourir et juger avec l'action publique elle-même; car d'ailleurs elle a le choix : « L'action civile peut, dit l'article, être « poursuivie en même temps et devant les mêmes « juges que l'action publique; elle peut aussi l'être « séparément. »

Cette doctrine, il faut en convenir, paraît fondée sur le texte même de la loi, et sur les règles de la plus saine interprétation. Aussi a-t-elle été formellement adoptée et consacrée par la Cour de cassation, qui a jugé, les 11 octobre 1817 et 5 novembre 1818, que, « si la déclaration du jury, « rendue conformément à la formule des art. 337 « et 345 du Code d'instruction criminelle, exclut « le crime de l'accusation, elle ne décide point « nécessairement en faveur de l'accusé les faits ou « les circonstances qui peuvent le soumettre à des « réparations; qu'ainsi, à l'occasion de l'action « en réparations civiles, les tribunaux civils peu- « vent examiner ces faits et ces circonstances, y « trouver un quasi-délit, et fixer les dommages- « intérêts qui en ont pu résulter au préjudice de la « partie civile. »

N***. En effet, je le reconnais maintenant, déclarer que l'accusé n'est pas coupable, ce n'est pas nécessairement décider, ou que le fait n'existe pas, ou que l'accusé n'en est pas l'auteur; c'est seulement décider que l'accusé n'est pas, relativement à ce fait, convaincu de torts suffisans pour attirer sur lui la peine dont l'application est le but de l'action intentée par le ministère public; et cette décision peut être déterminée, ou par la preuve que le fait n'existe pas, ou par le défaut de preuve de l'existence du fait, ou par le défaut de preuve que l'accusé en soit l'auteur, ou par la preuve que le fait existe, ou que l'accusé en est l'auteur, mais que l'accusé ne l'a pas commis volontairement et avec une intention criminelle.

Il est vrai, comme je le disais tout-à-l'heure, qu'il a été jugé, dans une affaire où il s'agissait de meurtre, que malgré le vague d'une pareille déclaration, et encore qu'il fût possible que l'accusé eût été acquitté, non à raison de ce que l'accusé n'en est pas l'auteur, mais à raison de ce que le fait avait paru au jury dépouillé du caractère de criminalité que lui prêtait l'acte d'accusation, le ministère public n'était plus recevable à poursuivre correctionnellement l'accusé comme auteur du même fait, reproduit sous la qualification d'homicide commis involontairement, mais par imprudence; parce que cette déclaration, toute vague, tout équivoque qu'elle était, devait être interprétée dans le sens le plus favorable à l'accusé, et par conséquent être considérée comme portant à la fois sur le fait matériel et sur toutes les nuances de culpabilité qui pouvaient s'y rattacher.

Mais quelle conséquence peut-on tirer ici de cet arrêt? De ce que, pour soustraire à une nouvelle action publique fondée sur le même fait, l'accusé acquitté par une déclaration vague de non-culpabilité, il part de la maxime *in dubio pro reo respondendum,* s'ensuit-il que l'on puisse partir de la même maxime pour prononcer sur une action civile entre le demandeur en réparation du dommage qu'il prétend avoir souffert, et le défendeur précédemment acquitté d'une action publique en termes qui laissent indécise la question de savoir si le fait qui a causé le dommage prétendu, existe ou n'existe pas? C'est comme si l'on disait : de ce qu'en vertu de cette maxime, l'accusé est acquitté de l'action publique par le seul effet du partage d'opinions sur sa culpabilité, s'ensuit-il qu'il doit également être déchargé de l'action civile en dommages-intérêts, par cela seul que, parmi les juges appelés à statuer sur cette action, il y a autant de voix pour que contre lui? Assurément il n'est personne qui, interrogé là-dessus, ne s'empresse de répondre : non; et pourquoi? Parce que si, dans l'action publique, l'humanité veut qu'en cas de doute, l'accusé soit acquitté, la justice veut que, dans l'action civile, le défendeur ne soit renvoyé que par un jugement formé à la majorité des voix; parce qu'entre deux particuliers qui plaident pour leurs intérêts privés, ce n'est pas ce qu'il y a de plus humain, mais ce qu'il y a de plus juste que l'on doit considérer; parce qu'alors, *suum cuique tribuere* est le devoir impérieux du juge. Donc, par la même raison, lorsque, dans l'action civile en réparation du dommage causé par un fait qualifié de crime ou délit qui a déjà été la matière d'une action publique, il y a doute sur la question de savoir si ce fait a ou n'a pas été précédemment jugé ne pas exister, ce n'est point à la maxime *in dubio pro reo respondendum*, que l'on doit s'attacher, mais à la grande règle que la chose jugée ne se présume pas, qu'il en est de l'exception qu'elle produit, comme de toutes les autres exceptions, qu'il faut qu'elles soient prouvées par la partie qui s'en prévaut, et que, faute de preuve, elle doit être rejetée.

Je m'étais donc complétement trompé en disant que, par la simple déclaration de la non-culpabilité de l'accusé, l'action en dommages-intérêts de la personne lésée par le fait qui a donné lieu au procès criminel, est éteinte. J'aurais dû restreindre cette décision au cas où l'accusé ou le prévenu, au lieu d'être simplement déclaré non coupable, a été acquitté ou absous, soit sur le fondement que le fait qui lui était imputé à délit ou crime, n'avait pas été commis, soit sur le fondement qu'il n'en n'était pas l'auteur, et qu'il n'y avait participé en aucune manière (1).

C***. Quoi donc! Est-ce que la décision ne doit pas être la même en tous cas? Est-ce que l'action civile ne demeure pas également réservée et entière dans celui-là même que vous venez de signaler?..

N***. Nullement. La demande en réparation

(1) M. Merlin, Questions de droit, v° Réparation civile, § 2, Additions aux trois premières édit., tom. 9, pag. 114, 116.

civile n'est certainement plus recevable en ce dernier cas, de la part de la personne prétendue lésée. En effet si, du principe que l'action criminelle est préjudicielle à l'action civile, il résulte que le jugement par lequel il est déclaré, contradictoirement avec le ministère public, que le crime ou délit imputé à l'accusé ou au prévenu, est constant, et que l'accusé ou le prévenu en est coupable, a l'autorité de la chose jugée dans les actions civiles auxquelles le même fait donne ensuite lieu ; il en résulte aussi nécessairement que l'on doit attribuer la même autorité au jugement par lequel il est déclaré, contradictoirement avec le ministère public, soit que le fait imputé à délit ou crime, n'a pas été commis, soit que l'accusé ou le prévenu n'en est pas l'auteur et n'y a pris aucune part (1).

C***. Diriez-vous la même chose d'un jugement qui acquitte ou absout l'accusé ou le prévenu, en se fondant sur ce que le fait à raison duquel il est poursuivi *n'est pas constant ?*

N***. Non, parce qu'on ne peut plus dire ici que la personne lésée ait été représentée par le ministère public. C'est un principe, en effet, que le ministère public est censé représenter dans les procès criminels tous les particuliers qui ont intérêt au fait qu'il poursuit. Ce principe dérive de l'art. 3 du Code d'instruction criminelle, et voici comment.

(1) M. Merlin, Questions de droit, tom. 9, (Additions), p. 114

De la disposition de cet article par laquelle il est dit que *l'exercice de l'action civile est suspendu tant qu'il n'a pas été prononcé définitivement sur l'action publique*, il résulte nécessairement que le jugement de l'action publique intentée sur un fait qualifié de crime, de délit ou de contravention, doit exercer une influence sur le jugement de l'action civile intentée pour le même fait, et qu'il l'exerce, non seulement lorsque les parties privées qui figurent dans l'action civile sont intervenues dans l'action publique, mais encore lorsqu'elles y sont restées tout-à-fait étrangères.

Et cette conséquence en amène non moins nécessairement une autre à défaut du concours de laquelle il serait impossible de l'admettre, sans fouler aux pieds la grande règle écrite dans l'art. 1351 du Code civil, que, pour qu'il y ait *autorité de la chose jugée*, il faut que les parties soient les mêmes : c'est que, comme le dit encore l'arrêt que je viens de rappeler, le ministère public, *seule partie capable pour poursuivre les crimes et délits, les poursuit aux péril, risque et fortune de tous ceux qui y sont intéressés, lorsqu'ils ne se rendent pas parties civiles;* c'est, en d'autres termes, qu'en déclarant l'action publique préjudicielle à l'action privée, la loi est censée déclarer qu'à ses yeux, il y a identité de parties entre les deux actions; c'est, en un mot, que le ministère public représente, dans l'action qu'il intente pour l'intérêt de la société, les parties privées qu'elle intéresse personnellement.

Mais de là même il suit que la fiction de la loi qui répute représentée par le ministère public dans un procès criminel, la partie privée qui n'y a figuré en rien, quoiqu'elle y eût intérêt, ne peut pas ne pas être restreinte dans les mêmes bornes que l'influence du jugement de l'action publique sur le jugement de l'action civile.

Or, cette influence, jusqu'où s'étend-elle? Bien évidemment elle ne peut pas s'étendre au-delà de l'objet pour lequel la loi veut que l'action publique soit préjudicielle à l'action civile; et cet objet n'est pas équivoque : c'est uniquement de prévenir le scandale qui résulterait d'un jugement civil par lequel seraient déclarés chimériques et controuvés, des faits qu'un jugement criminel aurait précédemment déclarés constans, ou constans des faits qu'un jugement criminel aurait précédemment déclarés chimériques et controuvés. Mais comme ce scandale ne pourrait avoir lieu, si la loi n'y pourvoyait, que dans le cas où le jugement criminel décide positivement que les faits servant de base à l'action publique, ou sont constans, ou n'existent pas, il est clair que ce cas est le seul où le jugement de l'action publique peut et doit influer sur le jugement de l'action privée; il est clair, par conséquent, que, si le jugement de l'action publique laisse indécise la question de l'existence ou de la non-existence des faits sur lesquels cette action est fondée, la loi n'a plus de motifs pour feindre que les parties privées sont représentées dans cette action par le ministère public : il est clair, par une conséquence ultérieure, que la grande règle, *res inter alios judicata, aliis neque prodesse neque nocere debet,* reprend toute sa force ; et par conséquent encore il est clair que le Tribunal civil, devant lequel est ensuite portée l'action privée à laquelle les mêmes faits donnent lieu, doit la juger avec la même liberté que si ces faits n'avaient pas été précédemment déférés à un Tribunal de répression (1).

C***. Il me paraît assez singulier que vous fassiez dépendre la question de savoir si la personne lésée par un crime ou délit a été ou non représentée au procès criminel par le ministère public, du point de savoir s'il est jugé en définitive que le crime ou délit a été commis ou non, que le fait imputé est constant ou non. Jamais, ce me semble, jamais jusqu'ici on ne s'était avisé de s'attacher à une pareille circonstance, à la décision judiciaire qui termine un procès, pour savoir si une personne a ou n'a pas été partie ou dûment représentée dans ce procès. Je ne vois point ici de milieu possible : la personne lésée a été représentée par le ministère public, ou elle ne l'a pas été. Si elle l'a été, ce qui a été jugé pour ou contre le ministère public l'a été nécessairement aussi pour ou contre elle-même. Si le fait a été reconnu constant avec ou pour le ministère public, il l'a été de même avec ou pour elle ; si le fait, au contraire,

---

(1) M. Merlin, *ibid.*

a été jugé n'être pas constant avec ou contre le ministère public, il l'a été de même encore et par la même raison avec ou contre elle; et dès-lors elle n'est pas plus recevable à faire juger de nouveau la question devant d'autres Tribunaux, que le ministère public lui-même : sa nouvelle action doit être invinciblement repoussée par la force ou l'autorité de la chose jugée.

Mais d'ailleurs, qu'est-ce que cette fiction qui vous fait voir dans le ministère public le mandataire ou représentant des particuliers lésés par le crime ou délit dont il poursuit la répression ? Où est son mandat ? De qui le tient-il et à quelle fin ? Étrange mandataire ou représentant, dit avec raison M. Toullier, qui n'a ni ne peut avoir de mandat de ceux qu'il représente! qui ne conclut ni ne peut conclure pour eux! Effectivement, le ministère public ne représente que la société ou le pouvoir suprême qui gouverne et protège la société; il n'agit et ne conclut que pour elle; il ne demande que la répression du délit, que l'application de la peine, et jamais une réparation civile et pécuniaire, la seule chose que puissent demander, de leur côté, les parties privées qui ont souffert du délit. Où donc, ici, pouvez-vous trouver les éléments de la chose jugée, cette identité, rigoureusement exigée par la loi, dans l'objet de la demande et dans les parties entre lesquelles s'agite le débat ?

Votre fiction ne tend donc à rien moins qu'à

éluder la grande règle, ainsi que vous l'appelez
vous-même, écrite dans l'art. 1351 (1).

Et sur quoi fondée, encore, cette fiction ? sur
ce que l'art. 3 du Code d'instruction criminelle
veut que l'exercice de l'action civile demeure suspendu jusqu'au jugement définitif de l'action publique ; comme s'il y avait rien de commun entre cette
proposition : l'exercice de l'action civile sera suspendu jusqu'au jugement de l'action publique, et
celle-ci : le ministère public représente, au procès
criminel qu'il intente et poursuit, les particuliers
spécialement lésés par le crime ou délit dont il
requiert la punition, de telle sorte que ce qui aura
été jugé avec lui aura force de chose jugée pour ou
contre eux ! Passe encore, si la disposition de cet
art. 3 n'avait pas d'autre fondement ou motif que
celui que vous lui assignez comme le seul possible
et imaginable ! Mais je crois avoir démontré, tout
à l'heure même, que tel n'est point effectivement
son vrai motif ou du moins son principal motif,
et que, s'il résulte de sa disposition que l'action
publique est réellement préjudicielle à l'action
civile, ce n'est du moins pas en tous cas indistinctement, en sorte que votre argumentation pèche et
s'écroule par la base.

Que l'action publique soit préjudicielle à l'action
civile, en ce sens que le jugement de condamnation doive exercer une influence nécessaire sur le
jugement de l'action civile, rien de mieux ; car

____

(1) Voyez le Dialogue précédent.

ici, outre les considérations d'intérêt social et moral qui s'opposent manifestement à ce qu'on fasse rejuger au civil ce qui a été jugé au criminel (1), il n'est rien du moins qui répugne à la justice et au principe d'équité qui a dicté l'art. 1351 sur la chose jugée. Si, en effet, dans ce système, l'on n'admet point le condamné à remettre en question le fait jugé au criminel, qu'importe, puisque là, au criminel, il a été scrupuleusement écouté dans ses débats et contredits, dans sa défense, en un mot, qu'il a présentée sans doute, il y a tout lieu de le croire, aussi forte et aussi complète que possible ; il s'agissait pour lui de la vie, ou de l'honneur, ou de la liberté !

Mais au contraire, quelle injustice, si l'on refuse d'écouter la partie lésée et de l'admettre à prouver l'existence du fait que le Tribunal criminel a déclaré, sans elle et en son absence, n'avoir pas été commis, ou ne l'avoir pas été par l'accusé ou le prévenu ! Ne sera-ce donc pas véritablement la condamner sans l'entendre, au mépris de cette règle fondamentale, implicitement consacrée par l'art. 1351, *nemo inauditus condemnetur!* Ne peut-il pas se faire qu'elle ait à présenter des preuves, des renseignemens particuliers, des moyens que n'avait pas le ministère public ?

Et puis enfin, qu'est-ce qu'un jugement qui déclare, même dans les termes les plus positifs, qu'un fait imputé à crime ou délit n'a pas été

---

(1) Voyez le Dialogue précédent.

commis, ou que l'accusé n'en est pas l'auteur? En
quoi differt-il essentiellement d'un autre jugement
qui déclare que le fait n'est pas constant, ou que
l'accusé n'est pas coupable? N'est-il pas le plus
souvent, comme ce dernier lui-même, le résultat
d'un manque de preuves ou de l'insuffisance des
preuves, autant et plus que le résultat d'une preuve
acquise et certaine que le fait n'a jamais existé ou
que l'accusé n'y a pris aucune part personnelle?
sans compter encore que, s'il n'y a pris réellement
aucune part active ou directe, il n'est pas impossible néanmoins qu'il y ait plus ou moins donné
lieu et contribué même involontairement et indirectement par une simple faute d'imprudence dont
le tribunal criminel n'aura eu à s'occuper en aucune manière, que rien n'aura peut-être manifestée aux débats, mais enfin qui n'en existe pas
moins dans la réalité, que la partie lésée n'en a
pas moins le moyen d'établir, et qui n'en suffit
pas moins, vous venez de le reconnaître, pour
fonder une demande et une condamnation en
dommages et intérêts.

Et aussi ne voyons-nous aucune distinction de
ce genre dans les art. 3 et 358 du Code d'instruction criminelle, qui réservent intacte et entière
l'action civile à la partie lésée, même en cas d'absolution, pour, par elle, l'exercer en même temps
que l'action publique ou séparément, à son gré.

Il ne me paraît donc ni juste ni possible d'admettre la distinction que vous établissez entre les
divers jugemens d'acquittement ou d'absolution :

de quelque manière et en quelques termes qu'ils
soient rédigés et conçus, ces jugemens ne doivent
point rendre non recevable la demande en réparation civile de la part de la personne qui se prétend lésée.

~~~~~~

DIALOGUE 40.

C***. Le vendeur, en cas de faillite de l'a-
cheteur, a-t-il un privilège sur le prix des effets
vendus et non payés?

N***. Non. L'art. 576 du Code de commerce
n'accorde au vendeur que la simple revendication
des marchandises sous certaines conditions. Il exclut par cela même le vendeur de tout droit de
préférence sur la distribution du prix de ces mêmes
marchandises, lorsqu'elles sont saisies et vendues
sur la tête d'un failli. (1)

C***. L'art. 576 du Code de commerce, non
plus que les suivans, ne dit pas du tout, ce me
- semble, que le vendeur, en cas de faillite, n'aura,
pour tout droit, que la simple revendication des
marchandises. Ils disent seulement, ces articles,
que le vendeur ne pourra exercer la revendication
que dans les cas et sous les conditions qu'ils spéci-

(1) M. Tarrible, Répertoire, v° Privilège de créance, sect. 3,
§ 2, n° 11.

fient; ce qui est bien différent. En un mot, ces
articles s'occupent uniquement de la revendication, ainsi que l'annonce suffisamment d'ailleurs
l'intitulé ou la rubrique du titre 3 dont ils font
partie (titre 3, *de la revendication*). Ils ne s'occupent donc ni de *privilèges*, ni de quelqu'autre
chose que ce puisse être que de *la revendication*.
Et cela est d'autant plus vrai que le législateur s'en
est formellement expliqué. M. Treilhard, en effet,
en présentant au Corps législatif la loi relative aux
faillites, disait : « Vous remarquerez sans doute
que je ne m'occupe que de quelques règles particulières aux affaires de commerce ; il n'entrait pas
dans le projet de la loi de tracer les principes
constitutifs des privilèges ; ils sont déjà parfaitement établis dans le Code civil. »

Et effectivement ils le sont, notamment en matière de vente, dans l'art. 2102, § 4.

Il est vrai que ce même article, en ce qui concerne les ventes commerciales, renvoie expressément aux lois et usages du commerce, mais sur
quoi ? sur la *revendication* et non point sur les
privilèges. « Il n'est rien innové, dit-il, aux lois
et usages du commerce SUR LA REVENDICATION. »
Et quels sont ces lois et usages *sur la revendication*? Les art. 576 et suivans du Code de commerce, lesquels articles ne parlent eux-mêmes
aussi que de *la revendication*, et nullement des
privilèges. Comment donc y voir une exclusion
du *privilège* accordé du reste en principe général
et sans distinction par l'art. 2102 du Code civil?

N***. Cette exclusion résulte des principes rappelés dans les observations préliminaires du Code commercial, qui veulent que la vente suivie de tradition transfère la propriété. Elle résulte de l'équité qui ne souffre pas que le vendeur et le prêteur ayant confié l'un sa marchandise, l'autre son argent, pour en faire l'aliment du commerce du failli, soient soumis à des chances différentes, et qui, dans le naufrage commun de la faillite, réclame pour tous le même intérêt. Elle résulte enfin de l'esprit de la loi dont le but, tendant à restreindre la revendication, serait visiblement manqué, si le vendeur auquel on refuserait la restitution de sa marchandise en nature, en obtenait l'équivalent dans le recouvrement exclusif du prix.

Il faut donc tenir pour certain qu'en matière de commerce le vendeur n'a sur les marchandises livrées et non payées d'autre privilège que celui de la revendication des marchandises en nature; et que dans tous les cas où la revendication ne peut pas être exercée, le prix des marchandises saisies dans la main de l'acheteur est distribué au marc le franc entre tous les créanciers indistinctement, sans aucune préférence pour le vendeur de ces mêmes marchandises. La loi, encore une fois, n'accorde au vendeur, dans la distribution des biens de l'acheteur failli, que la seule revendication des marchandises par lui vendues, dans les cas et sous les conditions qu'elle détermine. (1)

(1) M. Tarrible, *loc. cit.*

C***. J'ai déjà suffisamment prouvé, ce me semble, que ce n'est point là du tout ce que décide la loi dans les art. 576 et suivans du Code de commerce, ni dans aucun autre. Aussi, et à défaut du texte qui est loin de favoriser votre opinion, êtes-vous obligé de recourir et de vous attacher à l'esprit de la loi, dont le but, dites-vous, tendant à restreindre la revendication, serait visiblement manqué, si le vendeur, auquel on refuserait la restitution de sa marchandise en nature, en obtenait l'équivalent dans le recouvrement exclusif du prix.

Mais quoi! ne voyez-vous donc pas qu'il y aurait absolument la même chose à dire en tous cas indistinctement, en cas de ventes civiles comme en cas de ventes commerciales, qu'il y ait faillite ou qu'il n'y en ait point de la part de l'acheteur? Ainsi, par exemple, dans le cas ou l'un des cas prévus en l'art. 2102, § 4, le vendeur se trouvera déchu du droit de revendiquer, parce que la revendication n'aura été faite qu'après la huitaine de la livraison, ou bien parce que la vente avait été faite à terme. En aura-t-il donc moins, pour cela, son privilège sur le prix, sous prétexte que le but de la loi, tendant à restreindre la revendication, serait visiblement manqué, si le vendeur auquel on refuserait ainsi la restitution de sa chose en nature, en obtenait l'équivalent dans le recouvrement exclusif du prix? Evidemment non; à moins que vous ne prétendiez que l'exercice du privilège soit subordonné aux mêmes conditions et restrictions que l'exercice du droit de revendication....

N***. Non sans doute. Il est clair que cette revendication est subordonnée à des conditions plus rigoureuses que la simple préférence sur le prix. Pour qu'elle puisse être exercée par le vendeur, il faut, 1° que la vente ait été faite sans terme pour le paiement du prix; 2° que les effets vendus et non payés soient dans la possession de l'acheteur; 3° que la revendication soit faite dans la huitaine de la livraison ; 4° que les effets se trouvent dans le même état, dans lequel la livraison a été faite. Au lieu que le privilège sur le prix peut toujours s'exercer, pourvu seulement que le meuble vendu soit encore dans la possession de l'acheteur ; c'est là l'unique condition que la loi exige, sans considérer si la vente a été faite à terme, ou sans terme, si le meuble vendu est indivis ou divisible, s'il est fongible ou non fongible, si le privilège est réclamé dans la huitaine ou après, etc. (1).

C***. C'est donc à dire que le privilège et la revendication sont, aux yeux de la loi comme dans la réalité, deux choses essentiellement différentes, et qu'aussi s'est-elle bien gardée de les mettre sur la même ligne et de les régir par les mêmes dispositions. Mais alors, et d'abord, comment croire qu'en renvoyant aux lois et usages du commerce sur l'une de ces choses, *sur la revendication* (art. 2102), elle ait entendu y renvoyer également et par cela même, sur l'autre, *sur le privilège?* Et comment croire que ces lois et usages

---

(1) M. Tarrible, *ibid.*

du commerce (art. 576 et suiv. Code de commerce), en réglant l'une de ces choses, *la revendication*, en cas de faillite, en restreignant son exercice encore plus que ne l'avait déjà fait l'art. 2102 pour les cas ordinaires, en le subordonnant à des conditions encore plus rigoureuses, aient entendu et voulu restreindre également et soumettre aux mêmes conditions, ou même anéantir tout-à-fait, l'autre espèce de droit accordé au vendeur en principe général, je veux dire, *le privilège* sur le prix ? C'est évidemment impossible.

Ensuite, que devient, en présence de l'art. 2102, votre argument qui consiste à dire que le but de la loi serait manqué si le vendeur déchu du droit de revendiquer sa marchandise en nature, en obtenait l'équivalent dans le recouvrement exclusif du prix? Vous voyez bien que cette considération n'a fait nulle impression sur l'esprit du législateur, puisque, dans cet art. 2102, tout en refusant au vendeur la revendication en certains cas, il ne lui en accorde pas moins l'équivalent dans le privilège ou le recouvrement exclusif du prix. Et pourquoi alors cette même considération serait-elle plus puissante en matière de commerce qu'en matière civile ?

N***. Par une raison d'équité qui ne souffre pas, je l'ai déjà dit, que le vendeur et le prêteur ayant confié, l'un sa marchandise, et l'autre son argent, pour en faire l'aliment du commerce du failli, soient soumis à des chances différentes, et qui, dans le naufrage commun de la faillite, réclame pour tous le même intérêt (1).

C***. Je ne vois pas trop ce qu'une semblable raison aurait de plus décisif en cas de faillite qu'en matière ordinaire, où nous voyons pourtant que le vendeur, qui a confié sa chose, est préféré au prêteur, qui a confié son argent (art. 2102).

N***. Il y a une grande différence. Lorsqu'un marchand vend à un autre des objets destinés à entrer dans son commerce, il sait que ces objets seront mis en circulation, et il n'est pas possible qu'il vende avec espérance d'exercer un privilège, puisque le privilège ne peut avoir lieu qu'à la condition que la chose vendue est dans la *possession* de l'acheteur. Il sait aussi que, le crédit faisant la base du commerce, les marchandises qui vont entrer dans les magasins de son acheteur appelleront la confiance; que le public y verra une garantie, et apportera ses fonds, dans la pensée qu'un actif suffisant reposant sur ces marchandises et sur tout ce qui garnit les magasins, répondra des sommes prêtées. La cause du vendeur est effacée ici par celle du public, et la vente de ces marchandises est par elle-même exclusive de l'idée de privilège. Si, au contraire, l'acheteur avait acheté des objets qui ne devaient pas entrer dans son commerce, tels que meubles meublans, instrumens aratoires, glaces, bois de chauffage domestique, le vendeur

(1) M. Tarrible, d° l°.

serait dans le droit commun, et pourrait demander privilège ; la raison en est que ces choses ne sont pas destinées à être jetées dans le mouvement commercial, qu'elles ne garnissent pas les magasins, qu'elles n'offrent pas par conséquent de garantie à ceux qui, évaluant le crédit du négociant d'après la valeur de son fonds de commerce, consentent à lui prêter de l'argent en vue de l'importance de ce fonds (1).

C***. Toutes ces considérations seraient peut-être de nature à motiver une exception au principe général contenu dans l'art. 2102, relativement au privilège du vendeur sur le prix de la chose vendue, de même qu'elles ont probablement déterminé l'exception faite par les art. 576 et autres du Code de commerce, au principe général contenu dans le même art. 2102 relativement à la revendication. Mais cette exception, quant au privilège, existe-t-elle donc en effet? a-t-elle été faite par le législateur, comme l'a été celle relative à la revendication? Non ; et tout prouve qu'il n'a songé qu'à cette dernière; tout, dis-je : et le texte de l'art. 2102, qui la prévoit et qui l'annonce, en renvoyant aux lois et usages du commerce *sur la revendication ;* et l'Exposé des motifs de la loi relative aux faillites, où l'on déclare positivement que la loi ne s'occupe point des *privilèges,* déjà et suffisamment réglés par le Code civil; et la rubrique du titre où se trouvent les art. 576 et suivans du Code de com-

(1) M. Troplong, Hypothèques, tom. 1, n° 200.

merce; et enfin le texte même de ces articles qui,
d'un côté, ne parlent également que de *la revendication*, et qui de l'autre ne font que restreindre
l'exercice de ce droit de revendication, et réaliser
ainsi l'exception ou modification précédemment
annoncée par l'art. 2102 quant à cet objet ou à
ce droit de revendication.

Sous un autre point de vue, vos observations
même sont-elles fondées et exactes? La vente de
marchandises destinées à entrer dans le mouvement commercial est, dites-vous, exclusive de
l'idée de privilège, parce que le vendeur sait,
en les livrant, qu'elles seront mises en circulation,
c'est-à-dire, qu'elles sortiront de la possession et
des mains de l'acheteur, et que le privilège ne
peut avoir lieu qu'à la condition que la chose vendue est dans la possession de l'acheteur. Mais
quoi donc! même en matière de ventes purement civiles, est-ce que les choses vendues ne sont
pas souvent destinées, au sû également du vendeur,
à sortir des mains et de la possession de l'acheteur,
toutes les fois, par exemple, qu'il s'agit de choses
fongibles, de ces choses qui, telles que les vins, les
grains et autres denrées, telles que les bois de
chauffage dont vous parlez, etc., périssent par l'u-
sage qu'on en fait, *quæ usu consumuntur, quarum usus est abusus?* Et cette circonstance a-t-
elle donc paru au législateur *exclusive de l'idée
de privilège*, comme vous dites? Non, puisqu'il
accorde le privilège à tout vendeur et en toute
vente indistinctement, et vous-même venez de

reconnaître qu'il l'accorde effectivement sans autre condition que celle de la possession actuelle et de fait du meuble vendu de la part de l'acheteur, et *sans considérer si ce meuble est fongible ou non fongible*. Cette première objection n'a donc véritablement rien de concluant.

Le vendeur sait aussi, dites-vous en second lieu, que, le crédit faisant la base du commerce, les marchandises qui vont entrer dans les magasins de son acheteur appelleront la confiance ; que le public y verra une garantie et apportera ses fonds, dans la pensée qu'un actif suffisant, reposant sur ces marchandises et sur tout ce qui garnit les magasins, répondra des sommes prêtées ; d'où vous concluez également que la vente de ces marchandises est par elle-même exclusive de l'idée de privilège. Mais quoi encore! le public ne sait-il pas lui-même, à son tour, que ces mêmes marchandises ne sont là, dans les mains de l'acheteur, que pour en sortir d'un moment à l'autre, destinées qu'elles sont et qu'il doit le savoir à être mises en circulation, à être jetées dans le mouvement commercial? Et comment, dès-lors, pourrait-il, plus que le vendeur lui-même, y voir un gage, une garantie des sommes qu'il prête à l'acheteur? Il sait de plus, et il doit savoir que ces mêmes marchandises peuvent fort bien n'être pas encore payées, et que le vendeur, s'il ne peut plus les revendiquer, a du moins un privilège sur leur prix. Qu'il agisse donc en conséquence, et qu'il prenne ses sûretés ; autrement, et s'il en souffre,

qu'a-t-il à se plaindre? il a livré ses fonds sans
condition ni restriction, et l'emprunteur en est
devenu dès l'instant même propriétaire incommutable, sauf restitution de pareille somme au terme
convenu.

Mais le vendeur est dans une tout autre position. Il n'a livré ses marchandises, lui, que sous
la condition qu'on lui en paierait le prix; *vendita
res et tradita non aliter emptori adquiritur,
quàm si is pretium venditori solverit,* (inst.
de rer. div., § 41; et Code civil, art. 1184); et
cette condition résolutoire lui donne, on le conçoit sans peine, une qualité et des droits que ne
peut avoir un simple prêteur. Tant que la marchandise existe, non encore payée, il est assez naturel
qu'il la regarde en quelque sorte comme sa propriété, ou au moins comme la garantie du prix; et
c'est ce que veut aussi la loi, dans l'art. 2102.

Il est vrai qu'une fois entrée dans les magasins
de l'acheteur, le vendeur ne peut plus la revendiquer (sa marchandise), en cas de faillite, art.
576, etc., du Code de commerce. Mais que s'ensuit-il de-là? une seule chose, c'est qu'il se trouve
alors placé dans la même position que tout autre
vendeur, en matière purement civile, qui se trouverait également déchu ou privé du droit de revendiquer : celui-ci est-il en même temps et par cela
même déchu aussi, dépouillé, de son privilège sur
le prix? Non, suivant vous-même, et quoiqu'il
retrouve dans ce privilège l'équivalent de la revendication. Donc, celui-là ne l'est pas davantage,

ni sous prétexte qu'il retrouve aussi l'équivalent de la revendication dans le même privilège, ni sous quelqu'autre prétexte que ce puisse être, si du reste la loi n'a point fait à son égard une exception formelle et expresse à la disposition générale et absolue de l'art. 2102; car, vous le savez, les exceptions qui ne sont point dans la loi, ne doivent pas être suppléées, *ubi lex non distinguit, nec nos distinguere debemus;* or, nulle part, dans la loi, vous ne trouverez l'exception dont je parle.

Ceci répond suffisamment, je crois, à toutes vos objections. Et quant à la première, tirée de ce que la vente suivie de tradition transfère la propriété, en vérité, j'ai peine à croire qu'elle soit sérieuse. N'est-ce pas précisément sur ce principe qu'est fondée la disposition de l'art. 2102, qui accorde un privilège au vendeur sur le prix de la chose, alors qu'il n'a pas ou qu'il n'a plus le droit de revendiquer la chose elle-même? Ceci à la vérité est une dérogation aux principes généraux du droit tels qu'ils résultent des art. 1184 et 1654. Mais enfin, et quoi qu'il en faille penser, qu'importe, et qu'est-ce que cela peut faire à notre question? rien, évidemment rien.

DIALOGUE 41.

C***. L'héritier dont la chose a été vendue et livrée par celui auquel il a succédé, peut-il la revendiquer contre le tiers-acquéreur?

N***. Je pense qu'il le peut, en payant les dommages-intérêts auxquels aurait été soumis le vendeur, en cas d'éviction. Les biens de l'héritier ne remontent pas au défunt. Celui-ci n'a pu vendre la chose de son héritier avec l'effet d'en conférer la propriété à l'acheteur, et il n'a contracté par là qu'une obligation de dommages et intérêts; or, l'héritier offre de les payer (1).

C***. C'est-à-dire que l'héritier, selon vous, pourrait se prévaloir de la disposition de l'art. 1599, portant que la vente de la chose d'autrui est nulle. Mais, supposons donc que le vendeur fût devenu personnellement, après la vente, propriétaire de la chose vendue; est-ce qu'il pourrait, sous prétexte qu'il a vendu la chose d'autrui et qu'une pareille vente est nulle, revendiquer la chose contre l'acquéreur?

N***. Non sans doute; il ne le pourrait point,

_____

(1) M. Duranton, tom. 16, n° 255.

même en offrant des dommages-intérêts à l'acheteur ; il reviendrait contre son propre fait ; on lui
opposerait l'exception connue en droit sous le nom
d'exception *rei venditae et traditae*; il serait
déclaré non recevable dans son action : on lui appliquerait l'adage *eum quem de evictione tenet
actio, eumdem agentem repellit exceptio.* Cela
peut se présenter dans plusieurs cas, et il suffit de
dire, en principe général, que le vendeur, encore
qu'il eût stipulé qu'il ne serait tenu à aucune
garantie, et quoiqu'il eût d'ailleurs vendu de
bonne foi la chose d'autrui, ne peut directement
ni indirectement évincer l'acheteur (1).

C***. Comment donc son héritier le pourrait-
il plus que lui ? pourquoi l'héritier serait-il admis à
revendiquer une chose que le vendeur n'eût pu
revendiquer lui-même ?

N***. Si le vendeur n'eût pu lui-même revendiquer la chose, au cas où il en fût devenu propriétaire depuis la vente, c'est qu'il serait revenu
contre son propre fait, et l'art. 1628 aurait fait
obstacle à sa prétention ; mais le fait du défunt
n'est point le fait *personnel* de l'héritier ; seulement il donne lieu aux dommages-intérêts, dont
l'héritier est tenu en sa qualité d'héritier : or, il
les offre ; mais il veut son bien, et, suivant moi,
il a le droit de le réclamer et de se le faire rendre,
ainsi que le décidait le Droit romain lui-même, au

1) M. Duranton, n° 252.

sujet de l'héritier de celui qui s'était porté caution de la vente. J'adopte cette décision du Droit romain, parce que l'obligation de la caution s'analyse, en définitive, en dommages-intérêts ; or, l'héritier de cette caution, qui les offre, doit pouvoir réclamer sa chose, attendu qu'on n'a pas pu l'en dépouiller sans son fait (1).

C***. Puisque vous faites tant que d'invoquer ici l'autorité du Droit romain, au moins faudrait-il citer des textes qui décident précisément notre question, en principe, et non point une disposition purement exceptionnelle. Or, la loi 1, ff. *de exceptione rei venditae et traditae*, tranche positivement la question contre l'héritier et en faveur de l'acquéreur : *Si alienum fundum vendideris, et tuum posteà factum petas, hâc te exceptione rectè repellendum.* SED ET SI DOMINUS FUNDI HÆRES VENDITORI EXISTAT, IDEM ERIT DICENDUM. *Dict. leg.*, § 1.

On décidait de même, dans notre ancienne jurisprudence, que l'héritier du vendeur ne peut revendiquer sa chose quoique vendue et livrée par le défunt sans son consentement.

« Ceux, dit Domat, qui se trouvent obligés à la garantie envers l'acheteur ne peuvent le troubler, quelque droit qu'ils puissent avoir en la chose vendue. Ainsi l'héritier de celui qui a vendu, ne peut évincer l'acheteur dont cette qualité d'hé-

(1) M. Duranton, n°s 255, 254.

ritier l'a rendu garant. » (1ʳᵉ partie, tit. 2,
sect. 10, art. 20.)

« Nous avons adopté ce brocard de droit *quem
de evictione tenet actio, eumdem agentem
repellit exceptio,* d'où il suit que tous ceux qui
sont obligés de garantir l'acquéreur ne peuvent
pas l'évincer, quand même la demande en éviction serait formée dans une qualité qui ne serait
pas celle en vertu de laquelle la garantie serait
due : ainsi, si je suis héritier d'une personne qui
a vendu un héritage qui m'appartient, ma qualité
de propriétaire semble me donner le droit d'évincer l'acquéreur ; mais ma qualité d'héritier du
vendeur forme un obstacle à ma demande, parce
qu'elle m'oblige à la garantie. De même, si j'ai
vendu un héritage qui appartenait à un tiers, et
que, postérieurement à la vente, je devienne héritier de ce tiers, ma qualité d'héritier me donnera
le droit d'évincer l'acquéreur ; mais ma qualité de
vendeur m'obligeant à la garantie, opérera une fin
de non-recevoir contre ma demande. » (*Ibid.*
art. 32.)

Pothier dit également (Vente, n° 168) : « Cette
exception de garantie qui naît de l'obligation de
garantie a lieu pareillement contre les héritiers du
vendeur, quoiqu'ils soient propriétaires de leur
chef ; car ils succèdent à cette obligation de garantie comme à tous les autres droits et obligations du
défunt. C'est pourquoi si celui qui est le vrai propriétaire de la chose qui m'a été vendue par celui
à qui elle n'appartenait pas, ou qui a quelque hy-

pothèque ou quelque autre droit sur cette chose, devient par la suite héritier de celui qui me l'a vendue, il ne sera plus recevable à former contre moi aucune action de revendication, ni aucune action hypothécaire ou autre action ayant pour but de me faire délaisser l'héritage, pour raison de laquelle j'eusse pu avoir recours de garantie contre mon vendeur; car, étant devenu lui-même héritier de mon vendeur et, en cette qualité, tenu du recours de garantie que j'ai droit d'exercer, il ne peut pas intenter de son chef des actions contre moi, qu'il est obligé de faire cesser en sa qualité d'héritier, suivant la règle ci-dessus alléguée : *Quem de evictione tenet actio, eumdem agentem repellit exceptio.* »

Maintenant, que trouvez-vous dans nos lois nouvelles qui abroge, ou qui indique seulement qu'on ait songé à abroger cette ancienne jurisprudence ? Le principe que *la vente de la chose d'autrui est nulle,* principe contraire à celui du Droit romain, *rem alienam distrahere quem posse nulla dubitatio est,* l. 28, ff. *de contr. empt.?* Mais non; puisque vous-même reconnaissez que celui qui a vendu la chose d'autrui ne peut directement ni indirectement évincer l'acheteur, sous prétexte que la vente de la chose d'autrui est nulle.

Mais, c'est, dites-vous, qu'en revendiquant la chose il reviendrait contre son propre fait, et que l'art. 1628 ferait obstacle à sa prétention; tandis que le fait du défunt n'étant point le fait *personnel* de l'héritier, celui-ci a le droit de réclamer son bien et de se le faire rendre.

Quoi donc! Est-ce que l'héritier, si l'acheteur se trouvait évincé par le résultat d'un fait personnel au défunt, vendeur, comme, par exemple, si ce dernier avait précédemment vendu ou hypothéqué la même chose, est-ce, dis-je, que l'héritier ne serait soumis à aucune garantie envers l'acheteur sous prétexte que le fait du défunt n'est point le fait *personnel* de l'héritier ? Est-ce que l'héritier n'est plus censé être une seule et même *personne* avec le défunt ? Est-ce qu'il n'est plus vrai de dire, comme anciennement, que l'héritier continue et représente la personne de son auteur, *hæres personam defuncti sustinet?* que « l'héritier succédant aux biens et aux charges, il se met en la place du défunt, et sa condition est la même que s'il avait traité avec lui, qu'en prenant ses biens, après sa mort, il serait tenu d'acquitter ses dettes et les autres charges, et comme s'il s'était obligé à ceux envers qui cette qualité d'héritier pourra l'engager... *Etenim videtur contrahere quùm adiit hereditatem*, l. 3, § *ult*. ff. *quib. ex caus. in poss. eatur; hæres quasi ex contractu debere intelligitur*, § 5, *in fin. inst. de obl. quae quasi ex contr. nasc.?* » (Domat, 2e part., liv. 1, tit. 1, sect. 1, art. 8.) Il n'est pas douteux que tous ces principes de l'ancienne jurisprudence ne soient passés dans la nouvelle : « Les héritiers, dit l'art. 724 du Code civil, sont saisis de plein droit des biens, droits et actions du défunt, *sous l'obligation d'acquitter toutes les charges de la succession.* »

Eh bien donc, dans notre espèce, quelles étaient
précisément les charges et obligations du défunt,
vendeur? Était-ce seulement de payer des dommages-intérêts à l'acheteur évincé? Est-ce à cela,
dites-moi, que se réduit l'obligation de garantir
imposée au vendeur?

N***. Non : la garantie, en général, est l'obligation contractée par quelqu'un de défendre une
autre personne d'un dommage qui pourrait l'at-
teindre, ou de réparer ce dommage, s'il n'a pu
l'empêcher.

En matière de vente, la garantie est l'obligation
du vendeur, de faire jouir librement l'acheteur
de la chose vendue; en conséquence, de le défendre contre tous troubles et évictions, ou bien de
l'indemniser du préjudice résultant de ces mêmes
faits, s'il n'a pu les empêcher (1).

C***. C'est donc à dire que l'obligation directe
et principale de garantie est de faire avoir ou conserver la chose à l'acheteur, et par conséquent, à
plus forte raison même, de la lui laisser, de ne pas
la lui enlever soi-même si l'on s'en trouve ou si
l'on en devient propriétaire; et c'est ce qu'entendaient dire les lois romaines par ces expressions,
praestare ei rem habere licere; comme c'est
également ce qu'entend dire l'art. 1625 de notre
Code par celles-ci : « La garantie que le vendeur
doit à l'acheteur a deux objets : le premier est *la*

(1) M. Duranton, n° 247.

possession paisible de la chose vendue; etc. »
« Cette garantie a deux objets, disait l'orateur du
Gouvernement dans l'exposé des motifs : le premier, *d'assurer à l'acquéreur la paisible possession de la chose vendue ;* etc. » Et ce n'est
qu'en cas d'impossibilité absolue de remplir cette
obligation, d'assurer et de faire conserver à l'acquéreur la paisible possession de la chose vendue,
qu'autant que le vendeur *n'a pu empêcher l'éviction,* comme vous le dites vous-même, que la garantie se convertit forcément en dommages-intérêts.

Eh bien donc, et si telle est incontestablement
l'obligation du vendeur personnellement, comment
serait-elle autre dans la personne de son héritier,
qui le représente, qui est un autre lui-même, qui
est tenu de toutes ses charges et obligations, telles
absolument qu'elles pesaient sur lui-même? Et si
le vendeur, devenu propriétaire après la vente, ne
peut expulser l'acquéreur en lui offrant des dommages-intérêts, précisément parce qu'il ne lui est
alors rien moins qu'impossible d'exécuter à la lettre
son obligation de faire jouir l'acquéreur, de lui
assurer la paisible possession de la chose vendue,
et qu'il n'en est quitte pour payer des dommages-
intérêts que lorsqu'il ne peut empêcher l'éviction ;
comment pourrait-il en être autrement de son héritier, qui le représente, encore une fois, et qui,
étant propriétaire de la chose vendue, se trouve
absolument dans la même position que le vendeur
lui-même qui l'est devenu après la vente, c'est-à-

dire, peut fort bien empêcher l'éviction et remplir ainsi, à la lettre, *in formâ specificâ*, son obligation de garantir, cette obligation qui est passée du défunt à lui et qu'il est censé avoir contractée lui-même personnellement, d'après les principes que je viens de rappeler, *hæres quasi ex contractu debere intelligitur; videtur contrahere cùm adiit hæreditatem*, etc.?

DIALOGUE 42.

C***. Une vente a été faite avec clause expresse qu'à défaut de paiement au terme convenu elle serait résolue de plein droit. L'acheteur, une fois mis en demeure par une sommation, après le terme échu, peut-il encore empêcher la résolution en offrant le prix au vendeur soit avant toutes poursuites, soit sur les premières poursuites en résolution?

N***. Non; l'acheteur ne peut purger sa demeure qu'autant qu'il n'a pas été sommé. La raison en est simple, et je n'ai pas besoin d'aller la chercher bien loin; je la trouve dans la convention qui tranche tout.

Que veut en effet le contrat? Il veut que si le paiement n'a pas lieu dans tel délai, la vente soit résolue de plein droit. Cette stipulation est précise, elle n'a pas été insérée sans dessein, elle ne doit pas dégénérer en vaines paroles comminatoires (1).

C***. Nous voyons pourtant que l'art. 1656 n'en fait, dans la réalité, qu'une clause purement comminatoire, puisqu'il autorise l'acheteur à payer même après le terme, et par conséquent d'empêcher la résolution d'avoir lieu conformément à la convention.

N***. Il est vrai que l'art. 1656 mitige la rigueur des effets de cette convention, en permettant à l'acheteur de purger ainsi la demeure tant qu'il n'a pas été sommé de payer ; mais cette restriction apposée à la volonté des parties doit s'arrêter là. On ne doit pas y ajouter des entraves arbitraires que la loi n'a pas expressément autorisées, et il faut dire qu'une fois la sommation effectuée, la demeure est acquise, à peu près comme dans le droit romain elle était obtenue par la seule échéance du terme. Ainsi la résolution est dèslors de droit, et il ne reste plus au juge qu'à la prononcer. (2)

C***. Oui, sans doute, si l'acheteur ne paie point ; mais s'il paie, le juge doit-il encore absolument et à la rigueur prononcer la résolution ? C'est ce que ne dit point notre article.

N***. Quand cela serait, qu'importe le si-

(1) M. Troplong, Vente, tom. 2, n° 669.
(2) M. Troplong, *loc. cit.*

lence de la loi? La convention n'a-t-elle pas parlé?

Au surplus, il ne me paraît pas exact de dire que l'art. 1656 soit muet sur notre difficulté. Je crois pouvoir soutenir qu'il la résout dans le sens de la convention.

Il porte en effet : « L'acquéreur peut néanmoins payer après l'expiration du délai, *tant qu'il n'a pas été mis en demeure par une sommation.* »

Donc, lorsqu'il a été mis en demeure par une sommation à laquelle il n'a pas obéi, il ne peut plus payer, et le vendeur doit reprendre sa chose; le juge n'a plus qu'à déclarer la résolution. (1)

C * * * Cet argument pourrait être fondé et décisif si la proposition que vous venez de citer était tout l'art. 1656, et encore ne serait-ce qu'un argument *à contrario*. Mais enfin, et quoi qu'il en soit du mérite d'un argument de ce genre, l'article 1656 ne se contente pas de dire que « l'acquéreur peut néanmoins payer après l'expiration du délai, *tant qu'il n'a pas été mis en demeure par une sommation;* » il ajoute immédiatement : « *Mais après cette sommation, le juge ne peut pas lui accorder de délai;* » et cette seconde partie, ce complément de la phrase modifie singulièrement la pensée que semble exprimer la première partie de la même phrase : elle donne à entendre que tout ce qui résulte de la mise en demeure par une sommation, c'est que l'acquéreur

(1) M. Troplong, n° 670.

ne peut réclamer ni obtenir de délai; mais, évidemment, ce n'est point là lui refuser la faculté d'éviter la résolution en payant de suite. Et du reste, aussi, offrir de payer à l'instant même, ou déclarer ces offres valables, ce n'est point demander ou accorder un délai contre le vœu de la loi; il ne s'agit pas d'un délai pour payer, mais d'un paiement à faire actuellement.

N***. Je ne fais ici, dites-vous, qu'un argument *à contrario*; et cette manière de raisonner est souvent fautive; soit. Mais tout ce que je demande, c'est qu'ici elle soit d'accord avec l'esprit de la loi; or, si l'on ne veut pas faire violence à la convention des parties, et exagérer les modifications que l'art. 1656 a cru devoir y apporter, on sera de toute nécessité convaincu que l'argument *à contrario* que fournit l'art. 1656 est véritablement décisif.

On ne saurait l'ébranler en s'emparant des dernières paroles de l'article, pour soutenir que tout ce que veut le législateur, c'est que le terme du paiement ne soit pas prorogé, et dire qu'ici il ne s'agit pas d'un délai à obtenir, mais d'un versement actuel qu'on veut contraindre le vendeur à recevoir.

A mon avis, c'est mal comprendre la pensée de l'article. Je le prouve en comparant sa disposition avec ce que Pothier et Domat enseignent sur l'effet du pacte commissoire dans l'ancien droit français.

« L'acheteur peut donc, dit Pothier, *jusqu'à*

ce que la sentence soit intervenue, quoique
après l'expiration du terme, empêcher la résolution du contrat par des offres. »

Domat ajoute : « Les clauses résolutoires à défaut de paiement au terme, ou d'exécuter quelque
autre convention, n'ont pas l'effet de résoudre d'a-
bord la vente par le défaut d'y satisfaire ; *mais on
accorde un délai pour ce qui a été promis.* »

Il y avait donc dans l'ancienne jurisprudence
française une double répulsion du pacte commissoire stipulé avec la clause *de plein droit.* Malgré
les conventions les plus solennelles, l'acheteur
pouvait payer hors des délais et jusqu'au jour de
la sentence ; le juge pouvait même aller beaucoup
plus loin, et lui accorder de nouveaux termes s'il
n'était pas en mesure de se libérer. Ainsi, d'un côté,
l'acheteur n'était pas lié par sa promesse ; de l'autre, le juge pouvait substituer une convention
nouvelle à celle des contractans.

Le Code a obéi à d'autres idées. Il a montré
plus de respect pour la volonté des parties, et
l'art. 1656 lui-même, qui est le moins favorable de
tous au pacte commissoire, est bien plus réservé
que l'ancienne jurisprudence dont il a entendu se
séparer ouvertement.

Aussi, voyez son économie !

Dans sa première partie, il s'occupe de l'acheteur. Mais répète-t-il à son égard les dispositions
pleines d'une condescendance outrée de l'ancienne
jurisprudence ? Non, tout ce qu'il fait pour lui, c'est
de lui permettre de purger la demeure, *tant qu'il n'a*

pas été sommé. Assurément ces expressions ont un sens très-significatif si on les rapproche du passage de Pothier cité tout-à-l'heure. Il est clair que le législateur ne les a employées que pour formuler un système tout nouveau, et que sans aller aussi loin que l'ancien droit français, sans être aussi sévère que le droit romain, il a entendu prendre un milieu conciliateur de tous les intérêts, et inconnu dans la jurisprudence qui avait précédé. La sommation est donc le terme auquel vient s'arrêter la faculté de purger la demeure; l'acheteur ne pourra de son chef attendre jusqu'à la sentence. La ligne de démarcation entre les deux systèmes est tracée d'une manière si saillante qu'elle doit frapper tous les yeux.

Puis, dans sa seconde partie, l'art. 1656 s'occupe du pouvoir du juge, de ce pouvoir qui, dans l'ancien droit, relevait l'acheteur voisin de la déchéance, et lui donnait la faculté de différer le paiement, lorsque de son chef il ne lui était plus permis de le reculer. Il fallait que le législateur moderne se prononçât sur un tel pouvoir; il fallait qu'il approuvât ou condamnât cette autorité discrétionnaire qui se substituait à la volonté des parties et fabriquait des conventions; il fallait qu'il déclarât si le juge pouvait ou non relever l'acheteur forclos du droit de payer. Eh bien! c'est ce qu'il a fait dans son § final; et lorsqu'il dit, *le juge ne peut pas lui accorder de délai*, il repousse la doctrine rappelée par Domat, de même que

dans le premier § il avait modifié le point de droit
enseigné par Pothier (1).

C***. Votre explication sans doute est très-
ingénieuse. Mais est-elle solide ou fondée? j'en
doute.

Que signifierait donc, je vous prie, dans ce système que vous prêtez au législateur, cette conjonction *mais* placée entre les deux membres ou parties de la phrase dans l'art 1656 : « L'acquéreur
peut néanmoins payer après l'expiration du délai
tant qu'il n'a pas été mis en demeure par une
sommation ; MAIS après cette sommation, le juge
ne peut pas lui accorder de délai ? » Où serait donc,
dans les idées, entre ces deux pensées que, selon
vous, le législateur a voulu consigner dans l'art.
1656 : l'acquéreur ne peut plus payer après la sommation, ni, par suite, éviter la résolution, et, le juge
ne peut pas lui accorder de délai ; où serait, dis-je,
l'opposition, l'antithèse, qu'annonce et qu'exprime
nécessairement le mot MAIS placé entre les deux
propositions qui représentent ces idées? Bien loin
d'être contraires ou opposées l'une à l'autre, il est
clair que ces idées ou pensées s'accordent parfaitement, et que l'une même n'est que la conséquence
toute simple et toute naturelle de l'autre: après la
sommation, l'acheteur ne peut plus payer ni éviter la résolution ; DONC le juge ne peut pas lui accorder de délai pour payer ; voilà, dis-je, qui
est tout simple et tout naturel; et voilà aussi com-

(1) M. Troplong, nᵒˢ 670, 671, 672.

ment et en quels termes le législateur aurait exprimé et lié cette double pensée, si elle eût été réellement la sienne.

Eh bien non! au lieu de ce langage propre et naturel, il aurait tenu celui-ci : après la sommation,
l'acheteur ne peut plus payer ni éviter la résolution;
MAIS le juge ne peut pas lui accorder de délai pour
payer! Conçoit-on, je vous le demande, un tel langage avec de telles idées, pour rendre de telles
idées? Ce serait vraiment faire injure au législateur
que de lui imputer une telle incorrection de langage ou une telle incohérence d'idées.

Sous un autre point de vue encore, et si vraiment le législateur a entendu, dans la première
partie de l'article ou de la phrase, décider qu'a-
près la sommation l'acheteur ne peut plus payer utilement, que la résolution est alors de droit et que
le juge n'a plus qu'à la prononcer, pourquoi donc
ne le dit-il pas franchement, précisément, dans
la seconde partie, comme il vient de le faire dans
l'art. précédent et en ces termes : « Ce délai passé
sans que l'acquéreur ait payé, *la résolution de la
vente sera prononcée?* » Pourquoi donc ajoute-
t-il à cette première décision qu'il vient de consigner, selon vous, dans le premier paragraphe de
l'article, cette seconde : « mais le juge ne peut pas
lui accorder de délai? » Comme si, vraiment, ceci
n'allait point sans dire! comme si, après avoir dit
le plus ou le tout, il était nécessaire encore de dire
le moins ou la partie! car enfin, si le juge n'a plus
réellement, d'après la première partie de la phrase,

33

qu'à prononcer la résolution, s'il ne peut point autoriser l'acquéreur à payer pour éviter la résolution, encore moins peut-il lui accorder un délai pour payer; cela va sans dire, encore une fois, et c'est une conséquence tellement claire, tellement nécessaire de la décision précédente (telle que je la suppose ici avec vous), qu'en vérité c'eût été, de la part du législateur, prendre une peine bien inutile, bien puérile, disons le mot, que de l'énoncer ainsi littéralement.

C'est donc réellement, ici encore, et sous ce nouveau point de vue, faire injure au législateur que de lui attribuer de telles vues et un tel langage tout à la fois; et aussi bien, n'est-il pas permis de supposer des paroles inutiles dans la loi.

Et puis enfin, dans cette hypothèse-là même, il ne se serait du moins pas exprimé comme il a fait, je veux dire, de manière à faire croire que le seul effet de la mise en demeure de l'acheteur par une sommation est que le juge ne peut pas lui accorder de délai; car tel est, après tout, le véritable sens que l'art. 1656 me paraît présenter, interprété comme il doit l'être, c'est-à-dire, d'après sa contexture ou sa teneur tout entière, et non point seulement d'après une de ses parties prise isolément. *Incivile est enim*, dit la loi 24, ff. *de legib.*, *nisi totâ lege perspectâ, unâ aliquâ particulâ ejus propositâ, judicare vel respondere* « Pour bien entendre le sens d'une loi, dit Domat, il faut en peser *tous les termes* et le préambule lorsqu'il y en a, afin de juger de ses dispositions par ses

motifs et *par toute la suite de ce qu'elle ordonne*, et ne pas borner son sens à ce qui pourrait
paraître différent de son intention, ou *dans une
partie de la loi tronquée*, ou *dans le défaut
d'une expression.* Mais il faut préférer à ce sens
étranger d'une expression défectueuse celui qui paraît d'ailleurs évident *par l'esprit de la loi
entière.* Ainsi, c'est blesser les règles et l'esprit
des lois, que de se servir, ou pour juger, ou pour
conseiller, *d'une partie détachée d'une loi, et
détournée à un autre sens que celui que lui
donne sa liaison au tout.* »

Eh bien donc, appliquons à notre art. 1656
cette règle d'interprétation, et voyons quel en sera
le résultat.

Cet article porte : « S'il a été stipulé lors de la
vente d'immeubles, que, faute de paiement du
prix dans le terme convenu, la vente serait résolue
de plein droit, l'acquéreur peut néanmoins payer
après l'expiration du délai, tant qu'il n'a pas été
mis en demeure par une sommation; mais après
cette sommation, le juge ne peut pas lui accorder
de délai. »

Cet article dit bien, formellement, dans sa première partie, ce qui peut être fait *avant* la sommation signifiée à l'acquéreur, savoir, que l'acquéreur peut encore payer utilement; mais il ne
dit pas de même ce qui doit avoir lieu *après* la
sommation faite. A la vérité, si l'article s'en tenait
là, à ce qu'il dit dans cette première partie, à ces
expressions : *l'acquéreur peut payer tant qu'il*

n'a pas été mis en demeure par une somma-
tion , on pourrait, ou devrait même, ce semble,
en conclure *à contrario* que l'acquéreur ne peut
plus payer après qu'il a été ainsi mis en demeure
par une sommation. Mais non; l'article ne s'en
tient point à ces premières expressions; il ajoute
immédiatement : « Mais *après cette sommation,* »
et par cela seul déjà il annonce bien clairement
qu'il va compléter sa disposition, qu'il va trancher
lui-même expressément la question, la question
de savoir ce qui doit arriver *après la sommation,*
de même qu'il vient de décider, en commençant,
ce qui doit ou peut se faire *avant la sommation ;*
et dès-lors même aussi, nous n'avons plus que
faire d'aller chercher dans ce qu'il vient de dire la
solution d'une question qu'il annonce lui-même si
hautement n'avoir pas voulu y mettre. Eh bien
donc ! comment complète-t-il sa disposition, comment tranche-t-il la question ? Le voici : « Mais
après cette sommation , le juge ne peut pas lui
accorder de délai. »

Le juge ne peut pas lui accorder de délai ! voilà
donc tout ce que veut et entend le législateur,
qu'après la sommation , l'acquéreur ne puisse demander ni obtenir de délai. Est-ce dire, ici, que
l'acquéreur ne peut plus au moins payer de suite
et sans demander de délai ? Est-ce dire que le juge
doit absolument et à toute force prononcer la résolution ? Evidemment non , car il y a un moyen
terme entre accorder un délai et prononcer la résolution : c'est d'admettre l'acquéreur à payer de

suite et actuellement. Et puisque le législateur ne
dit pas que le juge prononcera, ne pourra que prononcer la résolution, ainsi que vous le lui faites
dire, et ainsi d'ailleurs qu'il sait fort bien le dire
lui-même, quand telle est réellement sa volonté
(art. 1655); puisqu'il se contente de dire que le
juge ne pourra pas accorder de délai pour payer,
n'est-ce donc pas là dire ou donner clairement à
entendre que l'acquéreur peut encore payer utilement, pourvu que ce soit sans retard ni délai? Ne
trouvez-vous pas que cet argument *à contrario*
soit, pour le moins, aussi fondé que le vôtre et
aussi concluant? Vous le tirez, le vôtre, *d'une*
partie tronquée ou *détachée de la loi*, comme
dit Domat, *et détournée à un autre sens que*
celui que lui donne sa liaison au tout; et bien
loin que ce soit là une manière de raisonner convenable et conforme aux règles d'une saine interprétation, *c'est*, dit le même Domat, ce grand
maître! *c'est blesser les règles et l'esprit de*
la loi; incivile est, dit aussi la loi romaine, la
raison écrite!

Mon explication, au contraire, me paraît manifestement conforme aux règles et à l'esprit de la
loi tout ensemble. J'interprète l'art. 1656 par sa
teneur entière, au lieu de m'en tenir à une seule
de ses parties. Et quant à l'esprit de la loi, voici
qui prouvera encore davantage qu'il est tel en
effet que je le suppose ou que je l'entends.

Voyez, vous dirai-je à mon tour, l'économie
de la loi!

Elle commence par poser le principe que si l'a-
cheteur ne paie pas le prix, le vendeur peut demander la résolution de la vente (art. 1654). Mais
ensuite et quant à la question de savoir si cette
résolution devra être prononcée de suite et à la
rigueur, ou si l'acheteur ne pourra pas obtenir un
délai pour payer, elle distingue entre la vente pure
et simple, et la vente accompagnée de la clause
expresse qu'elle sera résolue de plein droit faute
de paiement du prix au terme convenu. Elle veut,
dans le premier cas, que la résolution soit prononcée de suite si le vendeur est en danger de
perdre la chose et le prix, et que si ce danger
n'existe pas, le juge puisse accorder à l'acheteur
un délai pour payer (art. 1655); mais elle veut
au contraire dans le second cas, et tout en permettant à l'acheteur de payer même après l'expiration du terme et nonobstant la clause résolutoire,
elle veut que le juge, après la sommation de payer
faite à l'acquéreur, ne puisse pas lui accorder de
délai pour payer (art. 1656).

On le voit donc, l'idée principale et dominante,
dans cet ensemble de dispositions, est celle relative *au délai* que l'acquéreur peut ou non demander et obtenir pour payer, et pour échapper,
en payant, à la résolution de la vente : la vente
est-elle pure et simple, l'acquéreur (s'il n'y a
danger pour le vendeur de perdre la chose et le
prix) pourra obtenir un délai, même après qu'il
aura été mis en demeure par une sommation; au
contraire, la vente a-t-elle été stipulée résoluble

de plein droit faute de paiement du prix au terme
convenu, l'acquéreur ne pourra obtenir de délai
après qu'il aura été mis en demeure par une sommation.

Or, qu'y a-t-il dans tout cela qui exclue ou repousse cette idée, que l'acheteur au moins, dans
cette dernière hypothèse, peut payer de suite et
sans demander de délai? rien, et au contraire, je le
répète, c'est la conséquence tout opposée qui en
ressort naturellement.

Aussi, écoutons l'orateur du Gouvernement dans
l'exposé des motifs : « Quand, dit-il, cette sommation a été faite, *si l'acquéreur ne paie pas,*
le juge ne peut plus accorder de délai, » et par
conséquent la résolution doit être prononcée.
Donc, *si l'acquéreur paie,* ne fût-ce même
qu'après que la sommation a été faite, la résolution ne doit pas être prononcée. L'orateur en
effet ne dit point, remarquez bien ceci, l'orateur
ne dit point : *si l'acquéreur n'a pas payé à
l'instant même de la sommation;* mais seulement : *si l'acquéreur ne paie pas,* sans dire à
quelle époque, *si l'acquéreur* NE PAIE PAS, *quand
la sommation* A ÉTÉ FAITE, c'est-à-dire, après,
depuis qu'elle a été faite. N'est-ce donc pas dire
bien clairement que l'on veut bien encore admettre
ou autoriser l'acquéreur à payer même après la
sommation, pourvu qu'il le fasse de lui-même et
sans retard; sans quoi le juge, qui ne peut plus
accorder de délai, prononcera nécessairement la
résolution de la vente? N'est-ce donc pas dire, en

un mot, que le seul effet qu'on entende réellement attacher à la mise en demeure de l'acquéreur par une sommation, c'est que le juge, à la
différence du cas où il n'y a pas de pacte commissoire ou résolutoire exprès, ne puisse point lui
accorder de délai pour payer? Et ne serait-ce
point, ainsi, qu'au lieu de proscrire la doctrine
de Pothier, on aurait précisément, au contraire,
entendu l'adopter ou à-peu-près, en se contentant
de rejeter l'usage, constaté par Domat, *d'accor-*
der un délai pour ce qui a été promis, et avant
de résoudre définitivement la vente? J'avoue que
tout semble nous porter à le croire.

Et il faut convenir aussi que cette décision est
bien moins rigoureuse et plus équitable que la
vôtre; car enfin, l'acheteur peut se trouver surpris par une sommation inopinée, au moment où
il a quitté son domicile et que peut-être le vendeur aura choisi et saisi à dessein; d'un autre côté,
quel si grand tort est-ce faire à ce dernier que de
le forcer à recevoir, quelques heures ou quelques
jours même après la sommation, un paiement
qu'il a bien attendu jusqu'à cette époque et sans
rien demander au terme convenu? N'y aurait-il pas
vraiment plus que de la sévérité à frapper ainsi
sans pitié un acquéreur de bonne foi, auquel, dans
la réalité, l'on n'aurait aucune faute à reprocher?

N***. Tous ces scrupules doivent s'évanouir
devant la convention qui a fait à l'acheteur un
devoir de se tenir prêt à payer au jour indiqué.

Tant pis pour lui s'il n'a pas tenu sa promesse et s'il a violé sa foi (1).

C***. Cela serait bon à dire, tout au plus, dans le cas où la sommation de payer aurait été faite le jour même indiqué pour le paiement. Mais si elle n'a point été faite ce jour-là; si, depuis, le vendeur a continué plus ou moins long-temps de garder le silence, un silence affecté peut-être, et à dessein, faut il donc, sous peine de perdre irrévocablement son acquisition, que l'acheteur se tienne constamment chez lui, ou quelqu'un pour lui, afin d'être prêt à payer sur le champ le prix de la vente à l'huissier qui viendra, on ne sait quand, lui faire la sommation? Est-ce donc avec cette rigueur littérale et judaïque que les conventions doivent s'entendre et s'exécuter, surtout le contrat de vente, ce premier des contrats dits de bonne foi, *bonæ fidei*, précisément parce que la bonne foi, parce que l'équité, avec tous ses tempéramens ou adoucissemens, doit y présider surtout et avant tout? *In his contractibus, alter alteri obligatur in id quod alterum alteri* EX BONO ET AEQUO *praestare oportet. Inst.*, tit. *de empt. et vend.*

Et que sert ici, d'ailleurs, d'invoquer toujours, comme vous faites, la convention? La convention! Mais vous voyez bien, encore une fois, que la loi la fait taire ici et se met, pour ainsi dire, elle-même à sa place, puisque la loi permet à l'acquéreur

(1) M. Troplong, n° 672.

d'empêcher la résolution même en payant après le
terme convenu et quoique la convention dise que
la vente sera résolue de plein droit faute de paiement au terme convenu. Ce n'est donc réellement
plus la convention que nous devons consulter et
suivre ici, mais la loi, la loi seule.

Eh bien ! que dit donc la loi ? Qu'après la mise
en demeure de l'acheteur par une sommation, la
résolution sera irrévocablement prononcée ? nullement ; elle dit seulement qu'après cette sommation le juge ne peut pas accorder de délai pour
payer ; et certes ce n'est point la même chose, tant
s'en faut.

Mais enfin, je veux qu'il y ait ici doute et obscurité : que faire autre chose, alors, que de rechercher quel peut être l'esprit, l'intention de la loi ?
Or, c'est précisément cet esprit de la loi que je
trouve absolument opposé à votre interprétation
rigoureuse et toute judaïque. J'en trouve la preuve,
notamment, dans l'ensemble de ses dispositions
sur la matière qui nous occupe, et surtout, précisément, dans celle de l'art. 1656. Pourquoi en
effet déroge-t-elle ici à une convention claire pourtant et certaine, et met-elle ainsi sa volonté propre
à la place de celle des parties, sinon par des considérations d'équité et de bonne foi qui lui ont paru
suffisantes pour justifier et autoriser cette atteinte
portée à la loi du contrat ?

N***. Il est vrai : la résolution entraîne des
conséquences très graves, elle donne lieu à des
droits d'enregistrement considérables, elle trouble

de longues possessions, elle ébranle les droits des
tiers ; il a dû par conséquent entrer dans les vues
d'une législation prudente d'accepter tout ce qui
peut sauver l'acheteur et ses ayans cause, d'une
telle perturbation, sans nuire aux intérêts du vendeur (1).

C***. Hé ! oui, sans doute ; et c'est ce que
disait aussi, au même sujet, l'orateur du Gouvernement, en ces termes : « Une excessive rigueur
dans l'administration de la justice aurait tous les
caractères d'une tyrannique oppression : *summum
jus, summa injuria*. Le bien se trouve entre deux
limites ; il finit toujours où l'excès commence. »
(Exposé des motifs, t. 6, p. 17.)

Ajoutons à cela tout ce qui ressort des principes
généraux du droit, qui veulent qu'en toute interprétation (de contrat ou de loi) on s'attache plus
à la bonne foi, à l'équité, à l'intention, à l'esprit,
qu'à la lettre ou au sens littéral ; que, dans le
doute, on décide contre le créancier et en faveur
du débiteur, etc. (art. 1162, 1602, 1156. 1134,
1135); et nous ne douterons plus que l'art. 1656
ne doive s'entendre dans le sens le moins rigoureux pour l'acquéreur, je veux dire, en ce sens
que si, après la sommation, il ne peut plus obtenir de délai, du moins il peut encore payer utilement et éviter la résolution, pourvu seulement
qu'il paie de suite ou au moins sans retard affecté
et de mauvaise foi.

(1) M. Troplong, n° 667.

DIALOGUE 43.

C***. L'art. 800 du Code civil porte qu'après l'expiration des délais accordés pour accepter une succession sous bénéfice d'inventaire, le successible conserve néanmoins la faculté de faire encore inventaire, et de se porter héritier bénéficiaire, s'il n'a pas fait d'ailleurs acte d'héritier, ou *s'il n'existe pas contre lui de jugement passé en force de chose jugée, qui le condamne en qualité d'héritier pur et simple.*

Mais n'est-ce qu'à l'égard du créancier qui a obtenu le jugement qu'il se trouve privé de la faculté de se porter héritier bénéficiaire, ou en est-il également privé à l'égard des autres créanciers ou légataires qui n'étaient point parties au procès?

N***. L'art. 800 dit formellement, d'une manière générale et sans aucune restriction, que l'héritier ne peut se porter héritier bénéficiaire, lorsqu'il existe contre lui un jugement passé en force de chose jugée, qui l'a condamné comme héritier pur et simple; d'où il suit, à plus forte raison, qu'il ne peut pas renoncer; j'en conclus donc, qu'un seul jugement suffit pour que l'héritier soit pleinement déchu, à l'égard de toutes personnes, soit de la faculté de se porter héritier bénéficiaire, soit de renoncer (1).

C***. Quelques auteurs pensent néanmoins le contraire. Suivant eux, le jugement qui condamne l'héritier comme tel n'a d'effet qu'au profit du créancier qui l'a obtenu, et ce, par application du principe général contenu en l'art. 1351.

N***. C'est juste.... oui; il est incontestable que l'art. 1351 du Code a établi, en règle générale, que l'autorité de la chose jugée n'a lieu qu'en faveur de la partie qui a obtenu le jugement; tandis qu'il n'est pas également certain que l'art. 800 contienne réellement une exception à cette règle, puisque, sans rien changer à ses termes, le cas qu'il a prévu peut être soumis à la règle générale, et que d'ailleurs il est au moins très-vraisemblable que, lorsqu'on a rédigé l'art. 1351, on y aurait rappelé l'exception convenue pour l'art. 800, si réellement cette exception avait été convenue. C'est donc à cette dernière opinion que je me range définitivement, de préférence à la première; je me trompais en m'attachant, comme je faisais, au texte de l'art. 800 (2).

C***. Est-il bien certain cependant que l'exception que vous voyiez d'abord dans cet article n'existe point en effet? En faisant et en proposant

_____

(1) M. Chabot, Successions, art. 800, n° 3, tom. 2, p. 624, 5e édition.

(2) M. Chabot, *loc. cit.*

cet article, ou un autre équivalent et rédigé dans
les mêmes termes (sauf le mot *contradictoire*);
en disant, dans cet article, que, quoique les délais
pour faire inventaire et pour délibérer fussent ex-
pirés, l'héritier conservait la faculté de faire inventaire et de se porter héritier bénéficiaire, pourvu
qu'il n'eût pas fait acte d'héritier, ou qu'il ne fût
pas intervenu de jugement *contradictoire* et passé
en force de chose jugée, qui l'eût condamné en
qualité d'héritier pur et simple, les rédacteurs du
projet de Code civil ne voulaient-ils pas, par cette
disposition, qu'un héritier condamné comme héritier pur et simple par un jugement contradictoire
passé en force de chose jugée, fût déchu, *à l'égard
de toutes personnes*, de la faculté de se porter
héritier bénéficiaire ?

N***. Ils le voulaient sans doute ainsi, puisqu'ils s'en sont eux-mêmes expliqués. Mais la section de législation du Conseil d'État eut une autre
opinion, et proposa un autre article dont voici les
termes : « Celui contre lequel un créancier de la
succession a obtenu un jugement, *même contradictoire*, passé en force de chose jugée, qui le
condamne comme héritier, n'est réputé héritier
en vertu de ce jugement, qu'à l'égard seulement
du créancier qui l'a obtenu. » Sur cet article, il
s'éleva dans le Conseil d'État, à la séance du 9 nivôse an 11, une longue discussion, dans laquelle
il fut alternativement soutenu et combattu... (1)

(1) M. Chabot, *ibid.*, pag. 604.

C***. Et définitivement rejeté.

N***. Retranché, et non point rejeté. Il résulte des termes du procès-verbal de la discussion au Conseil d'Etat, que l'article proposé par la section de législation, n'a pas été rejeté, parce qu'on l'aurait jugé mauvais, mais a été seulement retranché, parce qu'on l'a jugé inutile. On voit, en effet, dans le procès-verbal, qu'il est dit, non que l'article est *rejeté*, mais qu'il est *retranché*, et l'on y voit encore que l'article a été retranché, immédiatement après l'observation faite par M. Berlier, que si l'art. 1351 passait, comme il y avait lieu de l'espérer, ce que la section de législation proposait pour l'art. 800 pourrait être *supprimé comme inutile*, attendu que le principe général recevrait son application à cette espèce, comme à toutes les autres. Il paraît donc certain que tel a été le motif de la suppression ; et lorsqu'on voit enfin que l'art. 1351 a été adopté, sans aucune exception, sans aucune observation quelconque, on doit rester convaincu qu'il n'a pas été réellement dans l'intention du législateur d'insérer une exception dans l'art. 800 (1).

C***. Mais lorsqu'on voit aussi que cet art. 800 lui-même a été adopté également sans aucune exception, sans aucune observation quelconque, et dans les mêmes termes que ceux dans lesquels il avait été proposé d'abord, ne doit-on pas rester

(1) M. Chabot, pag. 625.

convaincu , au contraire, qu'il a été dans l'intention du législateur d'adopter en même temps et
par cela même l'exception qu'il contient au moins
virtuellement et dans la pensée ou la volonté de ses
premiers rédacteurs? Car enfin, vous reconnaissez
vous-même que telle a été effectivement leur volonté, vous venez de le dire, en ajoutant qu'ils s'en
étaient eux-mêmes formellement expliqués. Comment donc croire qu'en adoptant définitivement
l'article ainsi proposé et expliqué, le législateur
ne l'ait point adopté avec le sens qu'il savait fort
bien y avoir été attaché par ses auteurs ou rédacteurs, et que ses termes d'ailleurs présentent naturellement et tout d'abord, puisque c'est dans ce
même sens que vous-même avez commencé par
l'entendre? Comment le croire, surtout, alors qu'on
le voit (le législateur) rejeter, ou retrancher,
comme vous voudrez, un autre article fait et proposé dans un sens tout contraire et précisément
pour repousser l'exception contenue dans le premier?

Certes, si jamais il fut nécessaire, en adoptant
un texte de loi, de faire des observations, de donner des explications précises et catégoriques sur le
sens que l'on entend y attacher, c'était bien dans
une semblable circonstance et alors qu'on prétendait, dans votre système, changer le sens de la loi
proposée, le sens que son texte présente naturellement ou qu'on savait y avoir été attaché par les
rédacteurs. L'adopter donc sans aucun changement
de rédaction, sans même faire la moindre observa-

tion sur sa véritable portée, n'était-ce pas, encore
une fois, l'adopter tel qu'il avait été proposé, et
absolument dans le même sens? De deux articles
contraires, contradictoires, conserver l'un et retrancher l'autre, n'était-ce pas ériger le premier
en loi, et, par une conséquence nécessaire, *rejeter* l'autre comme ne pouvant ni ne devant faire
loi également? C'est donc jouer inutilement sur
les mots que d'argumenter de cette expression,
l'article est retranché, qui se trouve dans le
procès-verbal de la discussion; et ce que je viens
de dire suffirait, ce me semble, pour établir que
le motif de ce retranchement ou de cette suppression n'est point celui que vous supposez.

Quant à argumenter également de ce que cette
mention, *l'article est retranché*, se trouve, dans
le procès-verbal, immédiatement après l'observation de M. Berlier, ce raisonnement ne me paraît
pas plus concluant. Qu'est-ce qui, dans la réalité,
a suivi *immédiatement* l'observation de M. Berlier, en supposant que ce soit effectivement la
dernière qui ait été présentée? C'est l'examen de
toutes les observations ainsi faites et opposées les
unes aux autres, c'est la délibération de l'assem-
blée, c'est son vote et sa décision définitive.
Eh bien! quel a été ce vote, cette décision? Que
l'article ne serait point inséré dans le Code, qu'il
serait rejeté ou retranché; et c'est tout ce qu'a
voulu dire le rédacteur du procès-verbal, en men-
tionnant, à la fin de la discussion, que *l'article
est retranché*. Mais maintenant, par quel motif

a-t-on refusé d'adopter cet article, et décidé qu'il serait supprimé? C'est ce que le même procès-verbal ne nous apprend ni ne peut nous apprendre, pas plus par sa contexture qu'autrement.

Tout ce qu'il nous apprend, c'est que l'article a dû être rejeté par l'un ou par l'autre de ces deux motifs présentés de part et d'autre dans la discussion, savoir, que l'article était inutile et faisait double emploi avec l'art. 1351, ou bien, qu'on voulait faire au principe général posé dans cet article 1351 une exception spéciale pour le cas dont on s'occupait. Mais, encore une fois, lequel de ces deux motifs l'a emporté et a déterminé le vote du Conseil d'Etat? C'est ce que le procès-verbal ne nous apprend en aucune façon.

Mais aussi, d'un autre côté, quand nous voyons le législateur adopter, sans aucune observation ni objection, l'autre article proposé (800), et qui contenait l'exception contre laquelle était dirigé précisément l'article rejeté ou retranché, ainsi que les observations présentées à l'appui de ce dernier, comment douter encore? comment hésiter à croire que ce soit le second des deux motifs dont je viens de parler qui a réellement prévalu?

Voici au surplus ce que dit sur ce point M. Malleville, qui était l'un des rédacteurs du projet de Code civil, et qui a pris part à la discussion du Conseil d'Etat, dans la séance du 9 nivôse an 11. Après avoir rapporté les diverses observations faites, de part et d'autre, lors de la discussion, il ajoute : « Sur ces observations, l'article fut retranché. »

Sur ces observations! et non point précisément sur l'observation de M. Berlier, ainsi que vous le prétendez : « Sur ces observations, l'article fut retranché, et le 1351e, auquel on faisait allusion, continue M. Malleville, a été depuis adopté ; de manière que ce dernier article portant que la chose jugée n'a d'autorité que pour les parties entre lesquelles le jugement a été rendu, et n'étant restreint par aucune exception sur le cas actuel, c'est au principe qu'il pose, qu'il paraîtrait qu'on doit se tenir.

« Cependant l'art. 800 porte en termes formels, que l'héritier pourra toujours se porter héritier sous bénéfice d'inventaire, s'il n'existe pas contre lui de jugement passé en force de chose jugée, qui le condamne en qualité d'héritier pur et simple.

« Il y a même cette circonstance remarquable, que, fidèles à notre principe, nous n'avions attribué cet effet qu'au jugement *contradictoire*, et qu'on a retranché ce mot dans l'art. 800.

« Comment se gouverner en pareille occurrence? Le parti le plus sage me paraît être d'exécuter l'art. 800, *dans son cas*, et l'art. 1351, *dans tous les autres*, jusqu'à ce que le législateur se soit mieux expliqué. »

C'est bien dire que, malgré la généralité des termes de l'art. 1351, l'art. 800 contient, pour son cas particulier, une exception au principe.

Quant à justifier, maintenant, cette exception en elle-même et au fond, il suffit de renvoyer aux observations présentées à l'appui dans la discussion au Conseil d'Etat, dont nous venons de parler. J'ajouterai seulement que c'est peut-être sans fondement réel, au moins le plus souvent, qu'on invoque ici, en sens contraire, les principes établis en matière de chose jugée. C'est moins en effet, ce semble, par l'autorité de la chose jugée que par l'effet de l'acquiescement donné directement ou indirectement par l'héritier au jugement qui le condamne comme tel, que cet héritier est réputé définitivement héritier même à l'égard de tous autres que celui qui a obtenu le jugement, parce qu'en effet acquiescer à un semblable jugement, c'est véritablement faire acte d'héritier, et il suffit d'avoir fait un acte d'héritier quelconque et envers qui que ce puisse être, pour qu'on doive être réputé héritier à l'égard de tous.

Ceci ne paraît pas susceptible d'être contesté, dans le cas au moins d'un acquiescement direct et exprès, lequel évidemment équivaut à une reconnaissance positive qu'on est héritier ou qu'on a fait acte d'héritier. Or, une telle reconnaissance est considérée comme équivalant elle-même à un acte d'héritier : *Si filius qui abstinuit se paternâ haereditate, in jure interrogatus responderit se haeredem esse, tenebitur; nam ita respondendo,* PRO HAEREDE GESSISSE VIDETUR. L. 12, ff. *de interrog. in jur. faciend.*

Même chose à dire d'un acquiescement même simplement indirect ou tacite, résultant de ce qu'on a exécuté le jugement. Le successible en effet qui, condamné comme héritier à payer à un

créancier de la succession , acquiesce au jugement
et paie, ne se reconnaît-il pas héritier effectif? ne
fait-il pas acte d'héritier? et dès-lors n'est-il pas
tenu envers les autres créanciers? Il ne l'est pas
sans doute en vertu du jugement qui ne l'a condamné qu'au profit d'un seul ; mais il l'est, parce
qu'en acquiesçant à sa condamnation, il a pris
qualité envers tous.

Même chose à dire encore de l'acquiescement
qui consisterait simplement à avoir laissé passer le
jugement en force de chose jugée, en ne l'attaquant
pas dans les délais et dans la forme de droit. C'est
là encore, ce me semble, un aveu indirect mais
suffisant de la qualité d'héritier ; c'est un consentement à exécuter le jugement ; c'est un acte d'héritier ; *pro hœrede gessisse videtur.*

Resterait donc le cas où aucun acquiescement
exprès ni tacite ne serait intervenu de la part de
l'héritier condamné, le cas où il aurait résisté et
défendu jusqu'à la dernière extrémité, où il y au
rait enfin jugement ou arrêt définitif et souverain.
Mais alors même, quelle si grande injustice est-ce
lui faire que de réputer vrai à l'égard de telle ou
telle personne ce qui a été jugé vrai à l'égard de
telle ou telle autre contradictoirement avec lui?
Par exemple, il aura été, sur la demande d'un
créancier, condamné comme héritier pur et simple, pour avoir fait tel ou tel acte, emportant acceptation, et dont la preuve aura été régulièrement
faite et acquise, sans que de son côté et malgré
tous ses efforts il ait pu prouver le contraire. Eh

bien donc, pourquoi l'admettrait-on à tenter de nouveau probablement l'impossible, et ouvrirait-on la porte à autant de nouveaux procès ou de nouvelles chicanes qu'il y aurait d'autres créanciers, pour lui donner cependant (à l'héritier) le temps et le moyen de dilapider la succession, et pour exposer les créanciers à cet autre inconvénient, de voir dépérir et disparaître toutes espèces de preuves, sans pouvoir y obvier, si, par exemple, ils n'ont que des créances à termes ou sous conditions, etc. ?

Objecteriez-vous, par hasard, ainsi qu'on le faisait au Conseil d'Etat, que l'héritier condamné peut n'avoir pas été défendu, ou l'avoir été mal ou incomplètement, avoir été trahi par ses défenseurs ?....

N***. Non vraiment. De semblables prétextes ne sont pas admis par la loi; et s'ils pouvaient l'être, ce ne serait que pour faire réformer les jugemens mêmes qui auraient prononcé les condamnations. La négligence d'une partie à défendre ses intérêts, ne peut jamais la soustraire aux suites des condamnations définitivement prononcées contre elle. Si les personnes à qui elle avait donné sa confiance, en ont abusé, ou ne l'ont pas suffisamment défendue, elle n'a qu'une action en dommages et intérêts à exercer contre ses mandataires (1).

C***. Ajoutons à cela, que la négligence ne

(1) M. Chabot, p. 677.

peut se supposer ici, ni de la part des défenseurs, parce qu'en général et en principe la mauvaise foi, et par conséquent la négligence qui serait ici une véritable prévarication, ne se présume point (Arg., art. 2268, 1116, etc.), ni de la part du condamné lui-même, parce que *nemo res suas jactare praesumitur*.

A la vérité, si le jugement avait été rendu par défaut, on pourrait objecter que le condamné n'en a peut-être point eu connaissance....

N***. Cette objection n'est pas fondée, d'après toutes les précautions qu'a prises sur cette matière le Code de Procédure civile (1).

C***. Par conséquent donc, si l'héritier a laissé passer le jugement en force de chose jugée, s'il n'y a pas formé opposition, s'il ne l'a attaqué par aucune voie légale, c'est qu'il reconnaissait lui-même, il faut bien le penser ainsi, qu'il n'avait aucun moyen de le faire rétracter; son silence est un véritable acquiescement, une approbation, un aveu de la qualité d'héritier; *pro haerede gessisse videtur*, comme dit la loi romaine en pareil cas; et c'est sans doute pour cette raison, et afin d'attacher ici aux jugemens par défaut le même effet qu'aux jugemens contradictoires, qu'a été supprimé, dans l'art. 800, le mot *contradictoire*, qui s'y trouvait d'abord, ainsi que le remarque M. Malleville.

_____

(1) M. Chabot, p. 617.

Et comme, encore une fois, c'est là le seul
changement qu'ait éprouvé la rédaction de cet article, par lequel, du reste, il est certain que ses
auteurs voulaient et entendaient qu'un héritier
condamné comme héritier pur et simple, par jugement passé en force de chose jugée, fût déchu,
à l'égard de toutes personnes, de la faculté de
renoncer ou de se porter héritier bénéficiaire, c'est
donc nécessairement dans ce dernier sens et avec
la même intention que le législateur a définitivement adopté cet article. Nous devons d'autant
plus le croire, qu'il a en même temps rejeté ou repoussé un autre article rédigé en sens diamétralement opposé, et qui était proposé tout exprès pour
faire adopter le principe contraire ; et sans doute
qu'il a repoussé cette dernière proposition ou disposition par les motifs d'intérêt public que je viens
de signaler, et que M. Tronchet avait exposés en
ces termes, à la séance du 9 nivôse : « L'intérêt de
la société repousse une disposition qui multiplierait
les procès, en forçant une foule de créanciers à
faire juger de nouveau un fait déjà jugé. Quelquefois même, à l'époque où les créanciers formeraient
leur action, les preuves auraient disparu, et la
succession, dilapidée dans l'intervalle, n'offrirait
plus de prise à leurs droits, etc. »

Ce qui fait dire à M. Favard, dans son Répert.,
v° Exception, § 4, n° 2 : « C'est donc l'intérêt
général qui l'a emporté sur les inconvéniens particuliers qui peuvent se rencontrer à attribuer l'autorité de la chose jugée à un jugement qui n'a pas

été rendu entre les mêmes parties. L'art. 800 est donc spécial pour la *qualité d'héritier jugée ;* il fait donc exception au principe général posé dans l'art. 1351, qui se trouve au titre *des obligations conventionnelles en général.*

« Cette explication paraît d'autant plus sûre, que le Code de Procédure civile, publié plusieurs années après le Code civil, répète littéralement, dans l'art. 174, la disposition de l'art. 800 : d'où l'on doit conclure que le législateur a voulu qu'elle fût exécutée, indépendamment du principe général posé en l'art. 1351. »

DIALOGUE 44.

N***. La ratification donnée par le mari seul, sans le concours de la femme, à un acte que celle-ci a précédemment fait sans autorisation, rend-elle la femme ou ses héritiers non-recevables à demander la nullité de l'acte ?

C***. Non, ce me semble, puisque l'art. 217 du Code civil exige, pour habiliter la femme, « le concours du mari dans l'acte, ou son consentement par écrit », dans l'acte aussi, sans doute, ou avant l'acte.

N***. Ce consentement peut aussi bien avoir lieu postérieurement à l'acte pour lequel il est nécessaire; et alors il vaut ratification et rend l'acte inattaquable de la part, tant du mari, que de la femme, et de leurs héritiers. Cette opinion était soutenue dans l'ancien droit; et Rousseaud de Lacombe, *verbo Autorisation*, cite deux arrêts qui ont jugé dans ce sens. Elle doit donc être admise à plus forte raison dans le droit actuel, d'après lequel la nullité résultant du défaut d'autorisation, n'est plus qu'une nullité relative (1).

C***. La jurisprudence établie par les deux arrêts cités (dont l'un est de 1598 et l'autre de 1606) était déjà vieille et surannée long-temps même avant le Code, et remplacée par une jurisprudence toute contraire. « Tous les auteurs modernes, lit-on au Répertoire v° *Autorisation maritale*, sect. 6, § 3, n° 2, se sont accordés à soutenir que les autorisations subséquentes ne peuvent rien opérer à l'égard des femmes, à moins qu'elles n'y soient présentes, et qu'elles ne s'y obligent de nouveau.

« Cette jurisprudence est suivie constamment au Châtelet (Bourjon, tom. 1, p. 583); et le parlement de Paris l'a consacrée par un arrêt solennel du 16 juin 1708, rapporté dans les observations de Boullenois sur le traité des statuts de Rodemburg, tom. 1er, pag. 468.

« C'est aussi ce qu'ont décidé quatre arrêts du parlement de Dijon des 19 juillet 1614, 11 février 1618, 19 avril 1660 et 19 juillet 1667. Le prési-

(1) M. Delvincourt, tom. 1, pag. 335, édition de 1819.

dent Bouhier, qui nous les a conservés (chap. 19,
n°s 36 et 40), remarque pourtant que le contraire paraît avoir été jugé par trois arrêts des 19
avril 1706, 5 juillet 1672 et 28 janvier 1683.
Mais il ajoute « qu'il serait mal aisé de les justifier : tout ce qu'on peut dire (poursuit-il), c'est
que la Cour s'y est laissée entraîner par des considérations d'équité, auxquelles on ne se serait
peut-être pas arrêté, s'il avait plu aux commentateurs de notre coutume de parler moins incertai-
nement sur le motif de l'obligation imposée aux
femmes de se faire autoriser, et s'ils avaient pris
la peine de faire des recherches plus exactes sur
son origine.

« Le parlement de Bordeaux a jugé, par arrêt du
28 mai 1651, qu'une donation faite par la dame
de Boat, sans autorisation de son mari, était nulle,
quoique celui-ci l'eût ratifiée quatre jours après.
La Cour (dit la Peyrère, lettre *D*, n° 100) cassa
la donation sur la demande même de la femme :
« parce que l'autorisation doit être insérée dans
l'acte pour habiliter la personne; il n'en n'est pas
de même du consentement qui peut suivre. »

L'opinion que vous soutenez n'était donc pas
déjà si certaine que vous semblez le prétendre dans
l'ancienne jurisprudence.

N***. La chose a pu être controversée avant
le Code civil, dans un temps où l'on exigeait que
l'autorisation fût formellement exprimée dans
l'acte qu'elle devait faire valoir, et où le défaut
d'autorisation produisait une nullité absolue. A

cette époque, des commentateurs ont pu penser, et des Tribunaux ont pu juger que la nullité ne pouvait être effacée que par la ratification formelle du mari et de la femme tout-à-la-fois. Mais des auteurs très-estimés, Leprêtre, Lebrun, Pothier, enseignaient la règle que je viens de présenter, et aujourd'hui elle est bien plus fortement établie par les principes et les dispositions du Code civil. Il est donc certain que l'approbation de l'acte par le mari élèverait une fin de non-recevoir contre toute attaque ultérieure pour sa femme, comme pour lui-même. La fin de non-recevoir s'applique à la femme, bien qu'elle n'ait pas concouru à l'approbation, de même que si elle y avait participé (1).

C***. L'opinion des trois auteurs que vous venez de citer ne me paraît pas devoir faire une bien grande impression, si l'on veut bien remarquer que cette opinion est fondée uniquement sur l'ancienne et surannée jurisprudence des deux arrêts de 1598 et 1606, tellement que Pothier commence même par établir « qu'à s'en tenir à la rigueur des principes, l'autorisation qui interviendrait depuis l'acte, devrait être de nul effet. *Néanmoins,* continue-t-il, Leprêtre rapporte deux arrêts qui ont jugé que l'autorisation intervenue depuis l'acte, rétablissait l'acte; et ces arrêts ont, en conséquence de l'autorisation intervenue depuis l'acte, condamné la femme à payer ce qu'elle

(1) M. Vazeille, Traité du mariage, tom. 2, n° 379.

s'était obligée de payer par l'acte, avant que d'être autorisée. Mais Leprêtre et Lebrun observent fort bien que ces arrêts n'ont pas jugé que l'autorisation interposée depuis l'acte, rendît l'acte valable du jour de sa confection, *ut ex tunc ;* ce qui est absolument juger que l'acte devenait valable *ut ex nunc,* du jour de l'autorisation, *tanquàm ex consensu contrahentium, qui adhuc perseverare intelligitur, quandiù non apparet mutatio voluntatis.* » (Traité de la puissance du mari, n° 74.)

Telle est donc la seule raison qui a déterminé ces auteurs, la présomption que le consentement de la femme a persévéré jusqu'au temps de l'approbation donnée par le mari, la femme n'ayant point jusque-là manifesté d'intention contraire. Mais cette présomption ou cette fiction me paraît dénuée de tout fondement.

Si la femme n'a pas manifesté un changement de volonté, c'est d'abord parce qu'elle ne l'a pas pu, ou qu'elle est du moins présumée ne l'avoir pas pu, tant qu'elle se trouvait sous l'empire de la puissance maritale ; car c'est pour cela même qu'on lui accorde dix ans, après la dissolution du mariage, pour annoncer ce changement de volonté, ou, en d'autres termes, pour attaquer l'acte (art. 1304). C'est, ensuite, parce que la question de savoir si réellement elle a persévéré ou non dans son consentement, dans sa première volonté, dépend absolument du parti qu'elle prendra en définitive d'attaquer l'acte ou de ne point l'atta-

quer dans le terme qui lui est donné pour cela.
N'en demande-t-elle point la nullité ? Alors sans
doute elle sera et elle devra être présumée avoir
effectivement persévéré dans son consentement.
Demande-t-elle au contraire la nullité ? Non seulement, alors, elle ne sera ni ne pourra être
censée avoir persévéré dans son consentement,
mais même, au contraire, elle sera censée n'avoir
jamais consenti ni traité ; tel sera l'effet rétroactif et nécessaire de la nullité une fois demandée,
comme tel est l'effet de toute condition résolutoire ou suspensive une fois accomplie (art. 1179).
Et comment, alors, supposer l'existence ou la
persévérance, à l'époque de l'approbation maritale, d'un consentement qui n'existait même point
auparavant, qui n'aura jamais existé ? L'opinion
de Pothier et de Lebrun ne porte donc réellement
sur rien de solide.

Vous parlez des nouveaux principes, des dispositions du Code civil ! eh bien ! quels sont-ils donc
ces nouveaux principes ? que la femme ne peut
faire aucun acte sans l'autorisation de son mari
donnée avant l'acte ou lors de l'acte (art. 217);
que l'acte fait par elle sans cette autorisation est nul
(art. 225); qu'elle n'est donc point liée, obligée
par cet acte (obligatoire cependant pour l'autre
partie, à la différence de ce qui avait lieu anciennement, mais qu'importe ici?); qu'elle ne peut
l'être que par un nouveau consentement, par une
ratification expresse ou tacite, résultant (cette dernière) d'un silence gardé pendant dix ans depuis

la dissolution du mariage (art. 1304). Eh bien donc! comment voulez-vous maintenant que ce consentement nouveau, cette ratification personnelle de la femme puisse être suppléée par celle du mari? comment voulez-vous que le mari puisse, par sa volonté propre et de sa seule autorité, imposer à sa femme une obligation à laquelle celle-ci ne consent point à se soumettre, qu'il puisse la rendre ainsi, *ex non jure obligatâ, jure obligatam?*

N ***. L'autorisation du mari n'est exigée que *propter reverentiam;* car la femme majeure et libre peut faire tous les actes de la vie civile; elle ne doit pas, par cela seul qu'elle est mariée, être assimilée au mineur réputé physiquement incapable de contracter; lors donc que le mari donne son approbation, tout est consommé, et l'acte inattaquable. On ne voit pas comment l'autorisation du mari n'étant exigée que *propter reverentiam,* le défaut de cette autorisation, au moment de l'acte, ne pourrait être ultérieurement réparé par le mari (1).

C ***.Cela serait bon à dire si la nullité résultant du défaut d'autorisation était établie seulement dans l'intérêt personnel du mari et ne pouvait être proposée que par lui, et non par la femme elle-même. Mais il n'en est point ainsi;

(1) M. Dalloz, Dictionnaire général, v° Autorisat. de femme, n° 189.

je ne pense pas du moins que vous refusiez à la femme, à cet égard, un droit au moins égal à celui du mari.

N***. Loin de là ; quoique conféré de la même manière, le droit du mari n'est même pas aussi étendu que celui de sa femme. Il doit avoir pour base et pour mesure un intérêt certain et pécuniaire, au moins s'il n'est exercé qu'après la dissolution du mariage. La femme, au contraire, par cela seul qu'elle n'a pas été autorisée, est présumée de droit avoir été lésée ; on ne peut donc pas limiter son action (1).

C***. Encore moins donc peut-on l'abandonner à la disposition, au caprice, à la discrétion du mari! encore moins peut-on rendre celui-ci maître absolu, non pas seulement de *limiter* l'action de la femme, mais même de *l'anéantir* et d'en dépouiller entièrement la femme par sa seule volonté, par le seul fait d'une approbation donnée après coup?

Sans doute la femme mariée n'est naturellement pas plus incapable d'agir et de contracter qu'elle ne l'était avant le mariage ; et sous ce point de vue, sans doute, elle ne peut être assimilée au mineur. Mais enfin, en est-il moins vrai qu'une fois mariée, elle est légalement incapable ; qu'elle est mise absolument sur la même ligne que le mineur lui-même ; que ce qu'elle fait dans cet état d'incapacité

(1) M. Dalloz, *loc. cit.*, nos 324, 327, 328.

est nul; qu'elle a en conséquence, elle personnellement, et non point son mari lui seul, le droit
d'attaquer et de faire annuler ce qu'elle a fait,
une action en nullité ou en rescision? Ce sont là
autant de conséquences, autant de vérités qui résultent manifestement des art. 1124, 1125, 217,
225, 1304, etc.

Eh bien donc! cette action que lui donne la loi,
à elle personnellement, ce droit qui lui est acquis
du moment et par cela même qu'elle a fait un acte
qu'elle était incapable de faire valablement à défaut d'autorisation; ce droit d'attaquer un tel
acte, un acte par lequel elle est présumée de droit
avoir été lésée, c'est vous-même qui venez de le
dire, vous voulez qu'il dépende du mari de le lui
ravir, ce droit acquis et certain! Vous voulez, par
conséquent, que le mari la retienne forcément
dans les liens d'une obligation dont la loi lui per-
mettait de se dégager, et qu'il la rende ou la fasse
demeurer victime d'une lésion à laquelle la loi lui
donnait le moyen de se soustraire!! C'est évidemment impossible; c'est contraire aux premières notions du droit et de la justice; ce qui nous appartient ne peut nous être enlevé sans notre fait ou
notre consentement, *id quod nostrum est ad
alium sine facto nostro transferri (nobis au-
ferri) non potest.* Et tel est certainement, pour
la femme mariée, le droit ou l'action dont nous
parlons; c'est sa chose, c'est son bien, sa propriété;
elle ne peut donc lui être enlevée sans son fait ou
sa volonté personnelle, et je ne saurais penser que

35

le législateur en ait disposé ou voulu disposer autrement.

« Ce qui d'ailleurs ne laisse là-dessus aucun doute, dit M. Merlin (Répertoire, v.° *Autorisation maritale*, section 6, § 3, n.° 2), c'est que l'art. 217 avait été adopté, à la séance du Conseil d'Etat du 5 vendémiaire an 10, avec cette addition : *le consentement du mari, quoique postérieur à l'acte, suffit pour le valider;* et que cette addition a été ensuite supprimée. »

DIALOGUE 45.

C***. Un testateur peut-il imposer à son héritier, légitime ou institué, la charge ou la condition de donner à un tiers une chose qui appartienne en propre à l'héritier ?

N***. Non ; ce serait léguer la chose d'autrui, et aujourd'hui le legs de la chose d'autrui est nul dans tous les cas, suivant l'art. 1021 du Code civil. Je dis qu'un pareil legs est nul *dans tous les cas;* et par là, je comprends clairement le legs de la chose de l'héritier, dans la nouvelle règle qu'établit cet article; car la chose de l'héritier est bien certainement la chose d'autrui par rapport au testateur (1).

(1) M. Merlin, Répertoire, v° Legs, sect. 3, § 3, n° 4, tom. 16, pag. 602 et suiv. 4ᵉ édition.

C***. Je n'opposerai point à cette opinion que la Cour de Bruxelles a jugé le contraire, le 4 janvier 1817, en décidant que « la prohibition contenue dans l'art. 1021 du Code civil n'est point applicable aux biens de l'héritier ou légataire gratifié par le testament, mais seulement aux biens d'un tiers que l'héritier ou légataire n'est pas tenu, suivant cet article, de racheter; » je ne vous opposerai point, dis-je, cette décision, puisque, en 1821, la même Cour en a rendu une autre en sens opposé.

Mais la Cour royale de Paris, par arrêt du 7 juin 1820, contre lequel le pourvoi a été rejeté le 19 mars 1822, a reconnu que le legs de la chose de l'héritier ou du légataire principal serait valable s'il était *fait comme charge ou condition expresse de l'hérédité ou du legs principal.* Et la Cour de Turin aussi, a, le 26 août 1806, jugé valable un pareil legs fait comme *une des charges* de l'institution d'héritier.

N***. A-t-elle bien jugé à cet égard? J'ose penser que non.

Si l'on admet que, pour valider le legs de la chose de l'héritier, il suffit de le revêtir de la forme d'une charge, il faut de toute nécessité admettre aussi qu'il suffit de revêtir de la même forme le legs de la chose que le testateur sait appartenir à un tiers, pour le soustraire à la nullité dont l'art. 1021 frappe indistinctement tout legs de la chose d'autrui.

Mais alors, que devient la disposition de l'article

1021 ? Rien qu'une loi ridicule. Quelle différence
y a-t-il entre dire : *Je lègue à Pierre telle mai-*
son appartenant à Paul, ou bien : *Je charge*
mon héritier d'acheter de Paul telle maison
et de la livrer à Pierre ? Aucune, si ce n'est que,
dans la seconde formule, le testateur exprime en
toutes lettres ce qu'il sous-entend nécessairement
dans la première. Et l'on voudrait que, par l'emploi de la seconde formule, le testateur eût fait
valablement ce qu'il n'aurait pas pu faire par l'emploi de la première ! Disons-le franchement, c'est
insulter au législateur que de lui prêter une disposition aussi absurde.

Mais reste la question de savoir comment on doit
prononcer, lorsque le legs, soit de la chose de
l'héritier, soit de la chose d'un tiers, est fait en
forme de condition, ou en d'autres termes, lorsque
le testateur a dit : *J'institue Pierre mon héritier,*
s'il donne à Paul la maison de Jacques ou la
sienne propre.

Si cette condition est une de celles qu'il est libre
à tout testateur d'imposer à son héritier ou légataire
universel qu'il institue, nul doute qu'elle ne place
l'institué dans l'alternative de renoncer à son institution, ou d'exécuter le legs dont il s'agit.

Mais ne doit-elle pas, d'après l'art. 900, être réputée non écrite comme contraire à la loi, c'est-à-
dire à l'art. 1021 ?

Je soutiens l'affirmative comme constante, et je
n'aperçois rien qui puisse être efficacement opposé
à cette opinion.

La disposition de l'art. 900 est-elle limitée aux conditions qui sont contraires aux lois d'ordre public? Non; il est généralement reconnu qu'il porte également sur les conditions contraires aux lois d'intérêt privé. Ainsi, vainement un testateur apposerait-il à l'institution qu'il ferait d'un légataire universel, la condition de ne pas accepter sa succession sous bénéfice d'inventaire, ou celle de ne pas disposer lui-même par testament des biens qu'il lui laisse : ces conditions seraient incontestablement tenues pour *contraires aux lois*, et l'institution serait exécutée comme si elles n'eussent pas été apposées.

Et pourquoi n'en serait-il pas de même de la condition de donner la chose d'autrui? Que fait l'art. 1021, en déclarant nul le legs de la chose d'autrui, *soit que le testateur ait connu ou non qu'elle ne lui appartenait pas?* Bien certainement il prohibe cette sorte de legs. Faire un pareil legs, c'est donc contrevenir à l'art. 1021. Le legs de la chose d'autrui est donc *contraire à la loi* que renferme cet article. Faire du legs de la chose d'autrui la condition d'une institution d'héritier, c'est donc imposer à cette institution une condition que l'art. 900 répute non écrite.

D'ailleurs, comme le remarque très-bien M. Malleville sur l'art. 1021, « cet article est lié avec l'art. 1599 qui dit aussi que la vente de la chose d'autrui est nulle »; et c'est ce qu'explique parfaitement M. Grenier, dans son *Traité des Donations*, n° 319 : Les dispositions des lois romaines concernant le legs de la chose d'autrui, dit-il, étaient liées avec celle qui avait lieu, d'après les mêmes lois, relativement à la vente. On pouvait vendre la chose d'autrui, au moins dans le sens qu'on était garant de la vente, et que si le vendeur ne pouvait délivrer la chose vendue, il devait des dommages-intérêts à l'acquéreur. Mais notre législation ayant réformé cette ancienne jurisprudence relativement à la vente, ainsi qu'on peut le voir dans l'art. 1599 du Code, ce qui était revenir à des idées plus saines et plus morales, il était dans l'ordre qu'il en fût de même pour le legs.

Or, si je faisais avec vous un marché sous la condition que vous me vendriez dans tel délai, et moyennant tel prix, tel immeuble appartenant à Pierre, ce marché serait-il obligatoire pour moi, et pourriez-vous m'en demander l'exécution, en achetant et en offrant de me vendre, dans le délai convenu, l'immeuble dont vous n'étiez pas propriétaire lorsque nous avons traité ensemble? Non, évidemment non. Là s'appliquerait l'art. 1172, aux termes duquel *toute condition prohibée par la loi est nulle et rend nulle la convention qui en dépend.*

Donc et par la même raison, l'art. 900 doit s'appliquer également au legs de la chose d'autrui, lorsqu'il forme la condition d'une institution d'héritier (1).

C***. Je conçois parfaitement qu'on ne puisse

____
(1) M. Merlin, *loc. cit.*

pas plus disposer de la chose d'autrui sous la forme indirecte et déguisée d'une charge ou d'une condition, qu'on ne le peut par un legs ou une disposition directe et expresse; la même raison s'oppose à l'un comme à l'autre. Mais aussi, est-il bien vrai que nous devions mettre absolument sur la même ligne le legs de la chose d'autrui et le legs de la chose de l'héritier? Est-il bien certain que les rédacteurs de l'art. 1021 aient entendu comprendre *la chose de l'héritier* sous cette expression *la chose d'autrui*? Les législateurs romains ne l'y avaient pas comprise, puisqu'ils disaient : *Non solùm testatoris vel haeredis res,* SED ETIAM ALIENA *legari potest* (Instit., tit. *de leg.*, § 4). C'était bien dire, évidemment, que la chose de l'héritier, *res haeredis,* n'était point considérée comme étant la chose d'autrui, *res aliena ;* que c'étaient là, et sous ce rapport, deux espèces de choses tout-à-fait distinctes.

N***. Il est vrai que Justinien, dans ce texte, semblait ranger le legs de la chose de l'héritier dans une classe tout-à-fait distincte du legs de la chose d'autrui. Mais il ne s'exprimait ainsi qu'à raison des distinctions que les lois romaines avaient établies, relativement au legs de la chose appartenant à un tiers, entre le cas où le testateur avait su qu'elle ne lui appartenait pas à lui-même, le cas où il l'avait ignoré, et le cas où, l'ayant ignoré, son légataire se trouvait être un de ses parens; et ces distinctions étant aujourd'hui sans objet par la nullité dont le Code civil frappe indistinctement tout legs

de la chose d'autrui, il n'y a plus de raison pour
ne pas regarder, en cette matière, comme chose
d'autrui, tout ce qui n'appartient pas au testateur (1).

C***. Que ces distinctions du Droit romain
n'existent plus aujourd'hui, c'est ce qui ne peut,
assurément, faire l'objet du moindre doute. Mais
s'ensuit-il que la raison qui les avait fait établir,
ces distinctions, n'existe plus de même, et qu'elle
ne doive pas faire décider encore aujourd'hui que
la règle posée en l'art. 1021 n'est point faite pour
le legs, direct ou indirect, de la chose de l'héritier? Je ne le pense pas.

Quelle était cette raison? C'était la différence
réelle et manifeste qui existe naturellement entre
le legs de la chose d'autrui et le legs de la chose
de son héritier, différence que M. Toullier fait
très-bien sentir, en disant (tom. 5, n° 517) : « Il
existe en effet une grande différence entre ces deux
espèces de legs. En léguant la chose d'autrui, je
lègue une chose qu'il n'est pas au pouvoir de mon
héritier de donner, à moins que le propriétaire de
la chose ne consente à la vendre En léguant une
chose qui appartient à mon héritier, je ne lègue
que ce qu'il peut donner, tout aussi bien que les
effets de ma succession. Il n'a pas besoin de l'a-
cheter pour la donner; et, par cette raison, les
lois romaines déclaraient le legs valide, sans exa-

(1) M. Merlin, *ibid.*

miner si le testateur avait ou n'avait pas su que la chose ne lui appartenait pas. »

N***. C'est ainsi en effet que raisonnaient les législateurs romains. « Les testateurs (disaient-ils dans la loi 67, § 8, **D.** *de legatis,* 2°) sont plus faciles à léguer leur propre chose qu'à imposer à leurs héritiers l'obligation d'acheter les choses d'autrui pour les délivrer aux légataires ; et voilà pourquoi l'on présume qu'ils n'ont pas eu l'intention de grever leurs héritiers de charges aussi onéreuses, lorsqu'il n'est pas prouvé qu'ils savaient n'être pas propriétaires des biens qu'ils léguaient. Or, cette raison cesse quand l'héritier est lui-même propriétaire des objets légués par le testateur. Le legs doit donc, en ce cas, avoir indistinctement son effet. »

Mais pour que ce raisonnement eût été parfaitement juste, il eût fallu que le legs de la chose d'autrui, lorsqu'il était valable, emportât pour l'héritier l'obligation absolue d'acheter cette chose, et de l'acheter à tout prix, pour la délivrer au légataire. On concevrait très-bien, dans cette hypothèse, que la validité d'un pareil legs dépendît du point de savoir si le testateur savait ou ne savait pas que c'était la chose d'autrui qu'il léguait ; et il eût été tout naturel de laisser sans effet la disposition du testateur qui, en léguant la chose d'autrui, croyait ne léguer que sa propre chose, parce qu'on n'eût pas pu présumer qu'il eût voulu imposer à son héritier une charge dont l'accomplissement pouvait être, ou moralement impossible, ou dis-

pendieux au-delà de toute prévoyance et de tout
calcul. Or , il s'en fallait de beaucoup que telle fût
l'obligation résultant du legs de la chose d'autrui,
lorsqu'il était valable. L'héritier en était quitte
pour la valeur de l'objet légué, non-seulement
lorsqu'il ne pouvait pas en déterminer le propriétaire à le lui vendre à un prix quelconque, non-
seulement lorsque le propriétaire en exigeait un
prix excessif, mais même lorsque, pouvant l'acheter à juste prix, l'héritier s'y refusait. Qu'y avait-il,
dès-lors, dans le legs de la chose d'autrui, de plus
onéreux pour l'héritier que dans le legs de la valeur d'un bien appartenant au testateur? Rien,
évidemment rien. Mais, d'après cela, qu'impor-
tait, pour la validité du legs de la chose d'autrui,
que le testateur sût ou ne sût pas à qui cette chose
appartenait, dès qu'il n'y avait de légué, dans les
deux cas, que la valeur de cette chose? Le testateur ne pouvait avoir aucune raison pour être plus
ou moins difficile à léguer cette valeur dans l'un
que dans l'autre.

Il n'y avait donc qu'une incohérente subtilité
dans la différence que mettaient les jurisconsultes
romains entre ces deux cas. Il eût été beaucoup
plus sage, ou de déclarer indistinctement valable
le legs de choses non appartenant au testateur, ou
de l'annuler dans tous les cas ; et de ces deux partis,
le Code civil ayant pris le second , il ne reste plus
de prétexte pour excepter de sa disposition le legs
de la chose de l'héritier (1).

(1) M. Merlin, cod. loc.

C***. Telle serait sans doute la conséquence à tirer de l'art. 1021 si ses termes devaient s'interpréter d'une manière rigoureusement absolue, s'il était naturel, à l'égard d'un testateur et d'un héritier respectivement, d'appeler chose *d'autrui* la chose de l'héritier, si, surtout, il n'existait point un antécédent, une législation précédente qui distingue éminemment l'une de l'autre, et comme choses réellement différentes, la chose de l'héritier et la chose d'autrui, *res hæredis*, et *res aliena*.

Et vainement travaillez-vous à ne montrer dans cette distinction qu'une incohérente subtilité. Tout ce que je vois, et, je pense aussi, tout ce que nos législateurs modernes ont vu à reprendre et à changer dans les lois romaines en question, c'est le principe qu'elles posaient, qu'on peut léguer valablement la chose d'autrui, autre que celle de l'héritier.

C'est en effet une disposition bizarre et contraire à la nature des choses et de la propriété, que de léguer la chose d'un tiers, d'un étranger, une chose qu'on ne transmet point à son héritier, que son héritier n'a point non plus de son côté, qu'il lui est donc naturellement impossible de livrer au légataire; et quant à interpréter un tel legs en ce sens que l'héritier, s'il ne peut ou ne veut se procurer la chose en l'achetant, en devra donner la valeur, cela même est-il naturel, et n'eût-il pas été plus simple, si telle eût été effectivement la pensée et la volonté du testateur, qu'il léguât directement

une somme égale à cette valeur pour, par le légataire, acheter lui-même comme il le pourrait la
chose en question?

Mais au contraire, si l'on ne fait que léguer,
ou, ce qui est la même chose, si l'on ne fait que
charger son héritier de livrer une chose qui lui appartienne en propre, il n'y a plus cette impossibilité d'exécution que je viens de rappeler; il n'y a
plus cette nécessité d'interpréter la disposition dans
un sens étrange et forcé, comme dans l'hypothèse
précédente. Et dès-lors, où serait l'incohérence et
la subtilité qu'il vous plaît de voir dans la distinction faite ici par les lois romaines?

Une preuve qu'il n'y en a point, c'est que Domat, cet esprit si sage et si judicieux, n'y en a point
vu. Ecoutons la doctrine de ce grand maître sur
cette matière délicate :

« Quoiqu'on ne puisse disposer de ce qui est à
d'autres, un testateur peut léguer une chose qui
est à un autre; et un tel legs peut avoir son effet
ou ne l'avoir pas, par les règles qui suivent. *Non
autem solùm testatoris vel haeredis res, sed
etiam aliena, legari potest.* § 4, Inst. de leg.

« Quoiqu'il paraisse bizarre qu'on puisse léguer
une chose dont on n'a pas droit de disposer, et
surtout une chose qu'on sait être à un autre, et
qu'il ne semble pas possible qu'une personne bien
sensée fasse une telle disposition; toutefois,
comme un testateur pourrait obliger son héritier
d'acheter un héritage pour en accommoder un
légataire, ce serait en effet léguer une chose d'un

autre. Ainsi il faut considérer ce qui sera dit dans les articles qui suivent comme des dispositions de cette même qualité, ou telles qu'on puisse juger que le testateur n'a pas voulu faire un legs ridicule de la maison, par exemple, de son voisin, sans qu'aucune circonstance justifiât d'extravagance une telle disposition; car elle doit avoir quelque fondement et quelque motif qui s'accorde au bon sens et le rende juste.

« Il semble que ce n'est qu'en ce sens qu'il faut entendre ce qu'on voit de règles dans le droit romain sur cette matière, et que les auteurs de ces règles n'ont dû ni voulu autoriser des dispositions impertinentes de choses où le testateur *ni l'héritier* n'auraient aucun droit, et sans qu'aucune circonstance rendît raisonnable une telle disposition; comme on doit aussi croire qu'en permettant à un testateur de léguer ce qui ne serait pas à lui, ils n'ont pas entendu qu'un héritier pût en conscience donner, ni un légataire retenir une chose léguée qui ne serait ni au testateur, *ni à l'héritier.....*

« S'il n'est pas prouvé que le testateur avait su que la chose qu'il léguait n'était pas à lui, le legs sera nul; car on présume qu'il ne la donnait que la croyant sienne, et qu'autrement il n'aurait pas chargé son héritier d'un legs de cette nature...

« Si la chose léguée était propre à l'héritier, il serait égal que le testateur eût connu ou ignoré ce fait; et l'héritier serait tenu d'acquitter le legs; car, quand même ce testateur aurait cru que la chose était sienne, on ne devrait pas présumer, en ce cas, que s'il avait su qu'elle n'était pas à lui, il ne l'eût pas léguée, et n'aurait pas voulu charger son héritier de l'avoir d'ailleurs, puisqu'il aurait pu justement juger qu'il serait aussi facile à son héritier de donner ce qui était à lui, que ce qui serait de l'hérédité. Ainsi on doit présumer au contraire que, voulant faire ce legs, il n'en aurait pas été empêché pour avoir su que la chose était à son héritier. » (Domat, liv. 4, tit. 2, *Des legs*, sect. 3, art. 3, 5 et 7).

Vous voyez que Domat, lui aussi, reconnaît une différence énorme et toute naturelle entre le legs de la chose d'autrui et le legs de la chose de l'héritier, et précisément par la raison que j'en retraçais tout-à-l'heure, savoir, *qu'il est tout aussi facile* à l'héritier de livrer sa propre chose que de livrer celle du testateur lui-même, tandis qu'il ne peut livrer la chose d'autrui, pas plus que le testateur ne peut raisonnablement en disposer. Vous voyez que, si Domat trouve de l'*impertinence,* de la *bizarrerie,* de l'*extravagance* dans de semblables dispositions, ce n'est qu'autant qu'elles portent sur des choses *où le testateur* NI L'HÉRITIER *n'auraient aucun droit, qui ne seraient ni au testateur* NI A L'HÉRITIER.

Or, maintenant, comment croire que nos législateurs, en faisant l'art. 1021, en posant un principe diamétralement opposé à celui du droit romain, en disant, enfin, que le legs de la chose d'autrui est nul, déterminés sans doute par les judi-

cieuses observations de Domat, comment croire,
dis-je, que nos législateurs aient entendu donner
à cette expression, *la chose d'autrui*, un sens
plus étendu ou plus absolu que celui attaché à
l'expression latine correspondante, et dont la nô-
tre n'est évidemment que la traduction, *res aliena*, un sens plus étendu que celui qu'y attachait Domat? Comment croire qu'en proscrivant les legs de
choses d'autrui par les motifs qui viennent d'être
exposés, ils aient entendu proscrire également les
legs de choses appartenant à l'héritier, les mêmes
raisons n'existant plus pour décider de même à cet
égard? *ratione legis cessante, cessat lex.*

« D'après nos anciens principes, disait M. Favard dans son Rapport, *la chose d'autrui* pouvait être léguée, quoique le testateur sût qu'elle
ne lui appartenait pas. Cette décision était plus
fondée en subtilités qu'en raison.

« Quand le testateur sait que la chose qu'il lègue
ne lui appartient pas, il fait un legs dérisoire;
quand il l'ignore, il y a erreur; dans ces deux cas,
le legs doit être nul. C'est ce que décide le projet
de loi. » (Exposé des motifs, tom. 4, pag. 389.)

N'est-il pas clair que ceci ne s'applique et ne
peut s'appliquer qu'au legs de la chose d'un étranger, et non point à celui de la chose de l'héritier?
« Quoique (pourvu que) le testateur sût qu'elle
ne lui appartenait pas ! » Cette circonstance
n'était prise en considération que lorsque la
chose léguée appartenait à un tiers et non à l'héritier, nous venons de le voir. « Il fait un legs dé-

risoire ! » Et pourquoi *dérisoire*, si ce n'est précisément à cause de l'impossibilité d'exécution qui
vient d'être rappelée ? mais aussi, nous venons de
le voir également et de l'apprendre notamment de
Domat, il n'y a rien de pareil, rien d'impossible,
rien de dérisoire dans le legs de la chose de l'héritier. « Cette décision était plus fondée en subtilités qu'en raison ! » Oui, cette décision que *la
chose d'autrui, res aliena*, de laquelle seule
en entend parler, pouvait être léguée; mais nullement la décision relative au legs de *la chose de
l'héritier, res haeredis ;* autrement, et si cette dernière décision elle-même eût été aussi plus fondée
en subtilités qu'en raison, Domat, le sage Domat,
le restaurateur de la raison dans la jurisprudence,
n'eût pas manqué d'y appliquer les mêmes observations, la même critique, qu'à la première ; il
ne l'eût point justifiée et trouvée fondée en raison,
comme il l'a fait.

Il paraît donc certain qu'en déclarant nul le
legs de *la chose d'autrui,* les auteurs du Code
n'ont réellement entendu parler que du legs de la
chose d'un tiers ou d'un étranger, et nullement
du legs de la chose de l'héritier; qu'ils ne se sont
proposé, en un mot, que d'abroger le principe du
Droit romain qui validait le legs de la chose
d'autrui, *res aliena*, c'est-à-dire, de la chose
appartenant à tout autre qu'au testateur ou à
l'héritier.

L'art. 1021 est lié, dites-vous, avec l'art. 1599 :
notre législation ayant, par cet art. 1599, réformé

l'ancienne jurisprudence relativement à la vente, il était dans l'ordre qu'il en fût de même pour le legs.

Eh bien oui; l'art. 1599 a prohibé la vente de la chose d'autrui, de même que l'art. 1021 a prohibé le legs de la chose d'autrui, *et vice versâ.*

Mais, je vous prie, dites-moi donc si, quelqu'un ayant vendu la chose de son héritier, celui-ci, la succession une fois ouverte et acceptée par lui, pourrait se prévaloir, contre l'acheteur, de la disposition de l'art. 1599, pour se faire rendre sa chose ainsi vendue ou pour se refuser à la livrer ?

N***. Non sans doute ; à moins que de prétendre que le Code civil abroge la maxime si célèbre, si juste, si évidemment fondée sur le droit naturel, *quem de evictione tenet actio , eum-dem agentem repellit exceptio !* Mais une dé-rogation aussi essentielle et aussi inique aux anciens principes, ne peut pas se présumer ; et il s'en faut beaucoup qu'elle soit la conséquence de l'art. 1599 du Code civil (1).

C***. C'est-à-dire, en d'autres termes, que cette expression, *la chose d'autrui,* dans l'art. 1599, ne comprend point *la chose de l'héritier;* cela résulte manifestement de votre doctrine. Mais alors, pourquoi voulez-vous donc que cette même expression, *la chose d'autrui,* employée par le même législateur dans l'art. 1021, comprenne

(1) M. Merlin, Répert., vº Garantie, § 6, nº 2; Questions de droit, vº Hypoth., § 4 *bis*, nº 6.

davantage *la chose de l'héritier,* quand, surtout,
il y a déjà tant d'autres raisons pour penser que le
législateur l'a entendu autrement? C'est-à-dire,
ainsi, que la liaison et l'analogie que vous signalez
entre l'art. 1599 et l'art. 1021, milite pour mon
opinion bien plutôt que pour la vôtre propre.

Et pourquoi, du reste, l'héritier dont la chose
a été vendue par celui dont il a hérité, est-il obligé
de respecter et d'exécuter la vente, tandis que la
vente serait radicalement nulle, sauf dommages-intérêts s'il y avait lieu, si la chose vendue appartenait véritablement *à autrui,* c'est-à-dire, à un
étranger? Pourquoi, si ce n'est parce que, comme
le dit Domat, *il est aussi facile à l'héritier de
donner ou livrer ce qui est à lui que ce qui serait de l'hérédité,* tandis qu'il lui est impossible de
livrer une chose qui n'appartient ni à lui ni à l'hérédité? Et la même idée se retrouve dans ce passage
de M. Troplong (Vente, tom. 1, n° 457, p. 703) :
« Le vendeur était tenu de faire jouir son acquéreur; c'était là son obligation précise; nécessairement ce doit être aussi celle de son héritier, qui,
pouvant l'accomplir, ne doit pas être reçu à s'en
décharger, moyennant des dommages et intérêts.
Une indemnité n'est proposable *qu'autant que
l'obligation de faire jouir est prouvée impossible.* Mais ce serait tout confondre que d'admettre l'obligé à traduire en dommages et intérêts
une obligation *qu'il lui est facile de remplir, in
formâ specificâ.* »

Il est aisé de sentir avec quelle justesse et quelle

force ces raisons de différence entre la vente de
la chose d'autrui proprement dite, et la vente de
la chose de l'héritier, s'appliquent au legs de ces
deux sortes de choses; et combien, par conséquent, elles justifient et confirment mon opinion
sur l'art. 1021 du Code civil.

Autre raison encore : on peut, n'est-ce pas,
léguer des faits, c'est-à-dire, charger son héritier
de faire telle ou telle chose pour un tiers, comme
un tableau, une maison, un voyage, etc. ?

N***. Assurément. Justinien décide, dans le
§ 21, *de legatis*, aux Institutes, qu'on doit regarder comme valable un legs qui serait conçu en
cette forme : *Je condamne mon héritier à rebâtir la maison d'un tel, ou à payer ses
dettes.*

On infère de là, et avec raison, qu'on peut léguer des faits comme des choses (1).

C***. Des faits *de l'héritier*, bien entendu,
et non point des faits *d'un autre* ou *d'autrui;*
car, si l'on ne peut (sous l'empire du Code) léguer
la chose d'autrui, par la même raison, à plus
forte raison même, en quelque sorte, ne peut-on
léguer le fait d'autrui, fait qu'il est peut-être
même encore plus impossible à l'héritier d'accomplir ou de faire accomplir au profit du légataire,
qu'il ne lui est impossible de livrer au même légataire la chose d'autrui. Mais aussi, *vice versâ,*

_____
(1) M. Merlin, Répert., v° Legs, sect. 3, § 5.

puisque, nonobstant le principe qu'on ne peut léguer *le fait d'autrui*, vous reconnaissez bien qu'on peut valablement léguer *le fait de l'héritier*, parce qu'il n'y a plus la même impossibilité d'exécution, pourquoi donc ne pas vouloir qu'on puisse aussi bien léguer *la chose de l'héritier?* Un tel legs n'est-il pas susceptible d'une exécution tout aussi possible et facile que celui qui a pour objet un fait personnel du même héritier ?

J'avoue qu'il paraît assez peu naturel de disposer en termes directs et exprès d'une chose qui ne nous appartient point, fût-ce même la chose de notre héritier. Aussi n'est-ce le plus souvent, sinon toujours, qu'indirectement et par forme de charge ou de condition, qu'un testateur dispose ainsi de la chose de son héritier. Mais enfin, la disposition fût-elle même directe et expresse, peu importe ; elle équivaudrait ou reviendrait toujours, au fond, et dans l'intention du testateur, à une simple charge ou condition. Et de quelque manière et en quelques termes qu'elle soit faite, je la crois valable, d'après toutes les raisons que je viens d'exposer et de développer.

DIALOGUE 46.

N***. Que doit-on penser de la condition imposée par un testateur à son héritier institué ou à son légataire, d'épouser telle personne qui est sa parente ou son alliée au degré prohibé, et avec laquelle il ne pourrait se marier sans dispenses du Gouvernement? Une telle condition n'est-elle pas réputée non écrite?

C***. Pourquoi le serait-elle, si l'on peut demander et obtenir une dispense, et par conséquent accomplir la condition?

N***. Pourquoi? « C'est, dit Furgole, que la disposition du droit canonique qui défend le mariage entre parens à certains degrés, étant reçue par notre usage, la condition du mariage se trouve bien clairement contraire aux lois reçues, et par conséquent elle doit être rejetée..... La dispense qui peut être obtenue dans la suite, peut bien rendre le mariage licite; mais elle ne peut pas empêcher que la condition, eu égard à l'état où étaient les choses lorsqu'elle a été imposée, ou au temps de la mort du testateur, ne fût contre les lois, et par conséquent rejetable de plein droit; car en matière de conditions impossibles ou contre les lois, on ne considère point les événemens qui peuvent arriver, et qui peuvent rendre les conditions licites; il faut avoir égard à l'état où les choses sont lorsque la condition a été imposée, suivant la loi 137, § 6, D. *de verb. obligationibus....;* en sorte que, selon ce principe, la dispense pourrait bien rendre les parties capables de contracter mariage ensemble, si elles voulaient y consentir; mais elle ne peut pas que la condition ne soit rejetable, comme contraire aux lois dans son principe, ni obliger l'héri-

tier ou légataire auquel la condition a été imposée, de s'y assujettir et de consentir à la dispense,
s'il ne le veut pas : car c'est la loi même qui rejette
de plein droit la condition, lorsqu'elle se trouve
contraire aux lois. » (1).

C'est-à-dire, en d'autres termes, que la loi répute impossible, en matière de legs ou de conventions, ce que les particuliers ne peuvent faire qu'a-
vec l'autorisation du souverain : *impossibile cen-
setur*, dit Godefroy ad leg. 39, ff. *de legatis,
quod privati expedire non possunt sine prin-
cipis consensu*. Or, telle est la condition dont il
est ici question.

C***. Je ne vois pourtant pas d'impossibilité
réelle, absolue, là où l'impossibilité peut être levée
par un acte du souverain....

N***. Peu importe; et la loi citée par Furgole
nous offre là-dessus une décision très-précise. Je
m'oblige envers vous à une certaine chose, sous la
condition que vous vendrez un temple, une place
publique, ou toute autre chose qui est hors du
commerce. L'obligation est nulle, parce que la
condition qui y est apposée, étant contraire aux
lois, est réputée impossible : *nullius momenti
fore stipulationem, perindè ac si ea conditio
quae naturâ impossibilis est, inserta esset*.
Cependant le temple, la place publique, qui est
hors du commerce au moment de la stipulation,

---

(1) Furgole, Testamens, chap. 7, sect. 2.

peut devenir commerçable par un acte de la puissance souveraine. Qu'arrivera-t-il donc si, en effet, un acte de la puissance souveraine vient, après la stipulation, rendre au commerce le temple, la place publique qui en a été l'objet? Le législateur répond que la stipulation n'en demeurera pas moins nulle, parce que, pour juger si une convention est valable ou non, on ne doit s'attacher qu'au temps où elle a été faite : *nec ad rem pertinet quòd jus mutari potest, et id quod nunc impossibile est, posteà possibile fieri ; non enim secundùm futuri temporis jus, sed secundùm praesentis, aestimari debet stipulatio.* L. 137, § 6, ff. *de verb. oblig.* (1).

C***. Je réponds que s'il en est ainsi en cas de disposition ou de condition stipulée purement et simplement, s'il est vrai de dire alors, par application de la règle catonienne, que le temps ou les événemens ultérieurs ne peuvent valider ce qui était nul dans l'origine, *quod ab initio vitiosum est, non potest tractu temporis convalescere;* il n'en est plus de même toutes les fois qu'il s'agit de dispositions conditionnelles : *placet Catonis regula ad conditionales institutiones non pertinere ; purum legatum catoniana regula impediet, conditionale non : quia ad conditionalia catoniana non pertinet.* L. 4, ff. *de reg. caton.,* l. 41, § 2 *in fin.,* ff. *de leg.* 1°.

Ainsi, par exemple, je vous lègue telle chose

---

(1) M. Merlin, Répertoire, v° Promesse de changer de nom.

qui n'est point dans le commerce, ou bien je vous
lègue telle chose à condition de donner telle autre
chose qui n'est point dans le commerce ; le legs
sera nul dans le premier cas, et la condition réputée non écrite dans le second. Soit. Mais au contraire, je vous lègue telle chose qui n'est point
dans le commerce sous cette condition : Si elle est
mise dans le commerce ; ou bien je vous lègue telle
chose si vous donnez telle autre chose dans le cas
où elle viendrait à être mise dans le commerce et
que vous en deviendriez propriétaire ; le legs est valable dans le premier cas, et la condition licite dans
le second. Alors en effet et le cas prévu arrivant,
il n'y aura plus impossibilité d'accomplir la disposition ou la condition.

Eh bien ! pourquoi n'en serait-il pas de même
ici, dans notre espèce ? Il y a même raison de
décider.

N***. Cela pourrait être si la condition d'é-
pouser une personne alliée ou parente était *expressément* subordonnée à cette autre condition
ou charge, de demander et d'obtenir du Gouvernement les dispenses nécessaires au mariage ; cela
résulterait du principe que vous venez d'avancer,
et auquel je rends hommage, que les obligations
conditionnelles ne sont pas soumises à la règle
quod ab initio vitiosum est.... Mais autrement,
la disposition tendrait à faire une chose que la loi
prohibe, parce qu'elle tendrait à la faire sans que
la prohibition fût préalablement levée par l'autorité
compétente. Or, nous devons tenir pour constant

que toute obligation de faire une chose prohibée par
une loi à laquelle le Gouvernement peut déroger
par des dispenses particulières, est nulle et ne
peut produire aucune action, lorsqu'elle est conçue en termes purs et simples, lorsqu'elle n'est
pas expressément subordonnée à l'événement d'une
dispense que le Gouvernement peut accorder ou
refuser, lorsque, par sa forme et par les expressions
qui l'énoncent, elle porte le caractère d'une rébellion actuelle à la loi prohibitive (1).

C * * *. Je reconnaîtrais avec vous ce caractère
de rébellion, dans notre espèce, si je ne pouvais
m'expliquer l'intention du testateur que par une
volonté sérieuse et réelle d'ordonner une infrac-
tion manifeste, une offense directe à la loi prohibitive, de prescrire en un mot un mariage illicite,
et de le prescrire purement et simplement, je veux
dire, sans entendre ni vouloir qu'on fît les dé-
marches et qu'on remplît les conditions propres à
le rendre licite. Mais comment supposer une pareille intention, qui serait du reste une folie gratuite
et sans résultat possible, alors qu'il est si facile et
si naturel d'expliquer l'intention du disposant en
un sens tout contraire, en un sens aussi raisonnable que celui-là est absurde et criminel tout
ensemble ?

N'est-il pas sensible, en effet, qu'en disant : Je
lègue à tel s'il épouse telle personne, sa belle-sœur
ou sa nièce, par exemple, le testateur a entendu

_____

(1) M. Merlin, *loc. cit.*

dire : S'il l'épouse après avoir obtenu du Gouvernement les dispenses nécessaires ? Évidemment,
puisqu'il avait en vue un mariage qui ne pouvait
se réaliser qu'au moyen de ces dispenses, il avait
en vue aussi et nécessairement, quoiqu'il ne l'ait
pas dit, ces dispenses elles-mêmes, la demande et
l'obtention de ces dispenses, condition *sine quâ
non.* C'est donc absolument comme s'il avait dit :
Je lègue à tel s'il demande et obtient les dispenses
qu'il lui faut pour épouser telle personne, et qu'il
l'épouse ensuite. Interpréter autrement sa disposition, c'est lui supposer une volonté coupable, c'est
supposer qu'il a voulu faire et dire une chose inutile et absurde, c'est faire en un mot précisément
tout le contraire de ce que veut la loi. La loi prescrit, en effet, de rechercher avant tout et surtout
l'intention des parties ; elle veut qu'en cas de doute
on s'attache au sens qui peut faire produire à l'acte
ses effets, plutôt qu'au sens opposé, *potiùs ut
valeat quàm ut pereat ;* elle avertit enfin que le
crime et la mauvaise foi, non plus que la démence,
ne se présument jamais (art. 2268, 901 et 902,
Arg., etc.)

Aussi votre doctrine a-t-elle été repoussée par la
Cour de cassation, ainsi que le prouve son arrêt du
13 janvier 1813 : « Considérant, a-t-elle dit, qu'en
déclarant licite la stipulation de changer de nom
(faite, *nota bene,* sans la condition *expresse*
d'en demander l'autorisation au Gouvernement),
mais en ayant soin d'en subordonner l'exécution à
l'autorisation de la puissance publique (quoique

les parties n'eussent pas eu *expressément* le même soin, mais seulement dans leur intention *présumée*), et en renvoyant à cet effet les parties devant elle, l'arrêt de la Cour d'appel d'Amiens n'a point violé la loi (qui défend de changer de nom sans l'autorisation du Gouvernement);..... d'où il suit que la Cour d'Amiens en reconnaissant ce pouvoir du Gouvernement (d'autoriser les changemens de nom) et en y déférant, s'est fidèlement tenue sur la ligne des vrais principes : par ces motifs, la Cour rejette le pourvoi. »

Les vrais principes ne sont donc point ceux que vous souteniez alors, en provoquant la cassation de l'arrêt ainsi confirmé, et que vous venez de rappeler. Et ce n'est pas vous du reste qui repousserez l'argument par analogie que je tire ici, et à propos de cet arrêt, d'un cas à l'autre, d'une condition de changer de nom à une condition d'épouser une personne parente ou alliée, puisque c'est vous tout le premier qui avez assimilé ces deux espèces et raisonné par analogie de l'une à l'autre.

Et quant à ce que dit Furgole, que la condition d'épouser un parent ou une parente au degré prohibé, est contraire aux lois dans son principe et quoique la prohibition puisse être levée par la suite, il est évident que cela est faux du moment et par cela seul que la loi elle-même permet de lever la prohibition dans certains cas. Alors, en effet, la loi n'est plus censée dire, par voie de défense générale et absolue : Le mariage est interdit entre parens ou alliés à tels degrés; mais elle est censée

dire tout simplement et au contraire : Le mariage
pourra avoir lieu entre tels parens ou alliés, dans
certains cas et sous telles conditions (de demander des dispenses, etc.); mais il ne pourra avoir
lieu qu'en ces cas et que sous ces conditions. Or
donc, je le demande, est-ce contrevenir à une telle
loi, est-ce imposer une condition contraire à cette
loi, une condition qui porte le caractère d'une
rébellion ouverte et déclarée, que de stipuler qu'un
tel épousera une telle sa parente ou son alliée, dans
le cas et sous les conditions prescrites par la loi,
c'est-à-dire, s'il demande et obtient des dispenses
à cet effet? N'est-ce pas là au contraire se soumettre à la prescription de la loi? n'est-ce pas reconnaître et respecter, comme dit la Cour de cassation, et le pouvoir de la loi et celui du Gouvernement, et y déférer suffisamment?

N***. Il est des personnes d'une conscience
timorée, et qui se feraient scrupule de contracter
de semblables mariages, surtout par une vue d'intérêt (1).

C***. Eh bien! que ces personnes s'abstiennent
de contracter le mariage qui leur répugne. Elles
feront bien de ne pas sacrifier leur conscience à un
intérêt de cette nature. Mais du reste ce n'est point
une raison pour qu'elles réclament un avantage
qu'on n'a voulu leur faire qu'en vue, qu'en faveur
et en considération de ce mariage : « Toute dona-

_____

(1) M. Delvincourt, tom. 2, pag. 401, édition de 1819.

tion faite en faveur du mariage sera caduque, dit
l'art. 1088, si le mariage ne s'ensuit pas. » Voilà
qui est général et absolu, sans distinction ni exception.

Le mariage en question leur répugne, à ces personnes! mais il peut en arriver de même à tous légataires ou donataires avantagés sous la condition
d'épouser également telle ou telle personne dési-
gnée. Cette personne peut ne leur pas convenir,
elle peut leur déplaire même souverainement; ils
peuvent craindre de se rendre malheureux en l'é-
pousant. Mais quoi donc! est-ce une raison pour
qu'on les dispense d'accomplir la condition sous
laquelle le don leur a été fait, sans laquelle il
n'aurait point été fait? A ce compte, il faudrait donc
effacer du Code l'art. 1088; il faudrait donc même
aller plus loin et réputer toutes sortes de conditions
non écrites, puisqu'enfin toutes sont plus ou moins
gênantes aussi, toutes imposent quelqu'obligation,
quelque charge qui répugne ou qui coûte plus ou
moins à remplir! Votre dernière objection ne
paraît donc, ainsi, pas plus concluante que les
autres.

DIALOGUE 47.

C***. Si le créancier a, par sa faute, rendu
impossible, au profit de la caution, la subrogation

dans tous ses droits et hypothèques, peut-il encore agir contre la caution et la forcer à payer?

N***. Il faut distinguer : si c'est un fait positif du créancier; par exemple, s'il avait consenti à la radiation des inscriptions prises sur les biens de son débiteur, pour la conservation des hypothèques, alors la caution est déchargée du cautionnement, l'autre débiteur de la solidarité.

L'art. 2037 porte : « La caution est déchargée, lorsque la subrogation aux droits, hypothèques et privilèges du créancier ne peut plus, par *le fait* de ce créancier, s'opérer en faveur de la caution. »

Mais s'il n'y a que simple négligence ou omission de la part du créancier; par exemple, s'il a négligé de renouveler son inscription, ou même de faire inscrire sa créance sur les registres de la conservation des hypothèques, s'il a laissé prescrire son hypothèque, Pothier pense que la caution n'est pas déchargée ni le créancier déchu de son action (1).

C***. M. Delvincourt, dans son Cours de droit, tom. 2, pag. 618, not. 7, 2e édition, pense, au contraire, que la caution est déchargée par la seule négligence du créancier, *s'il a laissé périr les hypothèques*, et que la doctrine de Pothier a été, *comme on le voit,* proscrite par l'art. 2037.

(1) M. Toullier, tom. 7, n° 172.

N***. Il m'est impossible de partager l'opinion de ce savant professeur, parce qu'il me paraît évident que l'article cité a, au contraire, suivi, consacré la doctrine de Pothier.

Personne n'ignore que les rédacteurs du Code n'ont fait que suivre cet auteur pas à pas, dans les chapitres qui traitent des contrats et des obligations conventionnelles; il suffit, pour s'en convaincre, de comparer son ouvrage au Code. Ils n'ont fait souvent que copier, en l'abrégeant, le texte de cet auteur.

Pothier a distingué deux cas différens : la simple négligence du créancier, et son *fait* positif; l'omission et l'action, comprises l'une et l'autre sous le nom général de *faute*. Il soutient que le créancier répond de *son fait*, et non de sa négligence. Par négligence, il entend l'omission de s'opposer à un décret, ou d'interrompre la prescription de l'hypothèque; par le fait du créancier, il entend le cas où celui-ci a réellement agi, en consentant expressément à décharger les biens du débiteur de son hypothèque.

Or, l'art. 2037 du Code prononce que « la caution est déchargée, lorsque la subrogation aux droits du créancier ne peut plus, *par le fait* (et non par la faute) de ce créancier, s'opérer en faveur de la caution. » Il me paraît donc démontré que le Code a suivi la doctrine de Pothier, et a érigé son opinion en loi.

C***. D'abord, ne serait-il pas possible d'opposer à Pothier, Pothier lui-même ? Voici ce qu'il

dit dans son Traité de la Vente, n° 566 : « Il faut
aussi que ce soit sans le fait ni la faute de l'acheteur, que la rente vendue soit devenue caduque.
Si donc l'acheteur a désobligé quelqu'un des débiteurs ou cautions de la rente ; s'il a libéré quelques
hypothèques, il ne pourra exercer l'action de garantie contre le vendeur ; car il n'est pas recevable
à se plaindre que la rente a cessé d'être bonne,
puisque c'est par son fait qu'elle a cessé de
l'être.

« En est-il de même s'il a laissé prescrire les
hypothèques, soit par le laps de temps, soit en
manquant de s'opposer aux décrets des biens
hypothéqués? Il y a plus de difficulté. Ce n'est pas
ici par son fait, c'est seulement par sa négligence
que la rente est devenue caduque. Ne peut-on pas
dire que le vendeur ne doit pas être reçu à opposer à l'acheteur cette négligence, puisqu'elle lui
est commune avec lui, et qu'il pouvait, aussi bien
que l'acheteur, veiller à interrompre les prescriptions et s'opposer aux décrets ?

« Il faut néanmoins décider, avec Loyseau, que
l'acheteur perd pareillement en ce cas son action
de recours contre le vendeur. L'acheteur, par sa
cession, étant le mandataire, quoique *in rem
suam*, du vendeur, était, par la nature du mandat, obligé lui-même à ces poursuites. S'il est
obligé, comme nous l'allons voir, à discuter les
biens du débiteur avant que de pouvoir recourir
contre le cédant, par la même raison il est obligé
à s'opposer aux décrets desdits biens ; ce qui est
plus facile que de les discuter. »

C'est probablement ce passage qui a fait dire à M. Troplong (Traité de la Vente, n° 941) que, si Pothier a dit dans son *Traité des obligations*, que le créancier n'est privé de son recours contre la caution qu'autant que c'est par un fait positif de ce même créancier, et non par une simple négligence, qu'il a détérioré les hypothèques qui font la sûreté de la créance, il dit tout le contraire dans son *Contrat de vente*, et que cette contradiction est de nature à diminuer beaucoup l'autorité de sa première décision. Après quoi, répondant à cette assertion que le texte de l'art. 2037 n'est que la reproduction de la théorie de Pothier, il ajoute : « Mais qui nous dira si ceux qui ont rédigé cet article du Code civil ont préféré Pothier écrivant le contrat des obligations, ou Pothier écrivant le contrat de vente? Ce n'est pas avec ces mots, *par le fait* du créancier, qu'on arrivera à la solution; ils ne sont pas assez précis pour vider le litige; souvent la loi est rédigée de manière qu'en parlant de *la négligence*, elle sous-entend nécessairement un fait positif qui n'aurait pas échappé aux soins d'un bon père de famille et qui constitue un dommage. C'est que, dans sa pensée, le mot négligence est à peu près synonyme de *faute*. Eh bien! quand elle parle d'un fait qui a porté préjudice, il n'y a rien d'exorbitant et de forcé à admettre qu'elle emploie aussi ce mot comme synonyme de faute, c'est-à-dire comme indiquant soit un fait positif, soit une omission entraînant une responsabilité. Tous les jours, dans le langage

37

usuel, il arrive de dire : *telle chose est arrivée par votre fait,* quoique ce ne soit pas un fait positif mais une omission ; croit-on que le législateur ne parle pas plus souvent le langage du vulgaire que celui des académiciens? Connanus a très-bien dit : *neque enim putandum legum scriptores aliter locutos quam quomodò in civitate est consuetum.* »

Et dans le fait, n'est-ce point ainsi et dans ce sens que nos législateurs ont, notamment dans l'art. 1382, employé le mot *fait?* Je vous le demande à vous-même.

N***. Je conviens que cet article comprend généralement tous les faits quelconques qui causent immédiatement et par eux-mêmes, du dommage à autrui ; et que le mot *fait* est pris ici dans le sens le plus étendu, et comprend non-seulement toutes les actions et omissions nuisibles à autrui, mais encore les réticences, etc. (1).

C***. Le mot *fait* comprend, dites-vous, toutes les actions et *omissions!* Bien, je n'en demande pas plus pour vous faire condamner vous-même, sous peine de contradiction, la doctrine que vous soutenez avec Pothier sur l'art. 2037. Car enfin, cet article se sert du même mot, de la même expression que l'art. 1382 : comment donc le législateur aurait-il pu et entendu donner à la même expression deux sens différens dans deux dispositions ou textes si rapprochés l'un de l'autre

_____
(1) M. Toullier, tom. 11, n° 117.

et réunis dans le même corps de lois? Comment
ce mot *fait*, qui dans l'art. 1382 s'entend des
omissions et négligences tout autant que des
actions proprement dites, ne s'entendrait-il plus,
dans l'art. 1037, que des véritables *actions* et
non des *omissions*? Et au fond, d'ailleurs, sur
quoi fondée la distinction faite, au sujet de la
caution, entre *actions* et *omissions* de la part
du créancier qui a rendu impossible la subrogation
dans ses droits et hypothèques? Pourquoi, en un
mot, la caution resterait-elle obligée envers le
créancier quoique privée par sa *faute* du bénéfice
de la subrogation, si cette faute ne consiste que
dans une *omission* ou une négligence, tandis
qu'elle serait déchargée si c'était un *fait* positif,
une faute d'*action* du même créancier, qui l'eût
ainsi privée du bénéfice de la subrogation?

N***. Pourquoi? par trois raisons, suivant
Pothier :

1° Parce que cette négligence est commune à la
caution, qui pouvait et devait veiller à la conservation de l'hypothèque perdue, qui pouvait sommer le créancier d'agir et le mettre en demeure,
pour rejeter la faute sur lui;

2° Parce que le créancier n'avait point contracté,
envers la caution, l'obligation de lui conserver tous
ses droits et de les lui céder; le cautionnement est
un contrat unilatéral, par lequel il n'y a que la
caution qui s'oblige;

3° Parce qu'elle a, de son chef, une action
contre le débiteur principal qu'elle a cautionné;

qu'il suffit, par conséquent, que le créancier n'ait
rien fait contre la bonne foi; parce qu'enfin le
créancier qui multiplie ses sûretés, en exigeant
une caution, quoiqu'il eût une hypothèque, ne
les multiplie que pour son propre intérêt, afin
seulement que l'une venant à lui manquer, l'autre
au moins lui reste; mais sans s'astreindre à les
conserver toutes au profit de la caution, envers
laquelle il n'a contracté aucune obligation (1).

C***. Je réponds, d'abord, que si la caution
peut veiller à la conservation des droits du créancier, ce n'est pour elle qu'une faculté et non un
devoir, tandis que c'en est un, un véritable et
précis, pour le créancier lui-même, le créancier
qui est l'adversaire direct et réel du débiteur, le
créancier auquel le paiement doit être fait, qui
doit donc agir en conséquence, et faire tout ce
qui est nécessaire soit pour l'obtenir soit pour l'assurer, qui doit notamment discuter le débiteur
pour en avoir paiement avant de l'exiger des cautions.

Je réponds, en second lieu, qu'il ne me paraît
pas vrai de dire que le créancier n'ait contracté
aucune obligation envers la caution, et notamment
de lui conserver tous ses droits et de les lui céder.
Cette assertion tombe devant le texte et surtout
devant l'esprit, soit de l'art. 1251, soit de l'art.
2037, lesquels accordent, l'un la subrogation de
plein droit à la caution, et l'autre sa décharge, si

le créancier a rendu cette subrogation impossible. Il
suit donc de cette double disposition que le créancier est réellement obligé, au moins tacitement mais
de droit et par la seule force de la loi, de *conserver*
et de *céder* tous ses droits à la caution, tellement
que le cautionnement doit être censé n'avoir été
donné et consenti que sous cette condition tacite
mais légale, et aussi obligatoire dès-lors que s'il
en était fait une mention expresse.

« Quand le créancier, dit l'orateur du Tribunat,
Chabot de l'Allier (Exposé des motifs, t. 6, p. 340),
quand le créancier s'est mis hors d'état de faire à
la caution la subrogation de ses droits et hypothèques, la caution est déchargée; alors elle n'aurait plus un recours aussi assuré contre le débiteur,
et il est juste que le créancier, s'il veut la contraindre à lui payer la dette, lui confère tous ses droits
contre le principal obligé. » Vous entendez ! il est
juste que le créancier *lui confère tous ses droits*
contre le principal obligé. Voilà donc une première obligation imposée au créancier, obligation
principale de *conférer ou transmettre tous ses
droits à la caution.* Mais cette première obligation entraîne nécessairement avec elle, comme
toute autre obligation principale de donner, de
conférer ou transmettre une chose, entraîne, dis-
je, l'obligation secondaire ou accessoire de *conserver* cette chose : « L'obligation de donner, dit
l'art. 1136, emporte celle de livrer la chose *et de
la conserver* jusqu'à la livraison, à peine de dommages et intérêts envers le créancier. » Et l'article

suivant, expliquant avec plus de précision encore cette obligation accessoire, ajoute : « L'obligation de veiller à la conservation de la chose, soit que la conservation n'ait pour objet que l'utilité de l'une des parties, soit qu'elle ait pour objet leur utilité commune, soumet celui qui en est chargé à y apporter tous les soins d'un bon père de famille. »

Tous les soins d'un bon père de famille ! Eh bien ! je vous le demande maintenant, est-ce agir en bon père de famille, que de laisser périr ou perdre une hypothèque faute d en requérir ou d'en renouveler l'inscription ? Est-ce apporter à la conservation de cette hypothèque, que l'on est obligé de donner, de céder ou conférer, de transmettre en un mot par voie de subrogation à un tiers, la caution, est-ce donc y apporter *tous les soins d'un bon père de famille*, que de la laisser ainsi périr et s'éteindre par sa *négligence* à la faire inscrire au bureau des hypothèques ou à interrompre la prescription ?

Quand le créancier *s'est mis hors d'état d'en faire la subrogation*, dit Chabot de l'Allier. *S'est mis hors d'état !* Eh bien ! dites-moi voir un peu si le créancier qui a laissé perdre l'hypothèque faute de l'inscrire ne s'est pas mis par là *hors d'état d'en faire la subrogation*, tout autant que s'il y eût renoncé directement et expressément, tout autant que s'il eût consenti à la radiation de l'inscription ? Et qu'importe, je vous prie, pour la caution, que le créancier renonce au bénéfice d'une inscription prise, ou qu'il s'abstienne, soit par négligence, soit peut-être même par mauvaise volonté, de prendre celle qu'il aurait dû prendre? Comme si le résultat n'était pas toujours le même au fond, toujours aussi contraire, dans un cas que dans l'autre, à cet esprit d'équité et de justice parfaite qui a dicté les art. 1251 et 2037! Et comment après cela faire un reproche de négligence à la caution de n'avoir pas veillé et agi elle-même, alors qu'elle avait tant de motifs de s'en reposer sur la surveillance et l'action du créancier?

Reconnaissons donc, si nous ne voulons pas jouer et vétiller sur les mots, si nous voulons voir surtout et avant tout l'esprit de la loi, cet esprit qui en est l'ame et le fondement, qui est la loi même proprement dite, *non verba legum sed earum vim ac potestatem*, reconnaissons donc et disons que la caution est déchargée par quelque espèce de fait ou de faute, même de simple négligence ou omission, que le créancier ait rendu la subrogation impossible à son profit.

DIALOGUE 48.

C***. Des créanciers d'une succession bénéficiaire ont été payés par l'héritier, de ce qui leur était dû; d'autres créanciers se présentent ensuite pour être également payés avant l'apurement du

compte, mais sans avoir formé une opposition
préalable. Ceux-ci auront-ils un recours contre
ceux-là pour les forcer à rapporter tout ou partie
de ce qu'ils ont reçu?

N***. Non, sans doute, quand même ils seraient privilégiés; *jura vigilantibus prosunt.*
C'était à eux à se faire connaître par l'opposition.
D'ailleurs, tous les créanciers *certant de damno
vitando.* Ils sont donc tous *in pari causâ, et
tunc melior est conditio possidentis* (1).

C***. Puisque vous invoquez le droit romain,
je puis bien vous l'opposer à mon tour; et je ne
vous en citerai point de ces maximes vagues et
banales qui n'ont rien de véritablement concluant;
je ne citerai que des lois précises et qui décident
spécialement notre question.

La loi 22, *Cod. de jure deliberandi,* commence par dire, au § 4, que l'héritier qui a accepté sous bénéfice d'inventaire, peut payer les
premiers créanciers qui se présenteront, et même
aussi les légataires, *et si præfatam observatio-
nem,* etc. Mais, continue le § 5, les légataires
ainsi payés au préjudice des créanciers qui ne s'é-
taient pas présentés avant l'épuisement total de l'actif de la succession, ne sont pas, pour cela, à l'a-
bri des recherches et des poursuites de ceux-ci;
ceux-ci peuvent au contraire revenir contre eux ou
par l'action hypothécaire, s'il leur a été délivré

---

(1) M. Delvincourt, tom. 2, pag. 310, édit. de 1819.

des biens hypothéqués aux dettes non encore ac-
quittées, ou par l'action nommée *condictio inde-
biti*, s'il leur a été payé des sommes ou deniers, et
les obliger soit par l'une, soit par l'autre voie, au
rapport de ce qui leur a été délivré ou payé : *li-
centiâ creditoribus non deneganda adversùs
legatarios venire.... et haec quae acceperint
recuperare....*

N***. Cela est tout simple ; les légataires *certant de lucro captando*, et les créanciers *de
damno vitando*. Or il est de principe que *potior
est causa eorum qui certant de damno vitando,
quàm eorum qui certant de lucro captando* (1).

C***. Sans doute, et c'est ce que dit aussi,
ou à peu près, la loi romaine : *Cùm satis absur-
dum sit creditoribus quidem jus suum perse-
quentibus legitimum auxilium denegari, lega-
tariis verò qui pro lucro certant, suas partes
leges accommodare*. Mais elle n'en ajoute pas
moins tout aussitôt, § 6, que, si parmi les *créanciers* eux-mêmes, qui ont été payés par l'héritier
bénéficiaire, il s'en trouve de postérieurs en ordre
d'hypothèque aux créanciers qui ne l'ont pas été,
ils peuvent être contraints par ceux-ci à rapporter
ce qu'ils ont reçu ; et cela, soit au moyen de l'action hypothécaire qui a lieu lorsque l'héritier leur
a donné en paiement des biens de la succession,
soit au moyen de l'action appelée en droit *condictio*

_____

(1) M. Delvincourt, pag. 309.

ex lege, lorsqu'ils ont touché de l'argent comptant : *sin verò heredes res hereditarias* CREDI-
TORIBUS *hereditariis pro debito dederint in so-
lutum*, VEL PER DATIONEM PECUNIARUM SATIS EIS
FECERINT, *licet aliis creditoribus qui ex ante-
rioribus veniunt hypothecis*, *adversùs eos venire*, *et à posterioribus creditoribus secundùm
leges eas abstrahere*, *vel per hypothecariam
actionem* VEL PER CONDICTIONEM EX LEGE.

Vous voyez que, dans le cas dont s'occupe cette
loi, c'est-à-dire, dans le cas où une succession a été
recueillie par bénéfice d'inventaire, il n'y a aucune
différence entre le *créancier* qui a été payé avant
un autre par lequel il eût dû être précédé, et le
légataire qui a été payé avant un créancier quelconque. Tous deux doivent rapporter *même l'argent comptant* qu'ils ont reçu ; pourquoi cela ?
parce que l'héritier bénéficiaire n'est, à proprement parler, qu'un administrateur; parce que
« étant, dit Pothier (Introduction au titre 17
de la Coutume d'Orléans, n° 51), étant comme le
receveur de tous les créanciers et légataires de la
succession qui sont tous réputés en diligence au
moyen de la caution qu'il a donnée à tous, il ne
touche rien de la succession qu'il ne soit censé le
toucher pour chacun d'eux, et en paiement ou
diminution de la part qui appartiendra à chacun
d'eux dans la distribution des biens; qu'ainsi,
ce qu'il paie à chacun d'eux, il est censé ne le
payer que sous la condition du rapport de ce
qui serait revenu à chacun d'eux dans cette distribution. »

Il va sans dire que ceci s'applique à tous les créanciers indistinctement, même à ceux qui n'ont ni
privilège ni hypothèque, puisque ces derniers,
s'ils n'ont point sur les créanciers déjà payés un
droit supérieur ou de préférence, ont du moins
un droit égal qui doit les faire venir et payer par
concurrence ou au marc-le-franc.

Telle était l'ancienne jurisprudence. A-t-elle été
changée par le Code civil? rien moins, ce me
semble; car, après avoir dit, dans l'art. 808, que,
s'il n'y a pas de créanciers opposans, l'héritier bénéficiaire paie les créanciers et les légataires à mesure qu'ils se présentent, le Code ajoute, dans l'article suivant 809 : « Les créanciers non opposans
qui ne se présentent *qu'après* l'apurement du
compte et le paiement du reliquat, n'ont de recours à exercer que contre les légataires. » N'est-
ce pas dire, *à contrario*, que les créanciers qui se
présentent *avant* l'apurement du compte ont un
recours à exercer, non plus seulement contre les
légataires, comme s'ils ne se fussent présentés
qu'après l'apurement, mais encore même contre
les créanciers déjà payés ?

N***. Nullement; et ce qui le prouve, c'est
que, dans le projet, il y avait une disposition formelle qui accordait aux créanciers un recours subsidiaire contre les créanciers payés à leur préjudice;
et cette disposition a été supprimée à la rédaction.
D'ailleurs, le principe a été formellement consacré
par l'article 513 du Code de commerce, qui, dans
le cas de faillite, refuse tout recours contre les ré-

partitions consommées, aux créanciers qui n'ont pas comparu dans les délais fixés (1).

C*. Cette disposition particulière du Code de commerce me paraîtrait plutôt une exception apportée au principe général, qu'une application ou une consécration du principe. Quelle différence, en effet, entre les créanciers dont parle cet art. 513 et ceux dont l'art. 809 entend parler! Les premiers sont prévenus, avertis, appelés par tous les moyens possibles; on leur donne tout le temps nécessaire pour se représenter, établir leur créance et réclamer leur paiement (art. 502, 510, 512, Code de commerce); d'un autre côté, les autres créanciers ne reçoivent rien qu'après avoir pris ou qu'on a pris pour eux toutes ces précautions : il est donc juste que ceux-ci, auxquels on ne peut reprocher aucune faute, qui ont eu tous les embarras de la vérification, qui ont rempli toutes les formalités, et reçu de bonne foi, ne soient pas dépouillés de ce qu'ils ont dû considérer comme leur part irrévocable; tandis que les premiers, s'ils se voient déchus de la part qu'ils auraient pu prétendre, ne doivent s'en prendre qu'à eux-mêmes, qu'à leur propre négligence, au moins le plus souvent, et cela suffit, car la loi statue *ex eo quod frequentiùs fit;* ajoutez à cela la grande faveur que mérite le commerce, la nécessité de le débarrasser de toutes les entraves, d'assurer, le plus possible, d'une manière fixe et irrévocable, la

_____

(1) M. Delvincourt, *ubi suprà.*

position des parties, les paiemens, les transactions, etc.

Or, nulle de ces raisons ne s'applique à l'hypothèse dont nous nous occupons. Nous ne retrouvons plus ici toutes ces précautions si salutaires et si propres à garantir et protéger tous les droits, cette publicité, ces avertissemens réitérés, ces délais, etc., toutes choses si propres en effet à donner l'éveil aux créanciers, à déjouer les manœuvres, à éviter les surprises. Comment donc raisonner ici par analogie de ce qui se fait en matière de faillite?

Il dépendrait donc, ici, d'un héritier bénéficiaire d'avantager et de gratifier un créancier au préjudice des autres, en s'entendant avec lui pour le payer tout d'abord et avant même que les autres fussent instruits de la mort de leur débiteur, et ce, peut-être, moyennant remise ou profit personnel, ou autrement d'ailleurs, peu importe! ou bien encore, et sans même qu'il y ait cette espèce d'intelligence ou de concert frauduleux, les biens de la succession deviendront donc alors comme la proie du premier occupant, parmi les créanciers, comme le prix de la course! Le plus diligent, ou, pour mieux dire, le plus voisin, aura la préférence sur le plus éloigné, qui, malgré toute la diligence qu'il aura pu mettre lui-même, n'aura toujours pu arriver qu'après l'autre! Est-ce là de la justice? Et croyez-vous qu'un pareil système soit dans l'esprit de la loi, elle dont le vœu général est que la position respective des créanciers d'une succession ac-

ceptée sous bénéfice d'inventaire soit fixée et assurée
d'une manière irrévocable, et sans qu'aucun d'eux
puisse rendre sa condition meilleure que celle des
autres (Argum., art. 2146)?

Passe encore qu'on réduise à un simple recours
contre les légataires les créanciers qui ne se
présentent qu'après l'apurement du compte et
le paiement du reliquat. On conçoit qu'en pareil cas il y a toujours, ou du moins le plus
souvent, quelque négligence à reprocher aux
créanciers; les surprises n'ont plus été aussi faciles; un délai s'est écoulé; ils ont eu le temps
de s'instruire et de se présenter; la liquidation
s'est faite, après ventes. publiques et autres formalités qui sont autant de garanties pour tous
les intéressés. C'est ici, à la bonne heure, que les
motifs qui ont dicté l'art. 513 du Code de commerce trouvent leur application. Et aussi l'art. 809
du Code civil ne parle-t-il que de ces créanciers et
de cette hypothèse, quand il dispose qu'ils n'ont
de recours à exercer que contre les légataires.

Vous argumentez, contre les créanciers qui se
présentent avant l'apurement du compte, de ce
qu'il y avait dans la première rédaction de l'article
809 une disposition qui accordait formellement à
ces créanciers un recours subsidiaire contre les
créanciers déjà payés, et de ce que cette disposition
a été supprimée dans la rédaction définitive. Mais,
pourquoi donc cette suppression a-t-elle eu lieu?
Est-ce parce qu'on n'a pas voulu adopter la proposition ou le principe? Mais alors, on n'eût certai-

nement pas manqué de le dire. Or, le procès-verbal de la discussion au Conseil d'Etat ne dit pas que cette disposition fut combattue et rejetée ; il annonce seulement que M. Tronchet observa qu'il fallait distinguer, dans l'article, les créanciers opposans, de ceux qui ne l'étaient pas ; et d'après cette observation, on inséra les mots *non opposans,* dans la première disposition de l'article.

Mais cette addition ne préjugeait rien contre la seconde disposition. Si donc cette seconde disposition n'a pas été reproduite dans la rédaction définitive de l'article, ce ne peut être que parce qu'on reconnut qu'elle était surabondante et inutile.

A moins encore, c'est possible, qu'on ne veuille n'attribuer qu'à une simple omission ou inadvertance le retranchement de la disposition dont il s'agit. Et il faut convenir que la rédaction actuelle de l'art. 809 donne lieu de le croire ainsi. Après avoir parlé, dans son 1er §, d'un seul cas, celui où les créanciers ne se présentent qu'après l'apurement du compte et le paiement du reliquat, il dit dans son second § : « *Dans l'un et l'autre cas,* le recours se prescrit par le laps de trois ans, etc. » Est-ce qu'on n'aurait pas supprimé aussi cette locution, *dans l'un et l'autre cas,* si l'on eût volontairement et à dessein retranché, rejeté l'autre disposition à laquelle ces mots font allusion et qui est relative au cas où les créanciers se présentent avant l'apurement ?

Est-ce que encore, dans cette hypothèse, on

aurait adopté ou laissé subsister une rédaction qui
donne à entendre le contraire de ce qu'on aurait
voulu dire, qui, par cela même qu'elle ne comprend que tels créanciers et tel cas déterminé,
celui où ils ne se présentent *qu'après* l'apurement,
exclut naturellement les autres créanciers qui ne se
trouvent point dans la même position, qui se présentent *avant* l'apurement? Car assurément, c'est
bien le cas ici de dire : *Inclusio unius est exclusio
alterius;* surtout puisque cette interprétation s'accorde parfaitement, nous venons de le voir, avec
l'esprit général du Code, aussi bien qu'avec les
règles de l'équité.

N***. Quant à l'argument que vous tirez ici
de la manière dont l'art. 809 est rédigé, il faut
bien prendre garde qu'en général les art. 793 à 810
du Code s'occupent uniquement des droits et des
obligations de l'héritier bénéficiaire, à l'égard des
créanciers de la succession, et nullement des droits
respectifs des créanciers entre eux, lesquels sont
réglés par les lois spéciales de la matière, et notamment par la loi sur les hypothèques et les privilèges. En conséquence, l'art. 809 a voulu dire
seulement, qu'une fois le compte apuré et le reliquat payé, l'héritier est déchargé de toute responsabilité envers les créanciers non opposans, qui
n'ont de recours à exercer que contre les légataires, tandis qu'avant l'apurement du compte,
ils avaient, et une action contre l'héritier, et un
recours subsidiaire contre les légataires (1).

(1) M. Delvincourt, *ibid.*

C***. Ils avaient une *action* contre l'héritier, oui, mais non point un *recours*. Cette dernière expression ne peut s'entendre de l'héritier, contre lequel les créanciers ont, en sa qualité d'administrateur, une action directe et personnelle. Ce n'est qu'à l'égard des tiers, légataires ou autres créanciers déjà payés, qu'elle peut être employée. A quoi bon d'ailleurs venir dire, dans l'art. 809, que les créanciers non payés n'auraient cependant rien à demander à l'héritier qui aurait déjà payé d'autres créanciers ou des légataires, du moment qu'on l'autorisait, dans l'art. 808, à payer ces derniers? N'allait-il pas sans dire qu'une fois les deniers de la succession sortis de ses mains pour faire ce paiement, nul ne pouvait plus rien lui demander personnellement, à lui qui n'est obligé que jusqu'à concurrence de la valeur des biens qu'il a recueillis, et qui, dès-lors, est nécessairement et pleinement libéré, du moment qu'il a fait de ces biens l'emploi prescrit par la loi, par l'art. 808?

Mais que décider en ce cas et à l'égard des créanciers qui se présentent après les autres déjà payés? Ces créanciers ne trouvant plus rien entre les mains de l'héritier auquel ils s'adressent d'abord, tout naturellement, non par voie de recours, mais par voie d'action ou demande directe, à qui pourront-ils s'en prendre? Contre qui auront-ils *un recours* pour se faire payer (c'est bien ici le mot propre, *un recours*)? Contre les créanciers payés et contre les légataires également payés? ou bien contre les uns seulement et non contre les autres?

Voilà ce que la loi se propose à décider, et ce qu'elle décide en disant, art. 809 : « Les créanciers non opposans qui ne se présentent qu'après l'apurement du compte et le paiement du reliquat, n'ont de recours à exercer que contre les légataires. »

Ce n'est donc évidemment point l'héritier que l'article entend par là mettre en opposition avec les légataires et comme s'il disait : Les créanciers.... n'ont de recours que contre les légataires et non contre l'héritier. Ce sont au contraire et uniquement les créanciers déjà payés qu'il met ainsi en opposition avec les légataires, et pour dire que ceux-ci, et non pas ceux-là, seront passibles du recours, dans le cas prévu, bien entendu, c'est-à-dire, lorsque les autres créanciers ne se présentent qu'après l'apurement du compte et le paiement du reliquat.

Il suffit au surplus, ce semble, de lire de suite les deux art. 808 et 809, pour se convaincre que tel est vraiment le sens de ce dernier. Le premier dit : « S'il n'y a pas de créanciers opposans, l'héritier paie les créanciers et les légataires à mesure qu'ils se présentent » ; et le second ajoute aussitôt : « Les créanciers non opposans.... n'ont de recours à exercer que contre les légataires » ; et non point, donc, contre les autres créanciers dont on vient de parler comme des légataires eux-mêmes, et qu'on suppose avoir été payés comme eux : cette conséquence se présente si naturellement à l'esprit que c'est là la première que vous-même avez tirée tout d'abord, en expliquant ce texte (1).

(1) M. Delvincourt, *loc. cit.*, pag. 309.

Hé! autrement, que signifierait donc, je vous prie, la disposition de l'art. 809? Quoi! la loi entendrait que les créanciers non payés n'eussent en tous cas, qu'ils se présentent avant ou après l'apurement du compte, de recours à exercer que contre les légataires et non contre les créanciers déjà payés, et elle ne le déciderait ainsi, néanmoins, dans la forme ou dans l'expression, que pour l'un de ces deux cas, que pour celui où les créanciers *ne se présentent qu'après l'apurement du compte*! Comme s'il n'eût pas été plus exact et plus naturel, ne voulant parler que d'un seul de ces deux cas, de désigner au moins celui où les créanciers se présenteraient même *avant* l'apurement du compte, d'où alors, à la bonne heure, on aurait conclu *à pari*, et même *à fortiori*, que la même disposition s'appliquait à ceux qui ne se présenteraient *qu'après*! Comme si même encore il n'eût pas été plus convenable, que dis-je? nécessaire, de ne faire aucune distinction! A quoi bon en effet distinguer entre les créanciers qui ne se présentent *qu'après* l'apurement et ceux qui se présentent *avant*, si le même sort est réservé à tous également?

TABLE ALPHABÉTIQUE

DES MATIÈRES

CONTENUES DANS CE PREMIER VOLUME.

— *Garantie :* Le donataire évincé peut-il exercer l'action en garantie contre le vendeur de qui le donateur tenait la chose ? D. 12, p. 183.

— *Incapables de recevoir* (personnes) : Un contrat à titre onéreux passé avec ces personnes est-il réputé donation jusqu'à preuve contraire de leur part ? D. 9, p. 154.

DOUBLE ÉCRIT en matière de conventions synallagmatiques.

— L'acte non fait double vaut-il commencement de preuve par écrit, de manière à faire admettre la preuve testimoniale, etc. ? D. 6, p. 113.

EAU. — Curage nécessaire à l'écoulement des eaux est-il à la charge du propriétaire inférieur ? D. 2, p. 56.

— Source. — Fonds inférieur. — Prescription. — Est-il nécessaire, pour acquérir la prescription dont parle l'art. 642 du Code civil, que les travaux soient faits sur le fonds supérieur ? D. 17, p. 236.

ECHANGE. — Le copermutant évincé peut-il revendiquer sa chose (donnée en contre-échange) entre les mains du tiers-acquéreur ? D. 35, p. 424.

EFFET RÉTROACTIF. Voy. Ratification.

EMANCIPÉ (Mineur) peut-il hypothéquer ses immeubles ? D. 8, p. 134.

EVICTION. — *Donation :* Voy. ce mot.

— *Echange :* Voy. ce mot.

FAILLITE. — Le vendeur qui ne peut plus revendiquer les effets vendus au failli et non payés, a-t-il sur eux un privilège ? D. 40, p. 490.

FEMME MARIÉE. — *Institution contractuelle :* Voy. Autorisation.

— *Ratification :* Voy. Autorisation.

FENÊTRES à moins de six ou deux pieds du voisin, depuis plus de 30 ans, peuvent-elles être obstruées par celui-ci en bâtissant contre, etc. ? D. 25, p. 328.

GARANTIE. — Le donataire évincé peut-il exercer l'action

FIN DE LA TABLE.

ERRATA.

Pag. 10, 10e lign., *au lieu de* nécessairement, *lisez :* surtout.

— 81, dernière ligne, *après les mots* tels sont, *ajoutez :* , je l'ai déjà dit,

— 82, 6ᵉ lign., *après ces mots* ils s'en plaindraient à tort, *ajoutez :* , je le répète ;

— 104, 1ʳᵉ lign., *supprimez l'interrogation.*

— 114, 26e lign., *supprimez le mot* pas.

— 133, avant-dernière lign., *supprimez le guillemet »*.

— 136, 18ᵉ lign., *au lieu d'*aliéner, *lisez :* hypothéquer.

— 145, 28e lign., nous concevons; *lisez :* je conçois,

— 150, 8e lign., *retranchez ces mots :* ainsi que je l'ai démontré plus haut.

— 167, 9e lign., *après ce mot,* l'interdiction, *lisez :* de l'héritier.

— 170, avant-dernière lign., un art. ; *lisez :* un article.

— 221, 2e lign., opérait; *lisez :* opérerait.

— 232, 14ᵉ lign., *lisez :* à ce qui lui serait défavorable.

— 282, 5ᵉ lign., *lisez :* on n'y admettait.

— 289, 2ᵉ et 3ᵉ lign., *lisez :* et l'autre porte qu' « il y a.

— 304, dernière lign., *lisez :* droit du propriétaire.

— 341, 25ᵉ lign., *supprimez les mots* dans le but.

— 365, à la note, *lisez :* 4ᵉ édit.

— 403, 2e lign., *après le mot* propriété, *ajoutez :* (Répert., vᵒ *Rivières,* tom. 17, 4ᵉ édit.)

— 442, avant-dernière lign., *après le mot* justice, *mettez une virgule.*

— 443, 18ᵉ lign., *lisez* tel *au lieu de* telle.

— 517, 21ᵉ lign., *lisez* l'article *pour* l'art.

FIN DES ERRATA.

www.ingramcontent.com/pod-product-compliance
Lightning Source LLC
Chambersburg PA
CBHW060843220326
41599CB00017B/2373